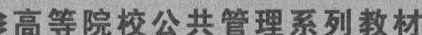

高等院校公共管理系列教材

公共事业管理概论

主审/娄成武　编著/李坚　陈德权

首都经济贸易大学出版社
Capital University of Economics and Business Press
·北京·

图书在版编目(CIP)数据

公共事业管理概论/李坚,陈德权编著. -- 北京:首都经济贸易大学出版社,2007.4
(高等院校公共管理系列教材)
ISBN 978-7-5638-1400-8

Ⅰ.①公… Ⅱ.①李…②陈… Ⅲ.①公共管理—高等学校—教材 Ⅳ.①D035

中国版本图书馆 CIP 数据核字(2007)第 020995 号

公共事业管理概论
娄成武　主审
李　坚　陈德权　编著

出版发行	首都经济贸易大学出版社
地　　址	北京市朝阳区红庙(邮编 100026)
电　　话	(010)65976483　65065761　65071505(传真)
网　　址	http://www.sjmcb.com
E-mail	publish@cueb.edu.cn
经　　销	全国新华书店
照　　排	北京砚祥志远激光照排技术有限公司
印　　刷	北京九州迅驰传媒文化有限公司
成品尺寸	165 毫米 × 235 毫米　1/16
字　　数	369 千字
印　　张	21
版　　次	2007 年 4 月第 1 版　2024 年 1 月第 1 版第 10 次印刷
书　　号	ISBN 978-7-5638-1400-8
定　　价	39.00 元

图书印装若有质量问题,本社负责调换
版权所有　侵权必究

前 言

公共事业管理概论是公共事业管理专业最重要的一门专业基础课,其他专业课都是在此基础上展开的。《公共事业管理概论》一书就是为这门课程的教学而编写的教材。

《公共事业管理概论》一书通过对公共事业管理的对象、定义及范围的厘定廓清了公共事业管理的领域,主要阐述通过对公共事业组织的培育和发展来保证公共事业管理主体的合理选择,通过公共事业组织中的项目管理、财务管理、资产管理、人力资源管理、战略管理、绩效管理等活动来保证公共事业管理目标的实现,通过对公共事业管理的评价和监督活动来保证公共事业管理活动的正确方向等内容。通过本书的学习,可以使学生系统了解公共事业管理的基本原理、公共事业管理基本业务的主要内容,引导学生的创造性思维,培养学生对公共事业管理专业的深刻认识和浓厚兴趣,并为其他公共事业管理课程的学习打下牢固的基础。

公共事业管理专业建立之初,东北大学即成立教改研究课题组,承担了教育部"公共事业管理专业面向 21 世纪教学内容和课程体系改革"课题。课题组站在 21 世纪我国经济社会发展和教育变革的高度,对公共事业管理专业的专业性质、学科特点作了认真的研究,对专业建设中涉及的课程体系、教学内容、教学方法、教材等问题进行了深入的分析,对公共事业管理专业建设和教材建设提出了自己的思考和建议。在课题研究成果的基础上,我们推出了公共事业管理专业的教学体系,编写了适合于本专业的系列教材。经过五年时间的教学循环,东北大学公共事业管理专业教学体系运行顺畅,取得了很好的效果,形成了一套完整的教学和人才培养经验,于 2005 年获得教育部国家教学成果一等奖。

本书在"公共事业管理专业面向 21 世纪教学内容和课程体系改革"课题成果的基础上,采纳本校初版教材的基本观点以及任课教师、学生的意见和建议,充分借鉴学界近年研究的新进展、新成果,并加入自己的教学科研心得,进行了大篇幅的修订重写,从而提高了教材质量,力争使公共事业管理概论课程的教学教材能以新的面目出现。

本书定位于本科教材,从专业教学和大学生求学的特点出发,力求内容难易适中、结构合理、逻辑严密、表述准确,使书稿从内容、体系到语言文字的运用形成统一的优化效果。本书力争做到与时俱进,体现公共事业大发展的时代要求,反映公共事业管理学科建设和教学改革的新进展,达到教学与学术上的高水平。

本书由李坚撰第一、三、五、七、九章,陈德权撰第二、四、六、八、十章。全书由李坚统稿,经全国高校公共管理教学指导委员会主任娄成武教授审定。

本书较多地吸纳了东北大学原课题组同仁的成果,在此表示谢意。

由于作者实际经验有限,对本教材中存在的不足,欢迎老师和同学们提出宝贵意见和建议。

作者
2007 年 2 月

目录

第一章 绪 论 /1
- 第一节 公共事业 /1
- 第二节 公共事业管理 /10
- 第三节 公共事业管理学 /15

第二章 公共事业组织 /24
- 第一节 国家与社会的关系 /24
- 第二节 公共事业组织的概念和特征 /34
- 第三节 公共事业组织是公共事业管理的主体之一 /45
- 第四节 政府与公共事业管理 /57

第三章 公共事业管理职能与过程 /67
- 第一节 公共事业管理职能 /67
- 第二节 公共事业管理过程 /84

第四章 公共事业项目管理 /96
- 第一节 公共事业项目管理概述 /96
- 第二节 公共事业项目管理过程 /101
- 第三节 公共事业项目管理范畴 /110

第五章 公共事业财务管理 /123
- 第一节 公共事业财务管理概述 /123
- 第二节 公共事业组织财务管理的目标与原则 /128

第三节 公共事业组织财务管理的法规体系 / 130
第四节 公共事业组织财务管理的内容 / 133

第六章 公共事业资产管理 / 150

第一节 公共事业组织国有资产 / 150
第二节 我国公共事业组织国有资产管理现状 / 155
第三节 公共事业组织资产管理体制改革 / 163

第七章 公共事业人力资源管理 / 176

第一节 公共事业人力资源 / 176
第二节 公共事业人力资源管理 / 185
第三节 公共事业员工职业生涯设计 / 196
第四节 公共事业人力资源培养与培训 / 203
第五节 志愿者招募与管理 / 209

第八章 公共事业组织战略管理 / 227

第一节 公共事业组织战略管理概述 / 227
第二节 公共事业组织战略管理的过程 / 232
第三节 我国公共事业组织战略管理 / 243

第九章 公共事业绩效与评价 / 253

第一节 公共事业绩效与绩效管理 / 253
第二节 公共事业管理的绩效评估 / 256

第十章 公共事业部门管理 / 293

第一节 科技事业管理 / 293
第二节 教育事业管理 / 299
第三节 文化事业管理 / 306
第四节 卫生事业管理 / 312
第五节 体育事业管理 / 316

参考文献 / 327

第一章

绪 论

公共事业源远流长,如教育、医疗卫生等行业,都有着悠久的历史。在现代社会,在市场经济条件下,公共事业不断发展,已成为一个涉及众多人类活动领域的规模巨大、内容复杂的社会公共空间,对社会经济、政治整体运行和公众日常生活起着非常重要的作用。公共事业管理作为对公共事业各个行业管理的汇集与总合,有其自身的规律性,体现了公共事业管理领域的共同特点,对公共事业的健康发展发挥着重要影响,越来越受到管理学界的重视,成为现代管理学的主要研究对象之一。在我国,公共事业管理作为一个独立的综合性管理领域的时间还不长,公共事业管理学还是一门新兴学科,正处在建设发展的起步阶段。作为公共管理学的重要分支之一,公共事业管理学有着广阔的前景。学习和研究公共事业管理专业、从事公共事业管理工作,应当了解公共事业及公共事业管理的内涵、特点,明确公共事业管理学的研究对象,掌握公共事业管理研究的意义和方法。

第一节 公共事业

公共事业管理的对象和公共事务的概念密切相关,公共事务又与公共需要、公共物品的概念直接相联。为了明确公共事业管理的对象,有必要从明确公共事务及其相关概念开始。

一、公共需要

（一）需要理论

需要是人类行为的动力,从需要出发可以解释各种社会现象。人的需要是多种多样的,因而构成了一个复杂的系统。公共事业以满足社会公共需要为目的。阐释需要的理论很多,其中影响较大的需要理论是"需求层次论"。

美国管理心理学家马斯洛(A. Maslow)指出,人类都是有需要的动物,其需要取决于已经得到了什么以及还缺少什么,只有尚未满足的需要才是真正的需要,由此产生工作的动机和激励的源泉。这些需要从低级到高级分为五个层次:第一层次是生理需要,包括人类维持基本生存所需的各种物质上的需要,如衣食住行等的需要,一旦不能满足,生存就成了问题。第二个层次是安全的需要,即指有关人类免除危险和威胁的需要。这种需要可分为两种:一种是现在的安全需要,包括就业安全、生产过程中的劳动安全、生活中的人身安全等;另一种是未来的安全,包括有秩序、可预知的环境以及病、老、伤、残后的生活保障等。第三个层次是社交的需要。这是感情和归属方面的要求。这种需要包括与其他人保持良好的关系,希望得到友情、爱情等。这种需要比前两种需要更细致,需要的程度因个人的性格、经历、受教育程度的差异而不同。第四个层次是尊重的需要,即自尊和受人尊重的需要。自尊心是促使人们积极向上的动力之一。受人尊重是希望别人对自己的人格、工作、能力与才干给予承认和较好的评价,希望自己在同事中间有一定的威望和声誉,从而得到别人的尊重并发挥一定的影响力。自尊与受人尊重是有联系的,一般是先有自尊,后有他尊。第五个层次是自我实现的需要,它是最高层次的需要。这种需要就是希望在工作上有所成就,在事业上有所建树,实现自己的理想或抱负。它通常表现在两个方面,即胜任感和成就感。胜任感是指希望自己的能力与自己担当的工作相适应。成就感表现为进行创造性的活动并取得成功。具有这种需要的人通常给自己设定有一定难度的目标,并将实现目标的喜悦看做人生最大的满足。

依据需求层次理论,人的需要是由低到高依次排列的,其中生理需要和安全需要属于低层次需要,社交的需要、尊重的需要和自我实现的需要属于高层次的需要,只有较低层次的需要得到了满足,才能产生更高一级的需要。可见人的需要具有层次性、多样性、潜在性、变化性的特点。

（二）公共需要

从需要的主体来看,可分为个人需要、群体需要和社会公共需要。公共需要与个人需要是紧密联系、相互影响的。公共需要是每个人赖以生存和发展的条件，在有些情况下甚至可以表现为个人需要，但它不是个人需要的集合，也不是人人皆有的普遍需要。公共需要与群体需要的联系更为密切，往往同较大范围的群体需要相一致。通常情况下人们会将群体需要视同公共需要，但公共需要并不等同于群体需要，更不是基于个人偏好的、简单的、多数人的集团需要。公共需要是相对独立于个人需要和群体需要的社会整体需要，是以社会共同体的利益为基本表现形式的普遍需要，本质上是全体社会成员共同生存和发展所需的条件和利益。

公共需要具有以下几方面特点。

1. 客观性。公共需要是社会生产发展到一定历史阶段形成的，既是人类生产力发展的产物，也是生产力发展水平的标志。人类社会最初的结构是比较单一的，在早期原始氏族群体里，生产单位、消费单位和社会单位三位一体，不存在独立于生产和消费单位之外的跨群体的社会公共事务，没有必须给予满足的社会公共需要。随着人类生产力的逐步提高，人类活动领域的不断扩大，产生了生产和消费之外的教育、文化、审美等社会活动内容。社会组织结构也产生了分化，出现了国家、村社等新的组织形式和管理方式，超越狭小地域和少数人群的公共事务和公共需要随之产生。进入工业化社会以后，公共需要得到更大的推动，社会保障、义务教育等作为新的公共需要出现了，并大大丰富了人们的社会生活内容，改善了人类生存条件。可见，生产力发展水平及其提供的物质条件是公共需要得以形成和发展的基础，公共需要是社会生产力发展变化的必然要求，是人类文明程度的直接反映，公共需要的内容和水平与生产力发展水平在一定范围内相一致。当然，生产力不是对公共需要的形成和发展起作用的唯一因素，公共需要也受人的思想认识水平和文化传统的影响，特定群体的利益诉求和消费偏好对特定时期公共需要的演变和表现甚至会起很大的作用。因此，在同样的经济发展水平和物质基础之上，公共需要的内容和满足程度并不完全相同。

2. 社会性。公共需要是一定历史时期社会整体的共同需要，是社会发展水平和文明程度的体现，必然受特定社会条件的制约，具有鲜明的社会性。

社会性首先表现为阶级性。人类进入文明时代后，出现了阶级分化、阶级对立，产生了个人利益、集团利益、阶级利益和社会利益的差异，公共需要打上了阶级的烙印，受到阶级利益与阶级需要的影响，尤其受到统治阶级的影响，而成为统治阶级的共同需要，使其社会性表现为阶级性。为了维系社会生活的正常运行，协调不同社会成员、社会群体之间的利益矛盾，保证社会秩序稳定，统治阶级还要行使公共管理职能，一定程度上满足被统治阶级的利益需要，力图在满足各个阶级需要的同时更好地实现自身的利益，从而达成包括不同阶级需要的社会公共需要。公共需要既受阶级性的制约,又超越特定的阶级需要。在社会发展进程中,公共需要的阶级性一面逐渐淡化,另一方面其超阶级性方面在缓慢增长。在传统社会,公共需要主要集中在治安防盗、疏渠、筑城、赈灾等安全、经济事务上;在现代社会,公共需要扩大到发展基础科学、促进跨文化交流、维护基本人权、保护人类生存环境、实现可持续发展等涉及人类长远和根本利益的事项上来。在满足公共需要的活动中,越来越需要各个社会集团、阶层乃至阶级之间相互合作、共同努力。而随着社会文明的进步,人们合作的空间日益增大,跨越集团界限的共识日益增多,以利益冲突为内涵的阶级性逐渐作为潜在的因素而存在。当然,在阶级社会里,公共需要的阶级烙印始终是存在的,并不因实现形式的变化而消退。

　　社会性还表现为民族性。公共需要是立足于主体的,而社会主体除了阶级之外,最重要的就是民族了。在人类进化的长期过程中逐渐形成了不同的民族。每个民族生活在特定的地域,建立自己的社区,有的发展成单民族国家,有的若干个民族组建起一个国家。不同的民族有自己独特的生活方式、风俗习惯、语言文字、心理性格,开拓自己的发展道路,在生产生活和历史进程中熔铸成体现本民族特质的民族文化和民族精神。民族生存、民族文化稳定而持久,由此而来的民族共同需要具有超越时代、超越阶级的内容,与民族存续伴随始终。在人类社会趋于全球化的今天,民族生存的需要已然是一个大问题。因为全球化浪潮的到来使民族文化受到强烈的冲击,多元民族、多元文化有单一化的危险。值此之际,保护民族文化的多样性,不仅是个别民族的需要,也是全人类的共同需要。

　　3. 多样性。公共需要是在特定的经济基础和历史条件下形成的,不同的基础条件产生了不同的公共需要,决定着公共需要的内容与表现形式。从纵向看,随着社会分工的不断发展,人类的交往范围和活动空间不断扩大,社会公共事物也在增多,公共需要的层次、水平逐渐提高。在社会历史发展过程中,不同的阶段有不同的生产方式和生活方式,有其需要解决的特殊问题,因而形成了各种特殊的公共需要。多种多样的历史条件和发展水平决定了多种多样的公共需要,使公共需要既表现出发展的连续性,又具有时代更替的差异性。从横向看,社会生活是丰富多彩的,人的社会关系和精神世界是复杂多元的。时移事易带来社会生活的开放性和丰富性,给人们提供了广阔的发展空间,也拓展了公共需要的领域和内容,催生了许多新的公共需要。尤其是当今社会,科学技术日新月异,信息化、全球化浪潮汹涌澎湃,商品化、市场化无孔不入,新事物、新问题层出不穷,经济社会加速转型,人类既享受着前所未有的福利,也面临一个又一个的挑战,如民族矛盾、恐怖主义、环境污染、资源破坏、人口膨胀、贫富分化、价值失落、精神危机等。这些矛盾和问题,有的已被人们认识,正在解决,有的还没有被认识,更谈不上解决。没有被认识和解决的问题在不断积累、叠加,汇成或隐或显的社会风险,酝酿着深刻的人类生存危机,威胁着人类的持续发展。认识、解决这些矛盾,化解人类生存危机,是所有国家、民族、集团及社会成员需要共同面对、协力担当的紧迫任务,但这些问题的纷繁复杂和主体间利益取向、价值立场的差异,使得人们的认识不可能同步,从而使问题的解决只能是一个长期、渐进的过程。既承认社会问题的多元矛盾交织性,又承认认识、解决问题时多种选择的合理性,是摆在人们面前的共同要求和应取的正确态度。这也说明了公共需要的多样性。

公共需要还具有其他一些特点。如,公共需要是人的需要,它的内容与处于特定社会发展阶段的人的发展水平、个人所属的群体相关,其满足要受到个人和群体的认识能力、思想观念的制约,不能完全脱离个人和群体的需要。因此,公共需要具有主体性。公共需要是由历史形成的,并不断发展变化的。随着社会历史条件的变化,公共需要也在不断地增加内容、提高质量,呈现出无限的发展潜力。满足当前需要的同时必须考虑到未来新需要的产生,努力发展生产增加公共供给,才能满足日益增长的公共需要。可见,公共需要具有成长性。

二、公共物品

(一)公共物品与准公共物品

依据公共经济学公共物品(亦称公共产品)理论,经济体制不同,产品分类也不同。在计划体制下,几乎所有社会资源和产品、服务都由国家掌握,不仅社会公共需要和集体、单位的需要统统由国家负责供给,而且个人、家庭的特殊需要也必须依赖国家,或服从国家、集体需要而作出牺牲。国家通过计划供应和单位福利的形式对城市居民的个人需要和群体需要予以满足。市场交换和社会互助受到国家计划和单位制的限制,范围相当有限,只起很小的作用。这样一来,产品不能进行细致的分类,私人物品存在的领域很窄、种类很少,大多都被公共化、集体化、单位化了,而公共物品适用的领域广泛、种类繁多。即使本属私人消费领域内的需求和物品,也按平均原则,由公家统一供应、统一满足、统一调配,结果呈现出物品供应短缺,消费水平长期徘徊在低水平的现象。消费领域内的这种现象取决于生产领域内的制度安排,是生产资料所有制形式单一、公有制战线过长衍生的结果。

在市场经济体制下,社会中的物品得以按照市场属性进行分类,随之供给主体、供给形式也被划分成不同的类别。所谓市场属性,即消费的"排他性"和"竞争性"。排他性是指某人消费某一物品时可以排斥他人对该物品的消费。与此相对应的是非排他性,指对某一物品的消费不能排斥其他人对该物品的消费,或者排斥成本过高,难以实施排斥行为。竞争性是指某一物品供某人消费之后即无法再让其他人享用,如果增加消费者,必须增加物品数量,从而增加物品生产成本。如果某一产品供某人消费之后,还可以由其他人消费,并且其他人的消费不会降低该人对此物品的消费所获得的效用,则称此为非竞争性。换言之,给定的某一非竞争性物品的消费者增加,其引起的边际生产成本为零。

依此属性,社会产品可分为四类:具有排他性、竞争性的物品为私人物品;具有非排他性、非竞争性的物品为公共物品;处在两者之间的物品具有局部的非排他性和非竞争性(或排他性和竞争性),通常具有非排他性,不具有非竞争性的产品被称为公共资源;具有非竞争性,不具有非排他性的产品被称为俱乐部产品。物品的排他性和竞争性具有程度上的差别,相应的非排他性和非竞争性也有程度上的差别。根据公共物品两个属性的强弱之别,可以将其划分为强公共物品和准公共物品。准公共物品又分为两类:一种为拥挤性准公共物品,即随着消费者人数达到一定规模后,消费者消费时会产生拥挤性竞争性,如道路、桥梁等;另一种为价格排他性准公共物品,即在效益上可以定价,在技术上可以实现排他的准公共物品,如公园、文化遗址等。比较而言,拥挤性准公共物品如公共资源的公共性较强,而价格排他性准公共物品的公共性较弱,因此有人不把俱乐部产品看做是准公共物品。

经济学家通常将物品区分为公共物品、私人物品和准公共物品(又分为俱乐部性准公共物品和拥挤性准公共物品)三类(如表1-1所示)。公共物品是指无论个人是否想要购买,其利益仍不可分割地被扩散给社会全体成员的物品;相反,私人物品是指其利益能够加以分割然后分别提供给不同的个人,并且

表1-1 纯公共物品、准公共物品和私人物品的划分

	非竞争性	竞争性
排他性	俱乐部性准公共物品 如,有线电视、社会保障、消防、自来水、不拥挤但收费的公路	私人物品 如,食品、衣服、高等教育、拥挤且收费的公路
非排他性	纯公共物品 如,国防、法律制度、基础科学研究、不拥挤也不收费的公路	拥挤性准公共物品 如,共有资源、公园、城市绿地、不收费但拥挤的公路

不对其他人产生外在利益或外在成本的物品。凡是不能严格满足消费上的非排他性等特征的物品是准公共物品。公共物品、私人物品和准公共物品的划分界限并不是固定不变的；它一方面受生产力、科技、社会发展程度的制约；另一方面也受到社会制度的影响，其界限可以随上述因素的变动而变动。

（二）准公共物品的提供

物品的类别不同，消费者的需求不同，物品的供给主体、供给方式和需求的满足方式也不同。消费者对于私人物品缺乏一致需求，应当实行差别供给，因此由市场提供是有效率的，能够满足多种多样的个人需求。全社会对公共物品有共同需求，难以实行有差别的供给，而且公共物品往往规模庞大，生产所需的初始投入巨大，市场无力提供，只能由政府统一供给，由全体纳税人买单。有些公共物品即使市场有能力提供，但由于公共物品具有非排他性，消费者不必支付成本即可搭便车获取收益，难免产生希望别人生产，自己免费使用的心理。这种搭便车心理和行为符合个人利益最大化的经济人原则，导致生产者负担高额成本却不能获得相应利益，生产难以为继，以至供给为零。可见，市场不能实现公共物品的充分供给。

准公共物品的社会需求可以是普遍的，也可以是局部的。即使是有普遍需求的准公共物品，由于其具有一定的价格排他性和竞争性，能够有效防止某些搭便车行为，因此可以引进市场规则，由市场提供一部分这类公共物品。不过公共物品的排他性和竞争性毕竟是有限的，不同于私人物品，不能完全交给市场提供。那些需求面较大，非排他性或非竞争性较强的准公共物品，政府是有责任提供的。由于准公共物品的消费可以产生拥挤，完全由政府提供难免产生低效率，鉴于准公共物品提供可能产生的市场失灵和政府失灵，第三部门、公共事业单位作为替代者，便成为必然的选择。第三部门是一个范围广泛的社会空间，拥有多种所有制形式和组织形式，有能力提供多种准公共物品，能在一定范围内满足不同的消费需求。主要是针对具有特定资格的消费者，提供有偿然而又是低偿的准公共物品，满足消费能力较低的消费者的需求。第三部门之间既可以仿效市场，展开积极却有限的竞争，以提高绩效，同时又区别于市场，以相互合作、寻求互补为主要取向，保证实现准公共物品差别化、高效率的供给。在市场经济体制下，准公共物品的供给模式应当是以第三部门为主，政府扶持、市场补充参与的一主二辅的三元供给结构。

概而言之，物品的概念和需要的概念恰相对应。可以认为，公共物品是指为了完全满足社会共同需要的物品，或者说是满足全体社会成员需要的物品；准公共物品是指为了部分满足社会共同需要的物品，以及满足部分社会成员的群体需要的物品;私人物品是指为满足个人需要而非为了满足社会共同需要的物品。

三、公共事务、准公共事务

事务的概念和物品的概念密切相关,明确了物品的含义后,事务的含义可以得到进一步的说明。如果说,物品是对客观状态的界定的话,那么,事务则是对物品形成过程的描述,即事务是生产、供给特定物品的活动。这样对应公共物品、准公共物品和私人物品三种物品,就分别有公共事务、准公共事务和企业事务三种事务。所谓公共事务是生产公共物品的活动,是指涉及全体社会公众整体生活质量和共同利益的一系列活动,其产品具有完全的"非排他性",可以直接满足社会公共需要;所谓准公共事务是生产准公共物品的活动,是指涉及部分社会公众的生活质量和共同利益的一系列活动,其产品具有部分的"非排他性",对社会公共需要的满足具有部分的直接作用;所谓企业事务是生产私人物品的活动,是指涉及企业职工或特定消费者的生活质量和利益的一系列活动,其产品具有完全的"排他性",对社会公共需要的满足只具有间接的作用。

既然公共事务是提供公共物品,满足社会共同利益需要和提高整体生活质量的活动,其意义在于为社会运行和发展提供基础条件,那么公共事务必然要涉及很广的范围。凡立法、外交、国防、公安、司法、财政税务等国家事务,劳动、民政、交通、民族等社会事务,科学、教育、艺术、新闻等文化事务,都是或可以是公共事务。办理公共事务,必须由国家机关或公共服务机构进行,办理过程中往往行使公共权力,动员公共资源,同时要服从公共规范,接受公众监督,符合公共目的。因此,公共事务具有公益性,其收益可以为社会公众共享,其责任和成本由国家或公共服务机构直接承担,最终则是由社会大多数成员共同承担。

和公共事务及企业事务相比,准公共事务的特点是中介性。准公共事务的中介性有如下主要含义。

第一,公益性中介性。公益性是指事务的受益对象是社会公众。公共事务具有完全的公益性,亦即经济学上所说的"正的外部性",它意味着这个社会中的全体公众或任何一个社会成员都可以享受这种利益;准公共事务具有部分的公益性,这意味着社会中的部分公众可以享受这种利益;企业事务不具有公益性,这意味着社会中的公众不可以免费直接享受这种利益(但可以间接享受这种利益)。

第二,非营利中介性。公共事务的公益性决定了在一般情况下,公众享受公共事务所提供的服务是不需要交费的。准公共事务具有部分的公益性意味着为了弥补准公共事务的经费不足,或者为了平衡在享受公共事务所提供的服务方面实际存在的差异,也会采用收费的办法,但是,这种收费不是以营利为目的。企业事务不具有公益性,这意味着企业事务必然会采用收费的办法,并且这种收费是以营利为目的的。

正如通常人们将准公共物品视同公共物品一样,准公共事务也往往被视为公共事务。基于准公共事务具有公益性、非营利性,与公共事务具有共同属性,一般情况下,人们不大使用准公共事务的概念,而是一概使用公共事务的概念。在中文学术文献中,人们有时使用"公共事物"一词指称公共事务,两个语词的含义基本一致。但当人们使用"公共事物"时,往往与准公共事务的词义更接近,从而使公共事务与公共事物显出微妙的差别。

四、公共事业

"事业"是一个人们耳熟能详、经常使用的概念。日常语言中"事业"一词指人们从事的有意义、有价值的活动,是人们追求的目标。在公共领域则有两个意思:一是指计划经济体制下与企业相对的由国家经办的事业单位或事业体制;二是指市场经济体制下的社会公共事业。究竟所指何意,要看具体语境,此时,"事业"便成了事业单位或公共事业的简称。

所谓事业单位,在计划经济体制下,特指由国家机关领导,以为国民经济、人民生活、社会管理提供有利条件为目的,从事非物质生产和劳务服务活动,没有生产收入,经费由国家开支,不实行经济核算,使用事业编制的部门和单位。事业单位数量很多,总体规模庞大,结构复杂,主要分布在教育、科技、文化、卫生、体育等领域,与党政机关、企业单位并列为单位制社会组织的三大基本类型。事业体制,亦即事业单位管理体制,是指与计划经济体制相适应的,国家对于各级各类事业单位及其活动所实行的各种管理组织、制度的总称。事业活动专业技术性强,知识技术密集,从业人员多,而且专业技术人才比例高,以为社会提供精神产品和服务为主,在社会经济政治生活中发挥着不可替代的重要作用。改革开放以来,随着经济体制改革的深入,我国的事业体制开始逐步施行改革,向与市场经济相适应的公共事业管理体制转换。

公共事业则是指由特定的社会组织及其成员以满足社会群体需要和社会公共需要为目的,向社会提供准公共物品和某些公共物品,为经济发展、社会管理和公众生活创造有利条件而进行的活动或事务。公共事业的领域除了传统事业领域外,还包括公共工程、基础设施、社会保障、城市公用事业等。

公共事业具有公益性特征,所以公共事业往往又称之为公益事业。我国《公益事业捐赠法》第 3 条规定:公益事业是指非营利的社会事业,公益事业包括"(一)救助灾害、救济贫困、扶助残疾人等困难的社会群体和个人的活动；(二)教育、科学、文化、卫生、体育事业；(三)环境保护、社会公共设施建设；(四)促进社会发展和进步的其他社会公共和福利事业。"我国《信托法》第60条也有类似规定："为了下列公共利益目的之一而设立的信托，属于公益信托：(一)救济贫困；(二)救助灾民；(三)扶助残疾人；(四)发展教育、科技、文化、艺术、体育事业；(五)发展医疗卫生事业；(六)发展环境保护事业，维护生态环境；(七)发展其他社会公益事业。"

需要注意的是，在我国政府文件中，较少使用公共事业一词，而比较多地使用社会事业概念，此所谓社会事业就是公共事业。因为社会事业范畴包含教育、卫生、文化、广播、电视、体育、旅游、劳动及社会保障、民政、人口和计划生育、特殊群体权益保护等诸多领域，与公共事业领域大体重合。社会事业提供的产品和服务，是物质文明建设和精神文明建设的最终成果，是国家、地区、城市综合素质和实力的体现，在拉动经济增长和促进社会进步诸方面发挥着重要作用，这与公共事业的功能完全一致。社会事业组织按性质和资源运作不同，可划分为两类：一是公益型组织，是指满足广大公众基本需要的，没有营利条件或不以营利为目的的组织。此类组织提供的产品或服务以追求社会效益为目的，需要政府来扶持。其投资和运营主要靠公共财政承担，为了提高运营效率、降低运营成本，在运营管理中也要引入新机制。二是经营型组织，是指完全具有经营能力和营利条件，并有条件地进入市场，通过竞争向人们提供优质多样的产品和服务的组织。对此类机构主要是放开限制，吸引社会资金，利用市场机制实现发展。对具有牵动作用的重点项目，公共财政应给予适当贴息支持。这与公共事业组织的分类也没有多大区别。

第二节　公共事业管理

一、公共事业管理的定义

明确了公共事业的概念后，公共事业管理的概念及其特征也就随之清楚了。一般地说，行政管理、公共事业管理和企业管理分别是对公共事务、准公共事务和企业事务的管理。在行政管理学和工商管理学中，已经给出了行政管理与企业管理的相应定义。与行政管理和企业管理相比，公共事业管理还是一个新的管理学研究领域，学术界关于公共事业管理的定义，还没有达成共识。下面试给出本书关于公共事业管理的定义。

所谓公共事业管理是指公共事业组织在一定的环境和条件下,动员和运用有效资源,采取计划、组织、领导和控制等方式对提供准公共物品的社会事务进行协调,从而实现经济发展,提高社会管理和公众生活质量,保证实现社会公益目标的活动过程。

公共事业管理的这一定义包含了以下五层含义。

第一,公共事业管理的主体是公共事业组织,以区别于行政管理的主体——政府组织或企业管理的主体——企业组织。

第二,公共事业管理的客体是提供准公共物品的准公共事务,其受益对象是全社会或多数公众。即使直接受益对象是特定群体,由于其具有较强的正外部性,因而对全社会来说,仍是受益的。

第三,公共事业管理的内容集中概括为提高生活质量,保证社会公共利益。这就决定了公共事业管理是永久存在的,而且随着社会发展会经常进行调整,其趋势是公共事业管理的内容不断扩大,公共事业管理对社会公众的影响不断增强。

第四,公共事业管理的职能是通过对准公共事务一系列活动的调节控制,使准公共事务表现出有序、有效、可控制的特点,以满足社会公众的需要。

第五,公共事业管理负有社会的责任和义务,因此,其工作绩效不能简单地用利润或效率作为标准,必须用服务数量、质量以及满足社会需求的程度等多种尺度作标准。

二、公共事业管理的特点

由于所有组织的管理都包含合作团体的活动,而且所有的大组织(不管是政府部门、医院、大学、工会,还是工厂、商业企业)都必须履行一般的管理职能,如计划、组织、人事、预算等,所以,公共事业管理与企业管理和行政管理有许多相似之处,但是,公共事业管理在许多重要的方面与企业管理、行政管理、公共管理等其他管理形式存在着差别。下面将公共事业管理与企业管理、行政管理作一比较,以了解两者的差异,以便更好地理解公共事业管理的内容和特点。

(一)公共事业管理与企业管理的区别

企业是以营利为目的而进行生产和服务的经济组织。在市场经济条件下,企业作为市场的主体,基本是以企业法人的个体身份进行活动的,因此,相对于社会公共利益来讲,企业的利益是个体利益,企业管理也是为实现个体利益进行的管理活动。

公共事业管理概论

1. 作为现代社会管理的一种类型，企业管理有以下特点。

（1）企业管理目标相对单一。在市场经济条件下，企业的生命线在于其经济效益。因此，企业最大和最根本的目标是实现经济效益，而经济效益则是通过企业的盈利来实现和衡量的，企业的其他目标都是服务和服从于这一目标的。相对于公共利益的多元价值来说，企业的目标相对比较单一，因此，企业管理的目标也相对单一。这就使得企业管理的目标相对明确，管理活动的评价和考察标准也相对明确。

（2）企业管理具有竞争性。市场经济具有强有力的竞争机制，在这一机制作用下，包括企业管理在内的企业各项活动都具有竞争性，在竞争的压力下，企业的管理者必然着眼于创造更加适合市场需要的产品，提供适合社会需要的服务，同时，必然不断更新对企业的管理，提高管理的绩效。

（3）企业管理具有经济理性。作为市场竞争的主体，企业要以最小的成本获取最大的收益从而使得企业活动获得最大的效益。因此，企业的管理活动必须时时处处以市场为导向，以经济理性为最大原则。当然，作为在社会中活动的组织，企业管理的经济理性必须以遵守法律、法规和相关政策规定为前提，以不损害公共利益和公民个人合法权利为界限。

（4）企业管理权力来源于生产资料的所有权以及由此委托的经营管理权。在政府规定的法定范围内，企业的形成和消失，是由生产资料的所有者决定的，因此，企业管理的权力来源于生产资料的所有者。在现代企业制度下，企业所有权和管理经营权分离，但是企业的管理权仍然来源于企业产权的拥有者，因此，企业的管理者对产权拥有者负责，接受产权拥有者或者由其委托的监督者的监督。

2. 公共事业管理与企业管理的区别主要表现在以下几方面。

（1）从管理的目的来看，公共事业管理是要提高人们的生活质量，它主要给人们提供部分营利性的产品或服务，其主要目的是公益性的。而一般的企业管理主要是通过生产或服务，达到营利的目的。因此在现代社会中，公共事业管理机构与一般机构的区别不在于所提供的服务或产品是不是免费或收费（有偿）的，而在于其有偿背后的动机是什么。如果动机是公共服务，就属于公共事业管理；如果动机是赚钱营利，则属于企业管理。

（2）从管理的运行轨道来看，公共事业管理的整个过程中都受到法律的限制，这使公共事业管理严格地在法律规定的程序和范围内运行着。而企业管理则不同，法律在其活动中仅仅是一种外部制约因素，服从法律规则并不是企业的原动力。企业营利必须遵纪守法，但其主要是在利益轨道上进行的。

(3)从物质资源来源看,两者也不完全相同。公共事业管理所需要的各种物质资源部分来自于收入,有时候也部分来自于政府补助。在企业管理中,所需要的各种物质资源主要来自于投资的回报,即来自于所获取的利润。

(4)从绩效评估看,公共事业管理的绩效评估当然也要考虑经济效益,但行为的合法性、公众舆论的好坏、减少各种冲突的程度、准公共产品的数量及其消耗程度、社会整体文明水准的提高等是评估公共事业管理成效的主要指标。而在企业管理中,销售额、净收益率、资本的净收益以及生产规模的扩大程度、市场占有率的提高等是主要的评价标准,也是企业管理水平和效果的主要显示器和管理人员绩效的标志。这也就是说,公共事业管理的绩效评估偏重于社会效益,企业管理的绩效评估则强调经济效益。

(二)公共事业管理与行政管理的区别

行政管理是根据管理学和政治学的一般原理,从整体上研究对国家行政事务管理的原理和方法,研究国家对经济、科技、教育等部门进行管理的原则和方法,研究国家机关改革的方案、途径和方法以及提高行政效率的具体措施等。行政管理具有两重性:既包括管理社会的各种公共事务的一般职能,又包括维护统治阶级利益的各种特殊的职能。

公共事业管理与行政管理的区别主要表现在以下几个方面。

1. 行政管理的主体是政府机关,公共事业管理的主体是公共事业组织。行政管理具有决策性职能,公共事业管理主要从事具体的执行性行为和服务性行为。

2. 行政管理实行等级制,上下级之间是领导与被领导的关系,实行命令与服从的方式。公共事业管理是在国家政策引导下,为社会公共事务、社会公益事业和市场经济活动提供技术性和辅助性的服务,与客体之间没有领导与被领导的关系,是在相互尊重、平等的基础上,以协商、讨论、加强沟通、相互理解、达成共识、加强服务的方式来实现自己的管理意图的。

3. 市场经济体制下的行政管理就是依法行政。它依照宪法和法律,在其职权范围内制定、颁布、实施针对社会普遍对象的行政管理法规。政府的主要任务应该是决策、规划、组织、协调、控制和监督,运用经济的、法律的和必要的行政手段对社会活动进行管理。因此,行政管理主要是一种间接性管理。而公共事业管理是由中介组织履行监督管理职能,承担大量的具体管理行为及部分监督性行为,通过对一定利益的表达和维护,来协调和规范企业等社会组织的各种行为,尽力减少国家与社会两者之间的直接矛盾和冲突。因此,公共事业管理理主要是一种直接性管理。

4. 公共事业组织具有独立性。从经费上看,大多数公共事业组织在经济上是实行独立核算、自收自支、自负盈亏,通过有偿服务维持其正常运转。而作为行政管理主体的政府部门不具有独立性,整个行政系统就是一个大的等级组织,在经费上政府部门依赖国家财政。

5. 从阶级性来看,由于人类社会在相当长的时期处于阶级社会中,社会的共同利益要通过统治阶级的利益要求来反映。行政事务管理的内容当然也要求首先满足统治阶级的需要,反映特定阶段统治阶级的特殊要求;而公共事业管理的内容则主要是反映长期历史发展对社会管理的客观要求。

(三) 公共事业管理与公共管理的区别

在现代社会中,公共领域和非公共领域成为社会生活的两大基本领域。在公共领域,代表社会公共利益、承担社会公共事务的政府和非政府公共组织是其主要的组织形式,其运行遵循着公共生活的制度和规则。在非公共领域,企业构成了其主要的组织形式,作为市场的主体,其运行遵循着市场的规则和规律。按照这两大领域及其主体组织形式,我们可以把现代社会的管理划分为公共管理和企业管理两大类型。

所谓公共管理主要是指以政府和非政府的公共组织为依托,为促进社会整体的协调发展和有效实现公共利益,采取各种方式对涉及社会公众整体生活质量和共同利益的一系列活动进行调节控制的过程。

公共管理与公共事业管理的主要区别如下。

1. 管理的范围不同。公共管理是由国家承担的社会管理和由社会公共事业组织承担的社会管理,而公共事业管理仅仅是指由社会公共事业组织承担的社会管理,所以,公共管理的范围比公共事业管理的范围大一些。公共管理与公共事业管理的关系,一般可以认为是包含与被包含的关系。

2. 管理的主、客体不同。公共管理的第一主体是政府,客体是公共事务。由于公共事务的利益不可分割地扩散给社会全体成员,所以一般认为公共管理客体的受益对象是社会全体公众。但也因为公共管理的主体是政府,代表了统治阶级的意志,故而其管理活动和所提供的服务不可避免地带有强制性色彩。公共事业管理的主体是社会公共事业组织,是非政府机构,其客体是准公共事务,所以它的强制性并不是很强烈,而且它的服务带有一定限度的有偿性。此外,公共事业管理的受益对象既可以是社会全体成员,也可以是社会部分成员;社会成员既可以接受服务,也可以拒绝服务,可以有很大的自主性。

3. 管理教育的重点不同。公共管理主要是国家对社会的管理,而公共事业管理是社会公共事业组织对社会的管理,因此,公共管理学位教育的重点是对在职公务员的培训,用来提高管理社会的水平,而公共事业管理教育的重点在于对社会公共事业组织人员的教育和培训。

4.学科层次不同。公共管理作为一门近年来在我国兴起的新的学科,隶属于管理学的一门二级学科,而公共事业管理则是包含在公共管理学科中的一门三级学科。公共管理以培养在职政府公务员为主,同时兼顾非政府的公共管理或服务部门的人才培养。在受教育的层次上,公共管理专业(MPA)已经设有硕士学位而公共事业管理专业主要是为教育、卫生、体育、文化、社区等公共事业组织培养人才,以适应社会需要,公共事业管理的教学目前还只停留在本科层次上,专业课程的设置也还有待于商榷。至少在目前,两者安排的教育层次有明显不同。

第三节 公共事业管理学

一、公共事业管理学的定义

根据以上对公共事业管理的分析,可以认为公共事业管理学是研究公共事业管理现象及其发展规律的科学。具体地说,公共事业管理学是关于公共事业管理主体在一定的环境和条件下,为了实现特定的公益目的,动员和运用有效资源进行的计划、组织、领导和控制等活动及其规律的科学。

公共事业管理学以探求公共事业管理现象的发展规律作为自己的目标和任务。因此,公共事业管理学要求在把握公共事业管理现象的基本属性和特征的基础上,深入探讨和研究公共事业管理现象的本质联系及其发生、发展和运动的规律,研究作为公共事业管理主体的公共事业组织的结构、功能及其与环境的关系,研究公共事业管理活动的过程及其环节(如组织、决策、沟通、协调、监控、评估等),研究如何应用人类所创造的各种科学知识及方法来解决公共事务的管理问题等。

公共事业管理学对公共事业管理现象发展规律的研究,包括对公共事业管理的一般规律和特殊规律的研究。

公共事业管理的一般规律,是指一切管理现象和活动普遍具有和遵循的规律,这些规律在各个领域、各个层次、各种组织中普遍存在并发生作用,支配着管理活动的进行和发展。

公共事业管理中的特殊规律是在管理的普遍性基础上产生和发展的,这就使得公共事业管理除了遵循管理的一般规律之外,还必须遵循公共事业领域中由公共利益、公共组织、公共服务和公共事务等内容形成的特殊的本质联系和规律性要求，由此形成了公共事业管理的特有规律。

二、公共事业管理学的学科特点

公共事业管理学是一个正在建设中、还不够成熟的新兴学科。从学科建设发展的实际历程看，建设时间短、发展不充分、成长空间大是本学科的突出特点。

我国高等教育本科专业调整归并，是本学科建立的第一推动力。1997～1998年原国家教委按照"宽口径、厚基础、高素质"原则调整本科专业目录，将师范院校的教育事业管理、医学院校的卫生事业管理、艺术院校的文化事业管理、理工科技院校的科技事业管理等专业（方向）归并为公共事业管理专业。1999年新设立的公共事业管理专业开始招生，而原来的各专业作为公共事业管理专业的方向，不再作为独立专业。

学科与专业的关系一般是先学科后专业，学科是专业教育的内容、内核，专业是学科知识研究、传承的平台、载体，先建立知识体系，然后传播、扩散、应用知识，建立传承机构如专业或系科，使知识的研究、传播成为社会化、体制化的事业。而公共事业管理一反常例，先设专业后建学科，因而学科建设不足，理论准备不足——主要是指基础理论建设不足，而非指分支学科。因为原来各分支专业已经建设了很多年，其知识体系和基本理论大体是完备的，它们可以作为新专业的支撑和组成部分。当务之急是为专业建设的需要开展理论研究，建立学科体系和专业基础，充实专业内涵。原来各专业的知识理论必须和新专业应具备的知识理论体系——课程架构相衔接，整合为逻辑顺畅的新体系。

作为当代管理科学的一个重要组成部分，公共事业管理学是当代科学技术尤其是社会科学交叉、综合的产物，它是人们应用各种学科的知识来研究公共管理过程而形成的一个综合性研究领域。从学科内容看，公共事业管理学具有如下几个方面的基本特征。

（一）跨学科与专门化的统一

从某种意义上说，公共事业管理学是从行政学的母体上分离出来的。但是，从一开始，它就是以综合、交叉领域的面貌出现的。在其形成和发展过程中，公共事业管理学大量地吸收了其他学科的知识和方法，在由传统的公共行政学向当代公共事业管理学的转变过程中，这个领域的跨学科、综合性特征更加突出。一方面，公共事业管理学是公共行政学进一步扩展的结果，是在与当代经济学、政治学、政策分析和组织与管理理论的进一步交叉融合的基础上形成和发展起来的;另一方面,公共事业管理学作为一门独立的研究领域的地位也日益稳固。原因就在于:它有自己相对独立的研究领域,即社会公共事业组织的公共事业管理活动;它在吸收其他学科理论和方法的基础上逐步形成了自己的学科"范式"或"研究纲领",有自己的一套术语(概念)、假定、理论、方法、操作规则等,并取得了丰硕的研究成果。可以说,跨学科性是公共事业管理学的深层次基础和广阔的背景,专门化是它确定自己学科地位的内在根据和不断发展的动力,两者相辅相成、相互补充。

(二)学术性与应用性的统一

公共事业管理学是以实践、应用为取向的。公共事业管理学既来源于公共事业管理实践,反过来又指导公共事业管理实践。一方面,公共事业管理学通过对不同时期、不同国家的公共事业管理系统及过程的研究,加深了人类对这一领域的了解,增加了有关公共事业管理领域的知识,并通过概念、原理假设、理论和方法等形式,形成了系统化的知识体系,因而公共事业管理学具有深厚的学术基础。另一方面,公共事业管理学的研究又具有应用性研究的特征,它以现实的公共事业管理实践作为研究对象,或者说它深深植根于公共事业管理的实践之中。公共事业管理学要分析解决公共事业组织在现实公共事业管理活动中所遇到的实际问题,总结实际公共事业管理过程的经验教训,为公共事业组织的管理实践服务。因此,可以说,在公共事业管理学中学术性(理论)与应用性(实践)是统一的,这种统一使得它具有强大的生命力。

(三)实证性与规范性的统一

所谓实证性是指公共事业管理学追求经验科学的实证、预见和客观性等传统目标,要求对公共事业管理的现象、事实或经验加以归纳与分析,得出一般的假设或待检验的命题和理论,并由经验、事实来检验这种假设、命题或理论的正确性。实证性要求解释相关的现象或过程,并作出对未来的预测。也就是说,公共事业管理学力求回答"是什么"和"为什么"的问题,这便使其自身成为一门实证的科学。所谓规范性是指公共事业管理学不仅要提出"是什么"和"为什么"(事实)的问题,而且要进一步追问"应当如何"(价值)的问题,它要把价值分析当做自己研究的重要组成部分,并力求提供某些规范性的建议。

这个特征也就是通常人们所说的"政治性"与社会性、科学性的关系。与私人管理不同,公共事业管理过程更多的是一种政治过程,因而公共事业管理的公共性或政治性的特征十分显著。政治制度、政府结构、意识形态以及其他政治和法律环境对公共事业管理往往具有决定性的影响,这也决定了各国的公共事业管理过程,同样要具备决策、计划、沟通、协调、监控等基本环节,并采用某种共同的管理方法和技术。公共事业管理学更多地要研究人类公共事业管理过程的一般规律,并形成科学的知识和方法。因而,公共事业管理学的基本理论、方法是国际性的,可以为各国所通用。

三、公共事业管理学研究的意义

第一,开展公共事业管理研究,有利于公共事业管理领域的知识创新,建设本土化的公共事业管理学。实践催生理论,理论推动实践。公共事业管理学应我国改革开放之需而生,是一门实践性、应用性很强的学科。公共事业的改革发展迫切需要理论指导,然而公共事业管理学科的教学与研究工作尚属起步阶段,理论研究滞后,知识储备不足,学科建设不够成熟,极大地限制了公共事业管理学的指导作用的发挥。加强理论研究,总结实践经验,充实专业知识,尽快提高学科建设水平,为公共事业发展和公共事业管理体制的改革创新奠定理论基础,是摆在学术界面前的一个紧迫任务。

第二,开展公共事业管理研究,有利于推进我国公共事业管理体制改革的深入。改革开放以来,在不断推进的市场经济体制改革过程中,国家逐步对事业单位管理体制进行了调整,积累了许多改革经验。这些经验包括:实行简政放权,打破高度集权的管理方式,扩大各类事业单位的管理自主权。这都增强了事业单位的自我发展能力与活力。改变事业资源利用方式,鼓励事业单位面向社会、走向市场、拓宽服务领域和范围、增加服务项目、开展有偿服务,从而建立起新的成本补偿机制,扭转了事业单位的困难局面,提高了资源利用效率和服务质量,为部分事业单位向市场化转制创造了条件。改变传统的干部人事制度,允许跨单位兼职、流动,调动了事业单位人员的积极性和创造性,促进了事业单位人员的合理流动,增强了事业单位的活力。改革是一个不断试错的过程,在探索进步的同时难免出现许多问题与失误,这些问题和失误的出现往往与人们的认识不足有关。虽然我们已经认识并解决了大量的问题,但有更多的问题尚待认识和解决。而以往的事业体制改革采取渐进改革模式,遵循先易后难、先局部后整体、先外围后中心的原则,解决的多是容易解决的局部性、边缘性问题,那些深层的焦点、难点问题则留了下来。推进公共事业管理研究,将这些有待于认识、解决的深层次问题认识清楚,显然有助于下一阶段的改革。

第三,开展公共事业管理研究,有助于理清政事关系,推进行政管理体制改革。公共事业属于社会事务,在计划经济体制下,政府直接面对社会,设立众多管理部门和事业单位,从事大量具体而细微的社会事务管理活动,取代了各类社会组织的功能,造成大政府、小社会的局面。那时国家包办一切社会事业,实行政事不分、政事一体的管理体制和运行方式，使政府成为各项事业的所有者、管理者、运营者，各类事业单位变成政府部门的附属物，无条件接受政府的领导，按行政指令行事，结果混淆了行政机关与事业单位的职能界限。随着社会生活的发展，社会事务不断增加，政府的负担越来越重，管理机构和人员编制恶性膨胀，行政管理成本节节升高，管理效率却每况愈下，而公众的需要不能得到有效的满足。近年来行政改革的着力点主要放在理顺政府与企业、政府与市场的关系上，转变政府职能也侧重于经济管理领域，而事业单位管理领域改革相对滞后。政事关系没有理顺，政府的事业管理职能仍然广泛而具体。下一阶段政府职能转变的重点应当放在事业领域，研究市场经济条件下政府如何给自己定位，明确政府对公共事业管理的内容、方式，建立新的公共事业管理体制。可见，事业领域改革直接关系到行政改革，开展公共事业管理研究，是进行公共事业管理体制改革的必要准备，对于政府转变职能、精简机构、提高行政效率也有促进作用。

　　第四，开展公共事业管理研究，有利于推进我国公共事业的发展和社会全面进步。公共事业的发展面临很多挑战，应对这些挑战，突破瓶颈制约因素，需要为之创造有利的社会条件，破解实践和理论上的困扰。研究公共事业管理问题，总结我们自己的经验教训，借鉴发达国家的做法，探索公共事业发展的规律，寻找可行的发展路径、方式，是我们在新的历史条件下发展公共事业所必须做的基础性工作。要实行政事分开，把政府原来替事业单位行使的职能和权力交还给社会，就要研究如何培育社会中介组织，扩大事业单位的自主权，提高社会自治能力，为社会中介组织的发展提供广阔的空间，通过中介组织实现对部分社会公共事务的管理。而实行"放水养鱼"政策，允许事业单位"创收"，产生了模糊事业和企业、公益性活动和营利性活动界限的问题，导致国有资产流失、不正之风蔓延等一系列负效应。为了消除这些负效应，就要加强公共事业管理研究，澄清公共事业的性质，探索适宜的改革思路和对策，确保公共事业沿着正确的轨道健康发展。

本章小节

　　1.需要是人类行为的动力，人的需要多种多样，构成了一个复杂的系统。公共需要是相对独立于个人需要和群体需要的社会整体需要，是以社会共同体的利益为基本表现形式的普遍需要，本质上是全体社会成员共同生存发展所需的条件和利益。公共需要具有客观性、社会性、多样性、主体性、成长性的特点。

2.满足人类需要的物品可以按照市场属性即消费的"排他性"和"竞争性"进行分类。具有排他性、竞争性的物品为私人物品;具有非排他性、非竞争性的物品为公共物品;处在两者之间的物品为准公共物品。公共物品、私人物品和准公共物品的划分界限受生产力、科技、社会发展程度以及社会制度的影响。市场经济体制下,私人物品由市场提供;对公共物品市场无力提供,只能由政府供给;准公共物品的供给模式应当是以公共事业组织、第三部门为主,由政府扶持,市场补充。

3.公共事务是生产公共物品的活动;准公共事务是生产准公共物品的活动;企业事务是生产私人物品的活动。准公共事务的特点是中介性,即公益性中介性和非营利中介性。

4.中国事业体制在逐步推行改革,向与市场经济相适应的公共事业管理体制转换。公共事业是指由特定的社会组织及其成员以满足社会群体需要和社会公共需要为目的,向社会提供准公共物品和某些公共物品,为经济发展、社会管理和公众生活创造有利条件而进行的活动或事务。公共事业的领域除了科技、教育、文化、卫生、体育等传统事业单位外,还包括公共工程、基础设施、社会保障、城市公用事业等。

5.公共事业管理是指公共事业组织在一定的环境和条件下,动员和运用有效资源,采取计划、组织、领导和控制等方式对提供准公共物品的社会事务进行协调,从而提高社会管理和公众生活质量,保证实现社会公益目标的活动过程。它在许多方面与企业管理、行政管理等管理形式存在着差别。

6.公共事业管理学以探求公共事业管理现象的发展规律作为自己的目标和任务。从学科建设、学科内容看,有自己的鲜明特点。

7.开展公共事业管理研究,有利于公共事业管理领域的知识创新、理清政事关系、推进行政管理体制改革和公共事业管理体制改革的深入,从而推进我国公共事业的发展和社会全面进步。

思考题

1.如何认识公共需要、公共物品、公共事务、公共事业之间的关系?
2.市场经济体制下公共物品、准公共物品的提供方式有何区别?
3.公共事业管理的内容与特点是什么?
4.公共事业管理学研究的对象和意义是什么?

第一章 绪论

关于北京世界文化遗产门票涨价事件

一、事件起源

北京故宫、天坛、颐和园、八达岭长城、定陵、长陵6处世界文化遗产参观游览门票价格酝酿上调。

2004年11月30日,北京市发展和改革委员会就故宫博物院等6个世界文化遗产游览参观点申请就调整门票价格举行听证会。出席听证会的有:5位公园管理申请人代表,分别来自故宫博物院、八达岭长城、颐和园、天坛、十三陵特区办事处;听证代表19人;市民旁听代表10人;12家新闻媒体的记者。从申请的门票价格调整方案看,本次的调价幅度较大,这6处景观淡旺季门票价格都平均上调了近1倍,故宫淡季门票价格从每张40元调整为80元,旺季从每张60元调整为100元;颐和园淡季价格从20元上升到60元,旺季从30元调整为80元;长城淡季由35元调整为60元,旺季由40元调整为80元;天坛淡季由10元调整为30元,旺季由15元调整为50元;定陵淡季由40元调整为50元,旺季由60元调整为70元;长陵淡季每张30元保持不变,旺季由45元调整为50元。如图一所示。在涨价的同时,5位申请人在报告中都提出了相应的配套优惠措施,主要是通过控制年月票价格,降低涨价对北京市居民日常晨练、

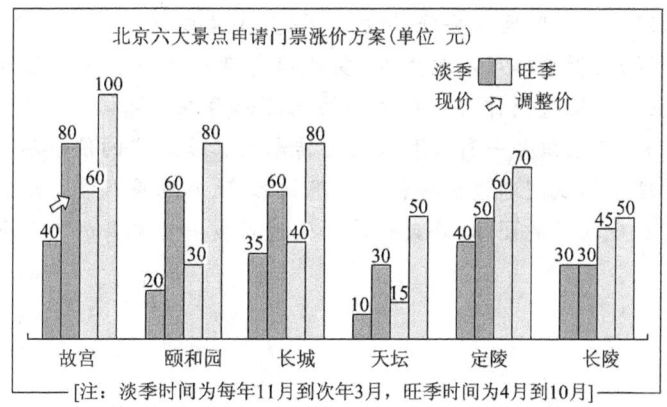

图一

休闲的影响。月票价格原则上不超过两张门票的价格,年票价格初步定为:60岁以上持老年证人员50元,60岁以下持退休证人员100元,其他人员200元,大、中、小学生给予半价优惠。

二、涨价理由

概括起来,各申请单位陈述的涨价理由主要集中在4个方面:一是现行门票价格过低,不能体现这6处世界文化遗产包涵的历史、文化和社会价值。二是,这6处世界文化遗产都面临着长年积累下来的损坏严重、缺乏修缮的困境,抢救性修复工作任务繁重,资金缺口巨大。据有关部门测算,为落实"人文奥运"规划,到2008年,这6处世界文化遗产的保护、维修等费用将超过30亿元。申请单位认为,单靠财政投入还有困难,而现行门票价格偏低,其收入很难实现文物保护与可持续发展。三是,现行门票价格水平普遍低于国内同类景点门票价格。调查显示,敦煌莫高窟每张门票100元,陕西兵马俑90元,山西平遥古城120元,四川乐山大佛70元……而北京门票价格最高的故宫博物院,旺季每张也只有60元,淡季仅40元。四是,利用涨价来限制目前超负荷的参观客流,以保护文物古迹。据介绍,颐和园的最佳游客日接待量为6万人次,最大游客日接待量应为10万人次,但在高峰日实际参观人数达到了15万人次。超负荷接待使园内古建、文物超负荷承载,既增加了不安全因素,也损害了游览质量。

三、公众质疑涨价

门票涨价理由受到公众的普遍质疑。一种意见指出,公益性产品的调价应该有个制度化的规范和约束体系,公益性服务机构与管理机构的运行成本及各项开支应当监控。世界文化遗产是具有公益性的产品,中央及地方财政应该协同配合、合理定价,对这6处景点的预结算报告进行审计。另一种意见是,历史文化遗产的定价一定时间内要保持稳定,调整要考虑居民的消费水平、价格指数等各方面因素,调整幅度不宜太高,要给消费者一个适当而合理的理由。更有人认为,世界文化遗产作为一种准公共物品而存在,其真正的意义不在于为某个部门营利,它应该是一种教育和文化传承的工具。它的价值不是用金钱来衡量的。管理部门试图通过价格杠杆来限制客流,其结果只能是限制了那些社会低层的有参观欲望的团体,导致世界文化遗产丧失其本身的教育和文化传承意义。

参考资料

芬兰发行彩票筹资　国家承担主要资助

芬兰全国共有5处联合国教科文组织确认的世界文化遗产和1 000多座

博物馆。按人口比例计算,芬兰是世界上博物馆最多的国家。为使国人更多地了解本国的历史和文化,芬兰通过国家对博物馆提供资助来降低门票的价格。根据芬兰1993年1月1日实施的博物馆法,为了维持博物馆的运作,国家必须对博物馆的建造以及日常开支给予资助。该法律还明确规定,政府可将通过发行彩票筹集来的资金用于对博物馆的资助。据了解,芬兰彩票公司是芬兰唯一一家国家经营彩票的公司,隶属芬兰教育部。除了其营业额的5%作为税收上缴财政部外,其全部利润均上缴教育部,用于艺术、科学、体育、青少年活动、图书馆和博物馆等教科文事业。芬兰全国共有5处联合国教科文组织确认的世界文化遗产,其中位于赫尔辛基海边的芬兰堡最负盛名。此外,芬兰堡还建有包括芬兰堡博物馆、海岸炮博物馆、潜艇博物馆在内的7座博物馆,游客只有进入这些博物馆参观时方需购买门票。

芬兰国家博物馆

作为国家级博物馆之一的芬兰国家博物馆坐落在首都赫尔辛基的市中心,是赫尔辛基市民和外国游客经常光顾的一座主要博物馆。其门票价格为:成人票每人5.5欧元,优惠票(学生、65岁以上老人、现役军人、10人以上的团体)每人3.5欧元,18岁以下的未成年人和儿童免费。此外,该博物馆每周二下午5:30至晚上8:00对公众免费开放;每年5月18日"国际博物馆日"以及6月12日"赫尔辛基日"均对公众免费开放。学校安排组织的学生参观以及有关授课老师为了讲课到博物馆了解情况都不需要购买门票。

(资料来源 http://www.sina.com.cn 2004年12月06日 北京青年报 赵长春文)

第二章

公共事业组织

第一节 国家与社会的关系

界定公共事业组织,逻辑前提是理清国家与社会的关系。理解国家与社会的关系,需要追索市民社会理论,理解市民社会概念和第三部门概念。

一、"市民社会"

(一)市民社会理论的由来与发展

1.古典市民社会理论。"市民社会"(亦称公民社会,英文为 Civil Society)一词最早出现于亚里士多德的《政治学》中,用来指古希腊的城邦社会。在古代希腊,城邦或国家(Polis)首先是一个公民集体,也就是说,城邦是由公民(Politai)组成的。公民是城邦的主体,在城邦中形成一个特权阶层,并享有一定的权利,而首要的权利就是参与城邦政治活动。亚里士多德有一句名言:"人从天性上说是个政治动物。"原意是说,人从天性上来说是生活在城邦里的动物,亦即公民只有生活在公民群体即城邦中才具有意义。亚里士多德奠定了古典市民社会理论的基础。

公元17世纪至18世纪,当一些契约论思想家(如洛克、卢梭、康德等人)反对为专制王权提供理论依据的君权神授思想时,市民社会概念再次受到重视。在这些契约论思想家那里,市民社会和政治社会是同义词,与此相对应的则是自然状态或自然社会。他们所说的自然状态实际上是一种无政府状态,自然社会实际上是一种前国家社会。契约论思想家们一致认为自然状态或自然社会由于有着自身不可克服的种种弊端(如缺乏和平、安全、人身保障等)必然要过渡到市民社会或政治社会,而这种过渡是通过处于自然状态中的人们用订立社会契约的方式自愿让渡自己的部分或全部权利给国家以换得后者的保护而完成。就这样,契约论思想家摧毁了君权神授说,把政府权威的来源从上帝那里转到了民众那里。洛克、卢梭等人还进而提出了人民主权理论以反对霍布斯等人坚持的君主享有绝对权力的观点。在契约论思想家那里,市民社会理论成为反对君权神授思想的重要理论武器。

综观古典市民社会理论,市民社会概念的使用呈现出如下三个特征:第一,古典市民社会理论家对这个概念的使用具有强烈的道德判断意味。他们往往有意无意地坚持文明状态或文明社会—野蛮社会(契约论思想家称之为自然状态或自然社会)的二分法。在他们看来,处于野蛮状态之中的人们,由于只有家庭、村落乃至部落这样的社会共同体而没有政治共同体,因此无法过上快乐而有道德的生活。只有当人们自愿组成政治共同体时才能过上美好生活。政治共同体的出现表明人类理性的发展进入了一个新阶段,是人类进入文明社会的首要标志。第二,古典市民社会理论家往往在政治社会的意义上使用市民社会的概念。他们承认在市民社会中存在着家庭、私有财产、工商业生活等,但他们认为这不构成市民社会的主要特征,因为这些要素在野蛮社会或自然社会中同样存在。市民社会的主要特征在于它拥有政府和法律这样一些政治文明因素,它也因此被称为文明社会。第三,古典市民社会理论家承认市民社会是先于政治社会而存在的。亚里士多德所述的古希腊城邦是由家庭、村落和部落组成的,公民具有参与政治的权利。契约论思想家更是认为社会先于国家而存在,国家只是处于社会中的个人为达致某种目的而形成契约的结果。政府的权威来自民众的同意,政府的目的是保障民众过上幸福生活。个人只有作为公民而存在,只有参加到政治共同体的生活中去才有意义。基于以上原因,古典市民社会理论家往往把政治社会与市民社会等同起来。

黑格尔的《法哲学原理》对现代意义的"市民社会"概念有很大影响。在黑格尔看来,市民社会——或者毋宁说是社会中的市民部分——是处于家庭与国家之间的地带。它是市场,是社会的商业部分,是市场得以运作以及其成员得以保护所必需的制度和机构。它不再是只与野蛮或不安全的自然状态相对的概念,更准确地说,它是同时与自然社会(家庭)和政治社会(国家)相对的概念。它的出现,使原本只能在政治领域加以解决的事务,现在因其性质不同而可以在社会领域中获致原则上的解决,也就是说,透过对国家权力的划定或对市民社会领域的界定,市民社会获致了非政治的生命。由此看来,黑格尔的市民社会概念与古代世界发生了质的区别。

黑格尔的贡献在于把政治国家和市民社会加以区分,强调市民社会系由非政治性的社会所组成。但他犯了一个致命的错误,那就是认为"国家高于市民社会"。这个观念所产生的误导,由历史无情地在20世纪作出了验证。社团主义(亦称"大国家主义")和法西斯极权主义在20世纪正是透过对这一误导极端化而表现为国家绝对至上和国家赤裸裸地全面统治市民社会。

马克思吸收了黑格尔市民社会概念的合理内核,纠正了其缺陷,进一步完善了这一概念。他认为市民社会乃是"私人利益的体系"或特殊的私人利益关系的总和,它包括了处在政治国家之外的社会生活的一切领域。同时,他把黑格尔颠倒的市民社会与政治国家之间的关系纠正了过来,不是国家产生市民社会,而恰恰相反,市民社会是国家的前提和基础。正如恩格斯所说:"决不是国家决定和制约市民社会,而是市民社会制约和决定国家。"[①]从而揭示了市民社会与国家的真实关系,找到了理解市民社会的钥匙,为市民社会的研究开辟了新途径。

2. 当代市民社会理论。二战以后,世界各国政府为推动社会和经济发展而不断加强干预社会生活的力度,由此导致国家权力无限制膨胀,国家机构日趋臃肿,社会的首创精神和活力被窒息。20世纪80年代以来,面对国家过度干预所带来的种种问题,一些学者开始对倡导国家过度干预社会经济生活的凯恩斯主义、传统社会主义理论、现代化理论进行反思和批判,并开始思索如何限制国家权力、重新为国家作用定位等问题。与此同时,无论东方、西方还是第三世界各国都先后开始了社会大转型,市场化和民主化重新成为一种世界性潮流。18世纪以后曾流行于西方的近代市民社会理论主张用市民社会制衡国家,认为市民社会有能力管理好自己内部事务而反对国家过度干预等观点顺应了市场化和民主化的潮流而得以复兴。

当代西方学者提出用国家—市场(经济)—市民社会的三分法来代替国家—市民社会的二分法,认为市民社会是经济领域中市场和政治领域中民主的社会学意义上的对应物,它连同民主和市场构成发展学派万用妙药的"魔力三重唱",成为治疗20世纪90年代诸种流行病症的常用处方[②]。上述观点代表着当代西方市民社会理论研究的主流,反映了20世纪以来西方市民社会理论

---

① 马克思,恩格斯. 马克思恩格斯全集:第1卷. 北京:人民出版社,250页.
② 戈登·怀特. 公民社会、民主化和发展:廓清分析的范围[M]//何增科. 公民社会与第三部门. 北京:社会科学文献出版社,2000,58页.

研究重心的转移。对市民社会概念的这种新发展作出重要贡献的主要有帕森斯、哈贝马斯以及柯亨和阿拉托等人。

帕森斯认识到了社会从传统向现代转变的过程中,由社会共同体(Social Community)执行的社会整合功能对整个社会系统生存和持续的重要性。他在《社会体系》(1951年)、《经济与社会》(1956年)等著作中将现代社会划分为四个子系统,即经济、政治、文化、社会子系统,并把市民社会主要理解为社会子系统(或社会共同体),它的主要功能是将文化价值加以制度化来达到社会整合的目的。社会子系统的基本要素不同于经济组织和官僚机构的组织模式——社团或协会(Association),它强调成员的自愿加入、彼此平等和决策的程序化。社会子系统主要是通过各种社团或协会来完成社会整合的任务的。在社团或协会中,通过社会化机制和社团控制机制(如人际制裁和仪式活动等),个人将会自觉或不自觉地把现行的文化价值观作为一种行为规范接受下来。

哈贝马斯将黑格尔的"市民社会"分解为两个领域,即"狭义的市民社会"(经济领域)和"公共领域"。可以说,他已经提出了一种三元分析框架,即"公共领域—经济—国家模式"。哈贝马斯认为,资本主义市场经济的发展导致了国家与社会的分离,与国家相对应的是"公共权力领域",即政治领域;而与社会相对应的则是"私人领域"。"对于私人所有的天地,我们可以区分出私人领域和公共领域。私人领域包括狭义的市民社会,亦即商品交换与社会劳动领域,家庭以及其中的私生活也包括在其中"。"私人领域当中同样包含着真正意义上的公共领域,因为它是由私人组成的公共领域"。[①] 哈贝马斯所指的公共领域包括"教会、文化团体和学会,还包括了独立的传媒、运动和娱乐协会、辩论俱乐部、市民论坛和市民协会,此外还包括职业团体、政治党派、工会和其他组织"[②]。它构造了一种崭新的现代生活方式,建立了与现代制度和生活方式相适应的价值规范体系,从而为现代人的生存和交往提供了新的空间和意义;它还促进了现代经济制度和国家制度的形成并为国家提供了合法性基础。

美国哲学家柯亨和阿拉托在1992年出版的《市民社会与政治理论》一书的序言中,"把'市民社会'理解成为经济与国家之间的社会互动领域,它首先是由私人领域(尤其是家庭)、结社的领域(尤其是志愿结社)、社会运动以及各种公共交往形式构成的"。他们认为"有必要作以下很有意义的区别,即一方面把市民社会同一个由党派、政治组织和政治共同体(尤其是议会)构成的政

[①②] 哈贝马斯.公共领域的结构转型[M].北京:学林出版社,1999,35页。

治社会区别开来,另一方面把市民社会同一个由生产和分配的组织(通常是公司、合作社、合营企业等)构成的经济社会区别开来"①。

虽然研究者们从不同的取向对市民社会进行了描述和说明,但是,对"市民社会"在当代的发展大体体现的特征达成如下共识:第一,市民社会的构成主体是各类社团。它主要是这些自治的民间社团及其活动所构成的公共领域。"市民社会简直就是其社团的总和。市民社会之所以形成,正是这些社团的作用"。多数人都同意把市民社会描写成一个联谊会、俱乐部、教堂、商会、工会和其他志愿协会的场所,这些组织是家庭和国家之间广泛的社会生活的媒介。这一公民结社的领域被视为公民学习、自由集会、对话和开拓首创精神的场所。通过分析不同类型的社团,可以看出,发达的现代社会通常被描述为"组织社会"(Society of Organization)或"法团社会"是不无道理的。因此"市民社会"概念表述了自下而上创建的独立的而不是受国家督导的社会生活方式的要领。第二,非政府性。首先,市民社会是作为一种民众自发地、志愿地参与以对抗国家的过度干预和对国家权力进行制衡的力量而出现的。任何公共的权力都需要制约,不受制约的权力是危险的权力。阿克顿勋爵有个著名的命题即权力导致腐败,那么,绝对的权力导致绝对的腐败。对于政府来说,最有效的制衡力量不光是来自内部的分权,更重要的是来自政府之外的社会。因此,在力量对比上从霸权式的国家向市民社会的变化将会使权力持有者处于更大压力下,从而更加负责地运用手中的权力。其次,一个活跃的市民社会可以通过传送民众中各个不同部分的需要和表达他们的利益而有利于改善民主政体的运作。培养公民民主的生活方式可以说是政府功能的一项"空白"。政府不能强权干预要求公民按照政府的意志生活。市民社会是公民学习民主的大学校。在市民社会中,民主是一种实实在在的社会生活方式,民主融入了公民的日常生活。而只有当民主成为人们的日常生活方式的时候,民主才能真正实现。所以,市民社会的非政府性使存在于其中的组织能广泛地参与到各类发展项目之中,极大地弥补了国家能力的不足并促进以官民合作为特征的治理和善治的实现。第三,非营利性。对当代西方国家影响最为深刻的一种思想渊源就是亚当·斯密的自由市场理论。他承认经济秩序不是"规划"、"设计"的结果,而是许多谋求自身利益的人在"看不见的手"的作用下无意识的活动的产物。由此而导致西方市场经济的发达和物品的极大丰富,但同时也创造了一个资本帝国,一个资本统治一切的帝国。实践证明,市场不是一个完美的体系:它不能有效率地提

---

① 童世骏."后马克思主义"视野中的市民社会[J].中国社会科学季刊.1993(5).

供具有非竞争性和非排他性的物品,如国防、立法、基础设施、环境保护和基础科学研究;也不能自发满足使自己有效率运转的各项条件,如建立并维护所有权的制度;还不能提供许多人们极为珍视的东西,如消除贫困、社会保障和心灵的宁静。更重要的是,它造成了"人的异化",即在资本帝国里,人变成了自己手段的手段,人被自己的创造物所奴役。正是市场的这些缺陷,使非营利性的市民社会得以成长和发展起来。在市民社会中,公民通过参与各种志愿性社团组织形成了互惠、信任、合作等规范,而这些规范正是维系民主和促进发展都不可或缺的社会资本。公民社团提供了公民参与网络,在这种网络中,相互关系得以确立和加强,信任得以产生,而交往和集体行动方式得到促进。加强市民社会成为建立社会资本最重要的途径之一,成为市场经济良性运行的最重要的支撑。

如今,作为现代商品经济和民主政治下的产物的"市民社会"已经成了全球发展话语的一部分。经过十几年的理论研究和发展实践,国际学术界对于"市民社会"的结构特征和存在价值有了相当丰富的认识。面对全球化浪潮的席卷,为了在全球化竞争中占据领先地位,他们加紧了对于"市民社会"的更深层次的研究。目前关注的焦点转向实用性研究,主要包括两方面:第一,市民社会与政治国家的关系。前提是承认二者具有相对的独立性,这种独立性是由对方所不存在的并无法实现替代的功能决定的;但二者又相互联系、相互影响。市民社会成员要把个人的或者集团的特殊利益上升为普遍的公共利益,就必须有政治参与的机会。而政治国家要维护普遍的公共利益,控制市民社会中的利益冲突和斗争,就必须干预市民社会的内部事务,起平衡和调节的作用。所以,对于市民社会来说,问题不是要不要国家干预,而是要确定国家干预的具体方式、内容和限度;同样,对于国家来说,问题不在于是否保留市民社会诸要素的独立性,而是要为它们的独立性确定一个合理的限度。第二,"市民社会"中组织的发展和健全。"市民社会的核心机制是由非国家和非经济组织在自愿基础上组成的"。发展"市民社会"最关键的问题是如何使这部分组织得到良好的发展。而"市民社会与国家"的新型关系正是"市民社会"中组织发展的前提。当前的研究将这类区别于政治领域的政府和经济领域的营利组织的所有组织称做"第三部门"(The Third Sector)。

(二)中国市民社会的发展特点

通过对当代西方"市民社会"理论和实践的分析可以发现,我国当前经历着国家与社会的分离,从"大政府、小社会"走向"小政府、大社会",与政治国家日渐分离的"民间社会"与西方市民社会具有相似的背景和意义。但我国仍有自己的国情而不能照搬西方市民社会理论，我国"民间社会"的发展在借鉴国外经验的同时，必须基于我国的实际情况，进行批判性的汲取。

可以说，我国的"民间社会"与西方市民社会之间的确存在着许多相似特征。第一，二者都是从国家过度干预状态下趋于独立的。西方市民社会理论的重新兴起是西方民主政治畸变的结果。体现为二战后国家权力日益向行政部门手中集中，权力分立、地方自治的传统体制和观念受到动摇；同时一些大的利益集团或社团组织的政治影响力日益增加，普通民众由于缺乏组织手段而被排斥在政府决策过程之外；行政官僚有向专家治国、信息垄断方向发展的趋势，普通民众的知情权、参政权受到侵害。于是，社会需要的产生和社会利益的增加促使公民集合产生了各种社团和组织以争取和保护自身利益，以至于衍生了一场全球性的"社团革命"。中国民间社会依附于国家的历史更为悠久。从封建官僚统治到解放后持续了三十多年的计划经济时期的政府全能管治，社会几乎没有作为一个独立领域存在过。而目前形成的国家—经济—社会三元格局正是权力格局由单极向多元转化的一个结果。第二，二者都是市场经济作用的结果。实践证明，无论资本主义国家还是社会主义国家，经济市场化都是客观发展所必需的。然而经济功能并不能替代社会功能行使于社会领域。市场机制本身就存在着缺陷，不仅不能彻底解决社会问题，反而会制造社会问题。西方凯恩斯主义的失灵、福利国家的危机，使人们志愿参与到一些联谊会、俱乐部、文化团体、职业团体和工会等组织以获得互惠和信任。在中国，建立市场经济的改革使过去的企业"单位"转变了职能，成为独立经营、自负盈亏的法人实体。以前由单位承载的社会功能回归社会领域，大部分由社区来承担。第三，二者都代表着与政治、经济相对的市民生活领域。这个领域是独立存在的，在这个领域中，政治、经济的功能是相对"失效"的，对社会的功能是无法替代的，但不排除市民生活领域与政治、经济的联系，因为它的发展本身就是政治、经济的有效支撑。

我国"民间社会"与西方市民社会之间也存在着不同之处。显著的不同在于引致西方市民社会产生并一直影响着它运行的两大思想渊源上：其一是对保护个人思考的自由以及对政治专制批判的近代自由主义政治思想；其二是对市场经济的弘扬以及对国家干预活动的应对的近代自由主义经济思想。前一种思想来自洛克的"社会先于国家而存在"，国家只是处于社会中的个人为达致某种目的而让渡自身部分权利形成契约的结果。于是，折射到当代西方市民社会与国家的关系不仅仅是参与、合作更是制衡、对抗的关系。而在实行社会主义经济政治制度的中国，公民已逐渐在法律上被赋予了更多的权利和自由，即使在这种情况下，公民也不会组织起来对抗国家，共同利益的存在使双方达成妥协,公民对国家更多的是参与和合作。后一种思想来自亚当·斯密的"看不见的手",在这只"手"的指引下,经济领域是自组织的、服从自身规律和变化的独立体系。在这个体系中,人身自由和私有财产是自然秩序所规定的人类的基本权利,是天赋人权的基本内容。于是,折射到人与人之间的关系上是赤裸裸的金钱关系,为自身最大利益而争取权利。公民能够组织起来,很大程度上是利益的需要,在组织中能使自身的利益得到满足或使利益得到增加。在这两种思想渊源下产生的市民社会较中国的"民间社会"更具刚性,行为上更具激烈性,容易与国家形成难以调和的矛盾。

我国当代"民间社会"与西方市民社会存在着相似的特征和本质的不同。就共性而言,我国当代"民间社会"是一定程度上的市民社会,是东方背景下不成熟的市民社会。中国"民间社会"的发展有向"市民社会"借鉴的必要。首先,从市民社会建立的外部环境来看:第一,国家与市民社会是相对分立的领域,市民社会具有独立的生存空间,国家确认市民社会中各类组织活动的权力,凡是能增进国家利益的或公共利益的活动,国家都予以保护和支持。我国目前社会结构变迁虽然显现了独立社会领域的存在,但是国家并没有在总体上缩减对社会控制的幅度。市场化改革引发的政府的机构改革和职能调整,并没有对社会领域的改革进行明确的界定。中国建立市场经济体系的改革经验证明,政府不仅需要逐步从经济领域的控制地位退出,更需要把对社会领域的控制逐渐减弱,还社会以独立发展的空间。同经济领域的改革一样,社会领域的建设也是政府自上而下推动和培育的结果。中国目前"社会"发展首要的问题是构建国家与社会之间合理的、良性的关系,创造出适合社会发展的外部秩序。这就要求国家逐步从原来介入过多的社会领域中撤出,但在这种撤出的同时要保证政府的权威与行为能力。社会领域的发展离不开政府的积极推动和合理的设计、塑造。国家与社会之间是一种辨证关系,处理好这一关系无论对政府还是社会发展都非常重要。第二,西方市民社会的成熟很大程度上依赖于西方的法制。西方社会是个法治的社会,健全的法律体系无孔不入,不仅对市民的权利和义务进行了界定,还对第三部门的形成和活动进行了规定。正是有了法律的保障,国家与市民社会之间参与、合作乃至对抗、制衡的关系被确立下来,市民社会和第三部门的发展才比较稳定。因此,对于我国市民社会的发展来说,法律法规的出台并得到切实履行也是很关键的。另外,从市民社会自身发展来看,市民社会的发展离不开第三部门,市民社会实质上是第三部门及其活动的集合。西方理论研究者为使市民社会得到良好的发展,纷纷把目光投向第三部门,创建并使第三部门成为理论研究的焦点,也成为社会实践的目标。因此,第三部门的兴起是市民社会成熟的标志,二者的发展出现合流的趋势。而在我国,社会领域的出现是政府推动政治经济改革的结果,单位制的解体使单位原先承载的社会功能得以释放,由此而涌现出街居的作用、各类中介组织的作用和各种社团的作用。社会功能的实现主要靠类似社区、社团、协会、中介组织等社会组织的发育和作用。社会组织的发育成熟与否直接关系到社会的健康发展。因此,当下中国从市民社会的角度来看待社会发展,重中之重是健全类似于国外第三部门的社会组织。

二、"第三部门"

"第三部门",这个概念是由美国学者列维特最先使用的。以前人们往往把社会组织一分为二,非私即公,非公即私。列维特认为这种划分太粗陋,忽略了一大批处于政府与私营企业之间的社会组织。它们所从事的是政府和私营企业"不愿做,做不好或不常做"的事。列维特将这类组织统称为"第三部门"。此后这个概念在学术界被频繁使用。目前常见的第三部门同义语还有"独立部门"(Independent Sector)、"志愿部门"(Voluntary Sector)、"利他部门"(Altruistic Sector)、非政府组织(Non Government Organization)和非营利性组织(Nonprofit Organization)等。

国际社会对于"第三部门"的概念界定比较有代表性的主要有以下三种:一是直接给出法律上的定义。世界上很多国家都在法律上对属于"第三部门"的组织有特殊的规定。如在美国,税法501条26款对各类"第三部门"组织免除联邦所得税有明确的规定。凡是符合这些条款的组织就可定义为"第三部门"组织。二是依据组织的资金来源定义。联合国的国民收入统计系统采用的就是这种定义,该系统将所有的经济活动划为五大类:金融机构、非金融机构、政府、非营利组织、家庭。非营利组织与其他社会组织的区别在于,非营利组织的大部分收入不是来自于以市场价格出售的商品和服务,而是来自其他成员缴纳的会费和支持者的捐赠。如果一个组织的一半以上的收入来自以市场价格销售的收入,就是营利部门;而一个组织的资金只依靠政府的资助则是政府部门。三是强调组织的基本机构和运作方式,因此被称之为"结构—运作"定义。美国资深非营利组织和社会福利学者,约翰—霍普金斯大学公民社会研究中心的莱斯特·塞拉蒙教授在《美国的非营利部门》一书中,把"非营利部门"(Nonprofit Sector)看做是有别于"政府"和"营利部门"的"第三部门"。在他的许多文章中,"非营利部门"和"第三部门"是可以互换使用的同一的概念。塞拉蒙的"政府部门"、"营利部门"和"非营利部门"分别与柯亨和阿拉托的"国家"、"经济"和"市民社会"相对应。他将这个部门看做一定程度上的有组织的、私人的、非利润分配的、自治的、自愿的一组实体。它们包括:有成员资格要求的社团、地方社区团体、俱乐部、医疗保健组织、教育机构、社会服务机构、倡议性团体、基金会、自助团体等。这些内容确实体现了这一概念的关键性的制度内涵。

尽管"第三部门"概念的出现及对其大规模研究的出现是 20 世纪 70 年代以后的事情，但实际上，作为对这一组织形态(志愿部门)的研究却可以追溯到 19 世纪上半叶托克维尔时代。托克维尔在《论美国的民主》中对当时美国社会中多元化的志愿组织(教会、社区团体、公民组织等)在社会生活中的作用提出了个人的看法。在他看来，志愿协会(或组织)对一国的"文化健康"起着至关重要的作用，尤其是它们使关心公共利益和互助形成为一种公民的习惯，使利他主义成为慈善组织制度化实践的基础。此外，法国社会学家迪尔凯姆在《社会分工论》中也指出，19 世纪末西方社会经历的结构变迁削弱并摧毁了由手艺人和工人组成的法团协会(Corporative Associations)，大规模的工业生产使社会团结精神面临崩溃的威胁。他对社会契约论提出了批评，指出市场经济的竞争伦理不足以成为社会团结的基础。相反，在他看来，鼓励竞争和获取利润的市场经济行为是"反社会的"(Anti-Social)。它代表一种超强力的"集团惩戒"(Collective Discipline)方式。因此，为适应大规模的工业社会结构，迪尔凯姆提出应建立一种职业行会体系，以发展出比家庭更持久和更有效的互助功能，这一观点在今天仍有十分重要的现实意义。

借鉴托克维尔和迪尔凯姆对志愿组织在公民与政府之间的调节角色的阐释，20 世纪 70 年代美国就有组织社会学家对"第三部门"在公共行政管理领域中的作用加以论述，也有将其作为社会管理的一种实务策划来推行[1]。而自 20 世纪八九十年代开始，随着西方国家福利制度的改革进程和社会经济的演进，参与公共事务和影响政府社会政策的非营利组织(或"第三部门")再次成为了学术领域的一个中心话题，它们包括对非营利组织("第三部门")角色的阐述，对其发展的历史考察。对各国不同社会经济—政治框架下"第三部门"的研究经常涉及的一个主题是它与国家、市场之间的关系[2]。于是，市民社会理论和实践的成熟和发展以及实用性研究的转向，与关注诸如非政府组织或非营利部门的作用及其与国家和市场关系等一般理论问题的"第三部门"研究找到了理论上的契合点。市民社会理论与第三部门的关系也因此越来越密切，这两种研究出现了合流的趋势。

---

[1] Levitt T. The Third Sector: New Tactics for a Responsive Society[M]. New York: Amacom, 1973.

[2] Gidron B, Kramer R M, Salamon L M(eds.). Government and the Third Sector: Emerging Relationships in Welfare State[M]. San Francisco: Jossey-Bass Publishers, 1992.

当前,"第三部门"伴随着市民社会认识的深化,出现了激增的发展势头。"一场有组织的志愿运动和创建各种私人的、非营利的及非政府的组织的运动,正在成为席卷全球的最引人注目的运动……民众正在创建各种团体、基金会和类似组织去提供人道服务,促进基层社会经济发展,防止环境退化,保障公民权利,以及实现成百上千先前无人关注的或由国家承担的种种目标"。[①] 它比起政府公共部门更具有灵活、创新机制和基层参与等特征,更能够使公民参与的需要得到满足,并使社会问题在一定程度上得到缓解或解决。同时,它还通过社会福利服务这种利他行动来促进社会伦理的完善,并使社会整合的程度得以提高。它在社会活动领域的贡献,也使它成为政府能力建构的一个重要的补充,因为它所具有的有效信息反馈系统(与民众的互动)和理性的决策机制(专家系统的引入),经常使它在社会福利服务推行中成为典范。

总之,市民社会、第三部门是市场化和民主化浪潮推动下产生的公民参与的活动领域。它的成熟和发达,不仅直接关系到存在于其中的公民利益的实现和保护,而且也直接关系到存在于其外部的政府和市场的正常运行。时至今日,全球化竞争的较量,不再仅仅局限于经济、政治发展水平的较量,更体现在作为二者支撑的社会领域发展水平的较量。由于对第三部门研究的转向和实践的发展,使其作为市民社会的生存载体而倍受人们的关注。在这种发展背景下,我国社会领域公共事业组织面临发展和转型的机遇。

第二节 公共事业组织的概念和特征

一、组织的概念与分类

(一)组织的概念

现代社会是高度组织化的社会,在社会生活的各个领域、各个层次和各个方面,广泛存在着不同的组织机构和组织活动,承担着广泛的职能。一切社会成员都生活和活动在不同的组织之中,都是特定组织的成员,因此,组织是现代社会的基本特征。对组织可以从结构和功能两个方面来理解,从结构上说,组织是特定的群体为了共同的目标,按照特定原则,通过组织设计,使得相关资源有机组合,并以特定结构运行的结合体。从功能上说,组织是为达到组织目标

---

① (美)莱斯特·塞拉蒙.第三域的兴起[M]//李亚平,于海.第三域的兴起.上海:复旦大学出版社,1998,7页。

而必须对从事的各项工作或活动进行分类组合,通过组织设计、职位设计、授权诸环节确定组织的管理幅度和管理层次,进行组织结构的整合,协调上下左右关系的活动过程。

(二)组织的分类

根据不同的标准,可以对组织进行不同的分类。在组织的诸要素中,目标是一个本质性的要素,根据组织目标的不同可以划分出组织的不同类型。

1. 在现代社会中,组织的公共目标和非公共目标,构成了组织目标的两大类型,并对组织的不同类型具有深刻的影响,据此可以把组织划分为公共组织和非公共组织。

(1)非公共组织一般以个人或特定集团的自身利益为目标,而不以公共利益为目标,例如家庭。在市场经济条件下,作为市场主体的私营企业以追求利润最大化为目标,是典型的非公共组织。以营利为目的的社会中介组织,如房屋中介所、会计师事务所等具有企业性质,是非公共组织。在政治生活中服务于非公共利益的特定利益集团,在社会生活中基于特定的宗教信仰而形成的宗教组织如天主教教会等,往往也被看做是非公共组织。

(2)公共组织是以实现公共利益为目标的组织,它一般拥有公共权力或者经过公共权力的授权,负有公共责任,以提供公共服务(包括管理公共事务)、供给公共产品为基本职能的组织。公共组织包括以下几种类型。

一是政府组织。政府是典型的公共组织,在计划经济条件下,政府几乎控制了全部社会资源,承担着提供公共服务、管理公共事务的责任,其他社会组织不过是政府的附属物,没有自身的独立性,因此通常人们把政府等同于公共组织。在市场经济条件下,政府从很多服务领域退出,将某些社会公共管理职能交还给其他社会组织,政府不再是唯一的公共管理组织,但仍是主要的公共组织。政府的行政管理具有合法性与权威性。

二是非政府组织,即以增进社会公共利益为组织目标,为特定群体提供公共服务的非营利性的民间组织。同政府组织相比,非政府组织的特点是非强制性和民间性,其与服务对象距离更近,相互关系也更为融洽。非政府组织多在慈善、社区服务、特殊人群教育、环境保护等领域开展工作,构成现代社会管理与服务体系的重要组成部分。

莱斯特·萨拉蒙教授关于非政府组织的研究比较具有代表性。他认为非政府组织应具备以下六个特点:第一,组织性,即有一定的组织机构,有内部规章制度,有负责人,有经常性活动,是根据国家法律注册的独立法人。第二,民间性,即在组织机构上独立于政府,既不是政府机构的部门,也不是由政府官员来主导。当然这并不意味着完全不拿政府资助,或完全没有政府官员参加其活动。第三,非营利性,即不是为其拥有者积累利润。非政府组织可以营利,但所得利润必须用在组织使命所规定的工作上,必须服务于组织的基本使命,而不能在组织的所有者和经营者中进行分配,不能放到所有者和管理者的私人腰包里。第四,自治性,非政府组织有不受外界控制的内部管理程序,自己管理自己的活动,既不受制于政府,也不受制于私营企业。第五,志愿性,在组织的活动和管理中都有相当程度的志愿者参与,特别是形成由志愿者组成的董事会并广泛使用志愿人员。第六,公益性,即服务于某些公共目的,为公共利益作出奉献。①

三是准政府组织,即以增进社会公共利益为组织目标,多从事社会管理工作的非营利性社会组织。准政府组织介于政府组织与非政府组织之间。区别于非政府组织的是,准政府组织接受政府的授权委托,行使一定的行政管理职能,具有公共管理权威,它作出的管理服务行为具有一定的强制性,有行政行为的性质。区别于政府组织的是,准政府组织的行为来自授权委托,权威性、强制性弱,往往受到更大的约束,而且其行为的有效性有时取决于它与管理服务对象的契约关系,因此而具有柔性特征。如,各种行业协会,经济仲裁委员会等。

从市民社会的角度看,政府组织属于国家,非政府组织属于社会,准政府组织接近于社会。

2. 如果按组织的基本性质分类,可以把组织分为营利性组织与非营利性组织。

(1)营利性组织是指在市场经济条件下,以市场为导向,追求经济效益,从事生产和经营活动,为社会提供各类产品和服务的组织。营利性组织主要履行经济功能。营利性组织以企业为主体,有各种各样的类型,如企业、商业机构、银行、商会等。这些组织在人们生活中发挥着不可缺少的重要作用。

(2)非营利性组织。非营利性组织是以服务于社会利益为导向,不参与市场竞争,以维持社会秩序和促进社会发展为己任的组织,如政府、军队、学校、社团等。它们为特定区域的社会成员提供各种公共服务,主要履行公共管理和服务职能。非营利性组织在保证整个社会的协调、稳定和有序发展方面起着重要的作用。

3. 如果按组织的活动内容和社会功能分类,可把组织分为政治组织、经济

---

① (美)莱斯特·M. 萨拉蒙. 全球公民社会——非营利部门视界[M]. 北京:社会科学文献出版社,2002年,3页。

组织和社会文化组织。

（1）政治组织是活动在政治领域的组织，其活动和社会功能在于实现某种政治目的，履行利益聚合的功能，协调各种社会矛盾和冲突，维持政治统治的秩序。它包括政党组织和国家政权组织，如各级各类政党、各级政府组织、军队、法院等都是政治组织。军事组织是特殊的政治组织，它服务于国家、民族和地区的政治和安全利益。军事组织可分为国家的军事组织、非国家的军事组织、跨国的军事组织三类。国家的军事组织一般由统治者掌握，非国家的军事组织则有可能是政府的反对派所掌握，跨国的军事组织由参加的成员国共同选出负责人执掌。

（2）经济组织是人类社会最基本、最普遍的组织，它承担着为人们提供衣食住行和文化娱乐等物质产品与劳动产品的任务，是与人民的生产和生活密切相关的组织。在现代社会中，经济组织的类型多种多样，涉及的范围相当广泛，如生产组织、商业组织、金融组织、交通运输组织以及一些服务性组织等。

（3）社会文化组织是以协调各种社会关系、满足人们精神文化需求为主要活动内容的组织。如，学校、图书馆、影剧院、艺术团体、科研机构、棋牌协会等。

4. 在我国，按照分类管理的原则，我国的社会组织大体可分为机关、事业单位、社会团体、企业和民办非企业单位五大类型。

（1）"机关"含义宽泛，作为一类组织，其通常指的是管理机构，是管理机关的简称。作为社会组织的一种类型，指国家机关和党群部门。国家机关是指行使国家权力、从事公共事务管理、组织经济建设和文化建设、维护社会公共秩序的组织。包括：国家权力机关，即全国人民代表大会和地方各级人民代表大会常务委员会机关；政府机关，即国务院和地方各级人民政府及其工作机构；全国和地方各级政治协商会议机关；各级法院和检察院；军事机关。党群部门指介入国家和社会公共事务、有一定公共管理职能、依靠国家财政开支的组织。包括执政党、民主党派和群众团体。

（2）事业单位，根据2004年6月27日国务院修订的《事业单位登记管理暂行条例》第2条的规定，事业单位是指国家为了社会公益事业目的，由国家机关或者其他组织利用国有资产举办的，从事教育、科技、文化、卫生等活动的社会服务组织。

（3）社会团体，根据1998年10月25日颁布的《社会团体登记管理条例》第2条规定，社会团体是指中国公民自愿组成，为实现会员共同意愿，按照其章程开展活动的非营利性社会组织。

（4）企业，是指以营利为目的，从事生产和服务活动的经济组织。

(5)民办非企业单位,根据1998年10月25日的《民办非企业单位登记管理暂行条例》第2条规定,民办非企业单位是指企业事业单位、社会团体和其他社会力量以及公民个人利用非国有资产举办的、从事非营利性社会服务活功的社会组织。

二、公共事业组织的概念与分类

(一)公共事业组织的概念

在上述分类中,从组织的含义和活动领域看,非公共组织、营利性组织、经济组织、企业接近,可为一组。公共组织(政府、准政府组织)、非营利组织、政治组织、机关接近,可为一组。公共组织(准政府组织、非政府组织)、非营利组织、社会文化组织、事业单位、社会团体、民办非企业单位接近,可为一组。从第三部门的视角看,机关这一组属于国家—政府系统,是第一部门;企业这一组属于经济—市场体系,是第二部门;事业单位、社会团体和民办非企业单位这一组属于社会系统,是第三部门。

我国的第三部门,有些属于非政府组织,如民办非企业;有些则属于准政府组织,如赋有管理职能的行业协会、社团;事业单位比较复杂,有的事业单位赋有公共管理职能,行使行政执法权,如卫生防疫站、卫生监督所,属于准政府组织。有的事业单位没有公共管理职能,属于非政府组织。他们构成社会公共组织的重要组成部分,都是公共事业组织。

从公共事业组织的本质和功能出发,公共事业组织可以定义为是依照一定的规则(有关政策、法规或内部章程),以独立、公正为原则,凭借自身特有的功能和资源为社会提供各种服务的公益性组织。依据组织目标与职能,公共事业组织这个概念在我国应当包括事业单位、社会团体(不包括民主党派等政治组织和政治性职能很强的工会、共青团、妇联等群团组织)和民办非企业单位。社会团体和民办非企业单位又合称为民间组织,所以我国的公共事业组织主要包括事业单位和民间组织。

我国公共事业组织的概念和国际上的非营利组织(Nonprofit Organization,NPO)、非政府组织(Non Government Organization,NGO)、志愿者组织(Voluntary Organization)、第三部门(Third Sector)、独立部门(Independent Sector)诸概念很接近。

萨拉蒙所述非政府组织的六个特征也基本上反映了我国公共事业组织的特点,所以我国的公共事业组织概念和国际上的第三部门这个概念基本相同,一般情况下可以等同地使用这两个概念。

(二) 公共事业组织的分类

依以上方式定义的社会公共事业组织是一个巨大的制度空间,包含了形形色色的组织。研究者普遍认为,社会公共事业组织内部的差别比政府和私营经济内部的差别要大得多。为此需要对它们进行分类,以便系统地考察它们之间的差别。

1. 国际上的分类。

(1) 联合国国际标准产业分类体系(The U. N. Inter Standard Industrial Classification System),或简称 ISIC 体系。它于1948 年开始采用,以后修改过三次,目前在世界上已被广泛运用。这套体系的分类基准是各种组织的"主要经济活动"。它将所有组织划入 17 大类、60 小类,各小类又划分成几个分项。公共事业组织是 ISIC 体系的一大类,它进而被划分成 3 小类、15 分项。教育类:小学教育、中学教育、大学教育、成人教育及其他。医疗和社会工作类:医疗保健、兽医、社会工作。其他社区社会和个人服务类:环境卫生、商会与专业组织、工会、其他会员组织(包括宗教与政治组织)、娱乐机构、新闻机构、图书馆、博物馆及文化机构、运动与休闲。

ISIC 体系的问题是涵盖的面太窄。因为任何组织只要其收入的一半以上来自收费或政府补贴,便被排斥在外。另外,ISIC 体系也未能将在第三世界日益发展壮大的非政府组织包括在内。

(2) 欧共体经济活动产业分类体系,简称 NACE 体系。NACE 体系是由欧洲统计办公室(The European Statistical Office)设计的,它试图对 ISIC 体系加以改进。在 NACE 体系里,公共事业组织被划为 5 类、18 项。教育类:高等教育、中小学教育、职业教育、护理教育。研究与开发类。医疗卫生类:医院、诊所、其他医疗机构、牙医、兽医。其他公众服务类:社会工作、慈善机构、专业组织、雇主协会、工会、宗教组织和学会、旅行社。休闲与文化类:娱乐机构、图书馆、档案馆、博物馆、动物园、体育组织。

虽然 NACE 体系涵盖的面比 ISIC 体系有所扩大,但由于它只把那些靠捐款运作的组织包括在内,其他的公共事业组织被排除在外,所以也是不全面的。

(3) 由美国慈善统计中心设计的免税团体分类体系(The National Taxonomy of Exempt Entities),简称 NTEE 体系。它设计的 NTEE 体系涵盖面很宽,包括 25 大类公共事业组织,每类又被分为很多小项。由于小项划分相当繁细,不便在此一一列举。这里只将 25 大类列出:教育、保健、精神保健、特殊病症保健、医学研究、犯罪与法律、就业、食品与营养、住房与收容、公共安全与灾难防御、休闲与运动、青少年辅导、社会服务、文化艺术、环境保护、与动物有关的组织、国际问题、民权与推促、社区改造、慈善事业、科学研究、社会科学研究、其他公益活动、宗教相关活动、互惠组织。大部分类别的含义可以一目了然，大概只有"推促"一项需要稍加解释。"推促"的英文原文是 advocacy，在这里指鼓吹或推动某项事业，如保护老弱病残的权利和利益等。

与前两个分类体系相比，NTEE 体系显然有个很大的优点，即它的涵盖面十分宽。但它也有两大缺点：第一，它是为美国量体裁衣而设计的，不要说无法用于第三世界，恐怕连其他发达国家也无法适用。第二，它的分类太细、太烦琐。事实上，有些小项是专为某些特定组织保留的。如，041 项是"美国童子军"，031 项是"老大哥老大姐"（Big Brothers, Big Sisters），P22 项是"都市同盟"（Urban League）。如果分类细到具体组织，就有点像一览表，而失去了分类的意义。

(4) 由一批学者设计的非营利组织国际分类体系（The International Classification of Nonprofit Organizations），简称 ICNPO 体系。这批学者来自 13 个国家，经约翰—霍布金斯大学组织比较研究中心协调，他们合作设计出这个新的分类体系。在设计过程中，他们一直遵循两条原则：一是把握现实世界，使分类与各国公共事业组织的实际情况相符合；二是尽量靠近 ISIC 体系，以便研究者能充分利用联合国收集的各国国民收入数据。ICNPO 体系的分类基准是经济活动的领域。它将公共事业组织划入 12 大类、27 小类。各小类进而被分解为近 150 小项。下面列举的是各大类和小类。①文化与休闲：文化与艺术、休闲、服务性俱乐部。②教育与科学研究：中小学教育、高等教育、其他教育、研究。③卫生：医院与康复、诊断、精神卫生与危机防范、其他保健服务。④社会服务：社会服务、紧急情况救助、社会救济。⑤环境：环境保护、动物保护。⑥发展与住房：经济、社会、社区发展、住房、就业与职业培训。⑦法律、倡导与政治：民权与倡导组织、治安与法律服务、政治组织。⑧慈善中介与志愿行为鼓动。⑨国际性活动。⑩宗教活动和组织。⑪商会、专业协会、工会。⑫其他。

上述分类比较完整。不过，判断一个机构是否属于公共事业组织并不完全依其所在行业和组织名称而定，因为许多行业里既有营利性机构又有非营利性机构，如医院就有营利与非营利之别，培训机构也有营利和非营利两类。

2. 我国国内分类。在我国，对公共事业组织大致可以有以下几种分类方式。

(1) 按照市场中介组织与非市场中介组织分类。社会公共事业组织可分为市场中介组织与非市场中介组织两大类。前者是指在市场经济中发挥服务、沟通、公证、监督等作用的组织，包括会计师、审计师和律师事务所，公证和仲裁机构，计量和质量检验认证机构，信息咨询机构，资产和资信评估机构，行业协会、商会等组织;后者主要是指在市场经济中发挥保障、管理、法律服务等作用的组织,包括社会保障管理机构、技术研究、开发和咨询机构、信息服务机构以及法律服务机构等。

(2)按照国民经济行业分类。根据公共事业组织在国民经济中所处的地位,按照《国民经济行业分类与代码》(国标修订方案)的规定,为便于统计和同国际接轨,大致可将国民经济行业作如下划分。

代码	类别名称
6496	信托、典当业
6500	商业经纪与代理业
6870	其他非银行金融业
7200	房地产开发与经营业
7400	房地产代理与经纪业
7600	居民服务业
8200	信息、咨询服务业
8400	其他社会服务业
8713	社区服务业
8714	教育培训活动
9080	文化艺术经纪与代理业
9300	综合技术服务业
9600	社会团体
9700	基层群众自治组织
9900	其他行业

此种分类将公共事业纳入经济体系。在上述行业中,信托、典当业,商业经纪与代理业,其他非银行金融业,房地产开发与经营业,房地产代理与经纪业,不属于非市场、非营利的公共事业,其从业组织也不是公共事业组织。

(3)按照机构成立程序、业务性质等因素把公共事业组织划分为三类:事业类、企业类、公务类。

第一类是事业类。所谓事业类,首先是指它们的成立是经过政府机构编制管理部门审查批准的,而不是经过工商行政管理部门核准注册的;其次是指它们的活动经费是通过国家财政拨款的,有全额拨款,也有差额拨款;最后是指它们的业务都是社会公益、福利、保障方面的。

第二类是企业类。所谓企业类,首先是指它们的成立是经过工商行政管理部门核准注册的,而不是经政府机构编制管理部门审查批准的;其次是指它们的活动经费不是通过政府财政拨款,而完全是自收自支、自负盈亏;最后是指它们的业务都具有十分明显的公益性、志愿性，而不是经济性和商业性。严格地说，这是以企业为组织形式，以公益事业为活动内容的一类公共事业组织。

第三类是公务类。所谓公务类，首先是指它们的成立有些是政府管理部门审查批准的，也有些是政府职能部门根据需要而设立的；其次是指它们的活动经费一般是政府财政拨款；最后是指它们的业务主要是接受政府职能部门的指示、委派，替政府职能部门行使一部分权力。

(4) 从经费来源来看，可以把公共事业组织划分为三种类型：自给自足型、部分收费型、无偿提供型。

第一类是自给自足型。这些非营利机构在经费上完全是自负盈亏。比如说，大多数医院，必须为所提供的服务设置一个合适的收费标准，以便得到适当的收益来补偿全部开支，维持正常的运营。

第二类是部分收费型。这些非营利机构能得到政府财政拨款和有关方面的捐款。因此，所提供的服务或产品收费标准可以低于其平均成本。例如，我国高等教育所收取的学费仅占培养学生平均成本的很小部分，随着市场经济的发展，学费会逐步提高，但仍将低于其运行成本。

第三类是无偿提供型。这些非营利机构是完全靠政府的财政拨款或捐款支持运行的，也就是无偿提供服务，不收取任何费用。最典型的是消防、天气预报、地震报警等。

三、公共事业组织的特征

(一) 公共事业组织的特征

萨拉蒙所述非政府组织的特征，在公共事业组织中也都存在。不仅如此，一个公共事业组织还具有其他特征。具体来说，有如下这些特征。

1. 组织性。所谓组织性是指公共事业组织的组成应当有一定的程序，有自己的活动章程，能够行使一定的民事法律权利，承担相应的民事法律责任。社会公共事业组织具有像公司一样的法律地位，这种地位使得公共事业组织对外以法人的身份订立合同，管理者不会因执行该组织的义务而使个人承担法律责任。

与组织性相关，公共事业组织具有多样性和专业性。公共事业组织数量众多，或大或小，遍布社会生活的方方面面。公共事业组织展现出的这种多样性使它比政府组织更有能力来满足社会各群体的需求。公共事业组织作为一个整体具有多样性，但具体到每个公共事业组织，它们是十分专业化的。绝大多数公共事业组织成立之初就在章程中将自己的目标定得很明确，几乎所有公事业组织都在某个特定的领域里活动。集中活动于某个特定的领域,使公共事业组织往往能够在这方面积累丰富的经验,而丰富的经验无疑有利于提高服务的效率和质量。

2. 非政府性。公共事业组织通常是非政府的或民间的组织,在组织机构上与政府相分离,而且理事或董事会的成员不应由政府官员担任。这也是人们往往把公共事业组织称之为非政府机构的原因。

与非政府性相关,公共事业组织具有独立性和自治性。所谓独立性,一是指它的组织本身不依附任何单位和组织,更不依附某一个政府职能部门而存在;二是指它为全社会提供的服务是独立的,不受任何单位和个人的干涉,只依照有关的"规则"来为全社会提供服务;三是指它在经济上是独立的,实行独立核算。自治性是指公共事业组织拥有相对于政府的行为自主性。公共事业组织是与政府组织、市场营利组织并列而存在的独立社会组织体系,不是政府的附属,与政府机构无直接隶属关系,具有独立的法人资格和责任能力,拥有相对的自主权,在人事、财务、机构设置、内部管理等方面享有较广泛的活动空间。

3. 非营利性。设立公共事业组织的目的不是为经营者创造利润。公共事业组织可以收费,在某些年度可能会获得一些利润,但该组织理事会成员不能分红,而且收入的盈余应当全部投入符合宗旨的事业活动之中。作为公共事业组织的主要任务是利用现有资源提供尽可能多而好的服务,一个公共事业组织管理是否成功,基本上取决于其所提供服务的数量与质量。

4. 公益性。公共事业组织的产生在于满足社会公众的多样化需求,以公共利益为目标取向,以共同价值为思想基础,通过有组织的活动参与公共事务管理,提供公共产品服务。

与公益性相关,公共事业组织具有服务性和中介性。所谓服务性是指公共事业组织以自己特有的硬件和软件条件作为资源来为全社会或特定对象提供服务,它与服务对象之间的关系是聘用与被聘用的合约关系。中介性的中介不是一般意义上的媒介,而是指通过公共事业组织的沟通与服务使被服务的客体达到预期的目标。中介性是公共事业组织本身的功能,它沟通政府与社会、政府与市场、政府与企业,沟通政府、市场、企业以及企业与企业之间的各种商务关系和法律关系,使全社会依照一定的"规则"进行运作。

5. 志愿性。公众的积极参与和自愿合作是公共事业组织存在与发展的基础,其组织成员往往具有强烈的使命感和奉献精神,并以志愿的形式参与组织的活动,对工作兢兢业业,对付出的心血无怨无悔,这一切都为提供有效的社会服务和降低成本奠定了坚实的基础。

与志愿性相关,公共事业组织及其成员具有公正性和使命感。所谓公正性是指公共事业组织为全社会提供的有偿服务都是在一定的"规则"下进行的，体现公正、公平、公开的办事原则，接受服务客体和有关部门的监督。使命感是指公共事业组织在一定的价值观的指导下进行活动，一般来说，每个公共事业组织都有自己的价值取向和指导思想，其中贯穿着的是利他主义和人道主义。由于公共事业组织通常是由具有共同公益性目标的人们志愿结合在一起的，所以，一般来说，公共事业组织的工作人员较为团结、较为谦虚、较为具有理想抱负、较为具有奉献精神，官僚化习气较少。与志愿性相关的又一特点是参与性。几乎所有公共事业组织都或多或少、或直接或间接地依赖于人们的志愿参与行为。这些行为可能采取捐款的形式，也可能采取义务贡献时间和技能的形式。人们的参与不仅对受惠组织，而且对参与者本人和社会都是有利的。因其具有参与性，公共事业组织有时又被称为志愿组织。

6. 灵活性。公共事业组织较少受僵化体制和繁文缛节的束缚，反应迅速，善于灵活地调整自己的工作方向和运作方式，以适应时代的需要。灵活调整的优势使得公共事业组织在组织体制、组织结构以及活动方式上有很大的弹性，便于根据不同地区、不同领域的条件变化及时作出调整，具有很强的适应性。

与灵活性相关的是创造性。公共事业组织往往有能力在被政府忽略的领域发现新的社会需求，为满足这些需求进行有益和必要的试验并由此找到提供相关社会服务的较好途径。现代西方社会里不少公共服务领域都是由公共事业组织开创的，后来才得到政府的重视和支持。这种创造性是其多样性、专业性、灵活性的副产品，是公共事业组织相对于政府部门的优势之一。

（二）公共事业组织与其他组织的区别

1. 公共事业组织与政府的区别。政府与公共事业组织是不相同的，其区别主要有以下四点。

（1）政府具有行政职能，可依职权作出抽象行政行为，如政府制定各种法规、政策等行为；公共事业组织一般不具有行政职能，无权作出抽象行政行为。

（2）政府及政府部门可依职权作出具体行政行为，对相关人员进行管理或服务，而且其服务行为一般来说是无偿的；公共事业组织一般不具有行政管理权，其服务活动是有偿的，可以收费。部分公共事业组织接受行政机关的授权与委托承担行政管理职能，行使具体行政行为，同样不允许进行有偿服务。

（3）政府部门在具体行政行为中如果因执行职务而发生争议，必须进行行政仲裁或行政诉讼，行政仲裁或行政诉讼法律关系的主体是政府，承担行政法律责任的是行为主体。公共事业组织在服务活动中发生争议,则要进行民事诉讼,民事诉讼法律关系的主体是独立的法人。公共事业组织在受托从事具体行政行为中如果因执行职务而发生争议,也必须进行行政仲裁或行政诉讼,行政仲裁或行政诉讼法律关系的主体是委托者即政府,而不是行为主体——公共事业组织,承担行政法律责任的主体也是委托者即政府,而不是行为主体——公共事业组织。

(4)政府职能部门是由政府财政全额拨款的,同时政府部门工作人员享受公务员待遇。而公共事业组织经费来源是多样的,有些特殊的公共事业组织承担行政职能或专门为国家管理提供服务时,应由财政拨款,一般的公共事业组织是不应由财政全额拨款的。作为公共事业组织的工作人员不具有公务员身份,也不享受国家公务员待遇。

2.公共事业组织与企业的区别。公共事业组织同企业之间的区别可以从以下三个方面分析。

(1)投资者开办企业的目的是利用他们所拥有的经济资源获取投资收益,而公共事业组织对外提供服务或商品往往并不追求经济收益,而且也不存在指望分红的投资者或所有者。

(2)公共事业组织所提供的许多服务或商品具有独占性,自然也不像企业那样,存在一个可供客观、自由评价与对比的公开市场。

(3)公共事业组织所提供的服务或商品的收费(如果有的话)通常是以成本耗费为基础确定的,而不像企业那样以供求关系来确定商品或服务的价格。公共事业组织对外提供服务或商品收费通常仅是其成本的一部分。

第三节　公共事业组织是公共事业管理的主体之一

社会公共组织主要包括政府和公共事业组织。政府是传统意义上的公共管理主体,特别是在计划经济体制下,政府垄断了公共物品的供给,几乎成为唯一的公共管理主体。随着社会经济、政治的发展,公共事业组织在公共服务与管理中的作用越来越大,逐渐在一些领域取代政府而成为公共事业管理的主体。尤其是计划经济体制向市场经济体制的转轨、国家与社会关系的调整、市民社会的发育,直接带给公共事业组织发展的机遇,强化了公共事业组织的公共管理职能,使其成为公共事业管理的重要主体之一。为了理解这种变化,需要分析市场失灵和政府失灵的问题以及公共事业组织的特点。①

一、现代市场体制的优势和局限性

虽然早在原始社会末期就出现了市场和市场交易,但只是在近代,随着产业革命的发生,市场才作为一种社会经济发展体制在现实生活中确立了自身的地位,形成了所谓的现代市场体制。自现代市场体制在世界上形成以后,在一些时期和一些场合,它被奉为无所不能的神奇的社会工具;而在另一些时期和另一些场合,它又被当做是各种社会问题的制造者和社会不文明的标志而被排斥。经过长时期的认识与实践,尽管人们对市场体制的具体方面仍有很多不同看法,但对市场体制的一些基本方面已形成共识,这使得市场体制现已为世界各国所普遍接受和运用。但是与此同时,人类社会又不得不承受和被迫着手解决因市场体制的局限性所造成的各种社会经济问题。

(一) 市场体制的优势

市场体制在合理配置资源,实现经济发展活动的效率上具有强大优势,因而才被人类社会选择作为从事社会经济发展活动的最基本社会工具之一。市场体制的优势具体讲有以下三点。

1. 信息传递的效率。在供求力量作用下的价格机制是最有效和最广泛的社会调节网络。在人类生产、分配、交换和消费的各个领域里数不胜数的大大小小的信息流可通过价格网络迅速传递,沟通供给与需求,为合理配置资源和满足社会需求创造前提条件。

2. 激发生产社会财富的创造力。市场通过其分配机制使市场参与者的努力得到适当的报酬,利用参与者的利己心来激发他的创造力。在市场经济中,"每个人都在力图应用他的资本,来使其产品得到最大的价值。一般地说,他并不企图增进公共福利,也不知道他所增进的公共福利为多少。他所追求的仅仅是他个人的安乐,仅仅是他个人的利益。在这样做时,有一只看不见的手引导他去促进一种目标,而这种目标绝不是他所追求的东西。由于追逐他自己的利益,他经常促进了社会利益,其效果要比它真正想促进社会利益时所得到的效果更大。"②

3. 有效地组织社会经济活动。在市场体制下,拥有不同资源禀赋的市场参与者可以通过市场和契约关系合理地结合在一起,组成所需要的不同规模和不同性质的企业以及其他形式的市场组织,以集体协同的努力去致力于市

---

① 娄成武,郑文范.公共事业管理学[M].北京:高等教育出版社,2003,17页.
② 斯密.国富论.1776页.

场竞争活动。

（二）市场体制的局限性

市场体制有着很大的局限性，这种局限性不仅使得许多社会经济活动难以通过市场体制进行，而且在不少情况下还导致破坏性的社会后果，被称为市场失灵。市场体制局限性的突出表现有下列几点。

1. 市场竞争的不完全。理论上完全的市场竞争会带来理想的效率，但在实际的市场活动中，很少存在着完全的市场竞争。市场机制的运行会由于垄断和企业的短期行为而扭曲，从而导致竞争窒息、效率下降。

2. 市场体制有时难以实现社会公平。在市场体制下，民众难以公平地参与市场、公平地分享市场的成果。一切市场都是在特定的社会条件下运作的。在每一个社会中，都会有许多社会成员由于一些因素被排斥在市场之外，或者在市场中处于不利地位。市场经济体制会导致两极分化。

3. 在市场体制中，民间企业难以承担提供公共产品的任务。一个社会的公共产品有国防、法律、秩序、交通运输等基础设施，教育、研究以及农村地区的基础设施，如农田水利灌溉等也都可以归入公共产品范畴之内。民间企业难以提供公共产品主要有两个原因：一是民间企业不愿意承担不营利的一些社会基本服务活动；二是民间企业缺乏足够的资源和组织能力来从事特定公共产品的生产与提供。

4. 市场体制有时难以实现发展的可持续性要求。在市场活动中，常常会出现外部性现象，即私人活动的私人收益同社会收益的偏离。在存在着外部性的情况下，市场价格通常不反映市场活动的外部成本或收益，也难以正确地反映市场活动的其他一些社会成本，如失业、贫困等。

5. 市场体制有时难以实现宏观经济的稳定。在市场体制下的活动，主要是围绕着市场交易进行的微观活动，市场体制本身没有调节和稳定宏观经济的机制和手段。

由于现代市场体制的局限性，使得在现代市场体制下，企业在提供某些物品和服务时失灵。耶鲁大学法学院教授汉斯曼（Henry Hansman）的合约失灵理论对此给出了解释。他指出：在有些领域，消费者往往缺少足够的信息来评估服务的质量。这要么是由于服务购买者并不是最终消费者，中间隔了一层；要么是由于服务本身的性质太复杂，消费者对它难以评估。例如，家长很难判断托儿所的服务质量，因为他们年幼无知的孩子才是服务的直接对象；子女很难判断养老院的服务质量，因为他们年迈体弱的父母才是服务的直接对象；患者很难判断医疗服务的质量，因为他们并不像医生那样具有专业医学知识。在这种情况下，如果服务由营利性企业提供的话，它们很可能会利用自己在信息不对称关系(Asymmetrical Distribution of Information)中所占的优势地位以次充优、以少充多，欺骗消费者，谋求自己利润的最大化。公共事业组织则不同，它们要受不得分配盈利原则(Nondistribution Constraint)的约束。既然营利不是它们的目的，它们借信息不对称之机占消费者便宜的可能性就要小得多。从消费者的角度考虑，他们当然倾向找比较值得信赖的公共事业组织来提供这类服务。这就从需求的角度解释了为什么在美国托儿所、医院和慈善机构多数或全部都是非营利性质的。

为什么这个理论叫做合约失灵理论呢？因为一般的合约机制无法帮助消费者监督生产者的行为。就其本质而言，合约失灵反映的是经济学的一个重大问题——主从问题或代理问题。在上面提到的几个例子里，购买者（捐款者）扮演的是"主"的角色。但在这些关系中，"主"无法有效监督代理人的行为。因此"主"必须寻求一种可以降低监督成本的制度安排。公共事业组织的不得分配盈利原则使它符合这种要求。公共事业组织的这种制度安排引入这一类交换关系有利于理顺主从关系。

除了失灵理论谈的带有信息不对称特征的物品外，外部性很强的物品靠市场提供也不是最优选择。在经济学里，外部性是指参加交易人的行为影响到第三者。如教育和公共卫生不仅有利于接受教育和卫生保健的那些人自身，还有利于其他人。接受教育的人有助于提高整个社会的生产效率，改善整个社会的生活环境。接受卫生保健的人有助于防止传染病扩散。这种外部性可以称之为正面的外部性。外部性也有负面的，如环境污染。产生污染的厂家迫使其他人支付了本不该他们支付的社会成本。市场机制难以确定提供多少带外部性特征的物品最为合适。这也使得在现代市场体制下企业在提供这些物品和服务时"失灵"。

带有信息不对称特征的物品和外部性很强的物品都属于准公共物品，对它们的提供和管理属于公共事业管理的领域。由以上的分析可以看出，由于在现代市场体制下企业追求利润最大化的特点，决定了企业不能成为公共事业管理的主体。

二、现代国家体制的优势和局限性

这里所谓的现代国家体制是指在产业革命后形成的现代民族国家体制。现代国家体制在其演变过程中同现代市场体制一样既受到过迷信和推崇，也遭到过批判与贬斥。

自第二次世界大战结束以来，西方发达国家普遍接受了凯恩斯主义的思想。政府在承认市场机制的基础性调节作用的前提下,承担了一系列干预社会经济活动的职能,特别是社会福利保障的职能,如政府负责保障每一个公民的最低收入、住房、医疗保健、教育培训等。而在各社会主义计划经济国家,则几乎完全将市场体制排除在外,由政府全面管理和从事社会经济发展活动。发达的资本主义市场经济国家和社会主义计划经济国家推崇国家在社会经济发展中的突出作用,在战后社会经济发展中对广大发展中国家产生了很大影响。

20 世纪 60 年代末以来,一些发展中国家政府在发展过程中的表现令人失望,经济增长并没有在发展中国家普遍实现;而在一些经济增长较快的国家中,贫富两极分化以及相伴随的各种社会问题越来越严重,经济增长也没有带来政治民主和社会稳定。国家在社会经济发展过程中的干预作用遭到越来越多的批评。与此同时,在发达国家出现了长期滞涨危机,而一些社会主义计划经济国家则陷入了发展的停滞。于是,在发达国家、社会主义计划经济国家以及各发展中民族主义国家中,到处都出现了对国家干预的怀疑和不满,政府失灵的问题成为世人关注的中心,国家干预逐渐被越来越多的人们看做是社会经济发展的重大障碍。20 世纪 80 年代以来,全世界普遍出现了减少国家干预的趋向。在发达国家政府都程度不同地采取了国有企业私有化、放松和解除政府管制以及进一步促成经济贸易自由化等措施,政府的许多社会服务工作也逐步实行了私有化。在各非市场经济国家中,则先后都朝着建立市场经济体制的方向过渡。

不过,虽然有人主张尽可能减少国家的干预,还有人甚至要把国家完全排除在发展过程之外,但近一二十年来各国发展的正反两方面的经验表明:国家虽然不是全知全能、可以包办一切社会经济发展事业的社会工具,但却是社会经济发展中不可或缺的一项社会工具。关键问题并不是要不要国家,而是如何界定国家在社会经济发展中的职能、作用及其程度与范围,在充分发挥国家优势的同时避免其可能的消极影响。

(一)现代国家体制的优势

现代国家体制相对于市场体制具有职能优势。这些优势主要有以下几方面。

1. 提供法律,维护竞争的市场秩序。在一个社会中,国家负责提供法律和秩序,国家是规则和安全的保障,是社会经济事务的最终仲裁者。国家为市场体制奠定制度基础,培育和促进市场发展。国家确定市场运行的规则和运行主体的权利义务关系,保障市场交易活动的开放与透明,明晰产权和保护产权。国家还负责保护公开、公平的竞争,反对和制止市场活动中的垄断行为。

2. 提供和维持市场得以正常运作的稳定的经济环境。国家有责任建立和维持健全的宏观调控体系,通过财政、金融以及其他各种手段调控社会经济活动,促进整个社会经济平衡与稳定地发展。

3. 促进资源的合理运用,保护生态环境。国家对一个社会所拥有的自然资源与生态环境负有保护与合理利用的责任。国家一方面要促进市场体制对资源的合理利用,另一方面还要通过法律的和行政的手段去制止和消除市场活动可能造成的对资源的滥用。

4. 从事社会发展活动,提供基本的社会服务。在那些通过企业—市场体制不能做或做不好的一些领域里,需要政府—国家体制的直接介入。现代国家要为社会经济发展提供一些基本的服务,如建设与维持基础设施,通过政府垂直渠道提供有关的信息以弥补市场信息不完全的缺陷,提供卫生保健、教育以及各种社会福利等。在一些情况下,国家还必须为整个社会的发展进行规划与指导,甚至直接参与市场活动。

5. 促进和保障社会公平。在现代社会中,市场机制实现运行效率,政府则对市场运行的社会后果负有责任。国家应保障使社会公平的原则贯穿社会经济活动的全过程。国家有责任建立和维持社会保障体系,对市场活动中的各种弱势群体,如工人、农民、消费者、失业者、妇女、青少年以及残疾人等实行保护。

6. 应付紧急事件。在一个社会的发展过程中,总会遇到一些重大的危机和威胁,如战争、自然灾害、经济危机以及广泛传染的疾病等。在这些情况下,国家有责任也有能力集中社会的人力、物力和资金重点投向特定领域和特定事业,以尽快克服危机和消除威胁。

在现代社会中,政府如要有效地履行其职责和执行其职能,必须要满足一些基本条件。首先,政府必须是公正、诚实和廉洁的。其次,政府必须是有能力的。政府施政,需要具备技术能力和财政汲取能力,要有能力从事信息处理、资源配置、提供社会服务等各种活动。再次,政府必须是有效率的。政府的各种活动同样须达到投入产出的效率尺度的要求,以实现行政效率。第四,政府必须是负责任的。现代政府必须对自己的所为和所不为负责任,不仅要对国家、对法律负责,更重要的是要对公众、对人民负责等。

（二）现代国家体制的局限性

第二次世界大战结束以来的全球发展实践证明,国家体制确实能够在相当程度上弥补市场体制的缺陷,限制市场体制的消极作用,对社会经济发展起促进作用。战后以来全球发展所取得的巨大成就,离开了国家体制是不可想象的。但是战后全球发展实践同样证明,国家体制本身存在着缺陷,在促进社会经济发展方面具有局限性,这就是政府失灵问题。斯蒂格里茨把政府失灵的原因归结为三个方面,即信息不完全、政府官员的动机、难以预期私人部门对政府计划的反应,从而使政府行为的后果具有不确定性。

1. 国家体制的局限性。国家体制的局限性具体表现在以下几方面。

(1)国家的主观发展努力同以人为本的发展要求有距离。以人为本的发展实质是以民众为中心的发展。国家体制本质决定了它在开发蕴藏在民众中间的各种发展潜力上具有很大的局限性。以民众为中心的发展要求民众自己掌握自己的命运,自主地去从事社会发展活动。政府体制是垂直等级式的,政府在社会经济发展中是自上而下地分配资源,而且政府的许多活动是强制推行的。在由政府主持的发展活动中,民众往往只是充当被动的角色,在有些情况下政府的努力同民众的努力甚至是相抵触的。

(2)政府的不少发展努力是低效率的。政府体制具有权力集中化的趋势,权力的集中限制了各级官员的积极性和主动性。政府体制还有着僵化和官僚化的趋势,这往往使得政府体制对社会经济发展中的新问题和突发问题反应迟缓。政府体制具有不断膨胀的内在驱动力,庞大臃肿的体制不仅降低了政府施政的效率,而且其本身的存在就构成了巨大的社会负担。

(3)国家也可能是不公正的。在实际的社会生活中,尤其是在西方国家社会中,各个利益集团的争夺会影响着国家的行动。政府的行为会受到选民和选举的影响,受到党派斗争的影响,还会受到官员素质的影响。国家权力可能为某些人、某些社会集团或某些社会阶层或阶级所掌握,所以国家这种公权有可能因为少数人的利益而被私用。

按照一般经济学理论的说法,由于机会主义搭便车问题,市场机制无法解决公共物品的提供问题,于是制度选择的范围缩小到要么由政府提供,要么由公共事业组织提供。由于现代国家体制的职能优势的存在,提供公共物品的任务应该由政府来承担。但是对准公共物品而言,情况则不完全相同,人们对准公共物品在量和质方面的偏好不可能是一模一样的。例如,对教育这样的准公共物品,有些人可能认为孩子至少应接受大学教育,另外一些人则认为高中教育足矣;即便他们在受教育年限上意见一致,有些人也许对教育的质量要求高一些,另一些人则可能要求低一些。还有一种可能是,不同宗教、民族、文化背景的群体对教学内容的安排意见分歧很大,难以调和。

在居民对准公共物品的偏好存在较大差异的情况下,政府会如何作政策选择呢?由于政府的行为受到利益集团的影响,政府对公共物品的提供倾向于反映这部分人的偏好。即使政府提供的准公共物品能满足大部分人的基本需要,也有一部分人的特殊需要不能满足。另外,由于政府行为的低效率和缺乏主动性,也使得政府不能有足够的能力提供准公共物品。

2. 政府提供公共物品的限制。政府失灵主要体现在公共物品的提供方面。政府提供公共物品的限制表现在以下五个方面。

(1)种类限制。政府提供的服务和公共物品总是普遍的、统一的,有特别偏好的公众的要求无法得到满足,这就为公共事业组织的产生创造了空间;同时,政府的能力有限,只能在小范围进行新项目的试验,为了达到服务全体公众的目的,只能由公共事业组织进行补充。

(2)多数限制。公众对于公共物品和政府的施政存在着多种多样的看法,当政府遵循多数原则的时候,另外的少数便留给了公共事业组织负责回应。

(3)时间限制。在短暂任期的限制下,政府官员仅倾向于关注短期问题和结果;而长期的社会贫困等问题的解决和关注则留给了公共事业组织。

(4)知识限制。政府为了获得政策决策需要的信息、观点和相关研究,鼓励建立非营利的研究中心和机构。

(5)规模限制。政府机构需要公共事业组织作为协调机构,发挥政府与公民个人之间的纽带作用,因为庞大的政府机构使得一般市民难以直接接触。

由以上的分析可以看出,市场失灵证明了政府干预的必要性,而在政府失灵的情况下,公共事业组织应运而生,它们的作用是拾遗补漏,为需求较高的人群提供额外的公共物品,为需求特殊的人群提供特别的公共物品,以此满足他们未满足的偏好。由于现代国家体制低效率和不公正等特点,现代国家体制下政府也不能成为公共事业管理的主体。

三、公共事业组织(第三部门)的优势和局限性

市场体制和国家体制是第二次世界大战后全球社会经济发展过程中主要运用的制度工具和组织工具。但是,不论它们是被单独使用、交替使用还是结合使用,这两种制度工具都有其固有的局限性。市场机制是当代社会经济发展的一个不可缺少的基础性调节机制,但它受利润驱动,存在着很大的局限性,即市场失灵的问题。在市场失灵的情况下,人们不愿做或不能做的事,可以由政府承担。政府的作用在当代社会经济发展中同样是不可缺少的。但政府是垂直等级体制,带有强制性,因此政府也有局限性,存在着政府失灵的问题,政府也有其不愿做或不能做好的事情。问题在于,在市场与政府同时失灵的情况下,应怎么办,当市场与政府在一些重大的社会经济发展问题面前都感到乏力的情况下,公共事业组织应运而生并迅速发展起来。公共事业组织作为一种组织创新,同市场体制中的企业和国家体制中的政府有着明显不同的职能优势。

(一) 公共事业组织的优势

1. 非营利性。公共事业组织的非营利性是指它们不以营利为目的,法律也禁止它们将盈利分配给组织的经营者。这些组织的非营利性使它们愿意进入营利性组织一般不愿涉足的那些领域。如,无利可图的慈善事业和环保事业等。另一方面,非营利性也使人们对这些组织的信任大大高于对营利性组织的信任,为它们在某些领城里(如医院、托儿所、养老院等)与营利性组织竞争奠定了优势地位。

2. 沟通性。沟通性表现为深入社会基层、贴近民众的优势。公共事业组织成员一般既能深入到社会基层的民众中间,又能同政府保持较为密切的关系。它们可以宣传和普及国家的法律和政策,教育和动员民众,使他们认识自己的权利和义务;同时,又可作为传达民情的渠道,反映民众的愿望和意见,影响政府决策和计划以使其更适合民众的需要。公共事业组织还可以作为一条重要的纽带,在其所服务的社会基层民众同企业、学术界、新闻媒介以及社会公众之间发挥着沟通作用。

公共事业组织的沟通还表现在它能够接近社会基层中容易受到损害的群体,促使这些社会成员参与同他们切身利益有关的决策和资源分配。从战后世界各国发展实践看,当主流社会体制获得成功时或成功之后,优势社会群体会回过头来扶助那些弱势社会群休,改善他们的处境。但是,这种主流社会体制中的优势群体对社会边缘性群体的扶助有两个局限性;一是这种扶助总是在优势群体的人们先获得足够多的金钱、权势和达到足够高的生活水平之后;二是优势群体的人们几乎从不把扶助弱势群体当做优先事项。这两个局限性是造成边缘性社会群体长期存在和扩大化的重要原因之一。

公共事业组织与政府、企业不同。公共事业组织把公益性目标放在首位,没有企业那样的营利目标,所以可以用主要精力为弱势社会群体服务。例如,扶贫在企业的各类事项安排顺序中很难位居前列;而一些以发展为取向的公共事业组织则将扶贫和为穷人服务当作首项任务。公共事业组织也不像政府那样必须考虑税收、安全等多方面的事务。公共事业组织可以专注于某个具体问题,而政府则必须面对更为广泛的问题。公共事业组织可以只同部分社会成员保持联系,如穷人或妇女等;而政府则必须同几乎所有社会成员保持联系。公共事业组织可以只关心社会成员的工作和生话的某一个或某些方面;而政府则必须对社会成员负全面责任。

3. 低成本。进入20世纪80年代以后,世界各国对公共事业组织兴趣大增的一个重要原因是它的运作成本较低。为什么公共事业组织的运作成本会低于政府组织呢？主要有三条理由：一是这些组织有志愿人员为其提供免费服务；二是这些组织能得到私人捐款的赞助；三是它们一般没有叠床架屋式的行政体系。

（二）公共事业组织的局限性

正如市场和政府都可能失灵一样，公共事业组织也有其内在的局限性。在西方国家，这种局限性被称做"志愿失灵"（Voluntary Failure）。志愿失灵表现在以下几点。

1. 筹款不足。志愿失灵最突出的表现是公共事业组织所需的开支与其所能筹集到的资源之间存在着一个巨大的缺口。就历史趋势而言，政府补贴在各国公共事业组织预算中所占的比重一直呈上升趋势。与政府相比较，在世界各国，志愿捐款通常只占公共事业组织开支的很小一部分，公共事业组织的资源动员能力显然是微弱的。

2. 志愿活动的狭隘性（Philanthropic Particularism）。志愿组织活动的受益对象往往只是某些特定的社会群体，如特定的种族、特定的宗教教派、特定地域的居民、特定的年龄层、特定的性别、特定的疾病患者等。由于不同的社会群体建立属于自己组织的能力有强有弱，有些群体尽管对社会服务的需求很大，却可能建立不起代表自己利益的组织。即使所有社会群体都有属于自己的组织，它们募集资金的能力也会有很大区别。其后果是有些群体可以享受到广泛的服务，而另一些群体的利益遭到忽视。志愿活动的狭隘性还容易导致资源的浪费。而如果各社会群体都要建立自己专门的慈善机构，很多机构提供的服务恐怕难以达到规模效应，这样，社会总体的服务成本会加大，效率会降低。这样做的结果是一方面很多社会群体没有组织为自己服务，另一方面有限的资源被白白地浪费，这不能不说是公共事业组织的一个重大缺陷。

3. 志愿组织的家长作风（Philanthropic Paternalism）。虽然志愿组织的活动要靠志愿人员的支持，但实际上那些掌握志愿组织经济命脉的人对如何使用资源有很大发言权。他们所作的决定既不必征求受惠人的意见，也不必对社会大众负责。在慈善用款免税的国家里（如美国），这种资源分配方意味着，那些有政府隐性补贴（因为免税的代价是减少公共财政收入）的组织反而不必将其内部决策过程民主化，也不必接受社会监督。这显然是不合理的。

4. 志愿组织的业余性（Philanthropic Amateurism）。人们现在认识到当代社会问题也需要具备专业知识的专业人士来处理。但由于志愿组织强调义工服务，且往往不能提供有竞争力的报酬，使得它们很难吸引专业人士加盟。这无疑影响了其活动的效率。

(三) 公共事业组织局限性的克服

承认第三部门不是万能的是正确发挥第三部门作用的前提。相比较而言,政府与第三部门互有短长,第三部门的短处正是政府的长处;反过来说,政府的短处也是第三部门的长处。第三部门的长处是对特殊社会需求比较敏感,在某些领域(如教育、医院)有较长的服务历史和较强的服务经验,善于动员民众对公益事业的政治支持,其生产成本相对于政府的生产成本较低(因为他们可以借助捐款和义工)等。由于政府和第三部门各有所长,也各有所短,它们之间的合作在逻辑上便是顺理成章的。据此,萨拉蒙提出了一个他称之为"委托政府"(Third-party Government)的理论,即政府为实现自己的目标而将提供公益服务的任务委托给公共事业组织来执行。政府与第三部门之间存在着一种依据各自比较优势的分工,即政府负责资金动员,第三部门负责提供服务。两者的合作可以使双方发挥各自的优势,扬长避短,达到 1+1>2 的效果。具体表现在公共事业组织和政府合作,可以解决志愿失灵问题。

公共事业组织同政府的关系,是公共事业组织最重要的外部关系之一。尽管国家体制存在着很多局限性,但国家迄今为止仍是最强有力和最有效的人类社会管理机制之一。政府作为克服市场失灵的唯一机构的内在局限性,平等的社会成员对促进相互合作的迫切需要,以及现代社会的多元性以及与自由相联系的价值观等,都推动了非营利部门的发展,所以第三部门与政府是相互需要的。

有一些事,政府和公共事业组织分别单独地去做都难以做好,但是双方如合作去做就能办好。公共事业组织与政府在社会经济发展活动中建立合作伙伴关系,对双方各自开展活动以及目标的实现都是有利的,也是必要的。如果公共事业组织不能同政府在社会活动中进行合作,相互之间不能协调活动、分享信息和进行咨询,而是分离地、孤立地各行其是,那么其整体的社会经济效益则很有限,一方的成就会以牺牲另一方的成就为代价。在合作事业中,双方可充分发挥各自的优势,可以同时促进信息公开、公众参与和公众讨论。合作还可以减少重复活动,提高资源利用效率。双方成功的合作应既能发挥各自的优势,又能卓有成效地进行补充。

1. 从政府方面看,政府通过公共事业组织可以不花钱或少花钱去解决许多棘手的社会问题。公共事业组织可以有助于解决贫困、教育落后和环境污染等各种社会问题,既能促进社会经济发展,又有助于社会稳定。在社会经济发展事业中,政府需要借助公共事业组织去动员民众,还需要借助于公共事业组织在社会基层的知识、经验和技能。公共事业组织的存在还提供了一条获取国外资金和技术等援助资源的重要渠道，提供了国际合作的新形式。在国际舞台上，公共事业组织也可以成为本国政府很好的合作伙伴，在不便于政府出面的一些场合，可由公共事业组织出面去说、去做。

在政府同公共事业组织之间建立合作机制还可以使政府获得有关公共事业组织的外部关系的信息，可以使政府更好地为公共事业组织的活动提供制度的、法律的和行政管理的框架，更好地通过财政金融杠杆调节公共事业组织的活动，协调政府与公共事业组织的关系，并通过财会制度和审计制度等对公共事业组织的活动进行监督等，从而有效地克服公共事业组织的局限性。

2. 从公共事业组织方面看，同政府、特别是同当地政府建立合作工作关系非常重要。公共事业组织可以通过与政府的合作获得政治、思想指导，并获得技术以及资金等方面的支持，增强组织的活动能力。在合作过程中公共事业组织可以吸取和传播当地社区的知识，有更多的机会向政府表达民众的意愿，向社区的民众解释说明发展项目的内容和意义，动员和组织民众参与项目安排。公共事业组织可以通过合作的方式利用政府体制去推广在社会经济发展活动中总结出来的先进典型经验。公共事业组织同政府之间的合作，还可以一种特定的方式促进民众的一些基本权利的实现，如结社、组织利益集团、获得信息以及发言和表达意愿的权利等。

在双方的合作中公共事业组织还可以更多地了解政府的计划、发展的战略以及各种管理规章，通过动员、组织和教育民众去配合政府的活动，可以使政府的各项政策得到更好的贯彻。公共事业组织可作为合作伙伴为政府提供有关信息、研究报告以及相应的政策和立法建议。公共事业组织可对政府的发展战略和政策进行评估，对政府的各种发展活动的成效进行评估。这样做能够提高政府体制的透明度，使政府官员更多地考虑公众的意愿，加快政府对社区民众意愿作出反应的速度，促使政府向民众负责，同时也有助于使政府官员了解与理解公共事业组织的宗旨和目的。

四、公共事业组织的作用——公共事业管理的主体之一

公共事业组织的产生和发展，是市场经济发展到一定程度的产物。公共事业组织活动既可服务于企业，促进经济发展，又可对政府有效运作起到积极作用。在公共事业组织活跃的社会中，国家和市场都会更有效地运作。所以在现代市场经济中，公共事业组织是一种最适合提供和管理准公共物品的组织形式，并将随着市场经济的发展而逐步趋向完善，逐步成为公共事业管理的基本主体之一。

公共事业组织的作用具体表现为以下几方面。

一是公共事业组织能承担原由政府部门承担的具体的执行性、事务性职能,成为政府转变职能的重要载体,从而充当公共事业管理的基本主体。

二是公共事业组织能有效地为市场经济提供不可缺少的法律服务并监督规范企业行为,协调保障市场经济的运转,从而充当公共事业管理的主体。

三是公共事业组织能有效地承担社会化服务,增加公共服务供给,从而充当公共事业管理的主体。

四是公共事业组织可以有效地和政府合作,介入社会管理,化解社会矛盾,从而充当公共事业管理的主体。

在现代社会中,在使社会向"主体归位"的过程中,要使政府对社会的管理有效运行,在客观上就要求在政府和社会之间建立中介机制,使两者之间通过中介机制的运转而连为一体。一种稳定的中介机制是通过公共事业组织的沟通和协调而建立起来的,它使得管理重心下移,行政管理体系的能级结构呈金字塔形状态,上面的经营决策层最小,中间的战术计划层稍大,下面的技术操作层最大。这种行政管理模式,有这样几个特点:①保证决策层令行统一、政出一门,执行层有章可循。②能及时发现各管理能级的故障,保证有效、持续地执行行政管理的路线、方针和政策。③符合管理智力和权力在质上递增、量上递减的原则。④职责明确,有利于克服官僚主义瞎指挥、遇事推诿的弊端。

这种管理模式就是小政府、大社会的管理模式,其中,公共事业组织在其中起到了使政府和社会这两者间沟通和协调的作用。由于有公共事业组织的存在,既可以充分保证政府的宏观管理的实现,也能防止由于新的社会事务的出现而增设新的行政部门,从而有利于行政职能的转变。公共事业组织的存在和发展,有助于把传统的国家与社会合二为一的社会结构二分为国家与社会,形成国家—公共事业组织—市场的三元社会结构。在这样一种社会管理的网络结构中,政府的有些决策意图可以通过公共事业组织落实到整个社会,使社会自觉地按照法律规范和政府的目标加以实施,从而使公共事业组织充当了公共事业管理的主体。

第四节 政府与公共事业管理

一、公共事业管理的主体系统

在我国现阶段,公共事业管理的主体是一个系统,由政府、非政府组织和具有准政府性质的事业单位、行业协会构成。

公共事业主体是在一定的公共事业管理机构内产生的,一旦确立,就决定和影响着公共事业管理的整个过程。公共事业主体的合法性、合理性以及行为状况,直接影响公共事业管理目标的实现。

现代社会的公共事业管理主体,是在一定环境中产生的以政府为主导,以公共事业运营组织为基干,由政府组织、非政府组织和一定的准政府组织共同构成的公共组织系统。这一公共组织系统在公共事业管理中的地位与作用的确定,源于政府的基本属性和职能,也与现代市场经济条件下政府与市场的关系、政府与社会的关系的演化,尤其非政府组织的基本特性密切相关。

政府的基本属性,决定了其在任何一个社会中,公共事业管理都是政府的一项基本职责,也是政府社会管理职能的基本内容和主要表现形式。这一管理主体系统正处于改革与发展之中,其目标就是正确界定政府、非政府组织在公共事业管理中的地位和作用,深化政府社会管理方式以及事业单位管理体制改革,大力发展和管理好非政府组织,构建结构合理、职能科学、行为规范的公共事业管理主体系统,促进整个公共事业的发展。

政府不是公共事业管理的唯一主体,不承担公共事业的内部管理,但政府的基本属性和市场经济条件下政府的特定地位,决定了政府承担公共事业发展、运行的宏观管理职能,是管理主体系统中的基本组织之一,也是整个管理主体系统的主导者。

二、政府是公共事业管理的主体和核心

政府的基本属性和职能决定了其介入公共事业领域的宏观管理,成为公共事业管理的主体,并在公共事业管理诸主体中居于主导地位①。这种地位是行政性的,超然于公共事业组织之外。

(一) 政府是公共事业管理的主体

现代市场经济条件下,必须由政府承担和负责管理的公共事务,除涉及一些政治性的公共事务外,更主要的是公共经济事务,以及狭义的社会事务和公共服务,这其中狭义的社会事务和公共服务,即是我们所说的公共事业的基本内容。很明显,这不仅从政府职能这一特定角度展示了社会公共事业的基本范围,而且显示了统筹管理社会公共事业是市场经济对政府的要求。换言之,政府基本属性的根本要求,以及政府基本职能在市场经济条件下的具体化,即市场经济条件下政府作为管理社会事务和提供公共服务的角色定位和相应职能

---

① 崔运武.公共事业管理概论[M].北京:高等教育出版社,2002,76-78页。

的确立,从根本上决定了公共事业管理的主体系统应当包括政府。

实际上,政府是公共事业管理的主体之一,不仅决定于政府的本质属性以及政府与市场基本关系的根本要求,而且,还体现在市场经济条件下公共事务的发展趋势及其对宏观管理的需求上。

1. 非政治性公共事务扩大决定了公共事业管理的主体应当包括政府。作为涉及社会全体公众共同利益的公共事务,其基本内涵有政治性事务、经济性事务和社会性事务。在生产力水平相对较低的农耕经济时代,由于经济活动简单,占据社会主要地位的是政治性公共事务,政府对公共事务的管理也主要集中在这一范围内,并体现为阶级性极强的政治统治。在当代,随着人类进入现代工业社会和信息时代,一方面,由于社会经济活动的日趋复杂,使原先许多属于个人的、市场的事务具有了公共的性质,进入了社会公共事务的领域;另一方面,随着和平与发展成为当今世界发展的主题,以及在诸多国家中阶级对抗的相对减弱,使得政治性公共事务相对减少,因此,当代市场经济条件下的公共事务呈现了非政治性公共事务不断扩大的发展势头。

公共事务根本上必须由社会公共组织来进行协调和管理,而政府正是社会中基于管理公共事务而产生的最基本的公共机构。因此,伴随着非政治性公共事务的增加,统筹管理这些公共事务的职能也必然并首先进入政府领域,使政府职能的内容和范围发生了明显的变化,与阶级统治职能相对的社会管理职能变得越来越重要、越来越突出,为政府作为社会管理主体增加了新的具体的内容。

2. 公共事务管理的法律化、规范化趋势决定了公共事业管理的主体应当包括政府。市场经济条件下非政治性公共事务日益扩大的趋势,其基本动因是社会经济生活的日益复杂和公众生活需求多样化,这也正是当代民主化发展的一个具体表现。任何民主都是在一定法律范围内的民主,因而民主化的一个基本要求就是行为的法律化,而市场经济就是一种民主在经济领域中的体现,是法制经济,因而当代市场经济条件下公共事务管理发展的又一个基本趋势,就是管理的法律化和规范化。所谓法律化,就是通过具体的法律法规开展公共事务管理活动,即一方面把公共事务的内容纳入法律之中,明确其作用的范围和程序;另一方面对公共事务管理的过程以及公共事务管理机构的权限予以具体的规定,使整个管理活动依法进行。所谓规范化,就是公共事务管理部门依据公共事业管理的总体和具体目标的要求,确定公共事务发展的标准和指标。

如上所述,公共事业管理中的政府一般指行政机关,不包括立法和司法机关,而且对公共管理过程而言,法律只是确立了基本的管理范围和行为准则,往往还必须由遵循法律的更具体且更具操作性的法规、规章等对管理的法律化予以保证，尤其是对具体的、地区的、部门的管理来说更是如此。同时，一个社会或地区的公共事务的发展标准和指标，通常也是由政府制定，或最终必须经政府认可后才可颁布。这就是说，市场经济条件下公共事务管理的法律化和规范化，与政府密切相关并首先取决于政府。因此，公共事业宏观管理的主体首先是政府。政府的公共事业管理是其行政职能的组成部分，具有行政管理的性质。

（二）政府是公共事业管理的主导

政府不仅是公共事业管理的主体，而且还是公共事业管理的主导。政府在公共事业管理中的这一主导作用，主要体现在以下几方面。

1. 政府决定着整个公共事业管理的基本范围、基本性质和基本方向。构成公共事业管理的特定的社会公共事务，其基本特性就是公共性，而且，不同国家或地区的公共事业正是由于这一公共性而表现出同一性。但是，并不是有相同的公共事业就必然有相同的公共事业管理，因为公共事业管理是管理主体在对公共事业客观实际认识的基础上，针对一定社会的条件和需求作出的协调和控制。公共事业管理的范围，即哪些事务可以采取公共事业管理的方式方法进行管理、管理的基本性质和基本方向——通过制定的基本政策而确立的管理目标是为社会的哪一个阶级或阶层服务，或说涉及并满足多大范围群体的共同利益，这些都是由公共组织中的政府决定的。虽然政府不可能在根本上违反公共事业发展客观要求，但在多大程度上反映这一客观要求则取决于政府的认识，以及政府所代表的利益制约。

2. 政府决定着整个公共事业管理的体制和运行。所谓公共事业管理体制，是指为实现管理目标，由一定管理主体按一定原则组成、并相应具有各自的职责权限和分工的多层次的管理系统。在法律化、规范化的现代公共事业管理中，哪些组织可以作为管理的主体、各管理主体的基本地位和职责权限以及相互间的关系、整个管理体制的运行规则都是由相关法律法规决定的，是由必需的政策确定的。政府虽然也属于整个公共事业管理体制中的一部分，但政府在社会中的特定地位，决定了整个管理体制构成的法律法规以及整个管理运行的规则等都是由政府制定的，因而，政府决定着整个公共事业管理体制和运行。

3. 政府是公共事业管理中其他管理主体的管理者。现代社会的公共事业管理主体，基本上是由政府组织、非政府组织和一定的准政府组织构成。在这一管理主体系统中，政府居于主导地位，即除了有关公共事业管理的基本规则由政府制定、其他主体主要是实施外，政府还负有对其他主体执行有关法律法规要求、对公共事业管理实施管理和服务的行为进行管理之责。这种管理既可以是直接的行政监督,也可以是通过司法机关运用法律手段的制约。正因为如此,公共事业管理主体系统中的非政府组织等是一身二任,既作为管理者,与政府一起在自己的职责范围内对公共事业进行管理,为公众提供公共服务,又作为被管理者,接受政府业务上的指导和监管。当然,政府也要接受公众和非政府组织的监督。

三、公共事业管理在我国政府社会管理改革过程中的重要性

当前,随着建立和完善社会主义市场经济体制改革的深入,以 1998 年和 2002 年中央政府机构改革为起点,我国正有序推进政府机构改革。政府社会管理改革是整个政府管理改革中的基本内容和重要任务,一定程度上也就是政府进行的为适应我国公共事业的形成和发展,建立新的政府公共事业管理体制的改革。

(一)社会管理改革是当前政府管理改革的重点和急需

经济改革的深入,带来了社会领域的新的变化,对政府社会管理也提出了新的要求。这主要表现在:随着社会主义市场经济体制的建立和逐步完善,一是原来由企业等单位自行管理的社会公共事务(如厂办学校、医院、幼托组织、社会保险等)被逐步剥离出来,需要政府管理;二是生活水平的普遍提高和城市人口的成倍增长,公众需求日益多样化和个性化,社会公共事务呈全方位膨胀扩张趋势,需要提高政府公共事务管理水平以满足这些日益复杂多样的需求。当代中国社会主义市场经济体制的建立,已将改革的深入从经济领域引向社会领域和政治领域,而从社会公共事务的层次和类别看,政府对社会公共事务的管理有政治事务管理、经济事务管理和社会文化事务管理三大块,因而,当代中国政府经济事务管理改革的成功及所带来的经济管理体制的改变,也要求政府社会管理方式进行相应的转变,以适应并促进经济和社会的发展。

(二)通过社会管理改革建立政府公共事业管理模式

虽然公共事业宏观管理并不等于政府社会管理,但从公共事业管理的角度看,与社会管理有一定的重合性,建立政府社会管理体制与公共事业管理的模式,就是当前我国政府社会管理改革的一个重要的内容。

当前进行政府社会管理改革,建立政府公共事业管理模式,就是要在调整政府职能的过程中,充分注意社会主义市场经济条件下的政府社会公共事务管理职能,探索相应的管理方式,充分发挥政府在公共事业管理中的主导作用,并积极推动事业单位体制改革,实现政事分开,最终形成中国特色社会主义公共

事业管理体制,以适应经济体制改革的不断深入和社会发展的需要。

四、政府与公共事业管理改革

(一)政府在改革过程中存在的问题①

1. 现阶段我国政府社会管理的体制,整体上与社会领域中新的变化和需求有明显的距离,即表现为管理的范围不明确、部门分割、多头管理、管理方式与社会领域新的变化不相适应、权力过于集中且管理主体单一、管理机构日益膨胀而管理效率降低、政事不分,从而使事业单位面临种种问题。

2. 从深层次来看,政府社会管理改革是政治领域中的改革,而其能否深入并最终达到预期目标,实际上又有赖于社会领域改革的深入所促成的社会发育和成熟。因为从现代政府与社会的关系看,在社会事务日益繁杂的情况下,政府不可能也没有必要对社会事务进行全方位的直接管理,一些社会性、群众性、公益性、服务性的职能,应该从政府职能中分离出来,交由社会自行管理。但是,当前我国市民社会发展缓慢,社会自组织和自我管理水平的不足使得政府社会管理改革目标难以达到,从而影响到经济改革也难以进一步深入。

(二)政府建立公共事业管理制度的要点

1. 确立改革目标。在深入认识市场经济条件下政府与市场、政府与社会关系的基础上,认识政府社会管理改革绝不仅仅是撤并机构和精简人员,关键是政府职能的正确定位,它涉及政事分开、政社分开和企社分开等问题,核心是正确界定政治权力和社会权力的范围、作用以及管理层次,使政府强制性权力从社会微观领域中有序退出,逐步形成政府与社会的良性互动及相应的公共事业管理体制。

2. 树立市场和服务观念,转变管理者的指导思想。以公共事业为基本内容的社会事务,是社会公众的事务,以公共事业管理为重要构成部分的政府社会管理即是面向社会公众、服务于社会公众的管理。因此,政府的社会管理实际上承担着两种职能,即管理职能和服务职能。在社会主义市场经济条件下,政府应当从经济、社会发展的需要出发,更多地考虑公众的需求,树立管理的目的是为了更好地服务的思想,以最方便的形式、最缓和的态度来行使公共服务管理职能,从服务出发去进行管理。

3. 进行社会管理方式的转变。

(1)要根据社会化和市场化的原则,积极进行政府自身改革。一方面精简

---

① 崔运武.公共事业管理概论[M].北京:高等教育出版社,2002,79-81页.

管理层次,提高工作效率;另一方面调整政府机关及所属部门的结构布局,优化资源配置。

(2)要从中国的实际情况出发,具体问题具体分析,有步骤地按条件成熟程度分类,逐步地在公共服务和管理领域引入竞争。

4. 积极推行"政事分开",进行事业单位改革。目前中国事业单位80%以上都是由政府出资举办的。这些事业单位一方面为政府职能体制外循环、产生行政结构的隐性膨胀提供了可能,也为腐败滋生提供了条件;另一方面,事业单位相当程度上成为政府的延伸和下属机构,造成政府机构重复设置、布局不合理、财政负担过重等问题,而这在相当程度上就集中在事业单位方面,有些已成为深化政府改革的制约瓶颈。

5. 大力培育和管理好非政府组织,促进社会发育。非政府组织是现代公民社会的组织载体,是社会自我管理的承担者,从政府社会管理改革来看,非政府组织的存在和成熟也是政府改革目标得以实现的一个重要条件。政府应制定一些相关政策,营造有利于非政府组织发展的宏观环境,确立其在公共事业管理中的应有地位,并且按其自身的规律进行有效的管理。

6. 加快相关法制建设,依法推进新型公共事业体制的建构和完善。依法治国、依法行政是现代国家治理的基本出路和要求,政府实施的社会管理必须依法进行,这既包括政府自身的改革、对事业单位的改革、培育和管理好非政府组织要依法进行,也包括新的公共事业管理体制的构建要依法进行,因而,加快社会事务管理法制建设的步伐是政府的重要职能。促进社会事务管理的法制建设,是作为社会事务管理核心部门的政府的根本而长期的任务。

政府在经历全能政府到"守夜人"角色再到现今的市场经济,社会发展之迅速让人吃惊。在这样一个时代,政府所要做的不是全能政府也不是完全"守夜人"的状态,它需要在改革过程中,不断放权于社会,这是政府进行宏观管理和在一定程度和一定场合中承担公共事业发展过程中的辅助角色、在社会发展尚不成熟的时候进行有限制的微观介入的基础,而在时机成熟之后,应适时放手,退出管理人身份并向服务人方向转变。

本章小节

1. 处理好国家与社会之间的关系对于公共事业管理非常重要。阐述国家社会关系的理论主要是市民社会理论。市民社会理论经历了从古典到现代的演变历程。中国的改革发展要求国家逐步由介入过多的社会领域中撤出,还社会以独立发展的空间,重构国家与社会之间合理的良性的关系。

2. 公共组织是以实现公共利益为目标,以提供公共服务、管理公共事务、供给公共产品为基本职能的组织。公共组织包括政府组织、非政府组织、准政府组织。我国的公共事业组织主要包括事业单位和民间组织。

3. 国际上对非营利组织有多种分类体系。我国从经费来源上把公共事业组织划分为自给自足型、部分收费型、无偿提供型三种类型。

4. 公共事业组织具有以下特点:组织性、民间性、非营利性、自治性、志愿性、公益性。

5. 公共事业组织的职能优势,使其能够弥补市场失灵、政府失灵。公共事业组织也有其内在的局限性,即导致志愿失灵问题。公共事业组织和政府合作,双方发挥各自的优势,可以解决志愿失灵问题。

6. 在国家—公共事业组织—市场的三元社会结构中,公共事业组织是一种最适合提供和管理准公共物品的组织形式,公共事业组织能有效承担公共事业管理职能,成为公共事业管理的主体。

思考题

1. 简述市民社会理论从古典到现代的演变历程。
2. 如何理解重构国家与社会之间合理的良性的关系?
3. 公共组织的定义与构成是什么?
4. 非营利组织有几种分类体系?
5. 非政府组织的特点是什么?
6. 如何解决公共事业组织的志愿失灵问题?
7. 如何理解公共事业组织管理公共事业的职能?
8. 简述政府在公共事业管理中的作用。

价格居高不下:国家图书馆怎么了

凡在国家图书馆复印、打印或者扫描过资料的人都会有这种感觉:价格居高不下。可除了读者的抱怨外,此事基本无人问津。

众所周知,图书馆的主要职责并不在为国家和社会缴多少税、创多少收,而是以传播知识与文明为己任,使公众受益。晚清和民国时期,其图书馆也自觉奉行"任人借阅,不取分文"的公益性原则。可是,在"金钱为王,利益至上"的市场经济时代,国家图书馆却淡漠了公益原则。

国际社会将享有图书馆服务列为基本人权之一。联合国早在1949年就发布过的《公共图书馆宣言》:"自由地、不受限制地获取知识、思想、文化和信息是个人行使民主权利和获得平等发展机会的基础";"公共图书馆是知识之门,应不分年龄、种族、性别、宗教、国籍或社会地位,向所有的人免费提供服务";"必须使社会上所有的人都能真正享受到图书馆的各项服务,包括向由于种种原因不能利用其正常服务和资料的人,如语言上处于少数的人、残疾人或住院病人及在押犯人等提供特殊的服务和资料。"

如果照此标准,国家图书馆目前向读者提供的服务确实欠佳。图书馆不像是向公众提供知识的场所,而更像是收藏基藏本和保存本图书的博物馆。

要看基藏本(尽管有许多人还没有看的"资格"),你付出的代价起码是半小时的等待;要看保存本,你需要付出每本3元的费用,更不用说书一旦加入保存本的行列,复印费就变成每页2元。更要命的是善本书,现在它们中的大多数已被拍成缩微胶卷,其复制价格是每页数十元。典藏书阅览室的"暗器机关"同样吓人:阅览费每册5元,复制(扫描)每页5元。而国家图书馆的分馆们也不甘居落后,其主打项目是普通古籍与地方志、家谱类图书。以清代书籍为例,其资料费是每页6元,复印费是每页0.6元。自己抄,太慢了;复印吧,太贵了。就算你咬牙跺脚一定要复印,还有一条规定等着你:一本书只许复印1/3。而有的档案还不能复印,只能拍照,一拍就是2元多。一拍只能拍一页档案,而一份档案短则几页,长则百余页!就连普通图书阅览室的资料复印价格也是多种多样:有0.5元一页(A4纸)的价位,也有0.6元一页(B5纸)的价位,还有比这高的。报刊阅览室的报纸复印也是价格不菲,从几角到几元不等。而在电子阅览室,打印一页(同样是A4纸)居然要人民币1元。

一方面,国家图书馆接受的本国正式出版物呈缴本和捐赠书不在少数,而且都是免费的;另一方面却是图书进馆即成"商品",被高价向读者"发售",而这些营业额又何去何从?外界不得而知。

价格门槛间接地充当了知识传播的"拦路虎",而这只"拦路虎"没有挡住别人,只是拦住了经费紧张又求知若渴的学生、老师和学者们。国家图书馆对公共图书馆理念的践踏只会误导中国的图书馆事业,甚至阻碍文明的进步。

管理概论

希望物价行政主管部门予以重视，尽快敦促其进行整改。而最好的改革措施就是引入竞争，可以在读者中进行对国图收费的意见调查，并请相关人士召开价格听证会，最后根据实际情况提出适合的整改方案，其中包括对服务设施和场所（诸如复印、打印、扫描等）的经营权实行明码标价以增加竞争，从而避免价格垄断的出现。以达到真正意义上方便读者、服务读者、传播知识的目的。

（作者：周宇 来源：中国青年报 2005 年 3 月 22 日）

第三章

公共事业管理职能与过程

公共事业管理的职能可能是围绕公共事业管理目标展开的，能够有效地实现公共事业管理目标而设定和实施的管理机构职能才是恰当的。在实施公共事业管理过程中，要遵循一定的原则和程序，尤其是要体现整个公共事业管理职能，就必须严格按照固有的规律性程序来逐步实施。本章就是从这两个相互关联的角度，进一步研究和分析公共事业管理的职能和过程。

第一节 公共事业管理职能

一、公共事业管理职能的一般目标

公共事业管理主体对公共事业的管理，必须依据一定的原则、按照一定的目标来运行，最终实现公共事业管理的职能。公共事业管理的职能，就是指公共事业机构管理公共事业的职责和功能。公共事业管理主体作为一个国家或社会贯彻实施有关公共事业的政策和计划的承担者，其职责和功能直接取决于公共事业管理的目标。一般而言，公共事业管理机构之所以应用某一类工作或程序来完成管理目标，根本上是由公共事业管理机构的组织特性决定的。

不同时期或不同的公共事业管理机构的职能目标是不同的，但正确的公共事业管理目标本质上都立足于客观环境的需要，体现着公共事业管理的发展方向。

公共事业作为提供公共产品的载体,其发展的根本目的是生产出成本低廉、质量上乘的公共产品,满足公共需要和维护公共利益。因此,加强对公共事业的科学管理以促使其提供更多、更优质的公共产品和公共服务是公共事业管理的一般目标。这主要是由公共产品的特性决定的。经济学关于公共产品的定义是:同一种产品在同一时间内可以由多个消费者享有或使用,这种由特定的群体消费的物品和服务被称为公共产品。这些公共产品不但包括政府部门提供的公共产品,如国防、治安、政策等,而且还包括更为广泛的准公共产品,如教育、医疗卫生、社会保障等。与私人产品相比,公共产品有两大基本特征:其一是非排他性,即公共产品的使用无法将特定的一部分人排除在外;其二是非竞争性,一个公共产品一经提供,一个人对此物品的消费并不会减少或损害其他人对此物品的消费或减少或损害他人从消费该物品中同时获得的益处①。公共产品的上述特性,决定了它只能通过公共部门来提供。

二、公共事业管理职能的内容

(一)公共事业管理的基本职能

公共事业管理主体的组织特性,决定了其应该具有的职能范围,虽然具体的公共事业管理主体在不同的管理过程中所发挥的职能不同,但总体上,公共事业管理主体在实施公共事业管理过程中的基本职能是相对一致的。一般来说,公共事业管理机构在实施一个管理过程中,主要有以下基本职能。

1. 计划职能。计划职能是公共事业管理机构的首要职能。在现代公共事业管理中,计划同样具有重要的意义,同时,在实施计划职能时,必须遵循一定的步骤和基本要求。

(1)公共事业管理计划职能的基本内涵。所谓计划,通常是指对未来的活动进行的预先筹划和安排。计划有广义和狭义之分。广义的计划是指计划的制定、执行、检查和终结;狭义的计划主要是指计划的制定,它具有目的性、主导性、普遍性、创造性和经济性等特点②。

公共事业管理计划职能就是公共事业管理者或管理机构在计划方面所承担的职责和所发挥的作用。它包括两层含义:一是制定公共事业管理目标和为实现这一目标而必须作出的种种选择;二是在一定的法律法规范围内,舍去某

---

① 何翔舟,贺新宇.论我国公共事业的发展与管理[J].中国行政管理,2002(7):16页.
② 娄成武.管理学基础[M].沈阳:东北大学出版社,2002,9页.

些选择,制定公共事业管理主体系统的工作程序①。

一般来说,公共事业管理计划职能主要包括预先决定管理主体做什么、为什么做、何时做、何地做以及怎么做等五方面内容,即"5W"。这是在总结现实状况的基础上筹划未来工作的一个非常关键的阶段,它既要求公共事业管理主体有意识地去发挥自己的聪明才智,为将来的工作设计一个有明确目标的工作方案,又要求管理主体在计划的每个环节都尽可能地保持其科学性和创造性,这样才能为计划的执行部门提供更多的信息,如该计划做成什么样、达到什么标准才算真正完成了该项计划,见图3-1②。

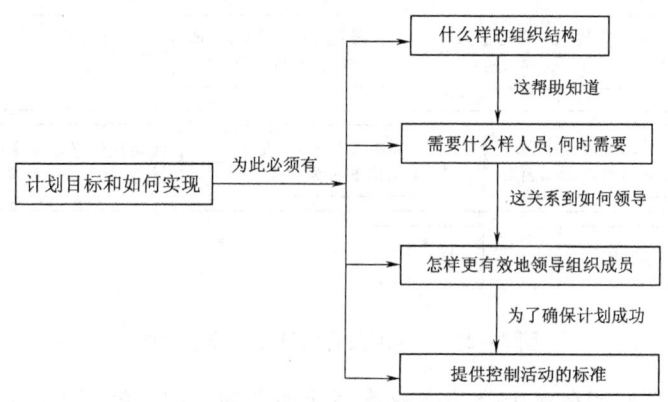

图3-1 公共事业管理计划职能的基本构成

(2)公共事业管理计划的种类。公共事业管理计划主要有长期计划和短期计划两种形式,但长期和短期是相对而言的。在不同的情况下,同样名称的长期计划或同样名称的短期计划在时间的长短上并不相同,甚至差别较大。

一般来说,长期计划是指实施时间在3年或3年以上的计划。长期计划属于指导管理性的计划,主要由高层公共事业管理机构或高层公共事业管理人员承担制定任务。制定长期计划需要考虑这样一些因素:一是要明确目标,即哪些是需要做的,哪些是可以或必须舍去的;二是对本部门或机构的运行情况,以及相关的外部情况有必需的了解;三是了解哪些路径最适宜完成所要确定的目标;四是知道哪些人适宜承担计划任务,并能制定出相应的工作日程表;五是可以设计出反馈的机制和评估的标准。

---

① 张良.公共管理导论[M].上海:上海三联书店,1997,76页.
② 崔运武.公共事业管理概论[M].北京:高等教育出版社,2002,118页.

短期计划是实施年限为 1 年或更短的计划。短期计划实际上是长期计划的一部分,是长期计划所制定的目标的具体分解和体现,与社会公共事业关系最为密切。短期计划的承担者是中、低层管理人员。制定短期计划同样要考虑以上长期计划制定中的因素,只不过它在时间上更短,更注重实际过程的实施。通常,时限越短,目标越具体、越细化,在计划上也就越注重实际操作并要求尽快完成。

(3)制定公共事业管理计划的步骤。公共事业管理计划的制定必须遵循一定的步骤。一般来说,这一计划工作需要有如下的步骤,见图 3-2。

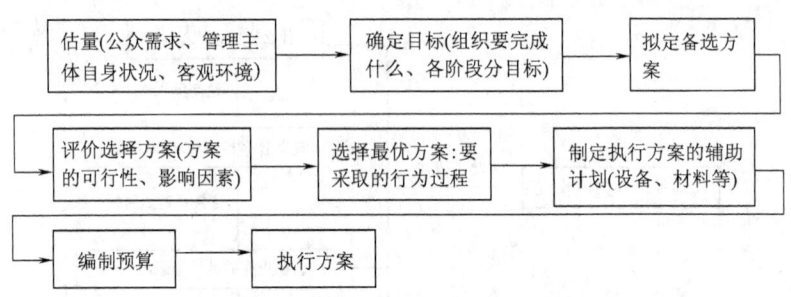

图 3-2　公共事业管理计划工作步骤图

(4)计划职能在整个公共事业管理活动中的作用。随着生产技术飞速发展,分工与协作程度的空前提高,每一个组织都不只受到本组织内部的环境的影响,还受到许多外界因素的影响,因此组织要适应这种变化就离不开计划。而计划职能作为公共事业管理的首要职能,它在整个公共事业管理活动中有着重要作用。

第一,可以预测未来,降低不确定性和变化带来的风险,使公共事业管理活动沿着既定的目标进行。未来事件的发展难免会遇到不利或有利方面的各种不确定性因素,计划的期限越长,不确定因素就越多,而且有些事件的发展趋势也不是确定的,因此必须制定计划。在制定计划中,首先要选择完成既定目标的最佳方案,提高预见性和应对能力,并在以后的实际工作中根据现实情况作出一定的调整。这样,若出现变化,就可以及时采取措施应对,即便是外在条件较为确定或已能明显地看出发展变化趋势时,制定计划也会对整个方案的顺利执行提供有利的保障。

第二,为公共事业管理活动中的工作分工提供了一定的依据,有利于将公共事业管理机构人员的注意力集中于组织目标。一方面,由于计划的制定能积极吸纳广大工作人员的参与,所以,他们从一开始就容易把计划目标纳入到个体的计划目标中;另一方面,公共事业管理主体制定好计划后的工作并没有结束,他们还要根据计划进行指挥,并根据计划内容对组织中的每一个人进行编制,引导高层管理人员和一般的从事日常事务管理的人员必须通过计划工作去考虑未来,有时为了实现各自根据计划所承担的任务,还要和方案的执行人员一起协商调整具体的计划内容,从而将整个组织的注意力集中于组织目标。

第三,有助于提高公共事业管理活动的管理效率,增强管理的科学性。在公共事业管理过程中,制定了切实可行的计划,就使整个组织有了共同的目标、清晰的权责,也可使组织内的资源得到优化配置,最大限度地消除组织内部的不协调和分散活动,将组织中各成员的努力合成为推动目标实现的合力,从而有利于减少管理成本,提高管理的科学性和效率。

第四,有利于为公共事业管理活动的控制提供标准。计划与控制密不可分,对公共事业管理活动进行控制是保障计划顺利实施的手段。在控制活动中,管理者可以依据计划执行的实际状况与原先制定的目标进行比较,发现不足,纠正偏差,使计划的执行保持既定的方向。

2.组织职能。管理理论认为,组织是一个动态的过程。哈罗德·孔茨就认为组织是"有意识形成的职务或职位的结构"。在公共事业管理中,组织是一项依据一定的计划或目标,将公共事业组织中的人、财、物有机结合起来,并组成相关部门来实施组织目标的管理工作,它是基本的管理职能。

(1)公共事业管理组织职能的含义。公共事业管理组织职能,是指为了达到公共事业管理的目标,把所必需的各种业务活动进行组合分类,把监督每一类业务活动所必需的权力授予主管这类工作的主管人员,规定公共事业管理组织活动中上下左右的协调关系。它蕴含着两层含义:第一层含义是由高级管理人员承担的组织职能,目的是实现公共事业管理的某一宏观的管理目标,被称为"组织"(Organizing);第二层含义是指由中、低层管理人员完成的组织职能,即在具体运行层面上,根据现有资源和约束对宏观管理目标进行细分,被称为"重组"(Reorganizing)。不过,在实际的管理活动中及在理论阐述中,为了方便,通常均以"组织"来表示①。

(2)公共事业管理中的两种主要组织形式。一般来说,在公共事业管理中最常见和最主要的是以下两种组织形式。

第一,根据公共事业管理的基本内容确定的组织形式。公共事业管理的基本内容是科技、教育、文化、卫生事业等等。这其中,每一项内容都是一个内涵

---

① 崔运武.公共事业管理概论[M].北京:高等教育出版社,2002,120页.

丰富的系统,如教育系统包括小学、中学、中等专业学校和大学等不同的系统,文化系统又有公益性文化系统和营利性文化系统之分,这种组织形式主要有以下优点。

首先,正由于它是按照公共事业管理的基本内容来组织公共项目,所以它肯定是民众所需的,也就是说,它能根据"民众的口味"来提供有效的公共产品和服务。

其次,由于它是与公共生活相关的事务,所以较容易得到公众的认可和支持,甚至可以引导一部分人也参与到公共事业中来。

最后,正因为它是一种组织形式,所以它的存在必然需要不断吸纳新的管理人员和基层工作人员,这就相应地增加了就业机会,在一定程度上也有助于缓解当前的就业压力。

这种组织形式也有缺点,即各组织系统由于过于专门化而与其他系统的组织协调出现困难,甚至有时整个公共事业管理机构间也会出现因目标区分不明确而给实际工作带来不便的问题。

第二,根据地域确定组织形式。为了提高公共事业管理效率,更好地提供公共事业产品,常常根据公众的实际需要在某个地区范围内设立一个专门化的公共事业管理组织机构,这种组织常常是通过上级授权的方式建立的。

这种组织形式最突出的优点是能保证和促进地区公共事业的发展,完善对当地公共事业的管理。它不但能将管理工作的重点放在地区公共事业产品的提供上,而且能较好地对地区内相关的公共事业进行协调,尤其是对某些特别紧急的公共事务作出必要的快速反应。最重要的是它便于当地的公众参与进来,并能根据地区公众的需要和变化,较及时地对工作程序作出必要的调整。这些都有利于提供更多的公共产品和公共服务。

但这种组织形式也有其缺点,即这种组织形式在给该地区内的若干小地区分"公共事业"这块大蛋糕时,难免会存在切割不均的弊端。从理论上说,一个地区性的公共事业管理机构给地区内不同社区提供的公共事业产品和服务应该是无差别的,因为公共事业管理机构所生产的公共产品是特定的,除了极特殊情况下会有"次品",正常情况下生产的公共产品应该是相同的。但在现实中这往往难于达到,即通常会由于各种主观或客观因素的制约,给这一社区的服务相对好些,而给另一社区的公共服务相对差些。

需要说明的是,在现实的公共事业管理中,上述两种组织形式的设置并不是绝对的,两者有时也存在相似或交叉,但这两种组织形式都是从公共事业管理的目标出发,根据实际需要各有侧重的组织工作。

(3)公共事业管理组织工作的基本步骤及授权原则。公共事业管理组织工作作为一个过程,是根据自己的运作流程,随着组织内外各因素的变化而不断变化发展的。这里的运作流程主要是指组织工作的基本步骤(见图3-3)。

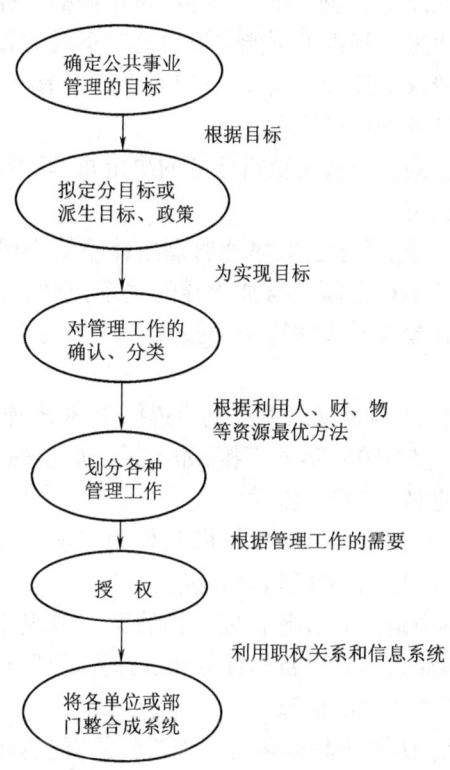

图3-3　组织工作的运作流程

在图3-3中,授权环节至关重要。在现代社会,随着公共事业的不断发展,把一切权力都集中在一个部门手中的时代已经过去了。必须通过一定的方式将一部分权力授予下级及非政府组织,从而构成有效的公共事业管理的组织形式。下面以公共事业管理主体系统中的政府系统内部的授权过程为例进行阐述①。

第一,按预期成果授权原则。这一原则要求按照目标与计划来设置职位,并把权力授予有能力完成计划实现目标的人,以实现授权的真正意义。

第二,职权明确原则。各部门之间在目标、管理业务工作、所授权力、相互关系中的界限越清楚,个人的责任就越能充分地促进组织目标的实现,所以要

---

① 李兴山,刘潮. 西方管理理论的产生与发展[M]. 北京:现代出版社,1999,206页。

明确划分每一部门的职能界限和每一层次的职权范围,但在特殊情况下应打破部门界限,该协作就协作。

第三,职权绝对性原则。职责作为一种应该承担的义务是不可能授予他人的。因此,即使上级通过授权也不可能逃避自己对下属的管理业务工作授权和委派的职责,应坚持授权不授责。同样,下属对上级也有绝对的义务,一旦接受了授权和委派,就有义务去贯彻执行。

第四,职责相当原则。职权是执行任务的决定权,职责是完成任务的义务,因此,职权应与职责相符。

此外,还要补充一点:关于公共事业管理主体系统中政府对非政府组织的授权问题,由于二者间不存在领导与被领导的关系,它们之间的授权相当程度上是一种合同委托,在授权时应着重遵循按预期成果授权原则、职权绝对性原则和权责相当原则。

当然,在实际的公共事业管理中不仅应遵循上述原则,还应讲求一种授权的艺术。但也有一些权力绝对不能下授,如关系全局目标、政策、计划的制定,对直接下级的检查、考核、培养、奖惩等。

可见,对公共事业管理的组织职能而言,作为一项工作、一个过程,它的基本构成要素是确定组织目标、部门划分和授权。

3.协调职能。协调是公共事业管理机构的又一项职能。如果说计划职能和组织职能是公共事业管理确定目标任务和选择完成任务的方式,那么协调功能就是计划和组织职能实现的保障。

(1)公共事业管理协调的基本含义。所谓公共事业管理的协调,就是为了实现公共事业管理的目标,在一定的范围内,将公共事业管理过程中各个主体功能有机结合起来,推动组织目标的实现。如果从公共事业管理的基本目的来看,公共事业管理的协调,就是根据一定的时间、数量和质量的要求,通过特定的方式使组织良好而高效地运行,向公众提供最好的公共事业产品,履行公共事业管理组织的职能目标。

(2)公共事业管理协调的几个重要关系。公共事业管理协调主要是协调这么几个关系:如具体执行者和最终执行结果之间的关系,即二者必须是一对一的正相关,或是存在其他的关系;组织内个人目标与组织总目标的关系;组织内个人之间的关系;以及组织内部与外部间的关系等等。这些关系或多或少地都需要进行协调,使个体与组织之间、整体与部分之间以及过程和结果之间有机地整合在一起。

(3)公共事业管理协调中的沟通。一般而言,沟通主要有"人—人沟通、人—机沟通、机器—机器沟通"这三种方式,但公共事业管理活动中的沟通主要是指人与人之间的沟通,即某一信息通过人—人的方式传递给客体或对象,以期客体作出反应效果的过程。正因为公共事业管理的协调职能的基本目标在于消除组织之间、组织内部因信息不畅而导致的不和谐,因此,沟通是公共事业管理协调的一个基本方式。

沟通在公共事业管理中是必不可少的。一方面,通过组织内部上下级之间、同级之间的不断沟通以及组织内外部间的沟通,会使组织成员对整个公共事业管理活动的目标更明确化,有利于达成一致愿景而共同努力;另一方面,沟通有助于传递、修正公共事业管理活动中某些信息的指令。同时,有效的沟通也可以协调公共事业管理活动中的各种关系,尤其是人与人之间的关系。

公共事业管理过程中的沟通主要分为内部沟通与外部沟通两个方面。内部沟通是指组织内部的上下级、同级之间的信息传递过程。在内部沟通中,又有上行沟通和下行沟通之分。上行沟通是指信息从组织的较低层次向较高层次的传递过程,而下行沟通则是一个与之完全相反的信息传递方向。内部沟通利于保持上下协调一致、畅通无阻。外部沟通主要是指公共事业管理主体与外部环境间的信息交流。公共事业管理中必须进行外部沟通是由两个基本因素决定的:一是公众需求,即通过与公众进行交流及时了解公众基本需求及其发展变化趋势;二是管理过程的要求。

(4)协调在公共事业管理活动中的作用。

第一,消除公共事业管理的"管理脱节"。所谓"管理脱节",是指公共事业管理中出现的有悖于整体目标的行为,这种行为通常是一种正式的管理制度和规章中或有规定或无明确规定但也可以存在的行为,实际上是一种工作程序的相互背离。这种为了适应不同管理人员需要的工作程序,已在相当程度上成为提高管理效率、实现公共事业管理目标的障碍[①]。

要消除这种"管理脱节",根本上必须从建立科学的管理制度入手,同时,也要充分发挥组织内正式沟通的作用。当然,管理人员增强民主意识和服务意识等,也有助于解决这一问题。

第二,协调职能的发挥有助于将致力于或服从于这一管理目标的各机构、部门组织起来,并对管理过程中各环节、各因素予以沟通,消除各环节、各因素之间的不和谐现象,以便加强相互间的配合能力。尤其是当公共事业管理服务项目的增加或削减以及规章制度发生变化时,重新协调各环节尤为重要。

4.控制职能。控制职能也是公共事业管理中的基本职能之一,它所要解决

---

① 崔运武.公共事业管理概论[M].北京:高等教育出版社,2002,126页.

的是如何把具体的运作与最终目标联系起来。在一般的管理理论中,控制是指衡量和检查组织计划完成情况和纠正计划执行中的偏差以确保计划目标实现的过程。

(1)公共事业管理控制职能的基本含义。控制贯穿于公共事业管理的整个过程,是一个十分活跃的要素。公共事业管理控制职能,就是按照公共事业管理的计划标准衡量计划的完成情况并纠正执行中的偏差,并综合运用各种手段和措施对公共事业组织成员及其行为进行约束,以确保计划指标实现的过程。

政治学有一著名原理:绝对的权力产生绝对的腐朽,没有权力的限制必然导致权力的滥用。从本质上看,公共事业管理者无疑拥有较大的权力,而公共事业管理的控制过程其实是一个公共权力的行使过程,即公共事业管理主体对公共事业管理客体的一种能动过程。在这一过程中,公共事业管理的客体之所以能接受控制,根本上是管理主体凭借公共权力行使管理职能。同时,公共事业管理中的控制不仅包括公共事业管理者对一般社会成员的控制,还包括公共事业组织成员之间的互相控制以及公共事业组织成员对管理者的监督。

建立行之有效的控制系统,正确行使公共事业管理的控制职能,不断提高公共事业的管理效率和管理绩效,是公共事业管理的本质要求,见图3-4①。

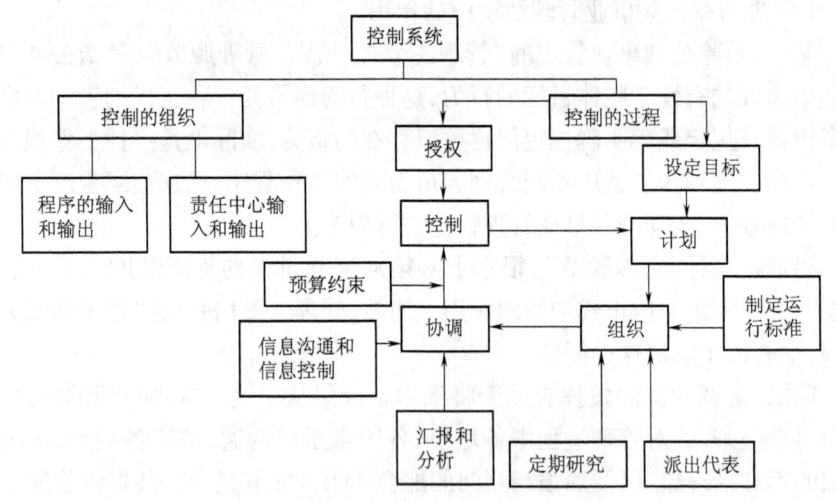

图3-4 公共事业管理控制系统示意图

---

① 张良.公共管理导论[M].上海:上海三联书店,1997,90页.

图 3-4 展示了一个良好的公共事业管理控制系统的基本构成,公共事业管理机构在这个控制系统中通过发挥四个作用行使控制职能:①授权。即通过向系统中的执行机构授权或委派代表进行控制。②信息沟通。即在必要的范围内通过新闻媒体,一方面宣传公共事业管理机构的措施和目的,解答质疑;另一方面了解公众需求的变化及对管理的要求。③制定管理考核制度。即明确各下属机构部门的权利、义务。④定期汇报和检查、评定管理成绩。①

(2)公共事业管理控制的基本方式。公共事业管理控制的基本方式主要有以下几种②。

第一种是强制性控制方式。这一方式又包括法律和纪律两种手段。

其一,法律。法律是由国家制定或认可并以强制力保证其实施的各种行为规范的总和,它包括法令、条例、规则、规定、决议、决定、命令等具体形式。公共事业管理法律的控制作用主要是调控公共事业管理中的各种关系和行为,具体体现在以下三个方面。

一是指导作用。任何社会规范对人们的行为都有指导作用,但法律规范具有最大的普遍性和强制力。公共事业管理法律的一个重要内容,就是给公共事业管理组织成员规定行为模式,从而将公共事业管理组织的行为纳入一定的轨道,使公共事业管理有序化。

二是威慑作用。公共事业管理法律除了规定公共事业管理行为模式外,还规定了公共事业管理行为后果,即人们的公共事业管理行为在符合公共事业管理行为规范时会受到保护,违反公共事业管理行为规范时会受到处罚。尤其是关于公共事业管理中反社会行为后果的规定,对公共事业管理组织成员特别是对可能的违法者会产生很强的威慑作用,从而抑制公共事业管理中各种反社会行为的动机和表现,预防和阻止可能破坏公共事业管理中正常秩序的事情发生。

三是惩罚作用。公共事业组织中总会有少数人无视法律规定,违法犯罪,破坏社会秩序,对这部分人,公共事业管理法律就要发挥惩罚作用。

其二,纪律。公共事业管理纪律是公共事业组织为自己的成员规定的具体的行为准则。公共事业管理纪律具有组织性、多样性和强制性三个特征。

第二种是非强制性社会控制方式。这一方式又包括道德和舆论两种手段。

其一,道德。公共事业管理中的道德是指以善恶、荣辱等观念来评价和约束人们的公共事业管理行为,在公共事业管理活动中调整人们之间以及个人和

---

① 张良.公共管理导论[M].上海:上海三联书店,1997,91 页.
② 娄成武,郑文范.公共事业管理学[M].北京:高等教育出版社,2002,46-48 页.

社会之间关系的公共事业管理行为规范。

公共事业管理中的道德通过社会舆论和人们的内心信念来发挥公共事业管理中的控制作用。它是公共事业管理中的法律控制的必要补充。公共事业管理中的法律能否起到应有的作用，在一定程度上取决于公共事业管理中的道德风尚如何，从这个意义上讲，公共事业管理中的道德控制是公共事业管理中的法律控制的重要基础。要加强公共事业管理中的控制，必须法治和德治并重。

其二，舆论。公共事业管理中的社会舆论（简称舆论）又称公众意见，是社会上众人对共同关心的公共事业管理中的某一事物、某些人或问题的议论和评价，换言之，就是公众对公共事业管理中的某个问题所持的态度和意见。

作为一种社会控制方式，公共事业管理中的舆论具有以下几个特点。

一是大众性。公共事业管理中的舆论是众多人参与的事情，而公共事业管理中舆论的扩散又依靠众人传议或靠报纸、广播、电视等大众传媒的宣传。

二是现实性。公共事业管理中的舆论是时事的晴雨表，它总是针对现实生活中的问题而发，与众多人的切身利益密切相关，体现出强烈的现实性。

三是迅速性。公共事业管理中的舆论涉及的都是人们普遍关心、非常感兴趣的问题，它传播迅速、影响广泛，能很快对某种行为起到制约作用。

公共事业管理中的舆论起着一种很重要的中介作用——把社会公认的公共事业管理规范转化为人们相应的公共事业管理行为，以达到建立和维持社会秩序的目的。因为它以公共事业管理规范为根据，用意见、评论、议论等形式广泛传播，能引起人们的普遍关注，造成一种社会心理压力，因而可以约束人们的言行。具体来说，公共事业管理中的舆论控制作用主要体现在以下几方面：

一是引导公共事业管理行为的方向。公共事业管理中的舆论通过对某些公共事业管理价值、理想、行为的褒贬，指导人们在公共事业管理中做某些事和不做某些事。

二是监督有关的公共事业管理部门。公共事业管理中的舆论对公共事业管理部门及其领导者有很重要的监督作用。

三是预防公共事业管理中越轨行为的发生。在一般情况下，公共事业管理中的法律要等待公共事业管理中"明显行为"出现时才能予以制裁，而公共事业管理中的舆论却能在任何时候干预人们的行为，它通过警告、谴责能制裁预期中公共事业管理中的越轨行为，从而可极大地预防公共事业管理中越轨行为的发生。

（3）公共事业管理控制的基本原则。公共事业管理控制的基本原则，主要有以下几条：

第一,保证目标实现的原则。在公共事业管理过程中,有时系统中的某些环节会发生偏差,这势必加大公共事业管理的成本,因此在公共事业管理活动中应注重运用控制的职能,即发现偏离计划的误差,并为采取措施纠正可能发生的或实际已经发生的偏差提供依据,或者为需要校正的计划或目标提供修改的依据,从而保证公共事业管理目标顺利执行,保证公共事业管理目的最终实现。

第二,控制效率原则。通常,公共事业管理中的控制系统是通过授权等方式由专人负责的,因此控制是需要成本的。为了提高整个公共事业管理的效率,控制系统应注意所用的控制技术和方法,追求以最小的代价来发现和阐明在实际执行中偏离计划的性质和原因,提出改进措施,追求最大化的效益。

第三,注重直接控制原则。直接控制着眼于培养更好的中高层公共事业管理者,使他们能熟练地应用管理的概念、技术和原理,以系统的观点来进行和改善他们的管理工作,防止出现因管理不善造成不良后果的控制活动。在公共事业管理组织内部,相对于管理活动而言,直接控制的主体是管理者或直接责任者。所以,对这部分人控制好了才能保证管理活动的顺利进行。

(二)履行公共事业管理职能应遵循的原则

在任何管理过程中,管理主体应遵循一定的行为准则。公共事业管理机构要在整个管理过程中实现自身的职能也必须遵循特定的原则。履行公共事业管理职能的基本原则即公共事业管理主体活动的基本准则,它影响着公共事业管理主体如何决定公共事业管理的目标,也制约着公共事业管理组织职能的发挥和管理方式的选择,以及如何处理管理过程中出现的种种矛盾等。可以说,公共事业管理职能履行的原则是整个公共事业管理过程中的决定性因素。具体而言,公共事业管理机构在履行公共事业管理职能中应遵循以下几个基本的原则①。

1. 依法原则。公共事业管理职能贯穿于整个管理过程中,为确保每项职能都能得到最大化的实现,必须对整个管理活动进行依法管理。

在现代公共事业管理中,要加强公共事业运行的法律管理,必须注意两方面的工作。

(1)要制定和健全有关公共事业活动的法律法规体系。这一法律法规体系既要包括对管理主体行为进行的规范,也要包括对管理客体进行的规范。如,我国目前急需确立的有非政府组织内部的组织、财产关系等民事问题的法

---

① 崔运武.公共事业管理概论[M].北京:高等教育出版社,2002,104-107页.

律,另外如《城市公共交通法》、《城市公共设施保护法》、《城市公共秩序管理法》等也要确立。

(2)有关公共事业活动的法律法规要有内容上的完整性。要对公共事业管理各个方面的管理组织、管理目标、管理程序、管理方式、违章行为的判定、处罚标准等都作出明确的、可供操作的规定,从而使公共事业管理机构(包括政府组织、非政府组织等)及公民都知道哪些事可以做、哪些事不可以做、哪些事做了会产生什么后果、自己要负哪些法律责任,从而自觉约束自己的行为。

2. 公众为本原则。所谓以公众为本,就是公共事业管理必须以公共的事业为本,也就是以全体社会公众的共同利益为本。这是公共事业管理公共性本质特征最集中的反映,也是贯穿公共事业管理全过程的基本要求。坚持这一基本原则应注意以下几个方面。

(1)必须以维护和提供公众利益为公共事业管理的根本出发点,并以此出发点为基本要求来激励管理者的积极性。因为社会成员所提出的问题是很多的,在这些问题中,哪些反映的是个别成员的要求,哪些是社会多数成员提出的要求,或者哪些虽然是个别成员所提出但却反映了较为普遍的要求,哪些虽然是一定数量的社会成员提出但却没有反映出社会的共同要求等等,都是极为复杂的,所以需要管理主体以公众利益的基本要求为准绳,来认真分析和辨别,使真正需要解决的社会问题进入公共事业管理的范畴,并以维护和提高公共利益为目的,来确立管理目标展开管理。目标确立后,由于不同的管理人员自身的知识水平、能力、价值取向不同,他们每个人的工作效能是不同的,为了充分调动这些人的积极性和主动性,可以通过物质的、精神的等方式来激励他们,而让管理人员尤其是从事具体管理工作的低层管理人员明确公共事业管理的基本价值,将所从事的工作与以维护和提高公众利益相连,必将极大地促进其积极性的发挥。

(2)必须以公众的特点和需要水平为依据进行管理。公共事业管理目标确定后,公共事业管理还必须靠一定的管理措施、手段和设施等将管理主体与对象联结起来,使被管理者发挥能动作用并积极参与到管理过程中来,从而实现管理目标。在这一过程中,被管理者即公众能否发挥出其主观能动性,相当程度上就与管理措施、手段等是否适应公众的特点和需要密切相关。

3. 社会效益优先原则。公共事业管理是通过提供优质足量的公共产品和服务来保证公众的基本生活质量,促进社会公共利益发展的,这也正是公共事业管理职能的一般目标。其中优质足量涉及效率,而保证公众的基本生活质量和促进社会公共利益则涉及公平即社会效益,因此,公共事业管理职能可以认为是在公共事业这一特定领域中有效地增进与公平地分配社会公共利益的过程。

社会效益优先原则是公共事业管理职能实现时应遵循的重要原则,在实际执行中要注意以下几点。

(1)在结果管理与过程管理相统一的基础上,重视结果管理。从管理过程的角度看,公共事业管理的基本内容是社会问题的管理,一般包含三项内容,即问题提出中的管理、问题解决的过程管理和问题解决的结果管理。这其中,过程管理更多地强调效率,而结果管理更多地突出公平。社会效益优先,就要求在管理过程中不仅要围绕如何实现这个目标去协调资源管理,关注管理过程,更必须考虑目标确定的合理性以及实际分配的公平性管理,也就是必须重视结果管理,更多地突出公平。

(2)在内部管理与外部管理相结合的基础上,重视外部管理。公共事业管理面向社会,解决关系到社会公众基本生活的公共问题。因此,要强调公共利益,重视结果管理,突出公平等,整个公共事业管理职能的履行也就必须围绕公共组织对外实施管理展开。虽然加强公共组织内部的管理是必要的,但是,加强内部管理的最终归宿还是为了更好地进行外部管理,即真正对外实现公共事业管理的职能目标。

4. 市场化原则。随着公众对社会事务管理和公共服务的要求日益提高,并且公共服务的范围越来越宽,仅靠公共财政难以承担整个公共事业并提供高质量的公共服务。同时,从公共事业管理自身来看,由于公共事业所包含的社会事务的层次、范围等的不同,公共事业管理本身也是分层次的,这就决定了公共事业管理职能的实现也是分层次、分阶段的。这些问题的存在要求引进市场化原则来推动公共事业管理职能的实现。

关于如何运用市场化原则来加速公共事业管理职能实现的问题,在实际中应树立正确的市场化观念,审慎地引进市场机制。一方面,公共事业管理组织尤其是第三部门引进市场机制可以提高工作效率;另一方面,应在适当的范围内和一定的条件限定下引进。以此为取向,应采取必要的措施调整公共事业管理主体系统尤其是政府管理系统。如,通过将部分管理职能转移的方式,缩小公共事业管理机构的规模,以减轻财政负担;通过引进市场化原则中的竞争机制,提高公共事业管理的效率,提高公共服务质量等。

(三)实现公共事业管理职能的方法

公共事业管理职能的实现方法是一个由多种方法或手段构成的方法体系,它是公共事业管理者行使公共事业管理职能,将公共事业管理者的管理行为有效地传导到管理对象上去以实现特定管理目标的手段与途径的总称。要实现公共事业管理的各种职能，就必须采用合理有效的方法，这是公共事业管理行为本身不可缺少的内容①。

在现代公共事业管理职能的实现中，通常用的方法有两大类：一类是刚性方法；一类是柔性方法。

所谓刚性方法，就是公共事业管理机构凭借其所拥有的特定权力，对公共事业对象所实施的强制性管理手段。公共事业管理的主体系统是公共权威，即政府部门等，因此，它拥有必需的权力实施强制性的管理。使用强制性管理手段，必须有法律、法规、规章等作后盾，否则，强制性手段是无法实现的。

所谓柔性方法，主要是公共事业管理机构和管理人员采用说服、信息传播、解释、劝说等软的方式来进行管理。在公共事业管理中，有许多地方都要采用柔性手段，且越是中、低层的管理，柔性手段使用得越多。

刚性管理方法和柔性管理方法不是对立的。在许多情况下根据需要，两者可以结合并用，或是柔性方法为主刚性方法为辅，或是刚性方法为主柔性方法为辅。具体应采用哪种手段应根据实际情况，视公共问题和具体对象的性质、特点而定。

1. 刚性方法的主要形式。实现公共事业管理职能的刚性方法主要有法律、行政和经济三种形式。

(1) 法律方法。它是指公共事业管理主体根据公众的根本利益及其对公共事业发展的需要，通过立法，运用有关公共事业的法律法规来确定公共事业领域里的行动规范，调整公共事业领域内各活动主体之间围绕公共服务所产生的公共关系，处理公共矛盾，解决公共问题，惩罚违法行为，以维护公共事业活动基本秩序和关系的一种管理方法。

公共事业管理的法律管理方法本质上是法律范畴，具有以下的特点：普遍的约束性、严格的强制性、明确的规范性和相对的稳定性等几大特点。

在实现公共事业管理职能中，法律管理方法的形成首先由直接从事公共事业管理机构提出法案，经由立法机构批准，形成对某些公共事业活动的法律法规，然后由相关的公共事业管理机构进行强制性管理。可以说，公共事业管理的法律管理方法是公共事业管理主体管理自身及其公共事业中的各项公共事务，实现公共事业管理活动制度化、法治化，保证公共事业在法制轨道上运行的最基本的途径。

(2) 行政管理方法。实现公共事业管理职能的行政管理方法，主要是指通

---

① 崔运武.公共事业管理概论[M].北京：高等教育出版社，2002，148－155页。

过行政命令(利用公共机构相互间的行政隶属关系和管理权限)和公共政策,按照行政方式来组织、指挥、调控和监督,对公共事业活动进行直接干预和控制。行政管理方法是传统的社会事务管理方法。公共事业管理的行政管理方法具有权威性、直接性、时效性等特点。

行政管理方法是在我国计划经济体制下对事业进行管理的基本方法。在市场经济条件下,虽然管理方式也发生了变化,但由于政府的主要职责是公共管理职能,且行政管理方法本身具有权威性、直接性的特点,往往能强制执行并见效快,因而在不少情况下行政管理方法仍然是大有作为的。而且,由于许多行政决策可以由公共机构自行决定,因此,它在公共事业管理中的地位将日益重要。

(3)经济方法。实现公共事业管理职能的经济方法,是指国家利用一定的经济手段影响公共事业活动参与者的经济利益,以保证公共事业的发展按国家意志进行的一种管理方法。经济手段具有一定的强制性,但不如法律手段和行政手段那样强硬。从对管理客体的作用方式来看,经济方法主要是通过物质利益的诱导来协调公共事业活动中的各种关系,属于间接调控方式。公共事业管理的经济方法具有间接性、诱导性、灵活性等特点。

公共事业管理的经济方法在实际运用中主要表现在两个方面。

一是宏观层面。主要是在一定程度上利用价格、税收和信贷三大经济杠杆进行公共事业活动的调节管理。

二是微观层面。主要是针对公共事业管理中的一些具体事项,利用物质利益诱导作用,鼓励或禁止公众的活动。一般来说,对某些期望的目标和事情,公共机构可以利用经济手段如奖励来调节和控制;对某些非预期性的事情,公共机构也可以利用经济处罚或其他经济方式来加以阻止和挽救。如,在对公共设施或公共财产的维护中,可以对破坏者处以罚款。

2. 柔性方法的主要形式。现代公共事业管理中,还大量地使用柔性方法,这些柔性手段包括传播方法、情感方法和心理方法。

(1)传播方法。所谓传播主要是指在人类生存及发展的过程中,个人间、群体间或群体与个人间交换、传递新闻、事实、意见、感情和信息的过程。公共事业管理中的传播方法,是指公共事业管理主体通过与公众的双向信息交流而建立起相互信任、相互理解的关系,从而达到预定的管理目标的方法。

在现代公共事业管理中,传播方法是一种极为重要的方法。因为公共事业管理所涉及的公共事务都是与人们基本生活质量和公共利益相关的事务,是人们共同关心的事务,所以,公共事业管理虽然并不直接面对每一个公民,但却与大众密切相关。因此,必须采用大量的传播手段,将管理信息、管理行为和管目标向人们宣传和解释,逐渐赢得民众的认可和支持。

(2)情感方法。情感是人的思想和活动中的一个极其重要的制约因素,它可以在一定的条件下,将人的情感导向预定的活动方向,从而推动目标的实现。所谓公共事业管理的情感方法,就是激发公众对特定公共事业管理目标或预定价值的情感,在一定的情况下利用人们的感情因素促进和达到公共事业管理的目的方法。

公共事业管理中的情感方法,常用的是舆论宣传、公开激励、表彰先进、树立典型等形式。例如,要推动城市的公共设施建设,可以通过上述各种手段,大力培养公众作为城市主人翁的情感,培养公众的爱市情感,从而以不同的方式参与到这一建设中来,推动公共事业管理目标的实现。

(3)心理方法。公共事业管理中的心理方法,就是借助心理因素的作用,来实现公共事业管理目标的管理方法。这里的心理因素涉及两个方面,即公众的个体心理和社会心理。公众的个体心理是指公众个体较为稳定的心理现象和内部构成,包括特定的认识、情感、意志以及个性;社会心理是指一个社会在历史发展过程中所形成的该社会成员共有的对社会生活所具有的一种不系统、不定型和自发的反映形式,主要包括传统、心理习惯、行为方式、社会时尚、风貌等等。社会心理作为一种潜在的公众价值趋向、一种特定社会的文化因素,对社会成员的思想和行为有着不可忽视的影响。

心理方法在公共事业管理中产生作用的机理是:当运用社会心理中某些有助于公共事业管理目标的因素,通过一定的方法造成一定的社会心理气氛并在公众个体心理上造成一种气势时,就能激发出一种良好的心理定势,把人们的行为引向预定的管理目标中去。例如,要维护好社会中的公共资源或财产,通常可以通过促进每个公民养成勤俭节约、艰苦奋斗的良好习惯,以及必需的公共道德,而使公众自然而然地产生出巨大的维护公共资源的主体能动性,促进公共事业管理目标的实现。

当代公共事业管理的刚性方法和柔性方法都包含着丰富的内涵,它们在公共事业管理中的运用呈现出系统化、民主化和柔性化的特点。

第二节　公共事业管理过程

一、公共事业管理过程的要素分析

与其他一切人类活动过程一样,公共事业管理过程的要素主要包括:活动的主体、活动的对象和环境三方面,如图3-5所示。

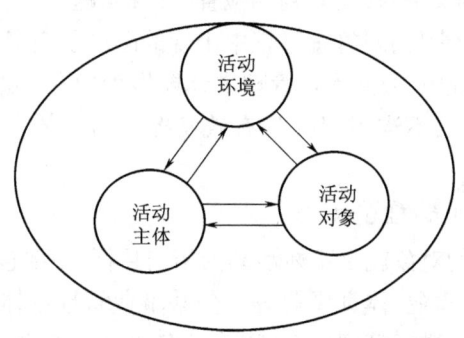

图3-5 公共事业管理过程三要素及其关系

由此可见,公共事业管理过程就是指处在一定环境中的公共事业管理主体为了实现组织的目标,对组织资源进行计划、组织、指挥、协调和控制,作用于管理对象的过程。

(一)公共事业管理的主体

公共事业管理的主体首先是政府部门等社会权威机构,一切利益集团的诉求都必须要通过利用政府等权威机构的地位和能量来实现。这些权威机构一般采取命令执行、自主执行和授权执行的方式开展公共事业管理活动。第三部门也是公共事业管理的一个重要主体,以服务公众为宗旨,开展公共服务和提供公共产品。在我国,绝大多数社会团体、事业单位和民办非企业单位都属于这一类别,它们共同进行公共事业管理活动。

公共事业管理主体在活动过程中,依法或依组织规章享有一定的权利,同时也承担相应的责任和义务。

1. 公共事业管理主体的权利是公共管理目标顺利实现的保证,主要包括以下内容。

(1)管理的决策权:确定管理的目标,进行方案设计等。

(2)组织资源的使用权:调配组织资源来开展管理活动。

(3)管理过程的控制权:评估管理活动效果,调整管理方案等。

(4)对执行人员的建议权:指导政策执行人员的活动。

2. 公共事业管理主体的责任是其在公共管理过程中依法必须承担的相应义务,主要包括以下内容。

(1)政治责任:符合公平正义等政治标准。

(2)法律责任:遵守各项法律法规。

(3)工作责任:灵活执行各项管理政策,实现目标。
(4)接受监督的义务:接受评判和检查,发现问题。
(5)承担后果的责任:对管理过程中出现的问题承担责任。

在实际管理过程中,公共事业管理主体要做到"履行职务,不失职;遵循权限,不越权;符合规范,不滥用职权",有效发挥作为主体在公共事业管理过程中的作用。

(二)公共事业管理的对象

公共事业管理的对象就是主体活动的指向目标,主要包括各类公共事业及其活动机构,如卫生事业、体育事业等。公共事业管理主体通过整合利用各项资源,围绕组织目标,进行管理活动,以改革各类公共事业及其活动机构状况,推动公共事业管理对象发展,实现公共物品质优量足的供给目的。

公共事业管理对象具有如下特点。

1. 历史性。公共事业管理对象都是在特定历史环境中发展的,无论哪个国家的何种公共事业部门,都深刻烙印着该段历史的印痕,对其历史的分析,有助于以历史的眼光,把握其发展规律。

2. 动态性。公共事业管理对象不是一成不变的,它会随着环境和管理主体的指令不断演化。同时,作为组织也存在着一定的自组织调整,公共事业管理对象是在外部和内部双调节下不断变化发展的。

3. 公共性。公共事业管理对象的性质、活动和价值目标都是以公共利益来衡量的,这也是它区别于其他组织的最典型地方;另外,它的运行和产品提供方式也应该受到公共的监督。这种公共性质,决定了公共事业管理主体对其对象管理的重要意义和社会影响力。

(三)公共事业管理环境

公共事业管理环境是指除了管理主体和对象之外,所有对实际管理活动和过程产生影响的因素集合,包括法律制度环境、文化环境、资源环境等。公共事业管理环境在各个层面不同程度地影响着管理主体的活动水平、活动开展和管理对象的确定与干预方式。

如图3-5所示,公共事业管理主体、对象和环境,构成了一个相互影响、相互作用的公共事业管理系统。公共事业管理环境对处于其中的主体和对象无疑具有巨大的影响:一方面,公共事业管理主体无论是作为一个组织还是作为具体执行者的自然人,其思维方式、知识水平、活动能力都会受到外部环境的制约,尤其取决于该时期的社会发展水平;另一方面,环境的变化也必然影响到管理对象的变化。公共事业管理过程作为一个社会活动过程,与一般的自然活动不同的是,它受社会发展水平的影响很大。例如,教育在以往只是私人活动,不具有明显的社会意义,只是在生产步入到机器化大生产时代后,教育的社会公益性才日渐显现,并发展为一项社会公共事业。同时,管理主体在公共事业管理过程中,要顺利地实现对管理对象的管理,实现组织的目标,也必须对环境进行及时改造。例如,管理者开展公共事业管理活动的一个重要手段就是制定有关法律法规,这其实就是在改变管理过程中的外部环境。同时,公共事业的社会性使得管理对象的任何变化都会影响到其他社会因素,从而改变外部的环境。

主体与对象之间的关系是整个公共事业管理过程的核心内容,直接影响到整个管理过程的结果。一方面,整个公共事业管理过程的最直接目标就是要改变公共事业的发展现状,实现社会发展的目的;另一方面,公共事业管理主体尤其是具体执行的自然人也是社会生活的成员,他们的日常生活也会受到相关公共事业发展状况的影响。所以,管理活动的对象也反作用于管理的主体,并通过这一途径客观上影响以后的管理活动。

二、公共事业管理过程分析

结合经典管理理论中关于管理过程的分析,可以把公共事业管理过程分为任务确定、计划、组织、协调和控制五部分,见图3-6。

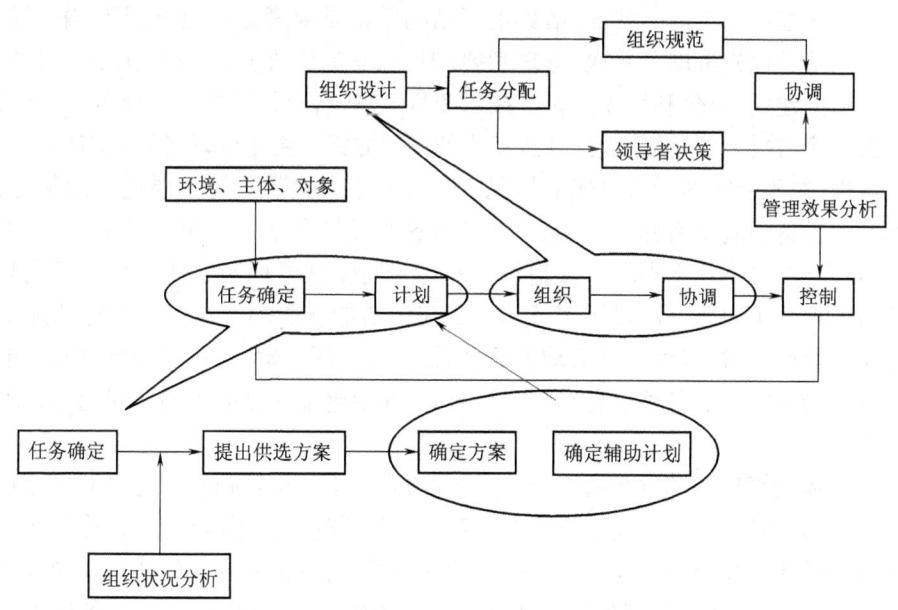

图3-6 公共事业管理过程分析

（一）任务的确定

整个公共事业管理过程的第一步就是要确定管理活动的任务。管理主体要对所处的外部环境进行分析，了解组织所能利用的各种资源，包括人力、物力、财力以及制度等，这样在确定管理任务时才不致于超前或落后。任务本身就是主体针对对象当前的情况，发现需要改革的地方所提出的管理活动设想。所以说，公共事业管理者首先要做的就是要认真分析组织所处的环境以及活动对象（本领域公共事业及相关机构）的情况，同时结合自身的情况，充分考虑所能调动的各项资源，合理确定在一定时期能够实现的任务。任务的确定既要具有超前性与创新性，也要避免盲目与空想，避免脱离现实不切实际地制定任务，最后却不能实现。

确定公共事业管理的任务，除了要弄清楚亟待解决的问题是什么之外，还要对问题形成的原因、影响范围和制约因素进行科学分析。在这一过程中，可以通过调查研究的方法实现目标，如观察法、访谈法、问卷法和文献法等获得相关信息。

（二）计划

在确定了任务之后，接下来要解决的问题是，任务的实现要靠哪些人去完成，怎样去完成，完成的顺序是什么。这是整个管理活动的过程统领。管理者首先要掌握组织当前的状况，诸如组织结构等都是要考虑的重要因素，客观条件必须给予优先考虑。其次，管理者要利用已有的管理知识，积极征询相关领域专家的建议，充分利用先进科学技术和科学理论，对如何去完成任务、完成任务的顺序、执行者条件等提出几种初步的设计方案。由于管理者知识与信息的有限性，并不能穷尽所有可能的情况，所以，对于方案的设计不要追求最优化，而是要以达到满意为标准。再次，就是对这些设计方案进行可行性分析，特别是有些方案可能从学理上来说是最优的，但是，受制于现实条件往往并不能真正有效地解决问题。所以要选择的方案应该是能够顺利实现组织目标的那个方案。最后，在初步确定了活动方案之后，管理者还要确定一个辅助计划，确定管理活动所需要的各种设备、资源、材料等，并制定某些可能遇到的问题的解决方案。

具体到管理活动方案的设计，它的各项内容不是相互独立或有严格先后顺序的，而是相互影响，共同构成一个体系。不是说先确定了执行者，再确定任务完成的顺序；也不是说，先确定了任务的完成顺序，再去安排工作任务。管理者要全面考虑各要素，以使各环节能够成为一个整体。同时，还要建立各任务部门、各执行主体之间有效沟通的机制，以便能够依靠系统的自发活动，调节可能遇到的问题,不断完善活动方案。

综合来说,公共事业管理计划的制定要遵循以下原则。

1. 客观原则。即方案要切实可行,避免主观臆断,盲目追大求全。

2. 权变原则。即要对环境的变化有充分的了解和准备,能够制定因环境而变化的弹性机制。

3. 系统原则。整个计划安排要详略得当,讲究各部分计划的衔接和要素整合,同时照顾到各方利益和条件,使方案尽可能的周全。

4. 统一原则。即各级各类执行部门在计划设定上要统一,切忌各自为政,随意调改方案,计划一旦确立,各部门就要保持高度的统一。

(三) 组织

组织工作是公共事业管理过程中政策贯彻落实的保障机制,决定着公共事业管理目标的实现程度。首先要解决组织架构设计问题;其次要配备称职的领导和执行人员;最后还要制定管理活动开展过程中必要的组织规章制度,以有效地整合组织资源,实现管理目标。

1. 进行组织架构设计。这是公共事业管理过程中组织工作的首要任务。对于常规性的管理活动,可以依靠原有的组织架构,或者作稍微调整;对于一些新问题、新情况,现有组织架构并不能有效执行公共政策,这时就需要按照公共事业管理的实际需要组建临时的或设立新的机构,以有效实现管理目标。组织架构设计要遵循完整统一、功能齐全、分工明确、精简高效的原则,以提高公共事业管理活动的效率。

2. 人员配备。组织架构的设计必须要通过管理人员的实际活动发挥作用。由于岗位和目标的差异,要求组织人员的配备应讲究科学合理,而不是过度苛求人员的称号、头衔等。具体来说,人员配备要遵循以下原则。

(1) 专业性原则。即围绕组织目标和任务状况,招募和组织专业人员,以提高组织效率,保证任务质量。

(2) 道德原则。对公共事业组织来说,更要求其中的人员应该具有较高的职业道德,尤其是奉献精神和服务热情,以保证组织公益性目标的实现。

(3) 人际关系原则。这里包含多种人际关系。公共事业组织的特性,更决定了处理人际关系的重要性,同时组织也要求建立起和谐的人际关系,保证成员间具有较强的沟通协调渠道和愿望,以及时解决组织发展中的人际障碍。

3. 组织制度建设。除了进行组织架构建设和人员配备之外,还有一个重要的组织内容环节,即组织制度建设,它以规范公共事业管理机构和人员的行为为准则。一方面,行为的制度化是建立现代公共事业管理组织的基本要求;另一方面,组织制度建设可以克服公共事业管理过程中的非科学性和人治性问题。组织制度建设主要包括人员使用制度、管理责任制度、绩效考核制度等。

(四)协调

协调就是调整公共事业管理系统内各机构之间、不同人员之间、管理活动各环节之间以及公共事业管理系统和外部环境之间的关系,以期提高管理效率的管理行为。通过系统内部的协调,可以使各部门密切配合,协调一致,促进管理资源的合理配置与有效利用,提高执行效率;系统与外部环境的协调,更是有助于全面了解社会外界环境及其对公共事业管理工作的要求,提高管理活动的社会适用性。系统内部的协调有两种机制:①通过方案设计时设计好的活动规范,各机构之间通过相互沟通可以顺利地达到协调工作的目的,实现自发协调;②各执行机构又是整个管理组织的组成部分,如果各机构之间不能进行有效的沟通,组织管理者可以通过听取汇报等方式收集有关信息,通过领导者的决策实现各机构或人员之间的协调,维持组织的健康运作。

(五)控制

在完成了上述各项活动之后,公共事业管理活动就可以开展,逐步地实现管理目标。但是,由于方案设计的局限性、决策者与执行者对政策理解的差异、执行者个人因素的影响以及所处环境的变化,都会导致公共事业管理活动偏离决策目标,甚至出现失误和失败。这样,就需要对整个实施过程加强监督和控制。首先,要通过把反馈机制知悉的管理活动阶段性成果与方案设计的目标进行比较,从中发现存在的差距和问题;其次,要分析问题和差距,进行问题归因;最后,要把这些问题与初始管理目标进行结合,确定下一阶段管理活动的新目标,提出新的计划,改革组织结构和人员构成,使公共事业管理过程成为一个闭合的系统,不断提高自我纠正能力和目标定向能力,促进公共事业管理工作的顺利进行,有效实现管理目标,促进公共事业的不断发展。

对管理过程和绩效的评估是控制活动的基础和关键,只有通过对前一阶段活动的评估,才能发现与预想之间的差距,对管理活动作出调整。评估过程中要注意考虑管理效能、活动效率、问题消除程度、社会公正、目标适当性和需求回应等标准,以科学区分影响管理活动效果的各类因素,设计出相应的调整方案。

三、公共事业管理的执行机制

公共事业管理的执行机制就是关于公共事业管理活动规则的相关制度,包括目标管理机制、检查监督机制、绩效评估机制以及责任追究机制。

(一) 目标管理机制

目标管理是以"新公共管理"理念为基础形成的,以顾客服务、竞争理念、契约理念、绩效评估等为核心,其基本特点是注重结果管理,以效率和结果为导向。[①] 通过目标管理机制的运作可以科学定位政府公共事业管理职能,分解权责,使各主体的职能进一步规范化、制度化,增强管理行为的可预见性,充分调动公共事业管理人员的积极性。同时,目标管理机制对于在公共事业管理决策和执行之间形成通畅的联系,确保管理决策的有效执行,提高公共事业管理服务质量也有重要的意义。

(二) 检查监督机制

公共事业管理的检查监督机制是为了确保公共事业管理主体公正行使权力,在管理活动开展之前、开展过程中和活动完成之后,针对管理者的具体行为开展的一类管理行为。

在管理活动正式开展之前的检查监督活动是对执行计划进行监督,使执行计划更加科学合理,要有利于执行和责任界定;对公共事业管理过程的监督是要确保政策执行过程的合法性、合目的性和规范性;管理活动结束之后的检查监督是与检查监督机制相配套的,要建立起问题及偏差的纠正机制,以便在发现问题之后能够及时消灭偏差,把损失和影响降低到最低限度,使管理活动及时回到符合目标设计的轨道上来。

(三) 绩效评估机制

绩效评估机制的目的在于使组织成员能够了解自己的任务,对组织的目标和决策有充分的认识,引导个人朝着组织整体战略目标迈进[②]。

在公共事业管理领域建立绩效评估机制,是要实现公共事业管理的4"E"目标——经济(Economy)、效率(Efficiency)、效益(Effectiveness)和公平(Equity)。其指向目标是管理过程执行人员或管理机构的行为,主张要由公众参与鉴别与评估活动,并能使他们积极表达期望,进行评估要素设计和开展具体的评估活动,从而改善公共事业管理部门的服务,促进公共事业的发展。

在微观层面上,绩效评估机制是对政策执行人员的工作业绩进行鉴定;在中观层面上,绩效评估机制则要测评公共事业管理各机构及其分支部门履行职能的情况及服务质量;在宏观层面上,绩效评估机制就是要对整个公共事业管理主体的活动与成果进行测定,评估其满足公众需求的状况,以推进公共事业

---

① 叶常林.公共管理学概论[M].北京:北京大学出版社,2005,166页.
② 陈振明.公共政策分析[M].北京:中国人民大学出版社,2003,159页.

的发展。①

(四)责任追究机制

公共事业管理作为一项社会活动,必须要有利于公众利益的实现。建立公共事业管理的责任追究机制就是要实现管理执行者的权责统一,通过强有力的监督制约管理者,把公共事业管理控制在法律秩序的范围内,实现公共事业管理的各项目标。这种责任追究机制包括经济责任和法律责任两类,通过惩罚性和补偿性责任追究两种方式实现具体的责任追求。

本章小节

1. 公共事业管理的职能,就是指公共事业机构管理公共事业的职责和功能。公共事业管理主体在实施公共事业管理过程中的基本职能是相对一致的,其基本职能有:计划职能、组织职能、协调职能、控制职能。

2. 履行公共事业管理职能应遵循的原则主要有:依法原则、公众为本原则、社会效益优先原则、市场化原则。

3. 实现公共事业管理的各种职能,必须采用合理有效的方法。实现公共事业管理职能的方法通常有两大类,即刚性方法和柔性方法。刚性方法主要有法律、行政和经济三种形式;柔性方法包括传播方法、情感方法、心理方法。

4. 公共事业管理过程分为:任务确定、计划、组织、协调和控制五阶段。

5. 公共事业管理的执行机制就是关于公共事业管理活动规则的相关制度,包括目标管理机制、检查监督机制、绩效评估机制以及责任追究机制。

思考题

1. 简述公共事业管理主体的基本职能及其目标。
2. 履行公共事业管理职能应遵循的主要原则有哪些?
3. 实现公共事业管理职能的有效方法有几种?
4. 简述公共事业管理过程的要素与阶段划分。
5. 公共事业管理的执行机制有哪些?

---

① 叶常林.公共管理学概论[M].北京:北京大学出版社,2005,171 页.

北京事业单位改革:剥离行政职能与公共服务职能

作为北京市行政管理体制改革试点的一项主要内容,北京市社会福利事业管理体制改革模式渐露真容。2006年12月25日,北京市社会福利事务管理中心(以下简称福利中心)宣布成立。按照已经确定的方案,该中心将原隶属于市民政局的大部分剥离了行政管理职能的事业单位囊括其中,统一行使公共服务职能。

对于北京市事业单位改革进程来说,这一改变的价值在于,理顺了政府行政管理职能和公共服务职能的关系,并在这二者之间画出了一条清晰的界线。而这被有关专家称为今后一段时间我国事业单位改革的主要方向。

一、行政的归行政,公共服务的归公共服务

北京市行政管理体制改革试点始于2004年。两年内,怀柔区组建了综合行政服务中心,石景山区成立了鲁谷社区管理服务中心,而引起媒体高度关注的,则是海淀区公共服务委员会。该委员会将海淀区直接提供公益服务的事业单位全部纳入,统一管理。这种方式曾受到政府管理专家的高度评价。

按照市政府的统一部署,北京市民政局承担了全市事业单位改革试点任务。北京市民政局下属100个事业单位,种类庞杂,职能交叉。在本应由市民政局承担的215项行政职能中,有184项都由事业单位承担,占总数的85%左右,形成了行政职能的体外循环。此外,民政局还管理着规模庞大的直属福利企业。

因此,民政局的这一试点被北京市政府官员称为难度最高的事业单位改革——如果试点成功,将给其他政府部门带来巨大的示范性效应。此次改革从去年年底开始,切入点被确定在将事业单位的行政职能和公共服务职能的剥离工作上。其中,以社会福利和殡葬两个行业为主。

原有的社会福利管理处和殡葬管理处,是民政局下属的两个事业单位。通过改制,这两个处室原来一直"越位"承担的行政管理职能被剥离出来,单独设立两个内设机构,纳入民政局行政序列。而原有的公共服务职能部分,直接纳入新成立的福利中心。

福利中心的目标是将具有公共服务职能的事业单位都纳入旗下,以便进行资源整合。目前它拥有原福利管理处和殡葬管理处所属的所有企事业单位、北京市老年社区筹建办以及民政工业总公司。这包括北京所有市属福利院、市属公墓以及125家企业等。

但这一改变同时意味着,将有7 200多名职工全部划入福利中心。这相当于整个民政局在职员工的3/4。

不过,北京市民政局官员声称,福利中心是北京市财政一级预算单位,由政府全额拨款。其管理的福利行业,也是财政全额拨款。殡葬行业,以前是自收自支,现在也如此。因此,原有职工的待遇将不会与改革之前有太大差异。

按照安排,市民政局将统一负责管理全市社会福利事业专项业务经费,但在改革后,这批经费的投放将改变过去简单向直属福利事业单位发放的模式,变成通过以购买服务的方式,投给中心所属机构,也可以投给社会上的民营福利机构。

这被看做此次改革的另一个亮点——但截至目前,尚没有任何一家民营福利机构获得过这笔经费。

二、待解之难

福利中心是副局级机构。福利中心的主任表示,福利中心内设8个处室的职位,将从原有的事业单位中吸纳。在福利中心之下,准备再设立两个小中心——福利和殡葬作为二级单位。

但由于其副局级的行政级别,以及市民政局对其领导班子成员的控制,福利中心浓厚的行政色彩已遭到外界的质疑。"这种状况需要在以后的事业单位分类改革中逐步完善。"福利中心孟钧对记者说。

而此次改革受到质疑的,还包括事业单位的财政投入以及用人机制。政府管理专家说,真正意义上的事业单位改革应主要从财政来源和人事制度方面进行,但这同时也是事业单位改革的难点。

孟钧说,政府机构改革和国有企业改革,使得事业单位成为它们人员流动的一个出口。因此,夹在中间的事业单位改革现在颇为尴尬。

在中国,事业单位是一个庞大的体系。数量超过130万,从业者达2 900多万,拥有近3 000亿国有资产,70%以上的科研人员、95%以上的教师和医生都集中在各类事业单位,其经费支出占政府财政支出的30%以上。

民政局因为其繁杂庞大的事业单位群体,而使上述改革显得更为艰难。"下手要慎重!"孟钧说。

孟钧坦言:"此次改革主要是管理体制改革,将行政职能和公共服务职能予以清晰的定位,并剥离开来。而政府投入和用人机制,还是依循以前的模式。"

  此次改革中,仍有一部分企事业单位没有纳入福利中心,也没有进入行政序列,被孤立在改革之外。孟钧说,它们或许就是下一步改革的重点——或者纳入行政,或者转为企业,或者完全撤消、退出。

  (资料来源:21世纪经济报道,记者谢丁,http://www.sina.com.cn,2006年12月25日)

第四章

公共事业项目管理

　　项目管理作为一种管理理论与方法最早源于建设和管理大型项目。进入20世纪90年代以来，由于项目管理的方式从运作上和根本上改进了管理人员的工作效率，其应用领域从起初的建筑、国防、航天等少数几个行业扩展到电子、金融业等行业。公共事业部门也开始采取项目的方式开展活动，甚至有些民办非营利组织就是为了运作项目而组建的。能不能申请到项目、能不能管理好项目不仅是衡量公共事业部门尤其是民办非营利组织能力以及决定公共事业发展的重要因素，更是关系民办非营利组织生存及其组织使命实现的决定因素。

　　但是，公共事业部门的项目管理与其他类型的项目管理是否有所不同？其管理模式和方法是否一致？鉴于政府部门举办管理的事业项目比较少，所以本章主要从非营利组织视角，就公共事业项目管理原则、项目管理过程、项目管理范畴等方面进行介绍。

第一节　公共事业项目管理概述

一、项目的含义与特点

（一）项目的定义

　　根据不同的分类标准，项目可以分为不同类型。例如，土木工程、建筑、石化类项目，制造业项目，管理类项目等。我们研究的项目管理就属于管理类的项目范畴。

　　在管理领域，项目是一个特殊的将被完成的有限任务，它是指在一定时间内，满足一系列特定目标的多项相关工作的总称。公共事业项目是公共事业组织为实现特定公益目的而申请、执行的工作任务。项目来源于人类有组织的活动的分化。随着人类的发展,有组织的活动逐步分化为以下两种类型。

1. 连续不断、周而复始的活动,称之为"作业或运作"。
2. 临时性、一次性的活动,称之为"项目"。

(二) 项目的含义

1. 项目有特定的环境与要求。项目是一项有待完成的任务,有特定的环境与要求。项目是指一个过程,而不是指过程终结后所形成的成果。
2. 项目有一定的约束条件。项目在一定的组织机构内,利用有限资源(人力、物力、财力等)在规定的时间内完成任务。任何项目的实施都会受到一定的条件约束,这些条件是来自多方面的,如环境、资源、理念等等。这些约束条件成为公共事业项目管理者必须努力促其实现的项目管理的具体目标。在众多的约束条件中,质量(工作标准)、进度、费用是项目普遍存在的三个主要的约束条件。
3. 任务应满足一定性能、质量、数量、技术指标等要求。项目能否实现,能否交付用户,必须看是否达到事先规定的目标要求。

(三) 项目的特点

1. 项目由多个部分组成,跨越多个组织,因此需要多方合作才能完成。
2. 通常是为了追求一种新产物才组织项目。
3. 可利用资源预先要有明确的预算。
4. 可利用资源一经约定,不再接受其他支援。
5. 有严格的时间界限,并公之于众。
6. 项目的构成人员来自不同专业的不同职能组织,项目结束后原则上仍回原职能组织。
7. 项目产物的保全或扩展通常由项目参加者以外的人员来进行。

二、项目管理

(一) 项目管理的定义

"项目管理"给人的一个直观概念就是"对项目进行的管理",这也是其最原始的概念,它说明了两个方面的内涵:①项目管理属于管理的大范畴。②项目管理的对象是项目。然而,随着项目及其管理实践的发展,项目管理的内涵得到了较大的充实和发展,当今的"项目管理"已是一种新的管理方式、一门新的管理学科的代名词。

可见,"项目管理"一词有两种不同的含义:其一是指一种管理活动,即一种有意识地按照项目的特点和规律,对项目进行组织管理的活动;其二是指一种管理学科,即以项目管理活动为研究对象的一门学科,它是探求项目活动科学组织管理的理论与方法。前者是一种客观实践活动,后者是前者的理论总结;前者以后者为指导,后者以前者为基础。就其本质而言,两者是统一的。基于以上观点,我们给项目管理定义如下。

项目管理就是以项目为对象的系统管理方法,通过一个临时性的专门的柔性组织,对项目进行高效率的计划、组织、指导和控制,以实现项目全过程的动态管理和项目目标的综合协调与优化。所谓实现项目全过程的动态管理是指在项目的生命周期内,不断进行资源的配置和协调,不断作出科学决策,从而使项目执行的全过程处于最佳期的运行状态,产生最佳的效果。所谓项目目标的综合协调与优化是指项目管理应综合协调好时间、费用及功能等约束性目标,在相对较短的时期内成功地达到一个特定的成果性目标。

(二)项目管理的内容

项目管理的内容是指项目生命周期内一切管理工作的总称。我们从项目阶段和管理目标两个角度对项目管理的内容加以描述。

1. 从项目阶段的角度,项目管理的内容包括以下五个阶段。

(1)申请过程(Application Processes)。即根据项目招募,进行可行性分析并撰写项目申请书。

(2)计划过程(Planning Processes)。即为了实现承担项目的需要而做出并维持一个可操作的系统的计划。

(3)执行过程(Executing Processes)。即为了执行计划而协调人和其他资源。也是项目进行当中的实施阶段。

(4)监控与评估过程(Monitoring and Evaluating Processes)。即通过过程监测在必要时采取纠正行动确保项目目标得到实现,并通过后期评估为决策者提供相关的决策依据,为未来的发展积累经验。

(5)总结过程(Closing Processes)。提交项目总结报告后,通常由项目组成人员召开总结大会,进行总结。同时也包括向资助者提交相关的报告,对项目的结果和既有的计划进行比对,得到经验和教训。

2. 从管理目标的角度,项目管理的内容包括时间管理、资金管理、信息管理、人力资源管理、风险管理和采购管理。

(1)时间管理,也叫项目的进度管理,是为了确保项目准时完成而进行的一系列管理活动与工作。

(2)资金管理,包括对项目执行过程前后所耗费的各种费用的总和予以估算,对项目资金的使用状况予以适时的监督与调整。

(3)信息管理,是对项目信息的收集、整理、处理、存储、传递与应用等一系列工作的总称。

(4)人力资源管理,就是对项目过程中的所有人员给予有效的协调、控制和管理,使其为了同一项目紧密配合,激励并保持其对项目的热情和奉献精神,最终实现项目的目标。

(5)风险管理,就是对在项目进行周期中的风险,即可能导致项目损失的不确定性进行预测并使之尽量减少。

(6)采购管理,是对整个项目采购活动所进行的计划、审批等一系列活动,使采购到的物品或产品符合目标的要求,从而提高项目的质量。

(三)项目管理的特点

1. 项目管理是一项复杂的、柔性的(可变化的)、创造性的工作。
2. 项目管理有其寿命周期(包括确定需求、项目选择、项目计划、项目执行、项目控制、项目评价和项目结束)。
3. 项目管理面向成果,关注任务的完成。
4. 项目管理是基于团队工作的,注重沟通与协作。
5. 项目管理借助外部资源,要求提供跨职能部门的并能够有效降低成本的解决方案。

三、非营利组织的项目管理

(一)非营利组织项目管理的定义

非营利组织运作的项目基本上是公共事业领域里的公益性项目,非营利组织的项目管理也就是公共事业领域的公益项目管理。我国非营利组织的项目管理源于与境外非营利组织交流的增多。尤其1995年之后,我国非营利组织纷纷引入境外先进的项目管理理念,逐渐转变其活动方式和管理模式,由活动细碎、管理松散开始向围绕项目开展活动、制定系统的活动方案、严格各项管理制度的运作方式转变。但是在学术研究领域,关于非营利组织的公益项目管理研究得还比较少,对其概念的界定也存在一定的争议。在本书中我们采用王名教授的解释[①],认为非营利组织的项目管理是指这样一个系统的过程:非营利组织为了实现其宗旨,通过项目申请的形式获取资金、人力等社会资源,优化配置所获得的资源,有效地组织、计划、控制项目的运作过程从而达到项目的既定目标。

---

① 王名.非营利组织管理概论[M].北京:中国人民大学出版社,2002年,162页。

按照不同的分类标准,非营利组织的项目有各种不同的分类。按照项目需要的时间,可以分为长期项目和短期项目;按照资源来源,可以分为组织内项目和组织外项目,通常非营利组织的项目属于组织外项目;按照项目资助来源的国别,可分为国内项目和国外项目,现在国外项目的数量正在逐渐增多;按照项目的活动领域,可以分为教育培训项目、扶贫项目、公共卫生项目和环保项目等。

（二）非营利组织项目管理的原则

1. 践行组织宗旨,坚持目标人群为导向。非营利组织是不以营利为目的开展各种志愿活动的公益或互益性的非政府的社会组织。通常会有明确的组织宗旨,或相对集中的目标人群。非营利组织在项目设计、实施的过程中,客观上要紧密结合组织宗旨,充分考虑目标人群的需要和建议。

2. 结合地区实际,进行项目管理本地化。各地的自然地理环境、人文资源环境不同,即使是同类的项目也不可能存在普遍适用的项目管理模式。因此就单个非营利组织而言,项目设计、实施都要充分结合当地的实际状况,并对各种资源和服务的市场需求加以分析。只有这样,才能保证项目更顺利地实施。

3. 重视申请环节,强化过程监督。非营利组织的项目通常是向外部机构申请的,比如各种基金会、中介组织、政府部门、企业等。作好项目选择、可行性分析、项目申请书等申请环节,将有利于提高申请的成功率。而项目申请成功后,也应加强实施过程中的多方监督,提高项目运作的效率。

4. 关注项目社会效益,兼顾项目运行效率。非营利组织开展的项目主要是为了实现其宗旨,不以营利为目标,与经济效益相比更关注项目的社会效益,但这并不完全意味着项目管理不用顾及效率。非营利组织项目管理也需要优化资源配置、控制运营成本、提高效率。

5. 重视项目成果发布,争取项目资源拓展。既有项目执行经历和已经取得的项目成果对非营利组织而言是一笔巨大的财富,能侧面反映该组织的活跃度和能力水平。项目资助方在项目审批时也往往倾向于有经验、有能力的申请机构,以提高项目成功的概率。因此,非营利组织应及时、广泛地发布组织的项目成果,争取更多的项目资源。

6. 积累项目管理经验,坚持项目的可持续发展。与工程项目等类型的项目管理相比,非营利组织的项目管理尚处于初级阶段,管理水平还比较低,非营利组织管理层更换频繁。为了有效解决这些问题带来的弊端,非营利组织项目管理必须注重积累项目管理经验,这样一方面有利于组织项目的可持续发展,另一方面也有利于形成非营利组织完整的项目管理理念和方法。

第二节　公共事业项目管理过程

一、项目申请和计划过程

项目申请是项目能否成功的第一步。非营利组织要充分利用网络等多种资源广泛收集项目资助信息,在可行性分析和基于社群需求的项目设计的基础上撰写项目申请书(计划书)。项目申请书(计划书)的撰写,是决定能否得到资助方审批的重要环节之一。只有制定合理适当的项目申请书(计划书)才能保证项目按照既定的计划行事,促成最后的成功。因此在项目申请和计划过程中,撰写项目申请书的步骤就尤为重要。

一个好的计划书是项目开展和实施的先决条件。通常不同的资助方对项目计划书会有不同的要求,甚至有些资助方要求申请资助者填写一些特定的表格。但是我们认为,对非营利组织而言,准备一份通用的项目计划书是非常必要的。非营利组织可以在具体项目申请时,再根据不同的要求进一步形成不同的文本。

（一）撰写计划书的步骤

第一步:成立写作组,分工合作,对不同部分进行研究和写作。
第二步:项目需求评估,即文献综述和社群调查。
第三步:项目设计—项目方案(如图4-1)。
第四步:项目逻辑框架。
第五步:完成项目申请书或工作计划。

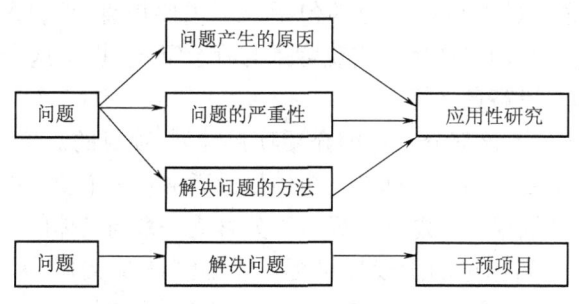

图4-1　项目设计—项目方案

(二)项目计划书的内容

一般来讲,一份项目计划书要包括以下几个方面的内容。

1. 封面页。这是容易被忽视的部分。有很多非营利组织认为内容比形式更重要。其实,形式有助于可以更好地表现内容。

项目计划书是项目资助方了解和认识组织的一个重要窗口,应尽量专业、严谨。封面可以包括以下信息:项目名称;申请(执行)机构;通讯地址;电话、传真、E-mail;联系(负责)人;还可以把银行账户、律师、审计机构等信息列在封面页上。

另外,最好在前面加封简单的附信。由于一份项目计划可以提交给多个资助机构,这就需要一个个性化的附信,要以"某机构某人"为开头,以表明对该机构的重视与尊重。

2. 项目概要(总论)。这是最重要的一部分,也是资助方最先阅读的部分(在时间不充足的情况下,也可能是资助方唯一浏览的部分),是影响"初选"结果的决定因素。概要部分是整份项目书核心内容的凝练,既要简明扼要,又要包含所有重要的信息。概要一般包括:机构的背景信息、使命与宗旨;项目要解决的问题与解决的方法;项目申请方的能力和以往的成功经验等。

需要特别指出的是,尽管项目概要部分排在计划书的前半部,但在实际撰写中,这一部分是最后写的,放在计划书其余部分写完之后。

3. 项目背景、存在的问题与需求。这一部分需要详细介绍存在的问题以及设计该项目解决这些问题的原因。为了充分说明问题的严重性与紧迫性,最好能提供一些数据,也可以使用一些真实、典型的案例。一方面可以充分地说明问题,另一方面也能表明对该项目的了解程度。

一般来讲,这一部分要说明项目的起因、逻辑上的因果关系、受益群体及与其他社会问题之间的关联等。通常包括以下主要信息:项目范围(问题与事件、受益群体);导致项目产生的宏观背景与社会环境;提出这个项目的理由与原因;其他长远与战略意义等。

4. 目标与产出。该部分要详细介绍项目计划、项目的总体目标、阶段性目标与任务,以及各目标的评估标准。总体目标通常是一个长期的、宏观的、概念性的、比较抽象的描述。由总体目标可以分解成一系列具体的、可衡量的、可实现的、带有明确时间标记的阶段性目标。比如,"减少文盲"是总体目标,"到2005年10月,使200个农村妇女达到认识1 000字"就是一个具体目标。目标的制定要切合实际,陈述要清楚准确。

5. 受益群体。在这一部分中,要对项目的受益群体加以详细描述。可将其分为直接受益群体和间接受益群体。比如 NGO 信息咨询中心的能力建设项目，直接受益群体是国内 NGO 和 NGO 的从业人员，间接受益群体是 NGO 的服务对象。通过能力建设，提高了 NGO 的服务能力与效率，从而使之能够为其服务对象提供更好、更多、更完善的服务。

受益群体的广泛参与，尤其是在项目设计阶段的参与，对非营利组织项目管理来说至关重要。可以在附件中列出受益群体参与的项目活动，包括组织受益群体参加的讨论会、会议主题、时间、参加人员等。既体现出项目是针对受益群体而设计的，又反映出项目在目标人群中的支持与认可情况。

6. 解决方案与实施方法。该部分需要具体介绍如何解决问题、达到目标，即采用什么方法、开展什么活动来实现预期目标。

在介绍方法时，要特别说明方法的优越特性。可以同时列举出其他相关的方法，并对它们进行比较；还可以引用专家的观点和其他失败或成功的案例等。总之，要充分说明项目所选择的方法是最科学、最有效、最经济的。当然，也要客观表明自己的机构在采用这种方法时也存在一定的风险与挑战。

此外，还要列出在方案执行中需要的条件与资源，包括由谁、在什么时候、使用什么样的设备、做什么样的事情、做这些事情的人要具备什么样的能力与技能等。最好能在附件中详细描述一下主要工作岗位的职务要求。

7. 项目进程计划（时间表）。在这一部分中，要详细地描述出各项任务的先后顺序以及起始时间。可以用一个带有时间标记的图表来表示，这样，就可以一目了然地说明"在什么时候做什么"，以及各项活动之间的关联与因果关系。

8. 项目组织架构。在这一部分中，要描述为了达成上述目标，需要什么样的执行团队和管理结构。执行团队应包括所有项目组成员：志愿者、专家顾问、专职人员等以及他们与项目相关的工作经验、专业背景、学历等。执行团队的经验与能力往往在很大程度上决定了项目的成败。

另外，还要明确项目的管理结构。应该明晰地写出项目总负责人、财务负责人及其他各分项目的负责人。如果是两个或多个机构合作完成一个项目，还要说明各机构的分工。

工作流程也要写清楚，要说明各项工作的先后顺序、逻辑关系等。

9. 费用、预算与效益。这一部分要叙述和分析费用预算中的各项数据、总成本与各分成本，包括人员、设备的费用等。其中，人员经费类别可以包括工资、福利和咨询专家的费用；非人员经费类别可以包括差旅费、设备和通讯费等。要写出所需经费支持的总数以及与项目相关的财务与审计方法。

另外，项目产出也是不容忽视的重要内容。尽管非营利组织的社会效益难量化，但还是应尽量找一些数据加以分析和估算。比如，一个为吸毒人员免费提供戒毒服务的机构,其经济效益无从谈起,但其社会效益是可以估算的:通过服务于一个吸毒人员,可以减少哪些方面的社会问题,可以对吸毒人员的医疗费用、失业、犯罪等相关费用进行估算。

10.监控与评估。该部分要包括监控的执行机构与人员(可以是理事会、资助方或其他第三方机构)、监控任务、评估活动及时间安排等。在项目的不同阶段进行评估,可以及时地发现问题并尽早解决。有两种可供参考的监控和评估方式:一种是衡量结果;另一种是分析过程。根据项目的性质和目标不同,可选择其中一种或两者。无论选择何种方式,都需要说明收集评估信息和进行数据分析的方法,以及项目的阶段性评估的时间进度安排。

无论是监控报告还是评估报告,都应该包括项目的进展与完成情况、原定计划与现实状况的比较、预测未来实现计划的可能性等。除总体评估报告外,还要提供一些子评估报告。比如,项目中期的审计报告等。

11.附件。附件内容可包括机构的介绍、年报、财务与审计报告、名单、数据、图表等比较重要的文件或篇幅太长而不适于放在正文中的文件;也可以是那些在正文中会干扰读者或使他们的兴趣偏离主题的部分,但一定要在正文中标明:详细情况,请察看附件＊＊＊。

总之,附件的目的是使正文紧凑、干净;同时,如果资助方对某些问题的细节感兴趣,还可以在附件中找到需要的内容。

写完上面的所有部分以后,可以写项目计划书的最开头部分——"概要"部分了。

概要应具有高度概括性,语言要简练、清晰,最好在半页左右,最长也不要超过一页。另外,如果希望把项目计划书递交给国际机构,最好将其翻译成英文。如果把一个项目计划全部翻译成英文的难度很大,可以只把概要和目录部分写成双语。

至此,一份完整、全面的项目计划书就撰写完成了。

二、执行过程

项目的执行是项目管理的关键环节。在合理计划的基础上,有效地开展与执行项目计划,是取得预期效果甚至获得额外产出的关键。项目执行能否成功将取决于人力、财力和技术资源的有效管理。尽管不同的项目在具体执行过程中会有不同的要求,但总体而言项目启动、项目组织结构、执行团队以及项目内容等是所有非营利组织项目均要涉及的内容。因此在项目执行过程中,应该注意到这几个方面的要求:①使项目人员充分了解项目相关信息。②针对目标。③多部门和目标人群的参与。④规划与实际相符,尽可能达成预期的效果。

在项目执行过程中,项目由多个部门或成员联合完成,应确保项目人员对项目相关信息的深入了解,以保证规划与实际相符,达到最后的项目目标。与此同时,还要抓住项目执行过程中的组织结构、项目团队等问题,才能确保项目执行中的正确方向。

(一)项目启动

在项目申请过程中,全面参与申请工作的项目人员数量很少,对于大多数项目人员来说,对项目的具体细节了解不清。基于此,对于非营利组织项目管理来说,项目的启动仪式具有极其重要的意义。在项目启动时,应就项目相关事项向项目人员讲解清楚。项目启动可包括如下内容。

1. 项目概况介绍,包括项目资助方和合作机构、选定此项目的动机和项目的申请过程、项目需要的时间和资金投入等。

2. 项目计划介绍,包括项目要达到的预期目标和受益人群、项目实施的初步计划、各个主要项目人员的分工等。

3. 讨论,包括项目详细实施计划讨论、可能会影响项目成败的外部因素分析等。

4. 社群动员,非营利组织的项目以服务类居多,需要一定的社群基础,通过动员可以增加组织项目的知名度和影响范围,吸引更多的目标群体参与到项目中来。

通过上述问题的讲解和讨论,不仅使项目工作人员明确了今后的项目实施方向,而且使更多的人在项目运作方式上达成共识,为开展后续合作提供良好的基础。

(二)项目的组织结构

资助者、国家政府机构、项目负责人、项目协调员、具体项目工作人员、项目专家组、项目督导组是构成项目的组织结构的主要因素。项目的组织结构应保证促进而不是阻碍实现项目的目标;同时所有项目工作人员应明确项目的目的及所有的活动内容。在组织结构中,资助者、项目执行组织等不同部分又有着密不可分的关系,由这些不同层面的部门与人员分层级地完成项目的整体目标(如图4-2)。

在图4-2中,政府机构为虚线部分,表明在当今社会中,非政府组织不仅可以通过国家政府机构申请项目,也可以越过国家政府机构,直接同资助者联系并达成项目协议。在资助方与项目组直接建立资助关系的情况下,组织采取项目负责人负责制,国家政府机构起辅助、协调的作用。

(三)项目团队

项目团队,就是为适应项目的有效实施而建立的团队。项目团队的具体职

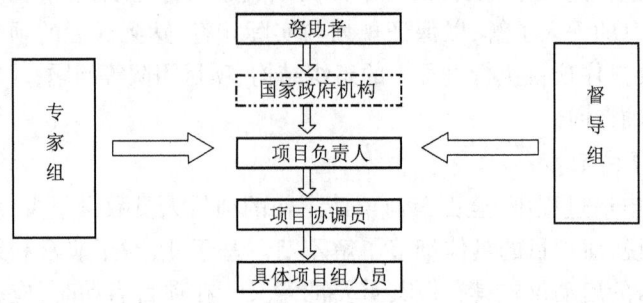

图4-2 项目的组织结构图

责、组织结构、人员构成和人数配备等方面因项目性质、复杂程度、规模大小和持续时间长短而异。其一般的职责是项目计划、组织、指挥、协调和控制。项目组织要对项目的时间、资金、信息、人力资源、风险和采购等进行多方面管理。在项目团队中，主要有项目负责人、项目计划人员、项目控制人员等职位，而不同的职位负有不同的职责，根据不同的职责，完成各自的任务，创建良好的项目团队文化。管理学中的7S理论为项目团队文化指明新的发展环境与基本内容，即战略、结构、制度、人员、作风、技能、最高目标才是衡量项目能否成功的标准。把握其中的内涵，才能够促进项目团队的向心力和凝聚力。

同时，基于非营利组织和项目的特殊性，除组织正式员工外，还会有一定数量的志愿者参与到组织的项目实施中。如何挖掘志愿者的工作潜力是非营利组织项目团队的一个重要问题。由于志愿者的工作是基于志愿服务精神，不拿工资，且没有正式员工的身份，因此对其工作努力和成果的认可就显得尤为重要。可以通过奖励、颁发纪念品、开展庆祝会等多种方式激发志愿者的团队认同感和工作热情。

（四）项目内容

根据不同的项目要求，项目内容存在着差异性，但总体而言应包括如下几个方面的内容。

1. 能力建设。能力建设包括人员能力建设和机构能力建设。人员包括项目管理人员和项目执行人员，以及项目受益人、专家和政策制定者等；机构包括政府部门、业务部门、非营利组织和受益人群工作组等。在现阶段，非营利组织及其人员能力的提高是非营利组织项目工作的重点。在项目开展过程中，可以通过资助方、专家组等各方面督导、评估和多种监督，敦促非营利组织不断提高其活动能力、管理能力、创新能力、扩张能力和可持续发展能力；可以通过对不同类型、不同组织的人员开展培训、举办研讨会等方式,不断提高项目管理人员和项目执行人员的多种能力,包括项目管理、计划制定、项目实施等,以提高其工作能力和技巧。

2. 政策倡导。非营利组织通过汇报工作、提交项目报告、参加政府会议等形式对上一级进行政策倡导。倡导政府部门与项目官员进行实地考察,参与到项目活动中,甚至可以在上一级的部门当中开展培训课程,使之对相关政策的开发与推动起到积极的作用。非营利组织通过高效的项目管理不断提高项目活动的质量和影响,使政府有关部门逐步认识到非营利组织的重要作用,加紧修改和制定相关的法律、法规,最终促成有利于非营利组织发展的政策环境。

3. 战略规划。要形成多部门参与、动员和整合资源的全面性项目,必须要制定短期、长期的战略规划,以确保项目在正确的战略部署下开展有效的工作和活动,推进项目的按期完成。

4. 社会动员。非营利组织的项目以服务类居多,需要一定的社群基础和广泛的社会支持。应针对项目的受益人群,开展社会动员,包括宣传政策法规、社会认知等方面内容。这样一方面可以增加组织项目的知名度和影响范围,吸引更多的目标群体参与到项目中来;另一方面也可以营造社会广泛参与的非营利组织发展环境。

三、监控与评估过程

项目的监控与评估过程是指在项目执行过程中和项目结束后,对项目的过程监测和后期评估。

监控是在项目实施的过程中,通过系统的、持续的信息收集、分析和使用,对项目活动的开展进行跟踪和监督,以确保项目按照计划顺利进行,同时发现问题,以便必要时作出调整。在整个项目周期内均会有监控活动。其特点主要是动态、持续地发现问题,记录并反馈交流,然后进行调整。而项目评估是指通过对项目信息进行系统的整理和分析,检验项目是否达到预期的结果,以及产生怎样的影响力或变化。评估可以是阶段性的,也可以在终期时进行,其任务是作出阶段性或总体性评价与决策。评估的结果是为决策者提供相关的决策依据,并为未来的发展积累经验。在项目周期内,监控和评估是保证项目切实按照计划实施,并及时调整计划以配合项目目标达到预期效果的有力保障,与项目的各部分也存在一定的关系(如图4-3)。

在非营利组织的项目监控和评估中主要有七个关键问题:①是否成功达到所设立的目标?②项目目标群体的总体经济状况是否有改善?③项目提供的效益对不同群体是否公平?④受益群体的改善是因为项目还是非项目因素?⑤项目的执行是否有效:投入/产出的影响?⑥项目是否有重大的推广意义?

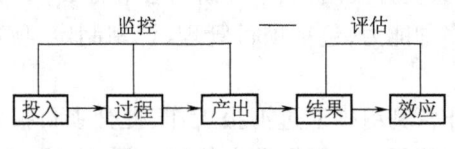

图 4-3 监控与评估

⑦项目结束时,成果是否可持续?

只有在评估中设立相关的指标,进行评估,才能有效地促进非营利组织的项目管理,进一步完善其中的法律法规和相关的政策,同时促使项目组成员根据目标群体、效益、执行情况等方面制定更加周密的项目计划,提高项目的质量。监控与评估框架(如表 4-1)中指出了督导与评估类型和需要回答的问题,只有明确了以下的问题,才能根据情况结合既有的计划开展项目的各项活动。

表 4-1 监控与评估框架

监控与评估类型		
监控 (投入、过程和产出,测定服务质量)	评估 (结果和效应)	成本效果分析 (包括可持续性)
不同类型监控与评估需要回答的问题		
已计划的活动实施状况 服务现状	什么结果可得到 结果的确切含义 项目本身的意义	项目的优先领域是否需要改变或扩展 资源将在什么程度上进行资源分配

监控系统包括三个主要方面,即投入(Input)、过程(Process)、产出(Outputs)。投入是指实施项目现有的资源,如工作人员、经费、设备和工作时间等;过程是指在现有项目资源下(人力、经费),为达到项目的预期结果而开展的一系列活动(如一些研讨会和培训班);产出就是在一系列活动开展后,项目能够立刻得到的结果,如发放的物品数量、接受的培训人数、活动覆盖的人数、得到服务的人数。监控系统主要涉及了已计划的活动实际执行的程度,这些活动是否正在有助于项目目标的实现,我们提供了什么服务、对象、时间、频次、时段和内容,以及提供服务(活动)的方法、质量、费用等问题。

评估包括两个方面的内容,结果(Outcomes)和效应或影响(Impact)。它有三个特性:评价目标人群的变化(如危险行为的变化);评价目标达到的程度,以确定项目的效果;在项目和全社会水平上测定项目的结果和效应(影响)。

在进行评估中,通常采用 SMART 指标原则和 5A 原则,其中 SMART 指标设定原则包括了 Specific(具体)、Measurable(可测量)、Answerable(能够回答的)、Realistic(符合实情)、Time - limit(时限);通过对项目的可行性、具体性、是否符合既有的情况和时间等方面进行评估,以测算项目的合理性。

5A 指标设定原则是 Adaptability(适用性)、Affordability(费用不高)、Accountability(准确可信)、Availability(是否存在性)、Accessibility(别人是否可以获得)。根据该原则的各项指标,评估项目的真实性、具体性、经济性等,以促进项目在评估过后的调整中,掌握好方向,通过团队的齐心合力完成既有的项目计划,达到预期的项目目标。

四、总结过程

项目的总结过程也可称做收尾和回顾阶段。即当项目或项目阶段的所有活动均已完成,或者虽然没有完成,但由于某种原因而必须停止并结束时,项目班子应该做好项目的总结和收尾工作。在完成了项目的所有内容后,终止成本、终止决策,同时撰写相对应的项目总结,并提交到上一部门或资助者,这是项目能否得以成功的最后阶段。根据先前的工作和活动,认真观察项目的结果,确定既有的计划与目标是否都得以实现,以判断该项目是否成功。在项目组成员中召开相应的总结会,回顾以往项目过程中的活动与记录,进行评估和验收,收集经验和不足,达到最好的结果,也促进下一个项目的有效开展。(如图 4 - 4 所示)

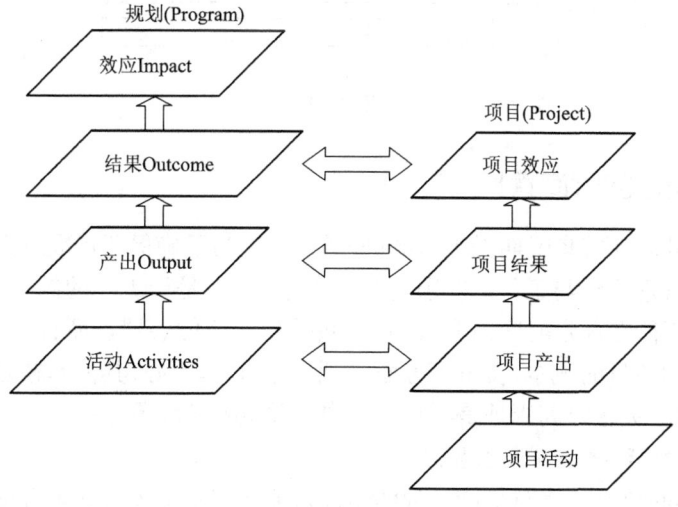

图 4 - 4 项目结果链

第三节 公共事业项目管理范畴

项目管理不仅要在项目生命周期内协调计划、执行、监控与评估、总结诸项管理过程的计划资源安排,更要协调不同项目管理过程中项目的时间、成本、信息、人力资源、风险和采购等管理范畴。项目管理的过程和范畴是紧密结合的(如图4-5所示)。图中的x轴代表项目生命周期,y轴代表6个项目管理知识领域。箭头表示项目的整体管理状况,箭头随着项目沿其生命周期演化而变得更加集中,最终将所有这些要素成功结合在一起,指导项目成功完成。以下将对项目管理范畴的各个部分作一解释。

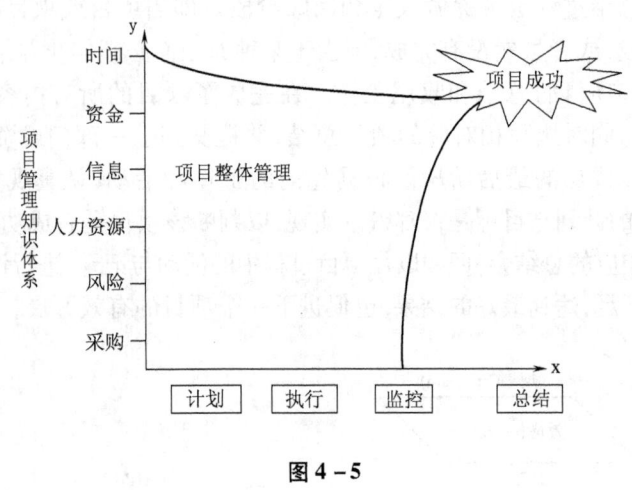

图 4-5

一、项目的时间管理

项目的时间管理又叫做项目的进度管理,是为了确保项目准时完成而进行的一系列管理活动与工作。在项目的管理中,时间是最重要的约束条件之一,如果项目不能在规定时间内完成,就必须受到相应的惩罚。而且,时间问题还同时牵涉到项目的成本、质量等方面,如果时间管理不好,其他问题也不可能管理好。因此,关注时间管理是项目管理中至关重要的环节之一。

(一)项目进度计划的制定

在时间管理中,项目进度计划的制定是关系到整个项目能否合理进行的必要前提。而进度计划指项目活动定义、项目活动排序、项目活动进程和所需资源的分析及项目进度计划的编制工作。其中包括以下几个内容：①项目活动历时估算；②项目的协议书；③项目的实施计划和方案。同时要在此基础上制定详尽的时间安排和进度计划。

按协议书要求的时间完成项目，可以保证项目取得最佳经济和社会效益。因此项目进度计划的优化就尤为重要，即我们所说的项目进度调整。项目进度计划的优化一般通过以下几种途径实现。

1. 在不增加资源的前提下压缩项目时间，即改变活动间的逻辑关系和在系统内进行资源调整。通过改变活动间的逻辑关系来缩短总时间，主要是将某些原来前后衔接的活动改为互相连接。同时适当地减少非关键活动的资源供给，将扣除的资源投入到关键活动中去，从而缩短关键活动的持续时间。

2. 时间—费用优化方法。为了加快项目进度就必须增加投入，以最少的投入增加得到最优的计划。根据网络分析得到的项目活动的费用率以及极限项目时间，以及每项活动可以压缩的时间和相应要增加的成本，来调整项目的时间和每个活动所需的费用，以达到最优的效果。

(二) 项目进度计划的控制

项目进度计划的制定是为了指引员工按照计划行事，但由于计划阶段的工作是主观推测的，难免与实际情况不相符，因此项目进度计划的控制就更重要。通过对项目实施的全程跟踪，查看记录和报表将实际进度和计划进度进行比对，当实际进度偏离或超出了一定限度时，就需要及时地纠正。

如果项目进度出现了问题，就要作出及时的调整，由项目负责人及各级的管理人员加强对人的管理和控制。

1. 加强对项目团队成员的管理。项目负责人要用各种方法和措施来强调按进度执行的重要性。其中包括授权、激励和纪律。由于项目是由不同层次的人群共同完成的，并不是项目负责人一个人的事儿。因此由项目负责人授权于团队成员，让其各尽其责，对自己的活动采取一种负责的态度，才有利于进度计划的实施。与此同时，根据马斯洛的需要层次理论，满足员工不同层级的需要，才能激发员工的积极性和主动性，因此适时地用各种奖罚制度来敦促项目团队成员认真执行项目计划，才能促进项目的快速进行。

2. 利用进度图表实施控制。利用图表的方式确认时间和工作量的完成情况，应定期进行检查，如果发现问题，就应马上分析问题出现的原因，并及时地进行调整。因为图表具有直观、形象等优点，有助于我们及时地找到实际进度与计划的偏差，避免由于拖延时间，耽误了项目的顺利进行。

二、项目的资金管理

项目资金是指项目执行过程前后所耗费的各种费用的总和。而项目资金管理是决定非营利组织项目能否完成的重要因素,也是项目评估的重要衡量标准之一。因此确定适当的资金估算,并进行必要的控制就决定了项目资金能否适合项目的正确发展。

(一)项目资金估算

项目资金估算就是对项目基础投资、前期的各种费用、项目执行中的管理费及其他费用进行的估算。它是安排项目进度的前提,所以资金估算的精确性显得尤为重要。项目资金的估算方法有专家法、参数估计法和软件估算法。对于非营利组织所承担的项目来说,因为申请的主要是研究型和干预型项目,所以主要采取的是第一种方法,即专家法。该法是在项目资金估算精确度要求不是很高的情况下使用的项目资金估算方法,又叫类比估算法或自上而下法,是一种通过比照已完成的类似项目的实际资金,去估算出新项目资金的方法。通过专家小组召开座谈会、讨论会等形式共同探讨,提出项目资源计划方案,在意见比较一致的基础上,确定项目资金。同时也可以根据特尔斐法,即在互不见面、互不知名的前提下汇总意见,从而编制出合理的资金估算,这样可以避免见面时互相影响的情况。合理的资金估算,既能保证项目前期申请获得批准,又能保证项目中后期执行得到充足的资金支持。

(二)项目资金控制

由于项目的资金目标不是孤立的,而是与项目的质量、进度等密切相关的,因此常常会产生项目超支的情况,产生该情况的主要原因主要有:①项目前期估算偏低;②项目质量标准提高;③项目进度调整;④由于项目管理失误造成的损失;⑤不可抗力的影响。因此进行必要的项目资金控制是必要的。

项目资金控制是指为保障项目实际的资金不超过项目申请预算而进行的管理活动,对确保按时、按质、高效地完成项目的既定目标有重要意义。对非营利组织项目资金的控制管理可分为两种:直接管理和托管机构代管。直接管理是对于已经合法注册的组织,项目资助方通过与其签订双方协议,将项目资金直接划至非营利组织账户,由项目组织直接管理自身的项目资金;托管机构代管是对于未经过合法注册的组织,项目资助方通过与项目组织、托管机构签订三方协议,将项目资金划至第三方账户代管项目经费(第三方要求是已经注册的非营利性组织或资助方在项目组织所在的项目办)。

在非营利组织的资金控制管理中,无论是项目组织直接管理,还是托管机构代管,都要在项目执行前期制定项目资金使用明细表,由项目负责人审核通过后作为整个项目执行过程中的资金使用标准。资金具体使用方面,采用负责人签字和票据原件报账制度。也就是说,项目人员需要凭借项目负责人已签字的项目使用明细表和发票等票据原件报销,未签字的票据或无使用的原有单据不予报销。同时资金管理部门(人员)需要对不同的票据加以归类整理,并定期向项目资助方提供资金会计报告,接受资助方的监督。

需要指出的是,在实际项目管理中,无论是项目资金的直接管理还是托管机构代管,项目资助方通常采取的方法是在项目执行前拨付预付款,一般为项目总审批资金的70%~85%,其余尾款在项目后期评估合格后再拨付。这从外部对非营利组织的项目资金和项目质量起到监督作用。

当然,项目资助方审批的项目资金和项目执行前的资金使用明细只是经验性的估计,难免会出现与实际需求出现偏差的状况。根据管理学中的控制原理,资金控制可以分为事前控制、事中控制和事后控制。通过不同时间的控制,以确保资金随时跟得上项目的发展,这是项目资金控制的首要目标。随着项目的进展,根据项目实际发生的资金情况,不断修正原来的资金使用方案,必要时也可以和项目资助方协商适度增加资助金额。可以依据项目资金审批计划、项目资金会计报告、项目资金的变更请求等几个部分,对项目资金使用方案进行适当的调整,为项目发展提供指导(如图4-6所示)。

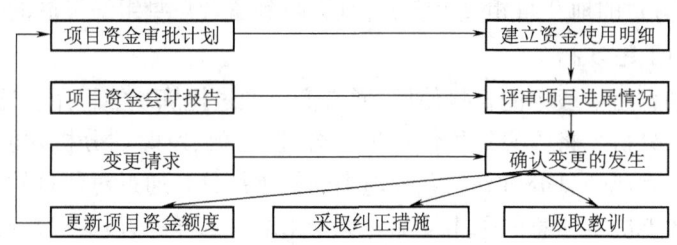

图4-6 项目资金变更控制图

三、项目的信息管理

项目的信息管理,是指对项目信息的收集、整理、处理、存储、传递与应用等一系列工作的总称。如何有组织地对项目全过程的各类信息资源进行管理,是现代项目管理的重要环节。其目的就是根据项目信息的特点,有计划地组织信息沟通,以保持决策者能及时、准确地获得相应的信息。为了达到信息管理的目的,要把握信息管理的各个环节,并在此基础上建立项目管理系统。项目信息管理的效率和成本直接影响其他项目管理工作的效率、质量和成本。

(一)信息收集

信息主要分为内部信息和外部信息。内部信息主要包括了活动记录、档案、管理资料等;外部信息主要是政府出版物、社会团体相关资料、电视、广告、网络、科技报告等。收集信息的方式和途径有很多种,主要包括以下几种。

1. 通过目标人群调查了解服务需求。项目组的主要服务对象是目标人群,深入了解其需要和建议,对项目设计和实施具有重要的指导意义。

2. 通过预订、邮购、直接选购等方式获得报纸和图书资料。这种方式多数适合组织查阅相关的资料。

3. 向有关部门或其他同行单位索取资料。

4. 通过各种会议收集信息。一般情况下通过会议形式获得的信息都是第一手材料,能及时地反映当前的发展情况,速度比较快,针对性比较强,而且准确,实用价值高。

5. 通过网络获取资料。网络是很多组织向外发布信息的主要方式,有部分组织建立了自己的网站、邮件组等,发布即时信息,可以通过检索或加入其邮件组获得所需的资料,配合项目的进行。

6. 通过互访交换信息。由项目组的成员到相对应的单位和组织进行访问、了解情况,有目的地获得相关资料,有利于得到适合自身组织发展的信息。

(二)信息分析

获得信息后一般不能直接使用,通常需要经过提炼才能运用。这就是我们所说的信息分析。将收集到的信息进行合理、有效、及时的分析才能真正为决策者使用。因此信息分析是信息管理中的核心部分。通过对信息的系统调查、系统分析才能决定信息的采用情况。无论采取什么样的方式,都是要确定问题的领域,从而确定信息的应用范围,进而提炼出信息的可应用部分,然后结合每种目标所需要的决策,找出适合的信息,为最终项目计划的制定和项目的实施提供条件。

(三)信息交流

由于信息分为内部和外部两种信息源,因此信息交流也分为内外部两种。

1. 项目内部信息交流。内部信息交流主要是通过正式和非正式两种方式进行。正式的信息交流既包括结构化的信息,也包括非结构化的信息。二者主要不同就在于结构化信息的存在相对比较固定,主要是表格等形式;而非结构化的信息传递的方式很多,主要以报告、工作会、座谈会等形式存在。在非营利组织实际工作中,通常使用非正式的方式进行信息交流,就是交流过程中没有明确的规则,常常以口头的形式出现,例如项目组成员闲谈时常突现一些有价值的想法等。但因为缺少文字记录,当重新确认信息的时候常常印象模糊,造成了资源的浪费。因此在实际项目操作过程中,要注重非正式信息交流时的信息留存,让项目组成员做好项目日志,确保信息的畅通和有效使用。

2. 外部的信息交流。由于信息交流的目的不同,因此与外部的交流方式也略有不同。可分为直接和间接的信息交流。直接交流就是信息与项目本身联系密切,通常会由于该信息的介入,对项目带来很大的收益或帮助;而间接交流主要是指获得的信息与项目活动没有直接的关系,而是通过某些渠道或其他方式传递出的相关信息等等。这种交流具有随机性,没有固定的信息源,也没有特定的接收源,因此该类的信息流通通常是形式多样并不断变化的。但无论怎样,基于非营利组织的特殊性,时刻保持与外部的信息交流是十分必要的。在交流中,要采取积极主动的态度,及时、广泛发布组织的活动信息,尤其注重培养与媒体、多种项目资助方的良好关系,保持对信息捕捉的敏感度。

四、项目人力资源管理

项目人力资源管理,就是要在对项目目标、规划、任务、进展情况以及各种内外因变量进行合理有序的分析、规划和统筹的基础上,采用科学的方法,对项目过程中的所有人员,包括项目负责人、项目核心团队和项目志愿者、项目协调人、项目资助方等给予有效的协调、控制和管理,使其为了同一项目紧密配合,激励并保持其对项目的热情和奉献精神,最大限度地发掘其潜能,最终实现项目的目标。

(一) 项目人力资源管理的内容

项目人力资源管理是对人力资源的取得、培训、保持和利用等方面所进行的计划、组织、指挥和控制活动,它包括以下几个内容。

1. 人力资源规划。即为了实现目标而对所需人力资源进行系统安排的过程。

2. 工作分析。即指收集、分析和整理关于项目本身的系统性工作。

3. 人员招聘。即根据项目的实际需要,招募适合的具有一定潜力的人员,既可包括项目组核心成员,也包括项目志愿者。

4. 人员培训和开发。即指为了使人员获得与工作有关的知识、技能和态度等,组织相关的培训等以提高人员的绩效。在此过程中,要善于发现、团结志愿者中的骨干,促使其更好地发挥作用。

5. 报酬管理。即非营利组织的工作人员要有志愿精神,但并不意味着绝对不领取报酬。通过建立公平、公开、透明的补助制度,可以激励和促进员工的潜能。

6. 绩效评估。即是对工作行为的测量过程,也是将绩效结果反馈到员工的过程。

(二) 项目人力资源管理的关键

项目人力资源管理的关键就在于如何提高项目人员的热情,如何提高项目的工作效率,即激励作用。非营利组织的项目有其特殊的社会公益性,从一定意义上说,其项目人员的工作是建立在志愿服务精神的基础上的。这就决定了对非营利组织项目人员的激励不能仅停留在满足其生理、安全需要上,而应更多地考虑其社会情感、自我实现等方面的需要。

对非营利组织项目人员的物质性激励可包括:提供交通费、工作餐;颁发志愿服务认证书、赞助商提供的物品、项目纪念章等。社会情感激励可通过友谊、温暖、特殊的亲密关系、信任、认可、表扬、尊重、荣誉等社会情感性的方式来激励。对于非营利组织项目人员来说,最重要的是付出的劳动得到认可,取得的劳动成果受到尊重。在项目中,让项目人员参与协助组织决策、召开表彰大会等都有利于激发成员的积极性。

另外,就非营利项目工作本身来说,工作给人带来的新颖感和挑战感、满足感和成就感也是值得重视、发掘和利用的有效激励方式。非营利组织项目活动丰富多彩、新颖引人,同时又具有一定的挑战性,引发兴趣的同时对项目人员的智力和技巧提出了较高的要求;项目工作具有培训性,在工作中项目人员能感到进步和成长、丰富和充实;工作中会接触到各种不同的人,包括其他项目资助方代表、其他项目组成员、目标人群等,提供了交往机会,扩大了项目人员的社交范围;项目工作顺利完成后,能感受到工作带来的自豪感和成就感。基于项目自身的激励性,项目负责人只要注意工作内容的丰富性、时间安排的灵活性、人员培训的合理性等细节安排就能收到事半功倍的效果,既满足了项目人员的需要,又满足了项目的整体需要,提高了项目的工作效率。

五、项目的风险管理

项目风险是指在项目周期中的风险,即可能影响项目生效的不确定性。产生项目风险是在所难免的,而导致其存在的原因也有很多。例如,项目的计划与实际情况发生偏差就有可能导致项目的失败或偏离项目目标,在项目中的可重复活动具有一定的不确定性等等也会给项目带来负面影响。因此,项目风险管理在项目过程中是必不可少的一部分。通过确认风险、进行风险分析和评估、风险应对计划制定和风险控制几个环节达到对风险的控制,以保障项目的有效发展。项目风险管理流程如图4-7所示。

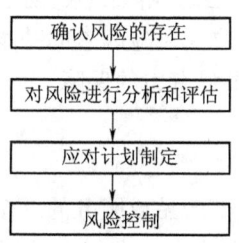

图4-7 项目风险管理流程

(一)项目风险的确认和评估

确认项目风险的存在是做好风险管理的首要任务。"头脑风暴"法是认定项目风险存在的主要方法,通过"头脑风暴"会议,召集项目全体成员的参加,营造一种自由的气氛,便于找出其中的风险及风险事件。一旦识别出确认为风险事件,就应该认识到风险给项目造成的危害,并马上采取措施进行控制。

对项目风险的评估就是在确认了风险后,对项目中可能发生的各类风险进行估计和测量。可以通过决策分析法对项目风险的程度进行评估,通过评估对项目诸多风险进行比较和评价,确定它们对项目的影响程度,考虑到各种不同风险之间相互转化的可能,从而进一步量化已被确定的风险及其产生的后果,应尽最大可能减少风险给项目本身带来的阻碍和不良后果。

(二)项目风险的应对和控制

确认和评估项目风险以后,不是将其搁置不管,而要提出处理的意见和办法,这就是我们所说的风险应对。关于风险应对,我们可以采取以下几种方法。

1. 减轻风险。即降低风险发生的可能性或减少风险带来的不利影响,并根据风险的严重程度,采取不同的应对措施。

2. 预防风险。即通过教育法和程序法分别对有关人员进行风险可能存在性的培训,让其认识到风险可能存在性和危害性;对从事的项目进行制度化管理,减少不必要的损失。

3. 缓解风险。即通过实现控制或采取应急方案使风险不发生,或者一旦发生使损失降到最低。

4. 回避风险。当项目的进行当中存在潜在风险或威胁的时候,可以变更项目计划,修改项目的相应活动,以避免风险的发生。

项目风险控制是在项目应对计划的基础上实施的。应当建立项目控制体系,确定项目将要面临的具体风险事件,将项目风险控制的职责和任务进行合理的分配,制定项目风险控制方案,实施风险控制的行动方案,从而判断风险控制的效果。并且通过减少已存在的风险因素,防止已存在的风险因素释放能量,改善风险因素的空间分布,改变风险因素的基本性质,达到对项目风险的有效控制,为项目的顺利发展提供强有力的保障。

六、项目的采购管理

采购是从项目组织外部获得产品或服务的一个过程,是确保项目达到预定目标的一个关键步骤,在项目实施中占有特别重要的地位。如果采购不当,不仅会影响到项目的顺利实施,而且还会影响项目的预计效益,严重的还会导致项目的失败,因此对于项目的采购工作要给予高度的重视。

项目的采购管理是对整个项目采购活动所进行的计划、组织、指挥、协调、控制等一系列活动,是一项管理活动。通过对项目采购过程中进行有效的管理,可使采购到的物品或产品符合项目设计的要求,从而提高项目的质量。

(一) 项目采购管理的原则和重要性

虽然第三部门的项目采购管理不同于工程项目,它主要完成的是研究型和干预型项目,对材料和产品的需求要比工程项目少得多,但是仍需要一定的物品或产品,为此采购管理在项目中也是必要的。因为项目采购对项目的整体有着以下几个方面的重要性。

1. 能否经济而有效地进行采购,直接影响到能否利用规模经济效应降低项目固定成本,以达到预期的收效和成果。在项目的各项活动中,适当的奖品与工作中的物品需要是必然存在的,因此,购买经济实惠的有利于促进项目开展的物品就直接影响到了项目的顺利进行。

2. 对项目采购进行管理,要求采购前对市场情况进行充分、认真的调查分析,准确把握市场的变化趋势,这样有利于制定适合的采购计划。

3. 采购前的计划申请。确定采购计划后应该向项目负责人进行申请,以确保建立完善的采购监督机制,确定第三责任人,以保证采购的物品完全符合市场的需求,符合项目的发展。

为了保证项目既定目标的实现,并合理地使用每笔资金,一定要遵循经济性和效率性、质量保证、透明的原则,做到每次采购都能在财务和法律的监督下进行,为项目的质量打好基础。

（二）项目采购管理的过程

很多成功的项目，常常要归功于好的项目采购管理。它包括从项目组织外部购买产品的全过程。该过程包括以下几步。

1. 准备工作。即进行市场调查和市场分析，选定项目所需的产品。
2. 采购计划编制。即决定采购什么、采购多少、何时采购。
3. 询价。即询问所需产品的相关资料，获取报价单。
4. 供应商的选择。即从调查的商家中选择采买的那一家，并购买产品。
5. 进行采买。即从商家中购买产品，进行项目组商品验收，并持经项目负责人签字的单据进行报销。

总之，在第三部门的项目管理中，必须将时间管理、信息管理、人力资源管理、成本管理、采购管理、风险管理进行整体管理，才能达到项目的最终目标。因此不仅要有序地进行每项管理，还要将各个部分有机地结合起来，才能得到最佳的效果。

本章小节

1. 非营利组织的项目管理是指这样一个系统的过程：非营利组织为了实现其宗旨，通过项目申请的形式获取资金、人力等社会资源，优化配置所获得的资源，有效地组织、计划、控制项目的运作过程。

2. 非营利组织的项目管理应坚持一定的原则，包括践行组织宗旨、进行项目管理本地化、重视申请环节、关注项目社会效益、重视项目成果发布、坚持项目的可持续发展。

3. 非营利组织的项目管理，其过程分为五个步骤：申请过程；计划过程；执行过程；监控和评估过程；总结过程。

4. 非营利组织的项目管理包括时间管理、成本管理、信息管理、人力资源管理、风险管理和采购管理六大管理范畴。

5. 一份完整、全面的项目计划书应建立在可行性分析和基于社群需求的项目设计的基础上，既确保实现项目的社会效益，又兼具一定的经济效率。

思考题

1. 简述非营利组织项目管理的含义。

2. 非营利组织项目管理的主要包括哪些范畴?
3. 如何制定一个完整的项目计划书?
4. 如何进行项目的资金管理?
5. 如何确保项目实施中的正确方向?

青年实习生小额基金项目

香港社区伙伴(PCD)与NPO信息咨询中心(CNPON)合作实施的"青年实习生小额基金"项目(以下简称"小额基金")现已正式启动。项目面向社会招募对农村发展及生态保护感兴趣的青年实习生深入到云南、贵州、广西、广东四省非营利组织(NPOs)的相关项目中,进行为期不少于10个月的实习。

"小额基金"旨在通过直接向实习生提供部分资金支持,为NPOs提供人力支持,促进青年人反思主流发展模式、城乡发展关系以及人与自然的关系,培养具有清晰的社会发展理念、良好的社会分析能力及掌握社会发展工作技巧的青年人,建立民间组织联合培养人才的公共平台,为培养中国草根民间组织所需要的后备人力资源探讨可行的支持方式,与此同时,也促进民间组织与实习生之间的经验分享与交流。

"小额基金"设有秘书处及审批委员会。秘书处设立于NPO信息咨询中心,负责项目执行与监测;审批委员会由专家及四省NPOs专家组成,为项目提供专业意见及审批申请书。

申请说明

一、青年实习生收益

1. 理解社会发展所带来的问题。
2. 深刻了解非营利性组织的发展理念与运作方式,并掌握其工作方法。
3. 为投身于非营利事业积累经验。
4. 体验西南地区独特的人文地理环境与社会文化风貌。

二、实习接待机构收益

1. 获得新鲜的血液,缓解非营利性组织的人力资源问题。
2. 知识、技能、经验的共享。
3. 扩大社会的影响,使社会对其更加关注。

三、"实习生"申请者资格

1. 具备一定的非营利组织相关知识,有强烈的使命感,对农村发展感兴趣。
2. 责任感强,善于学习,具备良好的沟通能力。
3. 20周岁以上40岁以下,身体健康,大专学历及以上。
4. 愿意并能够在项目地持续不少于10个月的实习工作。
5. 有明确的实习及成长目标。
6. 具体事项参考"青年实习生小额基金项目"三方协议。

四、"实习生接待机构"申请者资格

1. 业务领域为农村发展、生态保护等领域。
2. 有人力上的需求。
3. 愿意并能够提供在项目地持续不少于10个月的实习工作岗位。
4. 有明确的实习生培养计划。
5. 具体事项参考"青年实习生小额基金项目"三方协议。

五、申请时间、实习地及名额说明

1. 申请时间:2005年6月18日~2005年8月20日。
2. 名额:10名。
3. 实习地:贵州、云南、广东、广西NPOs。
4. 实习期为2005年9月~2006年8月。

六、申请程序

1. 有意申请小额基金的NPOs,需主动寻找到合适的实习生,并一起向秘书处递交一份完整的申请材料。

小基金秘书处不负责向NPO推荐实习生,但可以为NPO提供实习生需求信息发布平台,以便于感兴趣的实习生申请者查阅相关接待机构的资料。NPO可填写实习生需求表,并递交秘书处。

2. 实习生申请者,需主动找到合适的接待机构,并一起向秘书处递交一份完整的申请材料。秘书处提供部分接待机构信息,实习生申请者可从中选择、也可自己在上述四省中寻找其他合适的接待机构,直接与其进行联系、沟通。

3. 实习生及接待机构达成共识后,共同向秘书处递交一份完整的申请材料,包括:

——接待机构申请表。

——实习生申请表,包括个人基本信息、教育经历、工作经历或社会实践经历等;实习期间的学习目标及学习计划。

——实习生书写一篇题为"我与理想社会"的文章(文章要求:从不同角度阐述对于理想社会的期待与理解;可选择自己感受最深的问题入手,如农村发展问题、环境问题、三农问题或社会公正等;字数不限。)。

——实习生工作职责(需双方签字),包括工作时间及地点、工作内容、主要职责,实习生督导(职位及联系方式)。

——实习期间的预算,资助内容及标准详见第七条。

4. 审批委员会审批、最终确定,秘书处公布最终匹配名单。

5. 若有任何不明之处,请与"小额基金"秘书处联系。

七、"小额基金"资助内容

1. 生活费用:根据当地基本生活标准提供合理预算,最高不超过 800 元/月/人,按月发放。

2. 住宿:如果申请机构无法为实习生提供免费住宿,可以向基金申请住宿补贴,最高不超过 300 元/月/人,需在申请中写明理由。

3. 综合保险:实习期间秘书处统一为实习生购买包括意外伤害保险、意外伤害医疗费用保险、住院医疗保险、指定交通工具保险、重大疾病保险、住院医疗补贴金。

4. 交通补贴:实习开始时,提供实习生家庭所在地到接待机构的火车票(硬卧标准);实习结束时,为实习生提供自实习所在地至实习生家庭所在地的火车票(硬卧标准)。实习期满三个月以上,可提供一次往返交通费(火车硬卧标准)供实习生假期回家探亲。

合作联系方法:

联系人:

地址:

邮编:

网址:

(资料来源:NPO 信息咨询中心 www.npo.com.cn)

第五章

公共事业财务管理

公共事业组织财务管理是一项系统的综合性经济管理工作,是公共事业管理中的重要组成部分。毋庸置疑,只有具备健全的财务管理制度,遵循规范化、节约性、社会效益优先、利益兼顾等原则,才能从根本上提高公共事业组织的资金利用率,防止腐败,预防危机,合理配置组织内部和外部的资源,实现财务资源的整合。只有通过对组织资金的计划、组织、协调和控制等工作,构建完善的财务管理制度,才能促进组织的财务管理健康发展,为组织的运行提供必要的条件。

不同类型的公共事业组织在财务管理上也有所不同。我国的公共事业组织主要分为行政单位、事业单位和非政府组织等部门。行政单位执行的是行政单位财务管理制度,社会团体和未列入行政编制但行使行政管理职能的单位也执行行政单位的财务管理制度;事业单位财务管理执行的是国有事业单位财务管理制度;非政府组织财务管理虽然有自己的特点,有其一定之规,但以参照事业单位财务管理制度为主体。因此本章主要以事业单位的财务管理为主体,从财务管理的内容即预算管理、计划管理、收入管理、支出管理和资产负债管理、资产管理、财务报告与分析、财务监督等方面进行阐述。[①]

第一节 公共事业财务管理概述

公共事业组织的有效发展需要一个完善的财务管理体制,公共事业组织的

---

① 王为民.公共组织财务管理[M].北京:中国人民大学出版社,2006年.
吴东民.非营利组织管理[M].中国人民大学出版社,2003年.

财务管理在组织的发展过程中有着不可替代的作用。为了能够充分发挥财务管理的作用,公共事业组织必须严格按照有关规章制度的要求行事。

一、公共事业组织财务管理的概念与内涵

公共事业组织的财务管理是指公共事业组织管理本组织的财务活动、处理财务关系的一项经济管理工作。其主要构成部分就是财务活动和财务关系两个方面。因此,了解和掌握这两方面的内容是充分理解公共事业组织财务管理的必要前提。

(一)公共事业组织财务活动

公共事业组织的财务活动就是指公共事业组织以现金收支为主的资金收支活动的总称。由于公共事业组织管理与政府、企业有所不同,它主要负责处理社会公共事务、协调社会公共利益、满足社会公共需要,以保障国家经济建设和政权建设、实现公众福利为己任,不以营利为目的,因此在资金的运用上与政府和企业截然不同。在各类公共组织开展工作的过程中,为向社会提供一定的公共产品、公共服务,会有一部分的收支和经费经过市场,例如从市场购进设备、物质、材料等,以维持组织的活动需要,支撑组织的内部发展。因此在公共事业组织的财务活动中主要包括三个方面的活动:预算资金收支活动、预算外资金收支活动和经营活动。这三个方面的财务活动是互相依存、密不可分的。其中预算收支活动是公共事业组织财务活动的主体,是公共事业组织履行职责、完成行政事业任务的重要保障。预算外资金收支活动是财政预算的补充,对正确处理、调整中央与地方、国家与企事业单位、国家和单位与职工个人之间的利益分配关系,调动各方面积极性,促进社会主义生产和建设事业的发展具有重要意义。而经营收支活动是市场经济条件下出现的一种现象,是公共事业组织适应市场经济的发展,改善公共事业组织经济条件,增强公共事业组织活力,使各公共事业组织逐步适应市场的一种有效途径。这三个部分互相联系,共同构建了公共事业组织的财务活动(见图 5-1)。

公共事业组织财务管理的任务是:合理编制组织预算,如实反映组织财务状况;依法组织收入,努力节约支出;建立健全财务制度,加强经济核算,提高资金使用效益;加强国有资产管理,防止国有资产流失;对组织经济活动进行财务控制和监督。

(二)公共事业组织财务关系

公共事业组织的财务关系是各种公共事业组织在组织和管理本组织财务活动的过程中与各方之间的经济联系。因为在各种资金收支活动中,公共事业

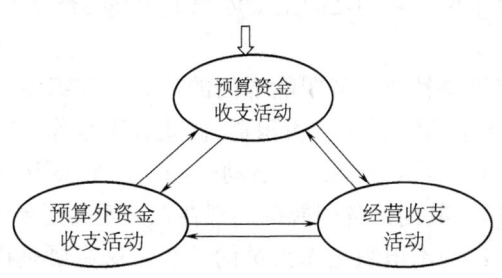

图 5-1 公共事业组织财务活动内容

组织会与各方发生一定的关系,与其构成广泛而又密切的联系。一般说来,公共事业组织的财务关系主要包括了以下几个方面的内容(如图 5-2 所示)。

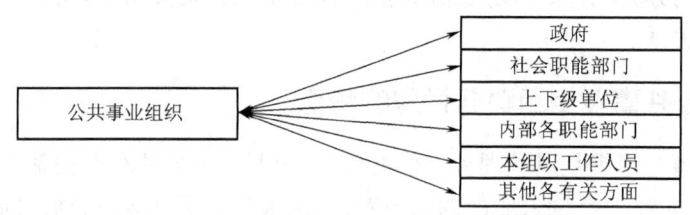

图 5-2 公共事业组织财务关系图

1. 公共事业组织与政府的经济关系。这主要是指公共事业组织与政府之间预算资金及预算外资金的上缴下拨所形成的资金分配关系。由于公共事业组织非营利的特殊性,决定了它们在开展工作、完成任务时所需的资金要有政府保证,由国家预算供给。它们之间的关系主要体现在公共事业组织与政府分配财政资金的机关即财政部门之间。即公共组织预算和决算由财政部门或主管部门审批,财政补贴收入由财政部门拨付,年终结余上缴国家预算,预算资金的收支主要由财政部门管理和监督。

2. 公共事业组织与社会其他职能部门的关系。这个关系主要是指公共组织与计划、银行、审计、劳动及税务等部门之间的经济关系。例如,银行部门是我国信贷、现金出纳和结算中心,在我国现行"专户储存,计划管理,财政审批,银行监督"的预算外资金管理方式下,为更好地管理各公共组织预算外资金收支活动,必须加强银行的监督管理。

3. 公共事业组织与上下级单位之间的关系。上级单位与公共事业组织存在着行政及业务领导关系,同时也存在密切的资金往来关系。公共事业组织收入的一部分来源于上级补助,而公共事业组织通过某些渠道取得的部分收入又要按规定上缴上级单位。它们之间主要体现了领导与被领导、管理与被管理的关系。

4. 公共事业组织与其内部各职能部门的关系。在组织的内部各职能部门中,每个部分都承担了不同的任务和职责,彼此分工合作。在内部经济核算的条件下,各部门也会发生资金的收支活动,与其他部门产生一定的利益关系。因此,公共事业组织与其内部各职能部门都存在一定的财务关系。

5. 公共事业组织与本组织工作人员的关系。这主要是指公共事业组织在向本组织工作人员支付劳动报酬的过程中所形成的经济关系。即组织需要按照标准向工作人员支付工资、津贴、福利等,体现了与其工作人员的财务关系。

6. 公共事业组织与其他各有关方面的关系。主要是指公共事业组织在提供公共产品、公共服务的过程中与其他有关部门发生的资金往来关系。例如,购买一定的办公物品、活动用品的时候,会发生收付费关系,都反映了与这些方面的财务关系。

二、公共事业组织财务管理的特点

公共事业组织是以管理社会公共事务、协调社会公共利益关系为目的的组织,在一定意义上是国家职能的承担者,是国家为满足社会公共需要而成立的。其动机在于加强服务、便民利民、谋求公共利益、开展非营利性的活动。以上的特殊性也决定了公共事业组织在财务管理上具有一定的特点。

(一) 类型多样化

公共事业组织种类繁多,因此类型也比较复杂。从不同角度看,都可分成不同的类型。例如,从经费来源看,有的由国家财政全额拨款,有的部分拨款,还有的不拨款;从提供公共产品及公共服务的方式来看,有的是免费的,有的是付费的。不同的组织,性质不同,业务内容也不同,因此财务收支也有很大的差异性。

(二) 领域广泛化

因为公共事业组织承担了大部分的公共事务,因此涉及的范围也比较广泛。例如,工、交、商贸及农、林、水、电等事业单位,为社会生产服务;学校、医院、艺术团体、新闻机构、社会福利机构等事业单位及消费者协会、行业协会等社会团体,直接为人民群众提供服务。由此可见,公共事业组织涉及的领域与人们的生活息息相关,为人们的工作、生活提供了方便和服务。

(三) 经费来源的无偿性

公共事业组织的资金来源主要依靠国家财政。财政分配的无偿性,决定了各组织获得的经费也具有无偿性。而且,由于不以营利为目的,公共事业组织的服务往往是低价的,甚至是免费的,因此它们的消耗很难通过自身经营得到完全补偿。尽管有少部分组织能够通过捐助等方式获得一定的资金,但是国家的财政拨款仍占主流。因此公共事业组织要根据勤俭节约的原则把握好经费的用途,合理运用,达到实效。

（四）政策性强

对承担了国家职能的公共事业组织来说,各项活动都对社会和国家的发展有着举足轻重的作用。所有的活动从财务角度上都体现了国家的相关政策。因此在公共事业组织运行过程中,严格遵循国家的各项财务规章制度及财政纪律,合理有效地利用每一部分资金,才能保证各项公共事业的顺利发展。

三、公共事业组织财务管理的基本方法

公共事业组织财务管理的基本方法就是在进行财务活动时采用的各种手段和形式。它是组织达到管理目标、完成财务管理任务的重要手段,也是财务人员从事财务工作的基本技能。只有正确地掌握和运用财务管理方法,才能有的放矢,顺利推进财务管理工作,实现财务管理的最终目标。

公共事业组织财务管理的具体方法有很多。最基本的方法有三种,即法律方法、经济方法和行政方法。

（一）法律方法

法律方法即通过制定、实施有关法律、法规和财务制度,对各项活动及相关的经济活动进行组织、协调、控制和监督的方法。该种方法通过国家权威规范各方的财务及经济行为,因此具有权威性、稳定性和强制性的特点。

（二）经济方法

经济方法指按照客观经济规律的要求,利用经济杠杆,建立利益机制,调节经济利益关系等的方法。具有引导性、自动性和间接性等特点。随着社会主义市场经济体制的建立和发展,以往只运用行政方法和法律方法的公共事业组织为了适应社会的需要,也在活动中遵循价值规律的要求,依靠经济方法进行组织、控制和协调。经济方法是一种间接的管理方式,按照经济规律,通过利益机制对有关各方的利益进行调整,以此来引导和约束他们的决策和行为。

（三）行政方法

行政方法主要指通过依法利用行政权力,按照规定的权限和程序,采取命令、指令、布置任务、指令性计划等形式,对各项财务活动及相关经济活动进行组织、协调、控制和监督的方法。该种方法由于使用了国家行政权力,因此具有

权威性、强制性、直接性的特点。因为国家赋予某些公共事业组织一部分公共权力,因此这些公共事业组织在社会的不同领域中承担了协调者、服务者等角色,成为具有国家权力机关性质的公共服务机构。因此这也决定了这些公共事业组织在日常的工作和项目承载过程中,必须运用一定的行政方法。

  无论是法律方法、经济方法还是行政方法,其共同的目的,都是为了促进组织目标的实现。但是它们具有不同的特点和作用,法律和行政方式侧重于外部宏观管理,而经济手段侧重于内部财务管理。在我们的实际工作中,必须掌握每个方法的优点,扬长避短,充分发挥其作用,以促成组织目标的尽快实现。

第二节 公共事业组织财务管理的目标与原则

一、公共事业组织财务管理目标

  公共事业组织财务管理的目标是指公共事业组织财务活动所希望实现的结果,是评价公共事业组织理财活动质量的基本标准,是公共事业组织财务实践、财务决策的出发点和归宿,也是公共事业组织财务管理的行为导向,公共事业组织的一切财务活动都是围绕这个目标而进行的。因此,我们必须遵循以下几个方面的目标以规范组织的发展。

  第一,建立健全财务制度,规范公共事业组织的财务行为。财务制度是一切公共事业组织财务管理的基本依据和行为规范。因此建立健全财务制度是组织发展的基本和重要任务之一。只有这样做才能保证国家有关方针、政策的贯彻执行,有利于各项财务活动有法可依、有章可循,实现财务管理的规范化、法制化。

  第二,加强组织的预算管理,保障公共事业计划和工作任务的完成。预算是一切公共事业组织财务管理工作的重点,做好预算管理有利于合理配置资源、合理安排和使用各项资金、提高资金使用效益,有利于促进各项事业的发展。因此只有做好预算编制等工作才能保障组织工作任务的顺利完成。

  第三,加强收支管理,提高资金使用效益。加强收支管理,有利于组织合理安排支出,能够更加有效使用各项资金,提高资金的使用效益,保证组织预算的顺利完成。

  第四,加强财务分析和财务监督。加强这两部分的管理,有利于保证各单位认真执行国家有关方针、政策和财务制度,维护财经纪律;有利于保证组织的正常工作和运行,为财务决策提供科学、可靠的依据。

二、公共事业组织财务管理原则

公共事业组织财务管理的原则是公共事业组织财务管理工作中应遵循的基本规范。它是对财务管理工作提出的基本要求,也是评价公共事业组织财务管理工作质量的标准。它反映了公共事业组织理财活动的内在要求,对于规范各类公共事业组织的理财活动,防止各组织自行其是,确保财务管理工作的质量,实现财务管理的目标,具有重要意义。

(一)依法理财原则

在社会主义市场经济条件下,一切经济活动都必须在法律规定的范围内运行,财务活动也不例外。因为公共事业组织的非营利性决定了它们的发展和活动经费由国家预算来供给,客观上决定了其各类资金的收支活动比企业的收支活动更具有强有力的规范性和程序性。由此可见,各公共事业组织财务活动必须以国家有关法律、法规和财务制度为规范,坚持依法理财的原则,规范财务管理,严格根据国家有关的方针、政策、法律、法规的规定,按照社会主义市场经济的要求,结合内部实际,提高组织的管理水平。

(二)勤俭节约原则

勤俭节约是公共事业组织财务活动中必须长期坚持的一项基本原则。在一定时期内,国家财政资金的供给是有限的,各类公共事业组织所能取得的活动经费是有限的,因此就要求我们在财务活动过程中,权衡轻重,充分发挥资金的利用率,谋求社会公共利益的最大化。

(三)社会、经济效益相统一的原则

追求效益是公共事业组织提供公共产品和服务时的根本体现,其中包括了社会和经济效益两个方面。由于公共事业组织的特殊性,社会效益应放在首位,一切活动都必须围绕社会效益最大化来进行。但对于许多组织来讲,经济效益也是必要的。因此在追求社会效益的前提下应当兼顾经济效益。

(四)利益兼顾原则

社会公共事业组织的发展要遵循国家、集体、个人三者利益兼顾的原则。在公共事业组织财务管理中,必须处理好三者的关系,相互兼顾,既要防止过分强调集体利益和个人利益,忽视国家利益的情况,又要防止单纯强调国家利益而不顾集体、个人的利益。把握好三者之间的关系,合理兼顾,才能促进组织的健康发展。

(五)量力而行原则

量力而行原则是公共事业组织开展工作并完成其目标的保障。不论从时

间上、数量上还是质量上都要在财务管理上体现出量力而行的原则。支出与收入要达到基本平衡,从财政经济的实际情况出发,充分考虑到财力可能,有多少钱,办多少事,努力办好可办之事,避免不顾客观实际过分追求力所难及之事。

三、公共事业组织财务管理的职能

良好的财务管理有助于公共事业组织内部效率的提高和运作成本的降低,还可以对外提高组织的公信度,树立良好的社会形象。公共事业组织财务管理具有以下几个方面的职能。

第一,均衡组织宗旨。即通过财务管理的形式,判断组织的性质,从而确定组织的宗旨。

第二,提高组织的公信度。即让公众、政府人员、服务对象等不同人群了解公共事业组织的发展与成长状况。

第三,提高资金的使用效率。即利用财务管理的方式调整资金的分配,控制经费支出,用有限的资金做出更多更好的工作。

第四,防止腐败。因为公共事业组织的公益性,决定了其在社会上的影响力,因此要严格遵守财务管理的每项制度,防止假公济私等现象的发生和出现。

第五,监督组织运行,防止危机的出现。即监督公共事业组织的每个环节和步骤,防止组织内部和外部出现危机,并进行财务控制,及时调整组织的状态。

第三节 公共事业组织财务管理的法规体系

我国现行公共事业组织的财务制度,分为行政单位财务制度和事业单位财务制度(非政府组织参照事业单位财务制度)两个体系。基本上由行政事业单位财务规则、行政事业单位财务管理办法和行政事业单位内部财务管理具体规定三个层次组成。

一、行政事业单位财务规则

(一)行政单位财务规则

我国现行的《行政单位财务规则》是1998年1月19日财政部第9号令发布的,从发布之日起施行。本规则第48条第1款规定:"列为行政编制并接受财政拨款的社会团体和未列为行政编制但完全行使行政管理职能的单位在进行财务活动时,依照本规则执行。"

(二)事业单位财务规则

我国现行的《事业单位财务规则》是1996年10月22日财政部第8号令发布的,从1997年1月1日起施行,1989年3月财政部发布的《关于事业单位财务管理的若干规定》同时废止。《事业单位财务规则》的结构是根据我国事业单位财务管理的特点,按照事业单位财务活动的规律,借鉴企业财务制度改革的内容设计的。《事业单位财务规则》第44条规定:"接受国家经常性资助的非国有事业单位和社会团体,依照本规则执行;其他非国有事业单位和社会团体,可以参照本规则执行。"

二、行业财务制度

事业单位行业众多,种类繁杂,《事业单位财务规则》不可能完全涵盖。因此《事业单位财务规则》第46条规定:"行业特点突出,需要制定行业事业单位财务管理办法的,由国务院财政部门会同有关部门根据本规则制定。"目前,有关文化、文物、广播电影电视等11类事业单位颁布了本行业的财务制度。

(一)《文化事业单位财务管理办法》

《文化事业单位财务管理办法》是由财政部、文化部于1992年12月30日颁发,从1993年1月1日期实施的。它适用于国家文化部和地方文化部门及其所属文化事业单位,包括各级文化部门所属的艺术表演团体、艺术表演场所、图书馆、文化馆等单位。

(二)《科学事业单位财务制度》

《科学事业单位财务制度》是由财政部、国家科学技术委员会于1997年3月25日颁发,适用于纳入事业财务管理体系的国有科学事业单位。非国有科学事业单位可参照执行。其基本原则是执行国家有关法律、法规和财务规章制度;坚持勤俭的方针;正确处理事业发展需要和资金供给的关系,社会效益与经济效益的关系,以及国家、集体和个人三者利益的关系。

(三)《高等学校财务制度》

《高等学校财务制度》是由财政部、教育部于1997年6月颁布,自1997年1月1日起正式实施。该制度适用于各级人民政府举办的全日制普通高等学校、成人高等学校、普通中等专业学校、技工学校、成人中等专业学校。企事业组织、社会团体及其他社会组织举办的上述学校可参照其执行。其主要任务就是:依法多渠道筹集事业资金;合理编制学校预算,并对预算执行过程进行控制和管理;科学配置学校资源,努力节约支出,提高资金使用效益;加强资产管理,防止国有资产流失;建立健全财务规章制度,规范校内经济秩序;如实反映学校财务状况;对学校经济活动的合法性、合理性进行监督。

（四）《中小学财务制度》

《中小学财务制度》是由财政部、教育部于1997年6月23日颁布执行的。适用于各级人民政府举办的普通中小学校、职业中学、特殊教育学校、工读教育学校、幼儿园、成人中学和成人初等学校。企事业组织、社会团体及其他社会组织举办的上述学校可参照执行。其基本原则和任务与高等学校财务制度基本相同。

（五）《广播电视事业单位财务制度》

《广播电视事业单位财务制度》由财政部、国家广播电影电视部于1997年1月1日起正式实施。适用于各级政府广播电视行政主管部门所属的各级各类广播电视事业单位的财务活动。

（六）《医院财务制度》

《医院财务制度》是由财政部、卫生部于1998年11月颁发的,该制度适用于各级各类独立核算的公立医疗机构,包括综合医院、专科医院、门诊部、疗养院、卫生院等。其任务就是:合理编制医院预算,如实反映财务状况;依法组织收入;努力节约支出;建立健全内部财务管理制度,加强经济核算,提高资金使用效益,对经济活动进行控制和监督。

（七）《计划生育事业单位财务制度》

《计划生育事业单位财务制度》由财政部、国家计划生育委员会于1997年颁布实施。该制度适用于各级政府计划生育行政主管部门所属的各级各类计划生育事业单位的财务活动。

此外,还有《体育事业单位财务制度》、《文物事业单位财务制度》、《测绘事业单位财务制度》、《农业事业单位财务制度》等4个制度。在《行政单位财务规则》和《事业单位财务规则》的指导下,结合以上11种制度,国家对行政事业单位财务管理进行管理和规范。

三、组织内部财务管理制度

从原则上讲,行政事业单位支出必须严格按照国家有关财务规章制度规定的开支范围和开支标准执行,如遇到国家没有规定的,由各单位根据实际需要自行规定,但必须上报进行备案。但是国家的财务管理办法不可能对行政事业单位的每一项财务活动都作出明确具体的规定。因此在执行《行政单位财务规则》、《事业单位财务规则》和行业财务管理办法的前提下,可根据组织的自身情况的不同,制定符合自身特点的规章制度,完善组织财务管理的发展,为组织的整体发展提供坚实的基础。

第四节 公共事业组织财务管理的内容

公共事业组织财务管理研究的是资金的筹集与分配、使用和支出是否符合预算,是否有利于组织的自身发展,并促进社会的发展和建设,是否有利于社会财力的充分利用等问题。具体来看,公共事业组织财务管理可分为预算管理、计划管理、收入管理、支出管理、资产管理、负债管理、财务报告与分析和财务监督等八个部分。这几个部分各负其责、相互配合,共同构成了完整的组织财务管理的内容。其中,预算管理是核心;计划管理、收入和支出管理是基础;财务报告与分析是手段;财务监督是保证。在开展财务管理工作的同时,我们要坚持按照国家的各项方针、政策、财务制度和财经法规的规定行事,结合组织的自身实际,确定符合自身的发展目标,采取有效的措施和手段,管理和运用好各项资金,保证组织的各项活动和事业的发展(见图5-3)。

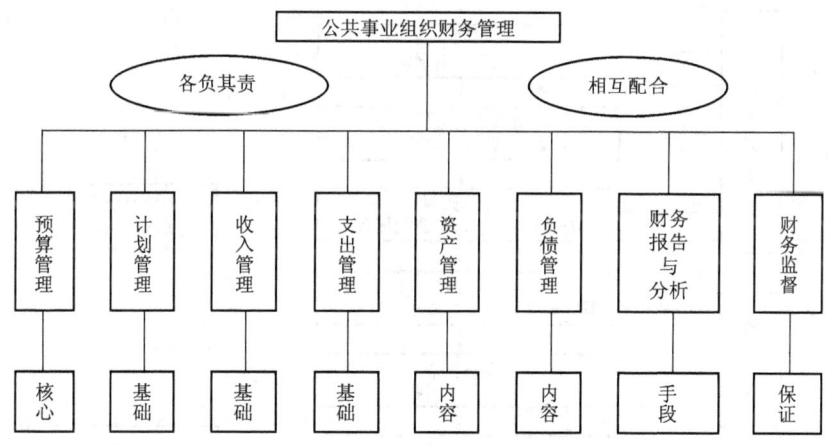

图5-3 公共事业组织财务管理内容关系图

一、预算管理

(一)预算管理的概念

预算,是一种系统方法,用来分配组织的财务、实物及人力资源,以实现组织使命下既定的战略目标。而公共事业组织的预算管理是指组织根据发展计划和任务编制的年度财务收支计划管理,包括了收入预算和支出预算两个部分。二者互相依存,缺一不可,共同构成了组织的预算管理。

公共事业组织预算是组织预算年度的财务收支计划,是公共事业组织的基本任务,利用价值形式编制的本组织一定时期内财务收支规模的预计,是国家预算的基础。预算管理主要是通过公共事业组织预算的编制、审批和执行,对公共事业组织各项财务收支计划进行管理,也是公共事业组织财务管理的核心内容。同时,在制定预算的时候也要遵守《预算法》[①],在《预算法》的指导下,结合组织的实际情况制定严密的预算计划,为财务管理奠定基础。

(二)预算管理的流程与步骤

公共事业组织在进行预算管理的时候往往遵循一定的程序,根据组织的使命与长远目标进行预算,并由专门的会计人员进行核算,并通过预算分析,调整预算的合理性,最终确定适合组织发展的预算。在制定预算的过程中,要时刻明确组织的宗旨、策略,并建立完善的预算控制体系,保障预算的正确性和合理性(见图5-4)。

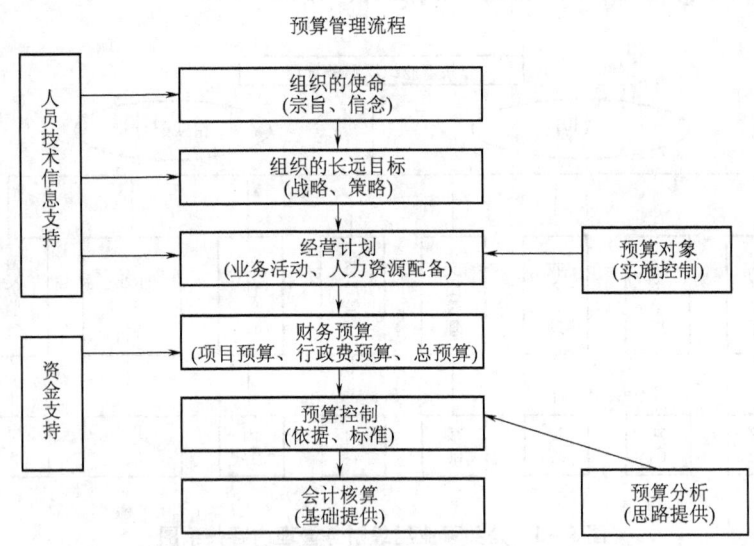

图5-4 公共事业组织财务管理预算流程图

预算制定有其相对应的步骤,要根据组织的发展状况、组织的内部和外部

---

① 《预算法》于1994年3月22日在第八届全国人民代表大会第二次会议上通过,以中华人民共和国主席令第21号公布,该法律于1995年1月1日起正式实施。

情况,有效地制定预算。具体有以下步骤。

1. 分析内外财务环境,确定预算指标,并对预算指标进行合理分解或者整合。
2. 协调财务能力,包括人力、财力、物力,组织综合平衡。
3. 选择使用的预算方法,进行单项预算。
4. 编制汇总的财务预算。
5. 分析预算的可行性,进行预算控制。

(三) 预算方法

公共事业组织的预算是否科学,与运用的预算方法有密切的关系。预算的方法有很多,例如定期预算、弹性预算等多种方法。但对于公共事业组织来说,可采用的预算方法主要有以下三种。

1. 弹性预算。即根据可能达到的预计业务量水平编制能适应多种情况的预算,主要应用于费用预算。
2. 增量预算。即在上一年度实际支出的基础上,考虑员工的工资和实际情况的变化,通过调整原有费用项目而编制预算。
3. 零基预算。即编制预算时不以现有费用为前提,而是一切从零开始,从实际需要与可能性出发,逐项审议各费用开支是否必要合理,从而进行平衡预算。

二、计划管理

(一) 计划管理的定义

财务计划是在一定的计划期内以货币形式反映公共事业组织业务及经营活动所需的资金及其来源、财务收入和支出、结余及其分配的计划。财务计划是财务预测和财务决策的具体化,也是控制各公共事业组织财务活动的基本依据。

财务计划管理是指对公共事业组织预算以外的其他计划进行管理,如对预算外资金收支计划、固定资产计划、流动资金计划、专用基金计划等的管理。公共事业组织各项计划与预算一起约束着公共事业组织财务活动的方向和规模,是财务管理的重要内容,也是财务管理的基础。

财务计划管理主要是配合财务预算,并根据公共事业组织的自身需要,结合组织的实际情况进行的。财务计划的编制过程一般包括如下的内容:①根据财务决策的要求,分析主客观条件,全面安排计划指标;②对需要与可能的情况进行协调,实现综合平衡;③调整各种指标,编制出计划表格。财务计划的编制过程也是对其进行综合平衡的过程。

(二)财务计划编制方法

确定财务指标、编制财务计划的方法主要有以下几种。

1. 平衡法。平衡法是在编制财务计划时,利用有关指标客观存在的内在平衡关系计算确定计划指标的方法。这种方法便于分析计算,工作量不大,而且结果比较正确明了。但是,要求在平衡关系中每个指标因素不能发生重复和遗漏,而且计算的范围和口径要一致。

2. 因素法。亦即因素推算法,是在编制财务计划时,根据影响某项指标的各种因素,来推算该指标计划数的方法。在采用因素法确定某项指标的时候,应该实事求是地根据该指标与各影响因素之间的客观联系,分别采用回归法、指数法等建立相应的数学模型,来推算指标计划数。因此因素法的计算过程比较复杂。

3. 比例法。比例法是指编制财务计划时,根据本组织历史上已经形成而又比较稳定的各项指标之间的比例关系,来计算计划指标的方法。比例法的优点是计算简便,但要求所使用的比例比较恰当,否则会出现偏差。

4. 定额法。定额法又称预算包干法,是指在编制财务计划时以定额作为计划指标的一种方法。运用定额法比较切合实际,而且有利于将定额管理与计划管理相结合。因此,定额法是一种常用而且重要的方法。但是,要使定额法发挥其作用,要根据实际情况的变化不断地修订定额。

三、收入管理

(一)收入管理的内涵

收入是指各公共事业组织为开展业务及其他活动,依法通过各种形式、各个渠道获得的非偿还性资金。收入管理主要是根据国家的有关方针政策,对收入的方式、项目、范围、标准、用途、手续、办法及收益分配进行的管理。因此公共事业组织履行管理社会公共事务的职责,就必须有一定的财务保证,即积极合理组织收入,增强自我发展的能力。

(二)收入管理的内容

公共事业组织的收入主要包括以下几个方面,从而也产生了相对应的管理。

1. 财政补助收入管理。严格执行国家预算管理制度,对每项拨款的数额都要作好登记,对财政拨款的领用和转拨情况,要单独设置会计账户进行反映;建立定期对账制度,定期核对预算数字,在年度决算中对财政拨款情况和转拨情况进行单独反映;对专项资金要加强管理,保证专款专用。

2. 事业收入管理。事业收入是指公共事业组织开展专项业务活动及其辅助活动的收入。事业收入包括文化事业单位的事业收入、文物事业单位的事业收入、高等学校和中等专业学校的事业收入、中小学的事业收入、科学事业单位的事业收入、体育事业单位的事业收入、广播电视事业单位的事业收入等等。对于事业收入的管理,必须坚持社会效益第一的原则,在实际操作时使用财政税务部门统一印制的票据,建立相对应的管理制度,同时遵照国家批准的各项收费标准,规范组织的发展。

3. 经营收入管理。经营收入包括了销售收入、经营服务收入、租赁收入和其他经营收入。要作好经营收入管理就必须正确处理好主营业务与辅营业务的关系,严格履行报批手续,将经营收入纳入组织的预算管理中,同时划分清经营收入和事业收入的界限。

4. 上级补助收入管理。上级补助收入即公共事业组织从主管部门或上级单位取得的非财政补助收入。其管理办法参照财政补助收入管理的方式进行管理。

5. 其他收入管理。其他收入就是指除上述收入以外的其他部分。例如,对外投资收益、固定资产出租、捐赠未限定用途的财务等等。该部分管理可根据收入的不同类别分别进行管理。

(三) 收入管理的方法及要求

收入管理是公共事业组织财务管理的内部控制方法之一。通过对组织的控制,达到财务管理的合法化和合理化,才能保障组织的正确发展。

1. 收入管理的方法。在收入管理过程中,也可以运用不同的方法进行管理,实现多方法、多方向同时进行。公共事业组织主要运用的收入管理方法有三种。

(1) 主动的制度安排。即运用恰当的收据管理办法和收入公开的原则,在某种程度上公开组织内部的财务情况,以便社会监督。

(2) 明确收入来源。即通过会计的记录查询收入的类型和具体来源,定期监督收入的来源情况,进行管理。

(3) 实行收支两条线。即实行收支分离管理,如遇到收到现金直接用于支出的情况,必须用先入账、再支出的方法进行资金管理,以便收入和支出明确。

2. 收入管理的要求。对于公共事业组织收入管理,还有一定的要求,只有坚持以下的要求,才能确保收入管理的有效进行。

(1) 收入统管。该要求反映的是《事业单位财务规则》中"收支统管",即对收支活动都必须归口到单位财务部门,实行统一核算、统一管理。根据这个要求,公共事业组织在银行开户要规范,所有资金都要通过银行账户。对财政补助收入,要严格按规定的程序进行申报、领拨、使用、核销,并按规定的预算级次和预算科目进行明细反映。

(2) 正确划分,依法纳税。对事业收入和经营收入作好划分;对按规定应缴预算款要及时上缴,应上缴财政专户的预算外收入要及时上缴财政专户,不能直接作事业收入处理,并依法缴纳各种税费。

(3) 保证收入的合法性和合理性。合法性就是说在工作中要依法办事,即要严格按照国家规定的收费政策和管理制度制定和调整收费标准;而合理性则是说要从实际出发,取之得当,用之合理。

(4) 正确处理社会效益和经济效益的关系。与企业不同的是,公共事业组织并不是为了追求最大限度的经济效益而生存的,它们的工作必须要将社会效益放在首位,必须有利于社会事业的发展,有利于人民物质生活的提高,有利于社会主义精神文明建设,有利于社会公共管理秩序。当然与此同时,也不能放弃经济效益,因为按照市场经济规律,我们仍要讲求经济效益。但比较起来,我们更要注重把握两者之间的关系,不能片面地追求任何方面,而是协调好二者的关系,在获得社会效益的同时也获得较好的经济效益,做到双丰收。

四、支出管理

(一) 支出管理的内容

支出是指为开展业务活动和其他活动所发生的各项资金的消耗及损失。对于公共事业组织来说,它们在工作中的支出范围比较广,项目繁多,因此要对各项支出进行研究分析,分清各部分的具体情况和联系,有针对性地加强支出管理,提高资金使用的有效程度。

公共事业组织的支出主要指公共事业组织开展业务及其他活动发生的资金耗费。具体包括以下几方面。

1. 事业支出管理。事业支出是指公共事业组织开展专业业务活动及其辅助活动发生的支出。包括工资、补助工资、福利、社会保障费、助学金、公务费、业务费、设备购置费、修缮费和其他费用。对于这个部分的管理要坚持勤俭节约、提高效益的方针。必须坚持按照预算办事;按照规定的定额和开支标准办理;按照合法的原始凭证办理;按照规定的资金渠道办理。

2. 经营支出管理。经营支出是指公共事业组织在专业业务活动及其辅助活动之外开展非独立核算经营活动发生的支出。根据《事业单位财务规则》第十六条规定:"事业单位在开展独立核算经营活动中,应当正确归集实际发生的各项费用数;不能归集的,应当按照规定的比例合理分摊。"因此在公共事业组织的经营支出管理过程中,要严格遵照规定行事。

3. 对附属单位补助支出管理。即公共事业组织单位用财政补助收入之外的收入对附属单位补助发生的支出,该部分是对照收入管理产生的,因此在管理上也要结合收入管理的办法管理支出。

4. 上缴上级单位支出管理。即实行收入上缴办法的公共事业组织按照规定的定额或者比例上缴上级单位的支出。

(二)支出管理的原则

在公共事业组织支出管理中,不能盲目对事业、经营等部分进行管理,而是要遵循以下几项原则。

1. 合理分配。为了保证公共事业组织任务的顺利完成,合理支出组织的资金十分重要,因此要根据重点项目、急需项目优先的原则,合理分配资金,保证组织财务的正常运转。

2. 遵守规章制度。对于支出管理来说,国家有相关的支出管理规定和办法。组织的内部发展一定要在国家大政策的前提下进行,即严格执行国家的有关政策。如果国家有关财务规章制度没有统一规定的,应报上级部门备案。

3. 明确使用情况。支出都是在一定预算下进行的,特别是财政部门和主管部门取得的有指定项目和用途的资金,一定要按照上级的规定使用,也就是通常所说的专款专用。做到定期检查支出使用情况,规范支出管理,才能使资金有效地运用于组织的项目或任务中。

与此同时,在进行公共事业组织支出管理的过程中,要严格执行国家财政财务制度和财经纪律,节约支出,提高资金使用效益,对各项支出实行分类管理,划清支出界限,重点放在最为重要的事业支出和经营支出两个部分。总之,只有严格执行支出管理的各项要求,才能保证支出管理的顺利进行,为财务管理的其他方面奠定基础,为组织与事业的发展提供保障。

五、资产管理

(一)资产管理的概念

资产是指各组织占有或者使用的能以货币计量的经济资源,包括各种财产、债权和其他权力。公共事业组织的资产包括流动资产、固定资产、无形资产和对外投资。流动资产即可以在一年内变现或者耗用的资产,包括现金、各种存款、应收款项、预付款项和存货等;固定资产是一般设备单位价值在500元以上,专用设备单位价值在800元以上使用期限在一年以上,并在使用过程中基本保持原有物质形态的资产;无形资产是不具有实物形态而能为使用者提供某种权利的资产,包括专利权、商标权、著作权、土地使用权、非专利技术以及其他财产权利。对外投资是指事业单位利用货币资金、实物、无形资产等方式向其他单位进行投资。

（二）对不同形式资产的管理

1. 对流动资产的管理。对于现金管理,我们要时刻遵循《现金管理暂行条例实施细则》①,同时遵守库存现金限额,不得坐支现金。与此同时,会计与出纳要分开,以保证现金的安全,加强内部控制。对于现金收支业务必须根据合法凭证办理,并将现金如实入库。银行存款的管理和有价证券的管理,要根据相应的模式进行,严格执行经济业务往来银行的结算办法并遵守银行的开户管理,不得擅自转移资金。

2. 对固定资产的管理。公共事业组织固定资产管理要在会计的核算中严格计量、正确核算,同时建立定期清查制度,保证账实相符。对于报废及转为经营性的资产应遵守以下规定:事业单位参照《事业单位财务规则》;非营利组织参照《民间非营利组织会计制度》②。在此,我们以实物资产管理流程为例（如图5-5所示）,说明在资产管理中应注意的问题,并遵照相应的制度严格执行,确保资产管理的有效进行。

3. 对外投资管理。对外投资进行应当按照国家有关规定报经主管部门、国有资产管理部门和财政部门批准或者备案。对外投资的对象包括其他事业单位、企业及其兴办的独立核算的生产经营单位等,不包括事业单位依法兴办的附属的非独立核算的生产经营单位,也不包括事业单位对外出租、出借有关资产的行为。

六、负债管理

（一）负债管理的内容

负债是公共事业组织所承担的能以货币计量并需以资产或劳务偿还的债务。其内容包括借入款项、应付款项、预收款项和应缴款项等。

---

① 《现金管理暂行条例实施细则》是中国人民银行银发(1988)第288号文件,于1988年9月12日施行。

② 《民间非营利组织会计制度》是中华人民共和国财政部制定的财会[2004]7号文件,于2005年1月1日起执行。

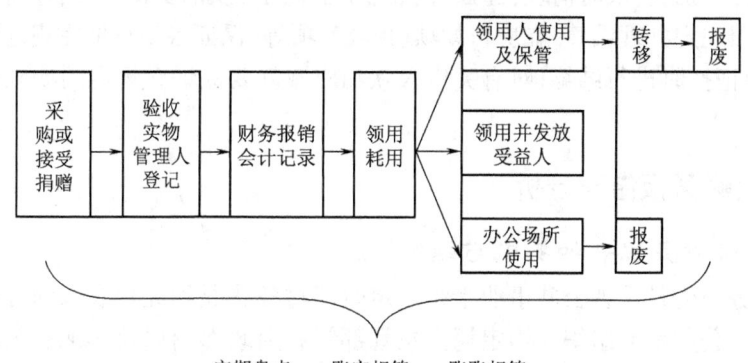

图5-5 实物资产管理流程

1. 借入款项。即指借入的有偿使用的各种款项。包括向财政部门、上级单位、金融机构借入的各种款项。

2. 应付款项。即指公共事业组织应当支付而尚未支付的各种款项,是结算中发生的一种负债。

3. 预收款项。即指公共事业组织预先收到其他单位因购货或接受劳务而预交的款项。

4. 应缴款项。即按照有关规定应当缴纳的各种款项。包括按财政部门规定应缴预算的资金、应缴财政专户的预算外资金、应缴税金以及其他按上级单位规定应上缴的款项。

公共事业组织的负债均以实际发生数计价入账。对已经发生而价款尚需确定的负债应当合理预计价格入账,待实际价款正式确定后再按实际数额进行调整。

(二)负债管理的要求

在公共事业组织的负债管理中,要及时清理并按照规定办理结算,保证各项负债在规定期限内归还。应该注意以下两个问题。

1. 保持适度的负债规模。公共事业组织主要从事培养人才、提高科学技术水平、增强人民体质、丰富人民文化生活等活动,其资金主要依靠国家财政拨款,负债并不是其主要的资金来源。因此借款规模不能过大,必须控制在适度范围内,以免增加负债负担,影响正常的业务活动的开展。如果公共事业组织借款超过一定的限度,经营效益又不佳,其借款归还实际上无法得到保证,则既影响债权人的利益,又可能影响公共事业组织业务工作的开展。

2. 分门别类,及时清理,加强管理。对待不同性质的负债分类管理,及时清理并按照规定办理结算,如应付款项、预收款项等;保证各项负债在规定期限内归还,保证按时进行结算,对有关借入款和应缴款要保证在规定的期限内偿还和缴纳。

七、财务报告与分析

(一)财务报告的要求与编制

财务报告是反映公共事业组织一定时期财务状况和经营成果的总结性书面文件。公共事业组织应当定期向主管部门和财政部门以及其他有关的报表使用者提供财务报告,并进行财务报告管理。

1. 财务报告管理的要求。财务报告管理主要就是对财务报告的内容、格式、编制、方法、报送时间等进行管理,促使公共事业组织认真做好财务报告的编制工作,保证财务报告的统一性、真实性、准确性、完整性和及时性,保证财务报告的质量,充分发挥财务报告的作用。为了能够做好财务报告,必须在财务报告编制的同时,注意以下几个要求。

(1)完整性。即反映财务的整体情况,体现全貌。

(2)客观性。递交的财务报告必须客观、真实,能够准确地反映财务情况和工作成果。

(3)及时性。按照规定的时间报送财务报告,不能拖延时间,以免造成不必要的损失。

(4)统一性。即根据国家统一规定的专业术语进行编制报告,保证报告的可观性。

(5)明了性。财务报告要根据阅读人的要求进行设计,简洁明了,通俗易懂。

2. 财务报告的编制。在财务报告的编制上又分为不同的形式,即月报、季报和年报。从时间阶段反映财务状况和收支情况。

(1)月报。月报是反映公共事业组织截至报告月份止的财务状况和收支情况的报表。包括资产负债表、收入支出表及附表。负债表表明组织资产变化情况及财务状况的发展趋势;收入支出表可表现出组织的经营成果、评价业绩、预测未来事业发展方向。

(2)季报。季报是反映公共事业组织截至报告季度末的财务状况和收支情况的报表。其编制方法与月报基本相同,可参照月报的编制方法。

(3)年报。年报是能全面反映公共事业组织年度财务状况和收支情况的报表。包括资产负债表、收入支出表、附表及会计报表附注和收支情况说明书等。一般在年终之前,应根据财政部门或主管部门的决算编制工作要求,对各项收支账目、往来款项、货币资金和财产物资进行全面的清理结算,然后在此基础上办理年终结账,编报决算。

(二) 财务分析的内容及方法

财务分析是财务管理的重要手段和组成部分。公共事业组织的财务分析就是根据会计核算资料和其他各种有关资料,对公共事业组织一定时期内的全部或部分经济活动过程和财务收支过程及结果进行分析、研究、比较和评价。通过财务分析,可查明各公共事业组织财务管理工作中的积极因素和消极因素,促进公共事业组织挖掘内部潜力,提高经济效益,保证公共事业组织各项工作任务的完成。

1. 财务分析主要从以下几个方面着手。

(1) 财务分析的主体。即对公共事业组织的财务活动进行分析的机构和个人。

(2) 财务分析的客体。即财务分析的对象,包括组织的财务状况、业绩成果及资金活动情况和趋势等。

(3) 财务分析的依据。财务分析的主要根据是组织编制的财务报表,包括资产负债表、收支总表和支出决算表等。

(4) 财务分析的目的。即财务分析的最终目标。也就是为什么要进行财务分析,其能达到什么样的效果。财务分析要达到为财务报表的使用者所要做出的相关决策提供客观依据,还要对公共资源的配置使用结果及其效益作出客观评价。

2. 财务分析的内容。通过对以上几个方面的统计,进行对比、分析和剖析,查明预算的执行情况,研究完成或没有完成预算的原因,总结预算管理工作中取得的经验,找出存在的问题和缺点,提出相应的整改措施和意见,以便指导和改进工作。财务分析的内容很多,可以说涉及公共事业组织财务管理及相关经济活动的各个方面。概括起来包括以下内容。

(1) 分析单位预算的编制和执行情况。即分析预算编制是否符合国家有关路线、方针、政策、财务制度的要求,是否贯彻了"量力而行,尽力而为"的原则,同时要分析预算执行的进度是否与计划一致,如有变化,要分析其原因。

(2) 分析资产、负债的构成及资产使用情况。分析资产构成是否合理,固定资产的报关和使用是否得当,账实是否相符,各种材料有无超额储备,有无资产流失等问题。

(3)分析收入、支出情况及经费自给水平。即分析各项收入是否符合有关规定,是否执行了国家规定的收费标准,是否完成了核定的收入计划,各项应缴收入是否及时足额上缴,以发现超收或短收的主客观原因,并及时采取措施,增加收入。

(4)分析定员定额情况。即分析工作人员是否控制在国家核定的编制以内,有无超编人员,原因如何,内部人员安排是否合理等情况;同时要分析员工开支的部分,包括工作、补助工资、职工福利费、社会保障和助学金等。

(5)分析财务管理情况。主要分析各项财务管理制度是否健全,具体管理是否符合国家有关规定和单位的实际情况。

3.财务分析的方法。在进行财务分析时,可运用多种方法,例如对比分析法、比率分析法、因素分析法等进行。在撰写财务分析报告时也要注意把握内容完整、格式统一、数字准确、要点清楚、说理透彻、评价正确、建议合理、措施可行,以引导财务管理的正确方向。

八、财务监督

(一)财务监督的特点与内容

财务监督是财务管理的重要保障。它是指根据国家有关方针、政策和财务制度的规定,对公共事业组织的财务活动和其他有关的经济活动所进行的监察和维护。财务监督是保证组织财务活动有序进行的重要手段,也是财务管理的主要组成部分。

1.财务监督的特点。财务监督是通过预算、决算、控制、分析、考评等具体方法实现的,促使经济活动按照规定的要求运行,以达到预期的目的。具有以下特点。

(1)通过价值指标实现。经济活动一般都伴随着价值运动,表现为价值量的增减和价值形态的变化。财务监督的主要依据就是日常会计核算和财务管理工作中生成的一系列价值指标体系。

(2)全程监督。全程监督分为事前、事中、事后监督。事前监督即在活动之前进行监督,考察其是否符合法律法规;在活动进行过程中,开展控制进度、控制偏差等,为事中监督;在活动完毕后,对决算资料是否达到预期目标进行监督,为事后监督。

2.财务监督的内容。财务监督的内容贯穿于整个公共事业组织的始末,每个环节、每个方面以及每个步骤无时无处不在监督组织的财务管理和整体发展。主要包括了以下几个方面。

(1)对组织预算的监督。对于预算的监督包括检验预算的编制是否符合国家有关方针、政策和财务制度的规定;收入预算是否稳妥可靠;支出预算的安排是否贯彻了保证重点、兼顾一般的预算编制原则;预算的编制是否内容完整、数字准确。

(2)对收入的监督。对收入的监督包括:各项收费是否按照国家规定的范围和标准收取,有无擅自扩大收费范围的项目;应缴预算款和应缴财政专户款是否按照规定及时、足额上缴,有无故意拖欠等情况;是否按照国家规定划清了各项收入的界限,并按照规定进行核算;各项应纳入单位预算的收入是否纳入了单位预算,有无账外账、"小金库"等问题。

(3)对支出的监督。对支出的监督包括:各项支出是否符合国家有关方针、政策和财务制度的规定;支出原始凭证是否真实合法;是否按照预算规定的范围、内容和开支标准办理各项业务;是否划清了各项支出的界限;是否严格杜绝了经费的留用。

(4)对财产的监督。对财产的监督包括:固定资产的购置、验收、转让等是否符合国家规定;存货或库存材料的采购有无计划;无形资产的取得是否符合国家规定。

(5)对资金的监督。对资金的监督包括:现金管理是否符合国家规定,是否杜绝"白条"现象;各种存款是否按照国家规定开立账户,办理有关存款、取款和转账结算等业务是否手续完备;各项债权是否及时、足额回收;有无擅自增加职工工资、津贴和滥发实物等问题。

(6)对其他方面的监督。除了以上几个方面,公共事业组织还有很多环节需要监督。例如:组织内部的规章制度是否健全;专用基金是否运用得当;业务周转金是否按照核定的定额执行等等。

总之,只有全程对财务进行监督,才能对财务管理提供可靠的保障,促进组织的健康发展。

(二)财务监督的形式

财务监督根据不同的角度划分,有不同的分类方式。根据监督的时间顺序划分,可将财务监督分为事前监督、事中监督和事后监督;根据监督的范围划分,可分为全面监督、专题监督;按照监督的组织方式划分,可分为内部监督和外部监督。我们仅以时间顺序和组织方式的划分方法为例,反映公共事业组织财务监督的主要形式。通常情况中,公共事业组织都会结合多种形式进行财务监督,以从多角度、多方位对组织的发展进行监督。

1.按监督的时间顺序划分。财务监督可以划分为事前监督、事中监督和事后监督。

(1)事前监督,是指公共事业组织在财务活动实施之前对其进行的监督。例如:在预算编制阶段进行财务监督;对其中的某个项目的资金落实情况进行监督;在专项资金使用之前进行监督等等。只要在活动进行之前进行的所有监督,都归属于事前监督的范畴之内。其主要的作用就是督促组织认真贯彻国家有关的规定和财务制度,科学合理地做好预算。它可以在组织行为发生之前就发生作用,防止决策失误,避免因计划不周而造成不必要的浪费,为顺利开展各项财务管理创造条件。

(2)事中监督,是指在公共事业组织开展工作和进行活动的过程中,对其进行的监督。例如,在项目执行期间对专项资金使用情况的监督。事中监督贯穿于整个组织的发展全过程。其主要任务是督促单位正确执行预算和财务制度,保证收支按照预算进行安排,节约各项支出,保证资金有效的利用。其主要作用在于能够及时发现和解决单位预算执行中出现的各种问题,保证各项财务活动的顺利进行。

(3)事后监督,是指在某项财务活动完成之后对其进行的监督。例如,对单位决算进行监督,对专项工程完成后资金最终的使用结果进行监督。事后监督有较强的灵活性,可定期监督,也可以不定期监督,一般在某个活动结束之后或是年终时进行。其主要任务就是检查、审核单位年度决算情况,各项业务活动完成后资金的使用情况及其效益,财务制度贯彻执行情况,以及财务报表及有关资料的真实性、完整性和可靠性。事后监督的作用就是发现问题的所在,提出整改措施,避免下个活动或第二年组织工作的出现问题。

2.按监督的组织方式划分。财务监督可分为内部监督和外部监督。

(1)内部监督,是对公共事业组织内部财务活动进行的监督。通常情况下,内部监督是由组织自行完成的。它既有利于完善单位财务管理的自我监督机制,促使组织自觉遵守财物规则和财经纪律,也有利于组织发现问题,及时改正,提高自身的财务管理水平。

(2)外部监督,是政府的宏观调控部门、主管机构以及其他外部机构对组织财务活动进行的监督。外部监督是财务监督的重要组成部分,具有客观性和权威性,有利于弥补内部监督的不足,更有效地发挥财务监督的作用。

由于公共事业组织的范围广泛,财务管理不能统一进行,只能分体系、分层次进行管理。尤其近年来民间非政府组织发展比较快,因此原来参照事业单位财务管理办法的非政府组织,也正在逐渐从中剥离出来,不断地建立适合其发展的独立的财务管理制度,这也是我们今后研究的重点。

本章小结

1. 公共事业组织的财务活动是公共事业组织以现金收支为主的资金收支活动的总称。公共事业组织的财务管理是公共事业组织管理本组织的财务活动、处理财务关系的一项经济管理工作。其主要构成部分是财务活动和财务关系两个方面。公共事业组织的财务活动包括预算资金收支活动、预算外资金收支活动和经营活动这三个方面。财务关系是各种公共事业组织在组织和管理本组织财务活动的过程中与各方之间的经济联系,包括了与政府、与社会其他职能部门、与上下级单位之间、与内部各职能部门、与本组织工作人员等方面的关系。

2. 公共事业组织在财务管理上的特点有:类型多样化;领域广泛化;经费来源的无偿性;政策性强。

3. 公共事业组织财务管理的目标是指公共事业组织财务活动所希望实现的结果,是评价公共事业组织理财活动质量的基本标准。公共事业组织的一切财务活动都是围绕这个目标进行的。具体目标包括:建立健全财务制度,规范公共事业组织的财务行为;加强组织的预算管理,保障事业计划和工作任务的完成;加强收支管理,提高资金使用效益;加强财务分析和财务监督。

4. 公共事业组织的财务管理原则有:依法理财原则;勤俭节约原则;社会、经济效益相统一的原则;利益兼顾原则;量力而行原则。

5. 我国现行公共事业组织的财务制度,分为行政单位财务制度和事业单位财务制度两个体系,由行政事业单位财务规则、行政事业单位财务管理办法和行政事业单位内部财务管理具体规定三个层次组成。非政府组织参照事业单位财务制度。

6. 公共事业组织财务管理可分为预算管理、计划管理、收入管理、支出管理、资产管理、负债管理、财务报告与分析和财务监督等八个部分,结合起来构成了完整的公共事业组织财务管理的内容。其中,预算管理是核心,计划管理、收入和支出管理是基础,财务报告与分析是手段,财务监督是保证。

思考题

1. 简述公共事业组织财务管理的职能。
2. 简述公共事业组织预算管理的流程与步骤。

3. 财务计划编制方法有哪些?
4. 公共事业组织收入管理的方法有哪几种?
5. 公共事业组织支出管理要遵循的原则是什么?
6. 财务报告编制应注意什么要求?
7. 简述公共事业组织财务分析的内容。
8. 简述公共事业组织财务监督的内容。

体育总局为何屡审屡犯?

2006年9月11日,国家审计署发布了年度第五号审计公告,公布了42个国务院部门单位2005年预算执行审计结果。其中,查处国家体育总局各项违规资金数亿元。

在国家审计署公告中,国家体育总局未及时批复的彩票公益金高达2 814万元,而未经批准动用彩票专项资金2 787.4万元。除此之外,还少计收入1.38亿元。国家体育总局下属单位还存在着违反《证券法》规定以个人名义开设账户从事证券交易的严重问题。这种"一锅煮"的资金使用方式,焉能不造成国有资产的流失?

这已经不是第一次了,2004年的审计报告曾指出:1999年以来,国家体育总局动用中国奥委会专项资金1.31亿元;2005年的审计报告查出,国家体育总局下属两公司豪取5亿元彩票发行费。体育总局曾经"努力整改"的承诺,为什么会事过无痕呢?

作为中央财政一级预算单位,国家体育总局掌握着国家体育专项资金的分配权。不仅如此,国家体育总局还拥有体育彩票基金使用权。如果加上海内外各项体育赞助和国家体育总局下属单位经营所得,国家体育总局则拥有巨额的预算资金和预算外资金。但是,国家体育总局并没有建立与资金来源渠道多元化相适应的信托经营管理机制,而是打通了资金的流通渠道,将不同领域、不同来源的资金交叉使用,违反了我国《预算法》和体育事业单位财务制度。

国家体育总局一方面享受着计划经济条件下财政拨款带来的各项好处,另一方面又兴办企业,发行体育彩票,从中获取分成收益。这样的体制,固然有利于快速积累体育事业发展资金,但也在一定程度上给体育领域资金监管增加了难度。

随着2008年奥运会的临近，我国必须充分借鉴市场成熟国家的有益经验，加快体育领域体制改革步伐，同时反思和改革国家体育总局的资金管理体制。

首先，必须尽快实行体育事业基金信托化经营，确保体育事业专项资金不被挪用。信托制度是西方国家为了规避遗产税，确保遗产保值增值而设计的一项法律制度。在我国体育领域普遍缺乏基金经营管理人才的情况下，应当将各项体育专项资金整合起来，成立体育信托发展有限责任公司，在中国人民银行和财政部的具体指导下，从事信托经营活动。

一旦类似信托制度得以建立，国家体育总局可不再负责资金的管理和使用工作，每年根据预算报告，由国务院从国家体育信托发展有限责任公司收益中拨付经费，用于发展中国的体育事业。

其次，在国家体育总局可考虑内部减少核算单位，实行模拟的信托化管理，防止下属单位各自为政，私自截留或者占用体育发展专项资金。具体的做法是，在国家体育总局实行委托会计制度，由体育总局向各下属单位派出会计管理人员，建立统一的财务会计核算体系。在此基础上，根据国务院信托收益拨付总量的大小，核算国家体育总局下属各单位的经费数额。国家体育总局下属各单位不得设立账户，对外从事经营性活动，所有的资金必须通过国家体育总局上缴给财政部，并且转为体育信托发展有限责任公司的资产。

最后，更重要的是应当加快体育管理体制改革，可考虑将国家体育总局改组为行业协会，全面负责国家各个专项体育运动会的组织协调工作。群众体育运动推广工作可以归并到未来的文化、体育、教育事业委员会，并且吸收全国人大代表、各个行业的专业人士成立各项统筹委员会。换句话说，今后国家体育总局作为国家财政一级预算单位的地位将不复存在，截留挪用国家预算资金和预算外资金的现象将从根本上得到解决。

体育事业改革必须以《体育法》为依据。我国《体育法》在总结过去体育管理经验基础之上，初步建立了国家体育管理体制。但现在看来，体育行政管理部门权力并没有得到有效监管，体育行政管理部门与各专项体育协会，各专项体育协会与体育训练、比赛组织之间的关系尚未完全理顺。特别是随着市场化改革的不断深入，国家体育总局下属各部门通过市场化经营和收取各项组织竞赛费用，掌握了大量资金。如果不加快体育领域信托化经营体制的改革，那么国家体育总局将不可避免继续成为审计的"重灾区"。

（资料来源：《第一财经日报》2006年9月13日，http://news.eastday.com）

第六章

公共事业资产管理

第一节 公共事业组织国有资产

一、国有资产的含义及分类

（一）国有资产的含义

要确定什么是国有资产首先必须明确什么是资产。西方理论界认为，资产是某一特定主体由于过去的交易事项而取得的或控制的可预期的未来经济利益。我国的《企业会计准则》中的资产定义是："资产是企业拥有或控制的、能以货币计量的经济资源，包括各种财产、负债和其他权利。"一项资产所体现的未来经济利益是直接或间接带给企业现金或现金等价物的潜能。这种潜能可以是企业经营的部分生产能力，也可以采取可转换为现金或现金等价物的形式，减少现金流出，诸如以良好的加工程序降低生产成本等。

国有资产是指《中华人民共和国国有资产法》中所定义的国有资产，即国有资产是指国家以各种形式投资以及其收益、拨款、接受馈赠、凭借国家权利取得或者依据法律认定的各种类型的财产或者财产权力。

（二）国有资产的分类

国有资产通常分为经营性国有资产、非经营性国有资产（公共事业组织国有资产）和资源性国有资产三类。

1. 经营性国有资产，是指国家作为出资者在经营单位中依法拥有的资本及权益。按所处的不同产业部门划分，经营性国有资产可分为第一产业、第二产业、第三产业经营性国有资产和其他经营性国有资产；按企业资产经营活动性质划分，经营性国有资产可分为金融性国有资产和非金融性国有资产；按区域划分,经营性国有资产可分为境内资产和境外资产;按行政隶属关系,经营性国有资产可分为中央政府经营性国有资产和地方政府经营性国有资产。

2. 非经营性国有资产,通常特指公共事业组织国有资产,一般是指由政府机构、人民团体、文化教育等公共事业组织所占有的国有资产,以及社会大众共同使用的公共设施与公共工程。

3. 资源性国有资产,是指以资源形态存在并能带来一定经济价值的国有资源,包括国家依法拥有的土地、森林、水流、矿藏等。按照资源所处的空间位置划分,资源性国有资产可分为陆地资源、海洋资源、大气资源和太空资源;按照资源的再生性质划分,资源性国有资产分为可再生资源、不可再生资源和永续利用资源。

二、公共事业组织国有资产的含义及分类

(一)公共事业组织国有资产的含义

所谓公共事业组织国有资产,是指由公共事业组织占有和使用的、在法律上属于国家所有、能够以货币计量的各种经济资源总和,不包括由社会大众共同使用的以公共设施与公共工程等形态表现的国有资产。

(二)公共事业组织国有资产的分类

公共事业组织国有资产的具体形态,可以按不同标准进行分类。

1. 从价值形态来看,公共事业组织国有资产可以分为流动资产、固定资产、无形资产、对外投资和其他资产。

2. 从形成方式来看,公共事业组织国有资产包括由财政预算拨款形成的资产、公共事业组织按照国家政策规定运用国有资产组织收入形成的资产,以及接受捐赠和其他经法定确认为国家所有的资产。

3. 从行政隶属层次来看,公共事业组织国有资产可以分为中央公共事业组织国有资产和地方公共事业组织国有资产,其中地方公共事业组织国有资产,又可进一步细分为省(自治区、直辖市)级公共事业组织国有资产、市(地)级公共事业组织国有资产、县级公共事业组织国有资产以及乡(镇)级公共事业组织国有资产。

4. 从使用单位的性质来看,公共事业组织国有资产可分为国家机关的国有资产、事业单位的国有资产、党派和社会团体的国有资产。

三、公共事业组织国有资产的性质、特点及作用

(一)公共事业组织国有资产的性质

公共事业组织国有资产是履行政府职能、为社会公众提供公共服务的基本

物质保证,是进行社会主义现代化建设、发展国民经济、推动社会全面发展的必要物质手段,在中国促进社会主义物质文明建设和精神文明建设等方面发挥着十分重要的作用。

在计划经济时代,政府作为政治权力行使者、国有资产所有者和生产经营组织者的统一体,既要履行社会经济管理任务,又要承担整个国家经济建设任务,同时还要具体安排和指挥企业生产经营。在这种三位一体的单一财政模式下,公共事业组织国有资产成为地方政府履行上述三重职责的物质手段。随着以市场为取向的经济体制改革目标的最终确立和改革进程的不断推进,政府作为政权所有者对全社会进行管理的职能,与作为国有资产所有者对国有资产进行管理的职能相分离。相应的,传统计划经济体制下的三位一体的单一财政模式,就逐渐转化为公共财政职能与国有资产管理职能并行的"双元财政模式"。在此模式下,公共事业组织是实现公共财政职能的主体,不再具有具体安排和指挥企业生产经营活动的职能,公共事业组织国有资产就成为公共事业组织提供公共服务的物质手段,这就是公共事业组织国有资产最基本的经济性质。

(二) 公共事业组织国有资产的特点

公共事业组织国有资产的特点,主要有以下几点。

1. 公共性。公共事业组织国有资产是为党政机关、事业单位和人民团体正常开展工作而配置的必要资产,因此公共事业组织在使用这些资产时并不以赢利为目的,而是通过使用和占有这些资产为社会提供公共服务,以保证整个社会经济生活正常运转,推动和促进社会发展。这种公共服务性并非仅仅服务于经营性国有资产的营运,而且还必须服务于包括经营性的非国有资产在内的社会经营性生产的营运。从这个角度来看,公共事业组织国有资产虽然只能由公共事业组织使用和占有,但却具有社会公共产品的性质。

2. 间接性。由于公共事业组织国有资产是为公共事业组织提供公共服务而配置的必要条件,因此在公共事业组织国有资产的形成方面,不论是资产的初始配置、消耗性补偿,还是资产规模扩大的资金来源,都不应该直接从公共事业组织国有资产使用的结果中获得,而只能来源于公共财政收入,即按照公共选择理论,利用公共预算手段,通过财政公共支出方式形成公共事业组织国有资产。从这个角度来看,公共事业组织国有资产与公共财政特别是公共支出、公共选择和公共预算等具有天然的相关性。

3. 无偿性。与公共事业组织国有资产以公共支出方式间接形成相适应,公共事业组织国有资产在使用和占用方式上应当具有无偿的性质。也就是说,处于非生产领域的公共事业组织,可以采取无偿方式来使用和占用由公共支出形成的公共事业组织国有资产,从而顺利有效地开展行政事业工作,为社会提供公共服务。

4.消费性。公共事业组织国有资产主要是由各级政府的财政预算拨款形成。资产占用形态同样有固定资产和流动资产等各种具体形态。但是,不同于经营性国有资产的是,资产的价值转移并不要求充分补偿。由于公共事业组织国有资产使用之后不能创造出新的财富,它的整个使用过程从全社会再生产的角度来看,是一个非生产的消费过程。因此,政府根据公共事业组织履行其职能、发展其业务的需要和政府的现实财力来决定每年对其拨款数额的高低,但公共事业组织并不遵从商品交换交易的法则,从受益对象那里寻求对资产耗费价值的补偿。

(三)公共事业组织国有资产的作用

公共事业组织国有资产尽管不能自我保值增值,但它在我国的经济、政治和社会等各方面发挥着十分重要的作用,其地位是经营性国有资产以及其他各种形式的资产所无法取代的。公共事业组织国有资产的作用具体表现如下。

1.公共事业组织国有资产是政府履行各项职能的基本物质保证。在我国,各级政府在党中央的领导下,承担着行政管理、维护社会公共秩序与市场运行的外部环境等各项任务。因此,规模适度的公共事业组织国有资产是政府协调国民经济运行的必要的物质基础。

2.公共事业组织国有资产是推动社会全面发展的重要物质基础。一个社会的发展离不开各项事业的发展,其中尤其离不开科教文化事业的发展。而科教文化事业大多具有很强的正外溢性与消费上一定程度的非排他性与非对抗性,这些特点决定仅靠市场机制不能有效地发展科教文化事业。在市场经济条件下,事业单位国有资产还是直接为全体人民提供精神产品和物质产品的重要物质手段。在市场经济体制下,人们相互交换其劳动是通过商品交易的方式来实现的。科教文化事业的发展,促使人们对大自然和人类社会的认识不断深化,社会分工是一个新的社会分工不断产生、旧的社会分工不断改变的动态发展过程。咨询业、中介服务业、信息业、体育产业等一些新的产业不断地从事业单位母体中孕育和产生出来。这些新的产业在其最初的发育过程中,几乎都离不开事业单位有形和无形的国有资产的支持。因此,在我国,事业单位国有资产扮演着摧生新产业的重要角色,它为促进社会分工,发展市场经济和加深商品化程度起着积极的促进作用。

3.公共事业组织国有资产是建设社会主义精神文明的最主要的物质手段。我国是中国共产党领导下的社会主义国家,社会主义物质文明建设与社会主精神文明建设两手都要抓,两手都要硬。需要着重指出的是,社会主义精神文明的建设要以社会主义物质财富的生产为基础,即国家投入到社会主义精神文明建设领域里的国有资产要进行优化配置,保持适度规模。

4. 公共事业组织国有资产可以促进社会经济资源的最优配置。我国目前处于建立社会主义市场经济的初始阶段,市场机制还很不完善,在这种情况下,市场经济主体常常受到市场信息不灵、市场垄断等因素的影响而使其行为具有一定的盲目性和短期性,从而造成市场供求机制失灵,经济资源配置的流动性受到一定的阻碍。因此,只有政府有能力通过宏观调控,以资产所有者的身份,将有限的经济资源在不同用途和不同使用者之间进行合理的分配,调整和重组国有资产在不同行业、不同产业、不同事业中的国有资产存量,使社会经济资源得到合理配置,用有限的国有资产引导社会投资的投向和流量,最终达到社会经济资源的优化配置。

5. 公共事业组织国有资产是体现社会主义优越性的物质载体。社会主义优越性主要体现在社会主义能更好地满足日益增长的人民大众的物质文化生活需要。在大力发展社会主义市场经济的基础之上,大力发展社会主义公益事业,如医疗卫生保健、照顾老弱病残的福利事业、建立完善的社会保障体系等,就会使人们能具体感受到社会主义的优越性和温暖感。而这些公益事业的发展和完善,正是公共事业组织国有资产不断发展的结果。

6. 公共事业组织国有资产是保证经营性国有资产保值增值的物质条件。公共事业组织国有资产不直接参与生产经营过程,不能产生自我保值和增值,也不承担资产收益的任务。但是,通过对公共事业组织国有资产的运用,可以促进经营性国有资产的管理、保值和增值。

四、我国公共事业组织国有资产的总量及结构

(一)我国公共事业组织国有资产的总量

新中国成立以来,公共事业组织国有资产一直是国有资产的重要组成部分,并获得了持续、长足的发展,从建国初期至2003年,我国公共事业组织国有资产由56亿元增长至31 653亿元,增长了565倍,其年均增长率超过12.4%,比同期国有资产总量(12.3%)的年均增长率略高。[①] 我国公共事业组织国有资产的增长可分为三个阶段。第一阶段:建国初期至1980年改革开放初期的30年间,我国公共事业组织国有资产的年均增长速度为11.29%,比同期国有

---

① 王开国.中国财政统计[M].北京:中国时代经济出版社,2004,35页.

资产总量11.4%的年均增长速度略低,比同期7%的经济总量年均增长速度高出4个多百分点。第二阶段:1980~1996年改革开放全面展开时期,我国公共事业组织国有资产继续以较高的速度增长,年均增长速度达到13.77%,比同期国有资产总量14.56%的年均增长速度略低,但比同期18.45%的经济总量年均增长速度低了4个多百分点。第三阶段:1996年至今加快建立社会主义市场经济体制时期,我国公共事业组织国有资产以比同期国有资产总量和经济总量高得多的速度持续增长,年均增长率高达13.12%,比同期国有资产总量的年均增长速度11.6%高出1.5个百分点,比同期8.86%的经济总量年均增长速度高出了4个多百分点。随着我国社会主义市场经济体制的进一步完善,这一趋势预计还会维持一段时间。

(二)我国公共事业组织国有资产的结构

在结构方面,我国公共事业组织国有资产呈现以下几个主要特点。

1. 从行政隶属看,地方公共事业组织国有资产占了很大比重。1996年,在全国全部公共事业组织国有资产中,地方公共事业组织国有资产所占比重为81%;中央公共事业组织国有资产所占比重为19%。随着地方公共事业组织和中央公共事业组织国有资产总量的不断增加,这一比例基本保持不变。到2003年,前者略有下降,所占比重为79.9%;后者相应增加为20.1%。

2. 从编制分类看,事业单位国有资产占较大比重。截至2003年底,全国事业单位国有资产总量占全部公共事业组织国有资产总量的66.1%;行政管理和社会团体所占国有资产比重为33.9%。

3. 从行业分布来看,文教卫生科研单位国有资产所占比重最大。截至2003年底,文教卫生科研单位国有资产总量占全部公共事业组织国有资产总量的40.9%,远远高于行政管理等机关所占比重。

4. 从价值形态看,固定资产占了很大比重。截至2003年底,固定资产占全部公共事业组织国有资产总值的82.6%。在固定资产中又以房屋与建筑物最多,占固定资产总值的63.0%。

第二节　我国公共事业组织国有资产管理现状

一、我国公共事业组织国有资产管理体制

国有资产管理体制是指国家对于国有资产的形成、使用、处置全过程管理

及收益分配所制定的制度、法规、条例和所设置的管理机构及其职能、权限划分的总和,它是我国经济管理体制的重要组成部分。从总体上看建国以来我国国有资产的管理一直注重经营性国有资产,而公共事业组织国有资产的管理未得到应有的重视。我国国有资产管理体制的演变也主要是经营性国有资产管理体制的演变,公共事业组织国有资产管理体制基本上伴随经营性国有资产管理体制的演变而发生变迁,并且远没有经营性国有资产管理体制那样完善。

(一)我国国有资产管理体制的沿革

我国国有资产管理体制的历史沿革大致经历了三个大的阶段。

1. 初步建立国有资产集中统一管理体制阶段(1949~1956年)。我国1949~1956年是社会主义改造时期,完成了从新民主主义到社会主义的过渡。经过这一时期,全国基本形成了集中统一的国有资产管理体系。这个体系的特点是国家所有、分级管理与计划管理。

2. 建立与计划经济相适应的国有资产"条块结合"的管理体制阶段(1957~1977年)。在这个阶段,整个国有资产管理体制是在计划经济的框架下选择的。该阶段可分为两个时期:一是以"条条"管理为主的国有资产管理体制时期(1957~1966年)。这个时期国有资产管理体制的特点是国家对国营企业的管理权先放后收。二是实行以"块块"管理为主的国有资产管理体制时期(1967~1977年)。由于"文化大革命"的缘故,这一阶段国有资产管理基本上是处于无政府或半政府状态:国有资产管理机构基本陷于瘫痪;国有企业管理组织和管理制度遭到极大破坏;许多国有企业停工停产,设备能力闲置。

3. 按社会主义市场经济体制要求逐步改革与完善国有资产管理体制阶段(1978至今)。纵观20多年来的改革进程,可以把它分为几个时期:一是国有资产进一步放权让利时期(1978~1987年)。二是国有资产大范围推广承包经营责任制的改革过渡时期(1987~1993年)。三是探索与社会主义市场经济体制相适应的国有资产管理的合理形式和途径时期(1994至今)。

(二)我国公共事业组织国有资产管理体制的发展

我国公共事业组织国有资产管理体制基本上是在国民经济实行高度集中的计划经济管理体制下形成的,并伴随经营性国有资产管理体制的演变而进行调整和改革。

1. 建立集中统一的公共事业组织国有资产管理体制。新中国成立后至1957年,我国经过第一个五年计划,基本上形成了全国集中统一的公共事业组织国有资产管理体系,这个体系的特点是国家所有、分级管理和统一计划管理。

2. 计划经济体制下公共事业组织国有资产管理体制的调整。从1958年我国的公共事业组织国有资产管理体制建立后直到1977年的20年间,公共事业组织国有资产管理体制经历了几次管理权限下放、上收的调整,但从根本上并没有大的改变。

3. 改革开放时期公共事业组织国有资产管理体制的改革进程。这一时期经历了三次大的改革：一是1979年开始在公共事业组织试行"预算包干,结余留用"。二是从1988年开始以国家国有资产管理局的组建为标志,建立全国公共事业组织国有资产纵向管理体系。三是公共事业组织国有资产委托授权管理体制改革。1998年中央政府机构改革后,国家国有资产管理局并入财政部,由财政部承担了经营性国有资产的管理职能,而将中央国家机关国有资产划归国务院机关事务管理局负责,资源性国有资产划归国土资源部管理。随后,各地也纷纷进行机构改革,地方公共事业组织国有资产管理体制发生了极大的改变,如上海市地方公共事业组织国有资产管理体制改革就非常具有特点,这些标志着公共事业组织国有资产的全国纵向管理体制完全改观。

从总体上讲,目前我国公共事业组织国有资产实行"国家统一所有、各级政府分级监管、单位占有和使用"的管理体制,但在具体实施上,由于各地具体条件与改革进程不同,不同地区存在较大的差异。公共事业组织国有资产管理模式主要有两种：一是国资管理模式。即由各级政府国资部门对同级的公共事业组织国有资产进行宏观管理。近年来大部分地方实行这种模式,但随着国家国有资产管理局撤销,地方公共事业组织国有资产管理职能划归财政部,这种模式逐渐让位于财政管理模式。二是财政管理模式。即由各级政府财政部门对同级的公共事业组织国有资产进行宏观管理。随着机构改革的推进,越来越多的地区采用这种模式。

二、我国公共事业组织国有资产管理存在的问题

我国目前正处于由计划经济体制向社会主义市场经济体制转变的时期,完成这种转变是一个渐进的过程,新旧两种体制的冲撞不可避免,经济运行中宏观、中观、微观的利益冲突和社会各阶层之间的权益关系不协调、不合理现象将长期存在。在此过程中,我国公共事业组织国有资产管理还存在诸多问题。

（一）资产配置不合理

由于缺乏合理的、有约束力的资产配置标准,以及资产购建资金来源的多样性,目前我国公共事业组织国有资产随意购置和重复购置现象十分普遍,导致资产配置不合理,各公共事业组织承担的任务量与所占用的资产不协调,各单位之间的资产配备水平不公平。主要表现在以下几方面。

1. 许多公共事业组织缺乏健全的资产管理制度,购置固定资产时,没有严格的审批制度和监管制度,存在购置的盲目性和随意性,有的单位在购置设备时还存在谋取个人私利的现象。

2. 各地普遍存在公共事业组织办公用房条件不均衡的情况。不少地方的单位办公用房人均面积只有几平方米;有的单位却达到近百平方米,空余的办公用房用于出租或闲置;而与此同时,有的单位却要耗费大量财政资金租房办公。

3. 在公务用车方面,配置不合理现象也十分突出。在行政事业任务量相似的情况下,同一个地方(部门)有些公共事业组织几人就配置一部公车,有些单位几十人才有一辆公车。

(二)资产使用效率不高

由于资产配置不合理,重复购置严重,在使用过程中又缺乏规范化管理,结果导致目前公共事业组织普遍存在资产闲置现象,固定资产、流动资产和无形资产等各类资产的使用效率不高,其中在固定资产方面的表现尤为突出。

1. 公共事业组织的资产调剂困难,社会化利用程度低。一些使用单位对其资产没有承担起相应的责任,使购置的资产没有得到充分利用,有的甚至长期被闲置。

2. 公共事业组织固定资产使用效率低下,其主要表现在以下三个方面:部分办公用房、公务用车使用效率不高,部分单位办公用房闲置或出租、公车私用等现象较为严重;部分专业化设备重复购置,使用效率很低,有的甚至每年只使用几个小时;由于决策失误导致部分设备购置后无法使用或面临更新换代,造成资产浪费。

3. 一些事业单位设备利用效率不高,闲置、浪费现象严重。通过每次清产核资都发现,有部分事业单位设备利用效率不高,闲置情况突出。如,一些单位千方百计向上级主管部门要求拨款购进价值不菲的专业设备,购进后却多年闲置未用。

(三)资产流失严重

目前我国公共事业组织国有资产的流失途径,主要有以下几种。

1. 决策失误造成无效资产增加导致的资产隐性流失。由于资产形成过程缺乏严格的科学、民主决策机制,一些地区决策失误造成无效资产增加,资产隐性流失现象比较普遍。如,有的地方兴建的一些公益性设施,由于各种原因,不仅没有充分发挥其公益作用,反而还背上了沉重的财政负担。

2. 账外资产方面的流失。公共事业组织账外国有资产大量存在,在各地都是较为普遍的现象。相当多的公共事业组织没有固定资产账目,财产购置没有严格的审批验收程序,购置后不办理入库领用手续,造成大量的国有资产无账可查,处于无偿使用状态,甚至被擅自变卖,最终导致国有资产的大量流失。

3. 因流动资产管理不善引发的资产流失。在我国现有公共事业组织国有资产管理的各种规章制度中,流动资产管理是一个弱项,存在许多漏洞,容易造成大量逾期借款,形成坏账、呆账,从而导致公共事业组织国有流动资产的流失。

4. 资产处置不规范导致的资产流失。由于在处置过程中普遍存在不规范现象,有相当部分单位不执行国有资产管理有关规定,把占用的国有资产随意变卖、擅自处置,造成大量国有资产流失。

5. 公共事业组织非经营性资产转为经营性资产(简称"非转经")过程中所导致的资产流失也非常严重。我国公共事业组织国有资产的"非转经"是经济转轨时期的特殊产物,它曾对弥补财政经费不足、促进政府机构改革与职能转变等发挥了一定的作用。但是,随着经济体制改革的不断深化,"非转经"的负面影响越来越大,其中之一就是"非转经"导致国有资产的大量流失。"非转经"所导致的国有资产流失,主要表现为两大类:一是"非转经"过程中非经营性资产本身的流失。具体表现在,一些公共事业组织利用非经营资产创办集体企业,使本来属于全民所有的国有资产通过"非转经"的方式转变为集体资产,从而导致国有资产的流失;一些非经营性资产被廉价租赁或承包给集体或私人经营使用,导致国有资产的流失;"非转经"单位由于资产来源的无偿性,缺乏资产保值增值的压力与动力,从而导致资产使用过程中的大量浪费,引起国有资产的流失。二是"非转经"产生的收益的流失。非经营性资产是国家拨付给公共事业组织的用于完成国家行政事业任务的财政性资产,也就是说它属于国有资产,根据谁投资谁受益的原则,"非转经"所产生的收益也应该属于国家所有。然而,在实际运作中,无论是利用非经营性资产对外投资所得的投资收益,还是对外出租得到的租金等,大部分都被提供这些非经营性资产的公共事业组织视为单位集体所有,作为单位职工福利或存入单位"小金库",在单位内部分配使用,而没有上交国家财政,而利用非经营性资产兴办的经济实体,其利润也大多在该经济实体与提供资产的公共事业组织之间进行分配,从而使大量原本属于全民所有的收益成为这些单位的集体收入,导致了国有资产的大量流失。

三、我国公共事业组织国有资产管理问题的成因

（一）认识上的误区

观念认识上的偏差是目前公共事业组织国有资产管理相对落后的思想根

源，主要表现为以下几点。

1. 在我国国有经济体系中，以国有企业为主体的经营性国有资产较受重视，而包括中央与地方在内的公共事业组织国有资产及其管理却长期以来没有得到应有的重视，以致公共事业组织国有资产管理改革不仅严重滞后于整体经济改革，也滞后于国有企业改革。

2. 对公共事业组织国有资产的产权理解上的偏差，也是目前公共事业组织国有资产流失与使用效率不高的一个重要根源。公共事业组织国有资产的使用权属于全体人民，由各级地方政府代行所有权，各公共事业组织只是资产的占有使用者。但在实际工作中，许多公共事业组织国有资产被使用单位当做本单位所有。这一方面使公共事业组织之间的资产调剂难以进行，影响资产的使用效率；另一方面，还带来了处置的随意性，造成了公共事业组织国有资产的流失。

3. 在公共事业组织国有资产的功能方面，也存在着认识偏差。公共事业组织的国有资产是公共事业组织履行职责的物质手段，但部分公共事业组织却把资产作为部门所有的财富，作为单位领导与员工享受的物质条件。这种功能认识上的偏差，助长了公共事业组织之间相互攀比之风，导致了资产的闲置与浪费。

4. 长期以来"重钱轻物"的管理观念导致了公共事业组织国有资产管理实践的相对落后。

(二) 管理体制不顺

长期以来，由于一直没有很好地解决由谁管理、如何管理以及按照什么原则管理等问题，导致公共事业组织国有资产管理体制不顺。主要表现在以下几方面。

1. 管理机构设置不规范。在宏观管理层面上，有些地区公共事业组织国有资产的宏观管理部门是财政部门，而有些地区则是国资部门。这种不对等的机构设置不利于资产的宏观管理。在中观管理方面，在省级，大部分省设有省机关事务管理局，负责本级行政机关的部分国有资产管理；在省级以下，许多地方没有设机关事务管理局，而对事业单位的国有资产，同样没有设立专责机关。在微观管理方面，许多单位没有专门的资产管理部门或专职资产管理人。

2. 管理职责不清，职能交叉。公共事业组织国有资产的各级管理部门的管理职责不清、职能交叉现象极为普遍。具体表现在：财政部门与国资部门的管理权限不清；各级机关事务管理局与财政部门的管理权限不清；各级机关事务管理局与资产具体占有使用单位的管理权限不清；财政部门与公共事业组织主管部门的资产管理权限不清;公共事业组织国有资产具体占有使用单位内部财务管理与资产管理权限不清。

3."条、块分割"造成管理脱节。一些公共事业组织业务上实行"条条管理",而财务又实行"块块管理",这种业务管理与财务管理的脱节造成地方各部门、各单位各自为政,缺乏统一管理和协调,导致国家关于公共事业组织国有资产管理的规章制度得不到有效的贯彻执行。

(三)管理机制不健全

缺乏从资产形成、使用到处置的有效的管理机制,也是目前我国公共事业组织国有资产管理存在问题的重要根源之一。主要表现在以下三个方面。

1.资产形成与配置方面。在资产形成与配置方面,存在一定程度的财政预算软约束现象,导致公共事业组织国有资产形成过程的失控;缺乏公正合理、有约束力的财产配备标准,造成资产配置的随意性;各单位资金来源渠道的多样性,以及不同资金来源渠道之间缺乏必要的透明度与协调性,容易造成资产配置不公与重复购置;大部分地区缺乏透明、规范、高效的政府采购制度及相应的监督机制,导致财产购置方面较为浪费甚至腐败。

2.资产使用方面。在资产使用方面,缺乏客观公正的财产使用效率考评标准与考评方法,以及有效的约束机制与激励机制,从而无法对财产的使用效率进行有效的评估,不利于资产使用效率的提高;由于缺乏严格的、规范的、先进的管理手段,导致公共事业组织国有资产使用效率普遍较低;资产的实物管理与价值管理相脱节,导致公共事业组织普遍存在账外资产现象;使用单位之间资产调剂困难,影响资产的使用效率。

3.资产处置方面。在资产处置方面,缺乏规范的公共事业组织国有资产处置程序,导致处置过程的随意性与资产的浪费及流失;缺乏公共事业组织国有资产高效的处置途径,如公共事业组织国有资产的交易市场等,导致资产处置过程的浪费与腐败;资产使用过程中的产权管理特别是产权变动管理松弛、漏洞多,这是公共事业组织国有资产流失的重要原因之一。要确定什么是国有资产就必须明确什么是资产。

(四)管理制度不完善

管理制度不健全,缺乏法律规范与强有力的政策指导,法律与政策滞后于财产管理实践,是目前公共事业组织国有资产管理存在诸多问题的主要原因之一。一方面,各级立法机关与管理部门只出台了一些局部性的公共事业组织国有资产管理的法律与规章制度,而且部分法规、制度之间有的还互有矛盾,使执行部门无所适从。另一方面,随着改革的不断深入和社会主义市场经济体制的逐步建立,公共事业组织国有资产的管理出现了许多新情况、新问题。但是,有关的管理制度与法律建设却远远滞后于实践,至今仍没有出台一套完整的公共事业组织国有资产管理法规,使得公共事业组织国有资产管理的随意性很大,管理混乱无序。管理制度的不完善表现在以下几个方面。

1. 管理缺乏有效的约束机制。在对各公共事业组织的财务收支审计中经常会发现,一些单位在会计核算时,将购置固定资产直接从费用中列支,未记入固定资产;或将捐赠及无偿调入的固定资产不进行会计核算,固定资产明细账设置不完整或没有设置明细账的现象很普遍;总账与明细账不相符,形成了大量的账外资产;管理缺乏有效的约束机制,资产损失现象严重,导致单位国有资产家底不清,无法验证资产的真实性、完整性。

2. 国有资产监督不到位。公共事业组织国有资产在转让、出售、处置、变卖等活动中普遍存在着没有按照国家有关规定报请国家管理部门审批,也没有进行严格的资产评估工作,而多半是双方协商,私下交易,使国有资产产权变动脱离了国家监督,私自低价转让、出售、变卖和处置国有资产的现象较为严重,导致了国有资产产权变动中国家权益被侵蚀,造成了国有资产的流失。

3. "非转经"国有资产产权虚置。公共事业组织在发生"非转经"以后,资产的所有权仍然属于国家所有。国家的所有权应在经济上和法律上通过收取资产占用费得到体现,而行政单位应对"非转经"资产行使行政管理权。但在实际工作中,很多单位的"非转经"资产没有按照国家有关规定办理资产转移、审批手续,投资方和接受投资方的权力和义务没有明确规定,以投代管,只投不管,无人对资产安全和完整真正负责,造成产权虚置、管理缺位。投资方没有向经营者收取回报的观念,经营者也没有向投资者缴纳经营收益的意识,国有资产被无偿占有。有的"非转经"资产存在着很大的随意性,非经营性资产与经营性资产混合使用,没有合理界定,没有理顺关系,时间一长,资产的所有权发生争议,经营者向行政单位索要所有权,出现经济纠纷,甚至把原投资的行政单位推上了被告席。

4. 管理队伍不整齐。目前,公共事业组织管理队伍不整齐,有逐渐萎缩之势。如,有的市国资局由"局"变"办";有的市虽保留局名,实则为一个科、股;有的区有机构却无人专管,一个人负责多项业务,工财、商财兼管国资业务,兼管基本上是虚管。在乡镇一级则普遍尚无专门机构和人员管理国资业务。再比如有的市,其多数市直属公共事业组织都是由财会机构兼管,管得很不到位;有的单位由于领导不重视,基本属于弃管状态。

5. 管理执法不严格。国家各级国有资产管理部门成立以来,陆续制定了一系列政策法规。但由于缺乏监督检查,没有能够全面实施,有相当部分法规处于搁置状态,有的还处于研究探索阶段。

第三节 公共事业组织资产管理体制改革

一、国外公共事业组织资产管理经验

由于各国国情不同,严格意义上说,国外没有与中国公共事业单位资产完全对等的资产范畴,但许多成熟市场经济国家的政府财产范畴与我国的公共事业组织资产有许多类似之处,分析它们的管理经验对我国地方公共事业组织资产管理以及资产体制改革具有一定的借鉴意义。

(一)政府财产基本上不介入市场竞争领域

在市场经济发达国家,政府是社会管理者,它凌驾于全社会的经济组织和个人之上,依靠其拥有的政治权力去规范企业和个人的市场行为和活动过程。在市场竞争领域,各企业和个人在政府确定的行为准则内,以平等地位按市场等价交换原则来追求自己的目标函数最大化。政府是独立于企业和个人的执法者,是市场竞争的"裁判员",如果政府介入市场竞争领域,就相当于同时拥有了"裁判员"和"运动员"的双重身份,会破坏市场的平等原则,从而妨碍市场机制功能的充分发挥。因此,在发达市场经济国家,政府一般不介入市场竞争领域,只有那些不营利的,而社会又十分需要的公益性领域才由政府投资。所以,在发达市场经济国家,对政府财产的使用领域都有严格的规定,只用于履行行政职能与提供公益性服务等市场机制失效的领域。如,新加坡政府对每一法定机构(类似中国的事业单位)都以立法手段规定其活动范围,禁止其介入市场机制有效的竞争领域。

(二)政府财产管理的法制化

法制化是发达市场经济国家管理政府财产的一个主要特征,它保证了政府财产管理的规范化、制度化与透明度,提高了政府财产管理效率。如:美国的《政府公司法》,是一项综合性法规,从总体上规定了与政府公司有关的规则制度。日本国有资产管理也有一套比较完整的法律体系。日本有一部国有财产管理的基本大法——《国有财产法》,该法明确规定了国有财产的范围、管理及处置国有财产的机关、管理和处置国有财产的具体手续、违反法律的处罚等。以《国有财产法》为国有财产管理的基本法,还派生出许多特别法,如《国有财

产特别措施法》、《北海道国有未开发地处置法》、《国有林野法》、《公路法》、《河川法》、《港口法》、《渔港法》、《机场建设法》、《国家公务员宿舍法》等等，构成一个较为完整的法律体系。由大藏省、各省厅（相当于我国国家各部、委）、国会国有财产审议会、会计检察院等部门对国有财产分工监管。

（三）政府财产管理专业化

对部分政府财产实行专业化管理也是发达市场经济国家在政府财产管理中较为普遍采用的一种方式。如，美国联邦政府总务署，是政府总务和后勤服务部门，统一管理联邦政府的行政事业性资产。加拿大联邦政府建设和服务部，负责联邦政府的财产管理、政府采购、办公用房管理、物业管理等。中国香港特别行政区的医管局对与公共医疗有关的专用设备进行统一管理；政府车辆管理处对公务用车进行统一管理；政府产业署对政府办公用房进行统一管理等。专业化管理有利于防止财产的重复购置与闲置，提高财产使用效率。

（四）政府财产管理体系健全

建立、健全政府财产管理体系，明确各级管理机构的职责分工是发达市场经济国家在政府财产管理中坚持的一项重要原则。发达市场经济国家管理政府财产大致可以分为两种主要模式：一是采取以政府财产管理专职部门为主的模式，如意大利、奥地利等国分别确定部际协调委员会、国家参与部、公共经济与交通部作为政府财产管理的专职部门来管理政府财产。二是采取政府财政部门综合管理与有关部门专业管理相结合的模式，如日本、韩国、丹麦、法国等国，财政部一般为政府财产管理的政府综合部门，处于管理的核心地位，各主管部门一般负责归口的政府财产管理。尽管在机构设置、职能划分上各国有所不同，但政府财产管理体系健全、职责分工明确则是共同的特点，体现了政府机构对政府财产管理的高效化。

（五）按市场化要求推动社会事业产业化

发达市场经济国家除了那些不营利而社会又十分需要的公益性、公共性领域由政府投资外，对文化等社会事业，政府本身不参与投资运作，而是一般通过制定法规和严密的管理措施，完全按照市场化要求，支持社会事业向产业化发展。比如，欧美一些发达国家，文化产业在第三产业中占据举足轻重的地位，既是丰富国民文化生活的重要部分，也是加强国家政治和经济实力、解决就业等社会问题的途径，同时又是开展国际合作和参与市场竞争的重要渠道。如，美国国内外电影票房收入就达100多亿美元，是继电脑、航空、石油后的第四大产业支柱。德国的贝塔斯曼集团以出版业为特色，集中优势，实行跨国规模化经营，网络遍布全球，一年经营收入就达200多亿欧元，对整个国家的经济发展也起到了促进作用。

（六）监督制度严明

为了防止政府财产管理中的渎职行为与腐败现象，许多国家建立了严明的政府财产管理监督制度。如，美国对使用政府财产的政府公司，设有国会听证会制度、公民监督制度、政府审计监督制度等三层监督制度。按照这种监督制度，政府公司如果要想获得预算拨款，必须将公司的经营状况、资产负债状况等向听证会详细报告，并接受质询。公民如发现政府公司有"问题"，可直接向政府公司提出质询并进行调查。美国对政府公司的审计监督由联邦审计局进行，审计局的工作方式是独立的，不受任何行政干预，审计结果向国会报告。日本也有较为严格的监督制度，主要由日本国会、会计检查院等机构负责包括政府财产在内的国有财产的监察工作。

二、公共事业组织资产管理原则

从公共事业组织国有资产作为提供公共产品与服务的物质手段出发，以促进各项社会事业发展为目的，确立公共事业组织资产管理的基本原则。

（一）满足社会公共需要的原则

在市场经济条件下，存在各种各样的市场失灵，公共资源开发管理的任务就是弥补这些市场失效，提供所需的公共产品与服务。来源于财政收入和其他收入的公共事业组织资产是提供必要的、与经济发展水平相适应的公共产品与服务的物质手段，不能用于营利性需要。这是公共事业组织资产管理所必须坚持的重要原则。

（二）全过程管理原则

公共事业组织资产管理必须涵盖从资产形成、使用到处置的全过程，每一个环节都必须建立严格规范的管理制度与监督机制，以提高国有资产利用效率，防止任何形式的公共资产浪费与流失。

（三）绩效原则

公共事业组织资产的主要任务是保证资产的安全、完整以及资产的高效节约使用，这也是公共事业组织资产管理所必须坚持的重要原则。

（四）专业化集中管理原则

要坚持集中化管理原则，即公共事业组织资产的所有权管理应集中于出资者，即各级财政部门；对大型专用设备、办公用房、公务用车等应实行专业化集中管理，以提高资产使用绩效。

（五）法制化原则

利用法律、法规对公共事业组织资产进行从形成、使用到处置的全过程规范与管理,是市场经济条件下管理公共事业组织资产、防止公共资产流失的基本原则。

三、公共事业组织国有资产管理体制改革的目标与内容

公共事业组织国有资产管理体制改革与建设的总体目标是,在我国社会主义市场经济体制条件下,建立资产配置科学、使用合理、处置优化、监督公正、管理高效的公共事业组织国有资产管理体制。

公共事业组织国有资产管理体制改革的目标具体如下。

(一)公共事业组织国有资产管理体制改革的目标

1. 资产配置科学。即按照社会主义市场经济改革的基本要求,以公共预算为主要渠道配置公共事业组织国有资产。

2. 资产使用合理。即要建立公共事业组织国有资产的资源共建、共享机制,保证国有资产得到充分、有效的利用;对大型专业设备、办公用房、机动车等固定资产实行专业化管理,提高国有资产使用效果;建立与公共事业组织业绩挂钩的国有资产利用效率评价制度,保障国有资产使用高效合理。

3. 资产处置优化。即要建立和完善公共事业组织国有资产交易市场和租赁市场,把市场机制引入公共事业组织国有资产的处置过程;规范和完善公共事业组织国有资产处置的运作程序,防止资产处置的随意性,防止国有资产流失。

4. 资产监督公正。公正严明的监督机制是建立与社会主义市场经济相适应的公共事业组织国有资产管理体制的重要环节,也是保证其顺利运行的必要保障。

5. 资产管理高效。即要建立公共事业组织国有资产分级授权组织管理体系,从管理组织机构方面保障对公共事业组织国有资产的全过程、全方位的管理;建立公共事业组织国有资产管理网络系统,从技术手段上为国有资产的管理和决策提供基础数据和有效依据,保障国有资产全面管理的实时、高效。

(二)公共事业组织国有资产管理体制改革的内容

从社会主义市场经济体制的基本要求出发,根据公共事业组织国有资产管理的原则与目标,我国公共事业组织国有资产管理体制改革包括以下主要内容。

1. 按照社会主义市场经济体制的基本要求,建立由资产宏观管理部门、二级管理部门和微观管理部门组成的地方公共事业组织国有资产分级授权管理体系。

2.采用公共预算和政府采购方式,建立配置标准公正、配置手段科学的地方公共事业组织国有资产形成机制。

3.按照集中化、专业化等原则,建立包括资产使用台账制度、责任制度和管理网络系统等内容的地方公共事业组织国有资产使用机制。

4.通过市场和计划相结合的处置手段,建立由资产内部调剂、交易与租赁、报废制度等构成的地方公共事业组织国有资产处置机制。

5.借鉴经营性资产的成本与效益原则,建立包括绩效评价程序、绩效评价指标体系、梯级绩效评价制度等内容的绩效评价机制。

6.加强法制化建设,建立包括资产监督委员会、定期汇报、派驻监管等内容的地方公共事业组织国有资产监督机制。

四、公共事业组织国有资产管理机制

(一)公共事业组织国有资产形成机制

资产形成机制是资产管理的首要环节,建立科学民主的公共事业组织国有资产形成机制,有助于公正合理地配置公共事业组织国有资产,提高公共事业组织国有资产的使用效率。

建立科学民主的公共事业组织国有资产形成机制,首先必须制定公正合理的公共事业组织国有资产配置标准。这种配置标准具有以下特点:一是统一性。即在同一时期、同一地区提供同一性质的公共产品时,其资产配置标准应当统一,应由有关资产管理部门统一制定并颁布执行,而不是由各公共事业组织自行规定。二是以实物标准为主,价值标准为辅。即能够制定实物标准的,应尽量使用实物标准。对于一些变化大、型号品种过于复杂而难以采取实物标准的,可采取价值标准,但在实施时应考虑通货膨胀因素与地区物价差异等客观因素。三是强制性。即资产配置标准经有关资产管理部门制定颁布后即具有法律效力,各公共事业组织都必须照章执行,不得擅自提高标准。

其次要按公共预算方式,把公共事业组织国有资产配置严格纳入预算管理。根据公共事业组织资产配置标准,按公共事业组织承担的职责与任务量,采用公共预算方式配置资产。任何公共事业组织国有资产的购置都必须纳入预算,防止资产购置的随意性。预算经特定程序审议批准之后即具有法律效力,必须严格执行,非经法定程序不得改变。

公共事业组织国有资产形成机制具体包括以下几方面内容。

1.界定政府公共预算支出范围。政府公共支出预算范围必须以社会共同需要为标准来界定和规范,主要限定在国家机关及代表社会共同利益和长远利

益的非营利性的领域或者事务,不属于本范围的领域或者事务应逐步推向市场。

2. 按部门编制预算,细化预算和细化预算科目。预算的编制以部门为单位,一个部门各项财政资金均统一反映在该部门的年度预算中,预算的内容不仅具体到部门,而且要具体到各单位以及详细的支出项目,以提高预算的透明度、准确性与约束力。相应地,财政部门内部各机构也要以部门为单位进行预算管理,改变目前财政部门内部机构对各主管部门多头管理的状况。这种制度有利于财政资源的合理配置,最大限度地提高公共事业组织国有资产的效率,从资金源头上有效地防止资产重复购置与资产闲置,提高资产利用效率。

3. 提前预算编制时间。实行部门预算编制制度,要提前预算编制时间。财政部门可考虑将预算编制时间提前到预算年度开始前10个月左右,即从每年3月份开始编制下年度预算。预算编制时间的提前,不仅有助于缓解预算编制压力,而且有利于各级财政部门细化预算编制工作,提高预算编制质量。

4. 采用科学规范的预算编制方法。在编制公共支出预算时,要打破基数法,积极采用零基预算法。确定财政公共支出,要逐步实现标准化,使资产配置有标准、人员支出有定额,并使其他各项支出都有相应的标准,有助于形成合理公平的资产配置。

5. 使预算支出与成果挂钩,充实预算的有关内容。我国现行的预算,偏重于资金形式的体现,缺乏有效资金投入与资产使用效果的比较。因此,在预算内容编制上,可以考虑增加量化的行政事业成果指标。部门和单位可以向财政部门申请预算,但必须取得相应的成果,财政部门要检查拨出的经费是否取得相应的效果。只有这样,才能真正把公共事业组织资产的使用效率同预算支出管理结合起来,从而达到提高资产使用效率的目的。

(二) 公共事业组织国有资产使用机制

1. 推行专项设备的专业化集中管理。对办公用房、公务用车等大宗资产以及部分价值昂贵、使用率不高的专用设备实行专业化集中管理,提高其使用效率。财政部门可授权专门的管理机构对同级公共事业组织办公用房实行以专业化为基础的集中管理,根据国家有关配备标准,对公共事业组织办公用房进行配置、调剂,并负责房屋的维修与新建办公用房的报批与竣工房屋的验收等。

2. 建立公共事业组织国有资产使用管理责任制度。可以采取以下措施建立以使用过程和价值管理为重点的公共事业组织国有资产使用管理责任制度。

(1) 在公共事业组织国有资产的占有使用单位内部,建立和落实资产管理责任人制度,把资产的完好率与资产责任人的工作业绩挂钩,作为其职务与薪金升级的主要标准之一。

（2）逐步推行资产管理人员持证上岗制度，对重点部门及重要设备实行资产管理人员委派制度，确保资产管理人员相对独立性，以更好地履行资产管理职责。同时加强对资产管理人员的培训工作，提高资产管理人员的总体素质。

（3）采取实物管理与资金管理相结合的管理方法。以实物管理为主，建立实物管理指标体系与配套规章制度，严格掌握配置标准、使用范围，强化使用单位与使用者的责任。同时资金管理应成为实物管理的一种有效手段，对不按规定进行实物管理或因管理不善而造成损失的，可通过财政手段，结合法律手段、行政手段，对使用单位领导与资产管理责任人进行惩罚。

3. 建立规范化的公共事业组织国有资产台账制度。开展公共事业组织国有资产清查登记工作，建立规范化的公共事业组织国有资产台账制度。各级政府根据各地资产管理现状，适时全面开展资产清查登记工作，摸清公共事业组织占用资产数量、分布结构，为优化配置公共事业组织资产、加强资产的日常管理提供科学依据。

在清产核资工作的基础上，建立规范化的公共事业组织国有资产台账制度，即在各级财政部门负责资产宏观管理的处（科）室内，设立本级公共事业组织国有资产管理总台账；在专项财产管理部门与公共事业组织主管部门负责资产管理的有关处（科）室内设立其权限范围内的公共事业组织国有资产分台账；在公共事业组织国有资产的占有事业单位内设立本单位占有使用的国有资产的台账。资产管理台账主要用来记录实物资产的总量和分布情况，以及资产的变动情况，反映从资产形成到占用主体转换直至处置及报废的全过程，是公共事业组织国有资产管理的基础。在建立公共事业组织国有资产管理台账制度的同时，要继续完善并严格执行资产年检制度，以防止部分单位在台账管理中的弄虚作假，进一步加强资产台账的可靠性。

结合国有资产管理台账制度，实行规范的产权登记制度，明确公共事业组织国有资产的所有权与占有使用权。必须尽快完成对现有资产存量的产权登记与占有权确认工作，明确现有资产存量的所有权与占有使用权。对于新增资产，要及时进行产权登记与占有权确认，任何公共事业组织通过任何手段新形成的国有资产，都必须持有关形成凭证并填报有关表格，上报资产管理部门。资产管理部门应将有关资料及时计入资产管理台账，并发给资产占有使用权与使用用途确认书。

4. 建立公共事业组织国有资产管理网络系统。根据资产管理的需要，开发"公共事业组织国有资产管理软件"，建立并逐步推广公共事业组织国有资产管理网络系统。由有关专项资产管理部门，在资产管理台账的基础上，分别建立办公用房、公务用车、高级实验设备、大型贵重医疗设备等专项资产的管理网络,以提高这些资产的管理效率。然后再逐步推广到其他各种实物资产,形成一套完整的资产管理网络系统,作为促进资产合理流动、提高资产使用效率、防止资产流失的一个有效的基础设施。

(三)公共事业组织国有资产处置机制

建立公正合理的公共事业组织国有资产处置机制,从资产的调剂、交易与租赁、报废等方面,规范和完善公共事业组织国有资产的处置,防止资产处置的随意性和国有资产流失现象。

1. 建立公共事业组织国有资产的统一调剂制度。为了提高资产的使用效率,对公共事业组织长期占有而不能有效利用和超过编制定额的国有资产,应本着物尽其用的原则,进行资产调剂。对各公共事业组织需要新构建的资产,首先应从现有的闲置资产中调剂,以防止资产的重复购置。各地财政部门要在建立本地公共事业组织国有资产管理台账的基础上,充分利用公共事业组织国有资产的供需信息与市场机制,采取多种形式开展资产的调剂工作。对部分资产实行集中化、专业化管理,实现大宗专业资产的调剂使用。利用行政手段打破资产部门所有的错误观念,建立资产调剂制度,成立公共事业组织国有资产调剂中心,实现本级政府管辖范围内的公共事业组织国有资产的统一调剂。

2. 建立公共事业组织国有资产交易市场和租赁市场。把市场机制引入公共事业组织国有资产的处置过程,建立跨地区、跨部门的闲置资产、待处置资产租赁与交易市场,利用市场化手段实现闲置资产的有效处置。公共事业组织国有资产的交易市场和租赁市场应按市场原则进行运作。在市场内交易的客体是公共事业组织国有闲置资产,资产出让方(或出租方)为公共事业组织国有资产宏观管理部门,或者是经其授权的公共事业组织国有资产二级管理单位、公共事业组织国有资产的使用单位;资产的购买方(或承租方)既可以是本级政府管辖之外的公共事业组织也可以是企业甚至个人。出售与租赁资产后所得收入,在扣除交易成本后形成的净收入,应上缴本级财政。

3. 建立和完善公共事业组织国有资产的报废制度。根据公共事业组织国有资产的性质、特征和使用状况,制定不同类别资产的报废标准和报废程序。对价值在一定金额内的常规性资产,主要按使用年限确定报废标准;对价值较高的常规性和专用性资产,按使用年限和经权威部门鉴定的资产使用状况确定资产报废的基本标准。在对公共事业组织国有资产进行报废时,应严格按照资产报废审批手续,向公共事业组织国有资产宏观管理部门或二级管理部门提出资产报废申请;公共事业组织国有资产宏观管理部门或二级管理部门进行严格审查后,对确实符合报废标准的资产进行报废。资产报废后,应按有关规定及时进行产权注销。对未经报废程序或不按报废标准擅自报废国有资产的公共事业组织,追究单位负责人和资产管理人员的责任。

(四)公共事业组织国有资产管理绩效评价制度

公共事业组织国有资产管理绩效评价制度,是评价与考核公共事业组织国有资产管理效率的重要手段,它借鉴经营性资产的成本与效益原则,把公共事业组织完成的任务量与使用的资产紧密地联系起来,实行严明的资产管理绩效目标控制,促进公共事业组织在保质保量完成行政事业任务的同时提高资产使用效率,节约有限的财政资金。

1. 建立规范化的公共事业组织国有资产绩效评价程序。规范化的程序是一项制度顺利运行的重要条件,因此,建立公共事业组织国有资产绩效评价制度,必须建立规范化的资产管理绩效评价程序。我国公共事业组织国有资产绩效评价程序至少应包括以下几个步骤。

(1)明确公共事业组织的业绩目标、预期结果及所需资产,并将资产预算与目标任务等结合起来,提出相应的资产管理效率与效益目标。

(2)监督公共事业组织的资产管理全过程。通过建立每月收集资料并报告结果的制度,追踪资产运作与任务实施情况,及时采取各种措施纠正管理过程中出现的问题。

(3)由审计部门定期审计并评估资产管理绩效,提出资产管理绩效分析报告,并将之上报有关资产管理部门与预算部门。

2. 建立公共事业组织国有资产的梯级绩效管理模式。应配合公共事业组织国有资产的分级授权管理体系与公共事业组织国有资产多层次管理责任制,建立公共事业组织国有资产的梯级绩效管理模式。具体包括:由财政部门对专项资产管理部门及其"一把手"的资产管理绩效进行评价;由财政部门对作为资产中间管理部门的主管单位及其"一把手"的资产管理绩效进行评价;由财政部门对没有主管单位的公共事业组织及其"一把手"的资产管理绩效进行评价;由主管单位对其下属公共事业组织及其"一把手"的资产管理绩效进行评价;由各单位"一把手"对本单位资产管理责任人的资产管理绩效进行评价;由各单位内部资产管理部门对本单位资产使用人的资产使用绩效进行评价等。通过梯级绩效评价制度,量化各级资产管理者的责任,进一步提高资产的管理效率。

3. 合理确定公共事业组织国有资产绩效评价指标体系。公共事业组织国有资产管理绩效评价的指标体系是整个绩效评价制度的核心部分。根据公共事业组织国有资产的特点，同时参照国外政府绩效管理经验，公共事业组织国有资产绩效评价指标体系主要包括以下四大类：一是投入指标，用以度量某项目实际占用与消耗的资产价值。二是产出指标，用以度量公共事业组织所提供的服务数量与质量。三是效率指标，用于度量产出与投入之间的关系，即完成某一项行政事业任务所需占用与耗费的资产价值。四是效益指标，评价行政事业组织任务的质量与社会效果。

为了建立科学合理的公共事业组织国有资产管理绩效评价指标体系，首先应由国家财政部制定指导性资产管理绩效评价标准。在此基础上，各地根据本地实际情况，针对各类资产与各类评价对象的具体特点制定本地区资产管理绩效的各项具体评价指标。此外，为了保持绩效评价指标体系的科学性与适用性，应根据技术、经济与社会的发展情况适时对绩效评价指标体系进行调整。

（五）公共事业组织国有资产监督机制

1. 加强公共事业组织国有资产法制化建设。对公共事业组织国有资产进行有效管理的过程中，必须重视公共事业组织国有资产管理的法制建设。中国现有的《公共事业组织国有资产管理办法》、《国家机关财务管理规则》和《事业单位财务管理规则》等全国性法规，大多是在原有的管理体制下制定的部门法规，管理手段较为落后，约束力不强，难以适应公共事业组织国有资产管理的需要。因此，必须加快公共事业组织国有资产的法制化建设，建立与完善中国地方公共事业组织国有资产管理法制体系。在国家尚未建立统一的公共事业组织国有资产管理模式的条件下，允许各地探索公共事业组织国有资产管理的多种形式。地方各级人大和政府应当把公共事业组织国有资产管理立法工作提到议事日程上来，通过立法的形式把成熟的改革内容规定下来，以立法推动改革，以立法保障改革成果。

中国公共事业组织国有资产管理立法，应由以下体系构成：一是公共事业组织国有资产管理法。本法为公共事业组织国有资产管理的综合性法规，规定公共事业组织国有资产管理的目标、原则、范围、程序、组织形式、监督检查以及法律责任等。二是公共事业组织国有资产管理的专项法规和实施细则，如公共事业组织国有资产产权登记、配备标准、日常使用、处置、监督等法规和细则。三是相关立法，如预算法、政府采购条例等。

2. 建立和完善公共事业组织国有资产监督机制。公正严明的监督机制是建立与社会主义市场经济相适应的公共事业组织国有资产管理体制的重要环节，也是保证其顺利运行的必要保障。在建立和完善公共事业组织国有资产监督机制时，应重点开展以下几项工作。

（1）成立公共事业组织国有资产监督委员会，构建公共事业组织国有资产监督体系。公共事业组织国有资产监督委员会由国家权力机关、行政管理机构、新闻舆论部门、研究机构等方面的代表组成，负责对本级公共事业组织国有资产管理进行综合监督。在监督过程中，各级公共事业组织国有资产监督委员会应综合利用法律、行政、舆论等多种手段，对同级公共事业组织国有资产管理和使用情况进行严格监督。公共事业组织国有资产状况应成为考核使用和管理部门行政领导的重要内容，并作为其职务任免的重要依据。对因资产管理和使用不当而出现的资产浪费与不合理损失等现象，应追究公共事业组织负责人、资产管理人员和使用人员的经济责任，对违法行为要承担法律责任。

（2）建立公共事业组织国有资产定期汇报制度。地方公共事业组织国有资产使用、管理单位，应向同级地方公共事业组织国有资产监督委员会定期汇报资产形成、使用、处置等方面的情况，自觉接受同级国家权力机关、行政管理机构、新闻舆论部门以及公共事业组织国有资产监督委员会的监督。

（3）建立公共事业组织国有资产管理派驻制度。公共事业组织国有资产宏观管理部门、二级资产管理部门可以向公共事业组织派驻资产管理代表，对各单位的资产进行实时监督，以便更好地进行公共事业组织国有资产管理与监督工作。

本章小节

1. 国有资产是指国家以各种形式投资以及其收益、拨款、接受馈赠、凭借国家权力取得或者依据法律认定的各种类型的财产或者财产权力。国有资产通常分为经营性国有资产、非经营性国有资产（公共事业组织国有资产）和资源性国有资产三类。

2. 公共事业组织国有资产，是指由公共事业组织占有和使用的、在法律上属于国家所有，能够以货币计量的各种经济资源总和。公共事业组织国有资产在我国的经济、政治和社会等各方面发挥着重要作用：公共事业组织国有资产是政府履行各项职能的基本物质保证；公共事业组织国有资产是推动社会全面发展的重要物质基础；公共事业组织国有资产是建设社会主义精神文明的最主要的物质手段等。

3. 国有资产管理体制是指国家对于国有资产的形成、使用、处置全过程管理及收益分配所制定的制度、法规、条例和所设置的管理机构及其职能、权限划分的总和。我国公共事业组织国有资产实行"国家统一所有、各级政府分级监管、单位占有和使用"的管理体制。

4. 公共事业组织国有资产管理还存在诸多问题,如资产配置不合理、资产使用效率不高、资产流失严重等。

5. 国外公共事业组织资产管理经验是:政府财产基本上不介入市场竞争领域;政府财产管理法制化;政府财产管理专业化;政府财产管理体系健全;推动社会事业产业化;监督制度严明。

6. 公共事业组织资产管理的基本原则:满足社会公共需要的原则;全过程管理原则;绩效原则;专业化集中管理原则等。

7. 公共事业组织国有资产管理机制:公共事业组织国有资产形成机制,包括资产配置标准,按公共事业组织承担的职责与任务量,采用公共预算方式配置资产;公共事业组织国有资产使用机制,如资产使用管理责任制度、资产台账制度;公共事业组织国有资产处置机制,从资产的调剂、交易与租赁、报废等方面,规范和完善公共事业组织国有资产的处置,防止资产处置的随意性和国有资产流失的现象;公共事业组织国有资产管理绩效评价制度,包括建立规范化的国有资产绩效评价程序,建立国有资产的梯级绩效管理模式;公共事业组织国有资产监督机制。

思考题

1. 试述公共事业组织国有资产的作用。
2. 试述国外公共事业组织资产管理经验。
3. 试述公共事业组织资产管理的基本原则。
4. 分析我国公共事业组织国有资产管理机制的构成。

丹东市公立医疗机构产权制度改革

20世纪90年代以来,随着社会的转型,丹东市计划经济体制下形成的医疗机构产权制度已经不适应经济的发展和社会的需求。一方面由于财政投入不足,医疗机构产权制度单一,效率低下,致使医疗机构的生存和发展面临空前的困难,举步维艰;另一方面医疗机构为了自身的生存和发展片面追求利益最大化,致使社会的基本医疗服务缺位,公众基本健康需求得不到满足,在这种局面下,公立医疗机构产权制度改革势在必行。

丹东市公立医疗机构产权制度改革的探索从农村开始。东港市从2000~2003年末,对全市21所乡镇卫生院进行了经营体制改革,通过公开招标拍卖的形式,将过去乡镇政府举办全部转为民营,吸纳社会资金近1.4亿元,为农村卫生事业发展注入了强大的活力。经营业主加大了经费投入,不同建筑风格的病房楼取代了过去的阴暗潮湿、破烂不堪的危房,为患者创造了一个"庭院花园化、病房家庭化、医院宾馆化"的医疗环境。大部分卫生院都购买了救护车,免费接送患者,大大方便了农民就医。引进人才和大型先进医疗设备,医疗质量全面提高。前阳医院购置了核磁共振仪、孤山经星医院购置了螺旋CT,大部分医院都有彩超、B超、500毫安X光机、内窥镜及检验设备,能够开展妇科、普外手术等。在东港改革的影响和带动下,宽甸县的22所乡镇卫生院目前已转制为民营的有21所,振安区6所乡镇卫生院转为民营的有4所,振兴区有1所。全地区累计转制为民营的乡镇卫生院达到47所。同时为积极推进城市医疗机构的产权制度改革,目前城市医疗机构的产权制度改革正在考察论证阶段。

几年来,丹东市的公立医疗机构产权制度改革取得了一定的成效,有效地改善了农村卫生资源相对不足,农民看病难的局面,从卫生经费投入的角度补充了财政对卫生事业投入的不足,使局部农村卫生资源成倍增长,取得了良好的社会效益。但同时,也暴露出了很多问题,如东港市的改革就暴露了步子过大、模式过于单一、造成乡镇防保功能一段时间内无人承担、医疗服务的基本社会保障功能不能实现的局面。而宽甸县借鉴了东港市改革的经验和教训,在乡镇卫生院转制前将防保职能独立出去,上划县管,以确保乡镇卫生院产权制度改革后农村的基本医疗保健服务不缺位,取得了良好的效果。

第七章

公共事业人力资源管理

任何事业都是由人来实现的,可以讲,天下最可宝贵的资源就是人。公共事业是一个庞大的系统,关乎整个社会的良性运转和健康发展。因此,研究公共事业中的人力资源及其管理,具有重要的时代意义和深远的战略影响。公共事业人力资源既有一般部门人力资源的特性,也有公共事业部门人力资源的特殊性,这也就决定了对其管理的特殊性。本章就是依从这些特性,探讨公共事业人力资源的概念、结构、职业发展与规划、培训与实施、志愿者招募与管理等问题。

第一节 公共事业人力资源

首先提出人力资源概念的是美国著名管理大师彼得·杜拉克,他在《管理的实践》一书中指出了人力资源相对于物力资源、信息资源等的差异和特殊性。之后,社会各界对人力资源的重视、研究、开发和管理与日俱增,人力资源已经成为关乎各国竞争和事业成败最重要的资源。人力资源从人类自身而言,一般有广义和狭义两种理解。广义上是指一切智力正常的人都是人力资源;狭义上则专指具有智力劳动或体力劳动能力的人们的总和。在 21 世纪,以信息、知识、网络为要素的产业已成为国际经济竞争中举足轻重的砝码,人才的重要性进一步凸显出来。人们已经越来越认识到,要实现经济和社会的可持续发展,重视软件建设、营造有利于经济和社会发展的人文环境非常重要,而盘活现有人力资源,培养、吸引和使用好人才更是重中之重。

一、公共事业人力资源的定义

前面已经分析了什么是公共事业,以及它所包含的领域和内容。从中我们可以看出,公共事业绝大多数是知识、智力密集型行业,是各类人才的汇聚地,尤其是以科技和教育为核心的社会服务领域,既是培养人力资源的摇篮,也是人力资源使用和发挥价值的用武之地。公共事业人力资源的定义和特点是由这个部门的性质决定和约束的,它的特殊含义应该能够反映出这个部门的特点。鉴于此,公共事业人力资源的定义可以表述为:在公共事业领域内从事管理、生产、服务和相关保障工作的具有正常的民事行为能力和权利能力的人们的总和。公共事业限定了这个部门的人力资源活动的特性和价值取向,即以公共事务服务为主,而且是提供免费或低收费的公共物品,具有公益性和非营利性特征;这部分人员分布范围广泛,工作内容丰富,涉及管理和服务的诸多环节,而且服务方式主要是提供高智力、高附加值的软性服务,能够增加社会财富,提高人们驾驭自然、改造社会的能力,从而改善自身的生活环境和生存状况,达成追求人生幸福的目的。无论是广义还是狭义的人力资源,从法律的角度来说,都要求他们具有相应的民事权利能力和民事行为能力。而不同于一般意义上的人的,则是他们具有的国家规定的法定工作年龄区间和条件,即一定要在公共事业领域承担法律规定和职责约定的任务。

二、公共事业人力资源的特点

公共事业人力资源除了具有一般人力资源的特点外,还具有自身的一些特点,主要有以下几个方面。

(一)领域约束性

公共事业人力资源的发展和活动受到公共事业部门性质的强烈影响,这就决定了公共事业人力资源在思维、价值取向、工作内容和服务方式等方面,都具有典型的公共事业部门化特征,即部门系统结构和功能深刻影响到人力资源功能,在其中进行活动的从业者必然受到该部门特征的约束。当公共事业部门与其他系统发生联系时,能更深刻体现出公共事业领域所具有的全部特征。

(二)价值公益性

说得直接一点,公共事业属于为社会提供公共物品、准公共物品的部门领域,非营利性和公益性既是部门存在的基础,也是部门竞争的根据,这种部门特征反应或体现到其活动承担者身上,就是公共事业从业者的活动价值取向也是以公益性为主。这些人员无论在思想上还是行动中，都具有超乎其他部门人员的公共精神。这种精神决定了公共事业人力资源在业务活动中能够摒弃一些庸俗化干扰，保持平和心态。

（三）服务大局性

公共事业人力资源部门的性质决定了这些人员必须树立大局观，将公共性原则置于工作的首位，以崇高的理念、高尚的操守、过硬的心理素质、扎实的基本功应对工作需求。在社会发展的关键时刻，当危机和挑战发生时，都能够站得稳、立得牢，服务大局，一切以大局为重，一切从大局出发。这样的人力资源特点，使得公共事业能够在不同的社会发展阶段，保持积极的发展势头，能够满足公众的需要，促进社会的平稳运行，成为构建和谐社会的重要推动力。

（四）影响扩张性

尽管公共事业部门不直接创造物质财富，然而在知识经济时代，公共事业人力资源所具有的科学知识储备、技能训练、健康体魄与积极向上的心态，都会影响到物质财富创造进程。即便在不同的部门领域，人力资源发挥作用的影响也不会仅局限在本领域，有些往往是全局性的，如公用事业、教育事业、科学技术事业等人力资源，具有较强的正外部性，其存在和作用的体现都是全局性的，其影响能够通过不同的方式和载体，传播到更广阔的领域，此即"晕轮效应"。

（五）功能持久性

公共事业人力资源具有的能力特点不会随着他们工作的停止而结束，相反有些人员还可以进一步在某些领域发挥专家和顾问特长。比如，在教育和科技领域，一些人并不会因为到了退休年龄，其掌握的知识技术就会变得无用或者消失，相反，经验性知识会因为长时期的积累，对于后来的工作具有很强的支持、指导作用，因而变得更加必不可少。卫生领域的一些老专家在治疗疑难杂症上面颇具心得、愈老弥珍，就是一例。很显然，公共事业人力资源对社会的功能影响是持久的，知识的累积效应，会使公共事业人力资源在法定工作年龄后，依然对社会有积极的贡献。

（六）活动时效性

活动时效性是指因受到自然因素制约，同时也受到活动项目、工作任务的阶段性特征影响，使公共事业人力资源及其活动的效用在特定的时间和空间范围内不能够充分体现出来。这些人员的职业生命周期具有行业特点，在职业生涯的不同阶段，其能力价值的体现各有不同。只有抓住人才体能、智能、技能的高峰期、黄金期，才能真正发挥公共事业人力资源的最大价值。另外，应该创造条件，提升公共服务基础设施配套能力，确保人力资源活动的高效率，保证社会公众的突发性紧急需要能够得到满足。

（七）能力突出性

公共事业对社会第一、二部门的影响是持久的、全方位的，不同人群和相同人群在不同时期，都会对公共事业有所期待。这就要求公共事业人力资源要具有深厚的知识储备、超凡的技术能力。尽管不同国家对公共事业人力资源的能力要求不同，但从国际竞争和发展的实际比较看，公共事业人力资源能力状况确实影响到社会的发展进程。因此，公共事业人力资源能力建设状况会愈益受到关注，而这些从业者本身也确实具有特定专业领域的能力特征。

（八）知识密集性

公共事业领域大部分都是以知识和文化为基础，面向社会其他部门或公众提供服务的，可以讲，公共事业领域的一切业务活动都离不开一定的知识基础，而且往往是专业性、复合型知识。从公共事业人力资源本身来看，从他们的活动内容、服务方式和追求效果诸方面看，都充分体现出知识密集性特征，这是其他部门人力资源不能比拟的。这种知识性特征，一方面体现出该领域人力资源的独特价值，即高知识、高智力特点；另一方面体现出效率性，即利用知识和技术，改善基础设施条件和保障，为社会提供安居乐业的后勤设施和基础环境，这在大都市时代、城市化进程中，都是极为重要的。

上述特征是从公共事业领域及其与人力资源一般特性相结合的角度论述的，当然还有其他的一些特点。但是，这八个方面还是概括出了公共事业人力资源的普遍性特点，值得相关机构和管理人员注意。若能够抓住这些特点进行人员管理，可促使相应部门的作用更好地发挥出来。

三、公共事业人力资源的分类

公共事业人力资源是一支庞大的队伍，要对其实施协调、监督等一系列的有效管理，就必须按一定的标准将其划分成不同的类别，进行分类管理。没有分类，就没有管理[1]。

（一）公共事业人力资源分类的基础

人员分类是人力资源管理中的一项基础工作。所谓公共事业人力资源分类，是指将公共事业部门中的工作人员或职位按工作性质、责任轻重、资历条件及工作环境等因素分门别类设定等级，为人力资源管理的其他环节提供相应管理依据的程序方法。公共事业人力资源分类的前提和基础是科学的

---

[1] 孙柏瑛，祁光华.公共部门人力资源管理[M].北京：中国人民大学出版社，1999，171页.

工作分析和职位评价,分类的对象是公共事业部门中的工作人员或职位,这就形成了以工作人员的"官阶"为中心的品位分类和以职位为中心的职位分类。

　　公共事业人力资源分类是管理科学化的基础,也是人力资源优化配置的前提,具有重要的社会意义和管理价值。首先是使国家公共事业人力资源政策做到有的放矢、政出有因、政出有果,实现公共事业人力资源管理的简明、高效;其次是使公共事业部门在人员录用、考核、薪酬等方面的管理,做到标准客观、有规则可循;再次是使公共事业人力资源本身明确升迁途径和升迁目标,激励其圆满完成现任工作,同时在知识、技能上进一步搞好自我开发,达到自我完善。

　　公共事业人力资源分类制度选择的原则受到国家性质、社会发展阶段等诸多因素影响,因此,必须遵循相应的原则来确定是选择品位分类还是职位分类,或者将二者相结合。一般来说,这些原则可以概括为以下三个方面①。

　　1. 文化原则。文化是社会中的人们所共有的一种约定俗成的心理状态。它渗透在社会的各个层次和角落,影响到社会的种种管理制度和管理方法。任何一种分类制度的产生和形成,无不深深打上特定文化的烙印。我国几千年文化积淀中的人本主义讲究万事以人为中心;理性主义推崇礼义、不逾规矩;中庸之道着重折衷适当、从容中道。这就要求我国人员分类制度的选择既不能照搬美国的职位分类,也不能照抄英国的品位分类,而应吸取二者的精华,并结合中国的特色。

　　2. 传统原则。任何一个民族的历史传统都是本民族的宝贵遗产,不能完全割断,而应当批判扬弃。人员分类制度的选择和革新也是如此,对传统的东西不能完全摒弃,而应在传统基础上推陈出新。我国公共事业人力资源分类制度的选择,也不能完全抛弃古代的品级分类和建国后在行政事业部门实行的干部分类方法,而应在此基础上,古为今用,洋为中用,逐步实现我国公共事业人力资源分类制度的科学化。

　　3. 组织需求原则。任何分类制度和方法都要最终落实在具体的组织之中,不同的组织,其组织目标、组织任务、组织文化也不同,这就要求有不同的分类制度来对其工作人员或职位进行分类。在研究单位等开放型管理的组织中,实行品位分类最能促进其工作和管理的开展;在经营性、服务性的社会公共组织中,职位分类可能更利于提高效率。

---

① 孙柏瑛,祁光华.公共部门人力资源管理[M].北京:中国人民大学出版社,1999,172 – 173 页.

(二)公共事业人力资源分类方式

公共事业人力资源分类方式主要包括品位分类和职位分类两种方式①。

1. 品位分类。品位分类即以国家公共事业部门工作人员的职务或等级高低为依据进行的人员分类管理制度。我国自魏晋以来,官阶就称品,朝廷官吏分为"九品十八级",以后各代逐步完善,品级也逐步增多。在封建社会,品级同俸禄挂钩,品位主要是特权和身份的标志。而现代意义上的品位分类则是工作内容和资历并重,英国、法国、意大利是实行现代品位分类的典型国家。

品位分类首先是以"人"为中心的分类体系。在人员运用方面重视人员的学历、资历、经验和能力,个体的背景条件在公职人员录用和升迁中起着至关重要的作用,任职年限、德才表现等通用资格条件是晋升的主要依据。其次是分类和分等相互交织。在品位分类中,分类实际上同职务、级别的分等同时进行,通常采用先纵后横的实施方法,也就是先确定等级,然后再分类别。再次是品位分类强调公务人员的综合管理能力。品位分类注重"通才",不注重公务人员所具备的某一方面的特殊知识和技能。最后是官位和等级职位可以分离,官等可以随人走,与其所从事职位不强求一致。

品位分类具有一定的优缺点,优点表现在品位分类方法简单易行,结构富于弹性,能够增强公共事业人力资源对工作的适应性;有利于"通才"的培养和人才队伍的稳定,也有利于吸收高学历的优秀人才。缺点则表现在人在事先,易出现因人设岗、机构臃肿、轻视专业人才、形成官本位倾向、导致同工不同酬等不利于严格科学管理等问题。

2. 职位分类。职位分类最早产生于10世纪的美国,后被许多西方发达国家所效仿,也成为现代公共事业人力资源管理比较理想的分类制度参照标准。公共事业人力资源职位分类,是在职业岗位分析的基础上,依据职位的工作性质、责任轻重、劳动特点和所需资格条件,区分若干具有共同特色的职位,加以分类。职位分类一般有四个步骤,如图7-1所示。

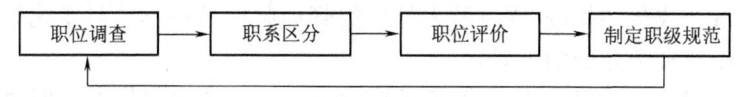

图7-1 职位分类流程

由图7-1可见,职位调查是职位分类的前提,调查是否准确和全面,必将

---

① 孙柏瑛,祁光华.公共部门人力资源管理[M].北京:中国人民大学出版社,1999,174-176页.

影响到后面的整体工作,这一步可以由专业公司或专家进行,否则会出现"差之毫厘,谬以千里"的非线性演变后果。在调查分析基础上,依照公共事业部门功能和工作性质,把工作性质相同的职位汇集归类,构成职系。这是职位的横向划分,是保证层级部门任务分工明确的基础,能够促进人力资源间的合作。在分类基础上,需要对各职系的职位进行纵向的职级、职等认定。一般把同一职系内工作性质、繁简难易、责任轻重及资格条件充分相似的职位集合称做职级;把工作性质不同,但工作难易繁简、责任轻重及所需资格条件程度相当的各职级统一称为职等。根据分类结果,可以制定职级规范,用于指导人员录用、监督、考核。由于规范受到时代和社会发展的制约,也受到公共事业人力资源发展规律的影响,因此必然要结合变化了的实际情况,进行一定程度的信息反馈,对下一次职位分类起到信息支持作用。

职位分类是公共事业人力资源管理比较理想的一种制度设计,其具体特征表现为以"事"为中心的分类体系,即首先重视职位工作的性质、责任大小、繁简难易程度,其次才是人所具备的资格条件。职位分类方式先横后纵,即先进行横向的职系区分,然后再进行纵向等级划分;注重人员的专业知识和技能;官等和职能相重合,官位与职位相连,严格实行以职位定薪酬的规则,官等薪酬取决于新职位的工作性质;实行严格的功绩制。如,美国一般职务类(GS)人员增加薪酬的方式区分为两种:一是依据工作年限增长,自动提升等级,表现突出的奖励提升一级;二是随职务提升,薪酬也相应提高。

当然,该种分类制度也有其优缺点。优点体现在:职位分类是一种规范化的分类管理体系,能够突出专业化人才价值,能够以科学方式定编人员,完善机构建设,形成竞争性职务设计,激励人力资源才能发挥,激发人力资源在职培训和适才适用。缺点则体现在:职位分类任务量大,费时费力,难以实施,对人才保护不够,容易造成人才流失,也不利于综合管理人才的培养,整个体系过于强调量化,缺乏弹性,使其激励作用减弱。

3.公共事业人力资源分类管理制度的未来走势。随着公共管理理论的创新,公共事业改革的推进,既有的人员分类管理制度已经不能与变化的实际相适应,开始出现两方面的走势。

(1)品位分类和职位分类优势互补、相互融合,构建现代人力资源分类管理制度。单独的每一种分类制度都存在着与变化的实际不相符的情况,各自的弱点导致了公共事业机构活动的低效,不能够满足公共事业中出现的日趋专业性、技术性的工作特点。品位分类对人才的粗犷型分类方法以及职位分类对人才缺少弹性的量化衡量方式,都不能适应现代社会的需求。以英国为代表的实行品位分类的国家和以美国为代表的实行职位分类的国家,纷纷吸收对方人力资源分类管理经验,使两种传统的分类管理制度界限不再那么清晰,而是通过相互结合,促使分类管理更加系统化、规范化。

(2)公共事业人力资源分类管理制度日趋简化,管理效率不断提高。由于公共事业部门机构的特殊性,使其中的工作人员存在着偏重执行公平,忽略执行效率的倾向。在具体管理制度设计上,公共事业部门机构也像政府机构那样显得很臃肿,尤其对人员的管理过程复杂,考核指标过于量化和刚性,这与公共事业的活动特点及其人力资源特性都存在着较大的不一致。因此,随着西方公共事业改革力度的加大,尤其在新公共管理理论影响下,公共事业部门开始重新进行品位分类和职位分类管理制度设计,力图寻找到既不影响公共事业部门性质,还能够充分调动人力资源的积极性的办法,促进管理效率的提高。

(三)我国公共事业人力资源分类制度

我国自新中国成立到20世纪80年代,公共事业取得了长足的发展,为增强人民健康,改善人民心智,提高人民生活水平,公共事业作出了积极的历史贡献。在这段时期,公共事业人力资源管理体制是与计划经济相一致的集中统一的管理模式。在具体的人员分类制度上,则是党政不分、政企不分、政事不分,各级政府部门举办的事业单位人员在编制、待遇、奖惩、升降职方面,采取的是与政府工作人员一样的管理模式。这样的模糊混同管理制度一直持续到1993年8月颁布了《国家公务员暂行条例》之后,该条例明确规定国家行政机关实行职位分类制度。这实际上是对过去那种依据职务职级、资力深浅、学历高低和工资多寡进行的"品位分类"的部分修正。

该条例在确定政府机构职能、机构编制的基础上,进行职位设置,制定职位说明书,确定每个职位的职责和任职资格条件,作为国家公务员的录用、考核、培训、晋升等的依据。该条例其实也表明了国家在党、政、群团、事业单位人力资源分类管理制度上,要逐步探索各自特色的职位分类。随着政府机关、党委机关、检察审判机关、公安系统分别实施各具特色的分类方案,我国公共事业人力资源也从原来的"干部"称呼中脱离出来,成为单独一个系列。

2005年4月27日第十届全国人民代表大会常务委员会第十五次会议通过了《中华人民共和国公务员法》(简称《公务员法》)。该法第三章(职务与级别)明确指出了国家实行公务员职位分类制度,即公务员职位类别按照公务员职位的性质、特点和管理需要,划分为综合管理类、专业技术类和行政执法类等类别。国务院根据本法,对于具有职位特殊性、需要单独管理的,可以增设其他职位类别。各职位类别的适用范围由国家另行规定。

在《公务员法》第十八章(附则)中的第一百零六条规定:法律、法规授权的具有公共事务管理职能的事业单位中除工勤人员以外的工作人员,经批准参照本法进行管理。第一百零七条规定:本法自 2006 年 1 月 1 日起施行。全国人民代表大会常务委员会于 1957 年 10 月 23 日批准、国务院 1957 年 10 月 26 日公布的《国务院关于国家行政机关工作人员的奖惩暂行规定》以及 1993 年 8 月 14 日国务院公布的《国家公务员暂行条例》同时废止。这其实意味着,国家从法律的高度,将职位分类制度作为我国公共事业人力资源管理的基本制度,并且参照公务员的相应规定执行。表 7-1 是公务员法中的具体条款规定,可以供公共事业人力资源分类管理参考。

表 7-1 公务员法中对应职务和职级的规定

对应条款	规定内容	具体划分
第十五条	国家根据公务员职位类别设置公务员职务序列	
第十六条	公务员职务分为领导职务和非领导职务	领导职务层次分为:国家级正职、国家级副职、省部级正职、省部级副职、厅局级正职、厅局级副职、县处级正职、县处级副职、乡科级正职、乡科级副职;非领导职务层次在厅局级以下设置
第十七条	综合管理类的领导职务根据宪法、有关法律、职务层次和机构规格设置确定	综合管理类的非领导职务分为:巡视员、副巡视员、调研员、副调研员、主任科员、副主任科员、科员、办事员;综合管理类以外其他职位类别公务员的职务序列,根据本法由国家另行规定
第十八条	各机关依照确定的职能、规格、编制限额、职数以及结构比例,设置本机关公务员的具体职位,并确定各职位的工作职责和任职资格条件	
第十九条	公务员的职务应当对应相应的级别;公务员职务与级别的对应关系由国务院规定	公务员的职务与级别是确定公务员工资及其他待遇的依据;公务员的级别根据所任职务及其德才表现、工作实绩和资历确定。公务员在同一职务上,可以按照国家规定晋升级别
第二十条	国家根据人民警察以及海关、驻外外交机构公务员的工作特点,设置与其职务相对应的衔级	

资料来源:转引自《中华人民共和国公务员法》。

第二节 公共事业人力资源管理

近年来,我国政府各级部门,尤其是公共事业部门围绕在人力资源管理中存在的突出问题,大力推进事业单位人事制度改革,从中央到地方,事业单位人事制度改革不断取得突破性进展。2006年1月1日施行的公务员法,其实也是具有深刻指导意义的公共事业人力资源管理方面的适用法规。

一、公共事业人力资源管理的含义

公共事业人力资源管理是指对公共事业人力资源履行岗位职责,发挥其应有作用,保障其合理权利,而进行的岗位、薪酬、福利和考核方面的制度规定。

目前,公共事业人力资源管理的内容和社会环境都发生了很大的变化,但不变的应是对如何更有效地发挥人力资源的特长和优势,充分体现这些人员的社会价值和自身价值的探索。我国公共事业部门已经开始进行人事制度的改革,而且取得了积极的进展,大大促进了政府机构改革和职能转变。各部门和地区在实行多种形式的选人用人制度、深化职称改革、促进人才流动、搞活工资分配等方面进行的积极探索,有些已经成为成功的经验。但从总体上看,公共事业人力资源管理制度改革的进程,与社会主义市场经济体制和各项事业发展还不适应,主要表现在:符合各类事业单位特点的人事管理制度还没有完全建立起来,有效的竞争激励机制和自我约束机制还很不健全,能上能下、能进能出的用人机制还没有形成。当前,我国改革开放和现代化建设事业已经进入一个新的历史时期,经济体制改革不断深入,科技、教育、文化、卫生体制改革日益深化,党政机关干部制度改革和企业人事制度改革全面展开。这就更加要求把加快推进公共事业人力资源管理制度改革,作为促进公共事业发展的一项重要而紧迫的任务。我国公务员法的颁布和实施,也同时为公共事业人力资源管理提供了模板和制度参照标准。

二、公共事业人力资源管理的国际经验

西方国家在公共事业的管理和称呼上,与我国有一定的差异,但是,它们在公共部门人力资源管理上的实践经验及启示对我国公共事业人力资源管理,具有很好的借鉴作用。西方国家公共部门的范围很宽范,包括了除第二部门以外所有向社会提供公共物品的部门,尤其是第一部门和第三部门。我国一些学者认为,国外的第三部门从事的大量业务就是我国的事业单位正在从事的工作范

畴。这就为我国公共事业人力资源管理借鉴西方国家公共部门人力资源管理经验，提供了共性平台。一般来说，这些经验主要有以下几方面。

（一）绩效评估

通过对公务员和行政管理人员的工作能力和实际成绩进行收益—成本比较考评，以此作为公共部门评估内部人力资源职务晋升或奖惩的依据。这对激发公共部门人力资源的工作热情，展示突出的能力，更好地为公众服务，具有重要的制度激励功能。

（二）市场化

公共部门每年把大量财政开支用于支付雇员薪水和待遇上面，这大大影响了公共财政的效能。新公共管理理论和后来各国政府的实践，开始把价格机制和成本—收益原则引入到公共部门人才管理体系中。以此来约束公共部门用人规模要适度，要注意内部协调管理成本不要过于远离市场交易的成本，要向公众证明公共部门的管理效率不低于按市场交易原则运行的私营组织，以此获得公共部门的合法性。

（三）能力主义

为提高服务效率，降低服务成本，西方国家公共部门改革的重要价值取向就是对公共部门从业人员提出了较高的能力要求。一些国家通过建立专门的研究团队和考核小组，对公共部门各级人员进行胜任力测量，对分析结果提出有针对性地改进建议，并列有详细的提升能力计划。

（四）以人为本

以人为本就是把公共部门人力资源作为保持组织竞争优势的决定性资源，充分尊重人的各项权利，千方百计调动人的积极性。如，澳大利亚提出了十条建议，包括了注重雇员的个人发展以及创造力和潜能的开发；注重引导雇员个人职业生涯设计，提供职业培训以及相应激励；注重与雇员沟通和提供相关咨询服务；消除雇员不满情绪等措施①。

（五）多重制度体系

西方国家公共部门具有严格的活动领域和权力范围，社会上一些组织与公共部门间关系错综复杂，这使得一些发达国家从有效管理和服务角度出发，设计出复合型的多重人力资源管理制度。美国除了主流的公共人力资源管理制度外，还包括了政治任命制度、集体谈判制度、弱势群体保护制度和弹性化的人

---

① 王彤阳.澳大利亚公共部门人力资源管理[J].人力资源管理研究，2005(4)：53.

力资源管理制度①。

三、我国公共事业人力资源管理现状

我国公共事业人力资源管理状况是与我国社会转型期特征密不可分的,社会各行业部门如何进行人力资源开发是一个严峻的共性问题,具体来说,我国公共事业人力资源管理现状主要有如下表现。

第一,缺乏先进的人力资源管理意识,单位管"人"的色彩依然浓重。目前,许多公共事业部门仍习惯把人事管理过程归纳为"进、管、出"三个环节,缺少与时代相适应的发掘人力资源潜力的意识,没有树立以人为本的观念。另外,受到政治体制和行政体制改革进程的影响,公共事业部门对人的管理还未摆脱行政色彩,"单位人"、"官本位"的观念根深蒂固,在组织文化和个人观念上都极其缺少走出去的胆魄,机构部门也以对人的控制作为实现组织使命的保证。这些观念在公共事业部门中的延续,使现代人事管理中的岗位管理、聘用管理和"社会人"的制度难以实施。

第二,新的管理制度和运行机制尚未建立起来,旧的模式却成为改革的羁绊。最近十几年来,公共事业部门人事管理体制和运行机制改革取得了一定的成效。尤其是《公务员法》实施以来,对公共事业人力资源管理起到了制度铺垫和政策引导的积极效果。但是,至少在目前来看,公共事业领域的专门性人力资源分类制度尚未建立起来;竞争上岗的用人机制尚不健全,竞争未做到法治化和制度化;业绩评估考核的标准难以确定,缺乏现代化的绩效评估方法及技术;工资管理体制和工资标准缺乏灵活性和激励功能;新陈代谢机制仍然不够畅通;民主监督机制有待进一步完善。这些问题无时不在制约着我国公共事业人力资源的发展。

第三,事业单位人事制度配套改革步伐缓慢,阻碍了公共事业人力资源系统的形成。社会保障事业既是公共事业的有机组成部分,也是其他社会事业改革成败的重要支撑。我国社会保障体制改革在一些地区已经取得相当大的成就,有力地促进了社会各项事业的改革发展。但是,由于我国以往的社会传统在人们头脑中根深蒂固,再加上社会保障事业处于起步阶段,存在诸多管理和运作经验不足的问题,其改革"瓶颈"阴影并未消除,制约着公共事业其他部门人力资源管理制度的推行和人力资源素质与活力的提升。

第四,人力资源开发机制远未成熟,政府缺少人才经营意识。公共事业人

---

① 王学军. 美国公共部门的人力资源管理制度[J]. 人才资源开发,2005(8):9-10.

力资源具有一套内在的开发成长体系,目前,无论是在培养上的教育、选拔、评价、管理,还是在进人上以战略眼光招贤引智,吸引公共事业部门急需的高层次管理人才、专业技术人才,抑或在使用上的激励、竞争机制,尤其是支持服务的市场机制,以及在分配和人才服务上的科学性和完善性上,都没有形成具有中国特色的按照市场规律对人力资源进行全面配置和调节的机制①。此外,合理配置人力资源存量,树立人力资源经营理念,不仅是人才和劳动者自身追求自我实现、获取人力资本最大增值量的微观经济行为,也应该是各级政府宏观经济管理的任务之一②。很显然,我国政府与事业单位目前正处在转型时期,人事工作的当务之急主要是推动事业单位人事制度改革,因为在改革中经营人才的意识和准备都还比较缺乏。

四、我国公共事业人事制度改革的相关问题

(一)公共事业人事制度改革指导思想和基本思路

在中共中央组织部、国家人事部印发的《关于加快推进事业单位人事制度改革的意见》中,提出了我国公共事业人事制度改革的指导思想和目标任务是:坚持以邓小平理论为指导,认真贯彻党管干部原则、干部队伍"四化"方针和德才兼备的用人标准。适应事业单位体制改革的要求,建立政事职责分开、单位自主用人、人员自主择业、政府依法管理、配套措施完善的分类管理体制;建立一套适合科、教、文、卫等各类事业单位特点,符合专业技术人员、管理人员和工勤人员各自岗位要求的具体管理制度;形成一个人员能进能出、职务能上能下、待遇能升能降、优秀人才能够脱颖而出、充满生机与活力的用人机制,实现事业单位人事管理的法制化、科学化。

人事制度改革的基本思路是:按照"脱钩、分类、放权、搞活"的路子,改变用管理党政机关工作人员的办法管理事业单位人员的做法,逐步取消事业单位的行政级别,不再按行政级别确定事业单位人员的待遇;根据社会职能、经费来源的不同和岗位工作性质的不同,建立符合不同类型事业单位特点和不同岗位特点的人事制度,实行分类管理;在合理划分政府和事业单位职责权限的基础上,进一步扩大事业单位的人事管理自主权,建立健全事业单位用人方面的自我约束机制;贯彻公平、平等、竞争、择优的原则,引入竞争激励机制,通过建立和推行聘用制度,搞活工资分配制度,建立充满生机活力的用人机制。通过制度创新、配套改革,充分调动各类人员的积极性和创造性,促进优秀人才成长,

---

① 魏明岗.论公共部门人力资源管理创新[J].经济经纬,2004,(06):45.
② 余大庆.公共部门的人力资源经营[J].扬州大学税务学院学报,2002(4):42-43.

增强事业单位活力和自我发展能力,减轻国家财政负担,加速高素质、社会化的专业技术人员队伍建设①。

(二) 建立以聘用制为基础的用人制度

在公共事业部门,全面推行聘用制度。破除干部身份终身制,引入竞争机制,在事业单位全面建立和推行聘用制度,把聘用制度作为事业单位一项基本的用人制度。所有事业单位与职工都要按照国家有关法律、法规,在平等自愿、协商一致的基础上,通过签订聘用合同,确定单位和个人的人事关系,明确单位和个人的义务和权利。通过建立和推行聘用制度,实现用人上的公开、公平、公正,促进单位自主用人,保障职工自主择业,维护单位和职工双方的合法权益。通过聘用制度转换事业单位的用人机制,实现事业单位人事管理由身份管理向岗位管理转变,由单纯行政管理向法制管理转变,由行政依附关系向平等人事主体转变,由国家用人向单位用人转变。

同时,建立解聘辞聘制度。事业单位可以按照聘用合同解聘职工,职工也可以按照聘用合同辞聘。通过建立解聘辞聘制度,疏通事业单位人员出口渠道,增加用人制度的灵活性,解决人员能进能出的问题。

此外,应加强聘后管理。通过建立和完善聘后管理,加快完善考核制度,把考核结果作为续聘、解聘、增资、晋级、奖惩等的依据,保证聘用制度的实施效果,调动各类人员的积极性。

(三) 公共事业岗位设置

1. 建立符合事业单位性质和工作特点的岗位管理制度。公共事业部门要科学合理地设置岗位,明确不同岗位的职责、权利和任职条件,实行岗位管理。

2. 对专业技术岗位,坚持按照岗位要求择优聘用,逐步实现专业技术职务的聘任与岗位聘用的统一。按照国际惯例,对责任重大、社会通用性强、事关公共利益、具备一定专业技术才能胜任的岗位,逐步建立执业资格注册管理制度,实行执业准入控制。通过深化职称改革,强化并完善专业技术职务聘任制,建立政府宏观指导下的个人申请、社会化评价的机制,把专业技术职务聘任权交给用人单位。

3. 对管理岗位,要建立体现管理人员的管理水平、业务能力、工作业绩、资格经历、岗位需要的等级序列,推行职员制度。

4. 对工勤岗位,建立岗位等级规范,规范工勤人员"进、管、出"等环节的管

---

① 中共中央组织部、人事部印发的《关于加快推进事业单位人事制度改革的意见》的通知,2002.12.20。

理办法。

(四)公共事业人力资源的工资、福利与保险

工资、福利和保险是公共事业人力资源生存和安全需要得到满足的主要渠道,是激励和开发人力资源的基础,因此,它是公共部门人力资源管理的重要一环。

1.工资。劳动享有相应的报酬就是工资给付基础,是再生产的前提。

(1)工资的职能、构成与原则。工资是国家依据按劳付酬的原则,以货币形式对公职人员劳动付出的报酬。其特有的职能为:补偿职能,即补偿公职人员在工作过程中消耗的体力和脑力,以及维持家庭需要和自身再发展需要;激励职能,即激励公职人员不断积极向上,也可以保持公职人员的廉洁奉公;调节职能,即引导人才的合理流动,留住组织发展的关键人才,协调个人、组织、国家三者间的利益关系。

工资的构成是指组成工资量的各种成分及其在工资量中的比重,各成分各有侧重地执行着不同的工资职能,以更好地体现工资的价值。一般地讲,工资的构成大致包括基本工资、奖金、津贴、补贴四个部分。基本工资是员工收入的主要部分,也是计算其他工资性收入的基础。奖金是针对员工的优异表现所给予的效率工资,目的是为了奖励和激励员工更加努力工作,提高工作效率,更有效地实现组织目标。津贴是对员工在特殊工作环境下工作所给予的附加工资,目的是补偿员工在恶劣环境下工作产生的健康和精神损失,一方面是为了让在职人员工作安心和稳定,另一方面也是为了吸引更多的人来从事该项工作。补贴是为了保证员工实际工资和生活水平不下降或鼓励员工长期在本组织工作而设置的补助性工资,如物价补贴、工龄补贴等。工资的每个组成部分各有自身的特点和作用,只有将其按适当比例有机组合,才能达到最佳效果。

在确定公共事业人力资源工资时,一般应考虑以下几项原则:按劳付酬原则;比较平衡原则;同工同酬原则;定期增薪原则;物价补偿原则;法律保障原则以及最新出现的多种要素按贡献分配相结合的原则。

(2)工资等级制度。工资等级制度就是狭义上的工资制度,即基本工资制度,包括技术等级工资制、职务工资制、职等工资制、结构工资制、职务级别工资制、岗位技能工资制六种。

技术等级工资制是将劳动技术和复杂程度等因素划分成不同的等级,并规定相应的工资标准,然后再对员工的技术水平、熟练程度进行评定,确定其工资水平的一种工资制度。劳动技术等级的确定一般采用职位评价的方法或培训时间—费用比较法。也可由国家主管部门进行统一考核认定。

职务工资制就是根据职务的工作特点与工作价值来决定工资标准的一种工资制度。具体讲，就是依据该职务对人员的知识、技能需求和工作复杂程度、责任大小及工作环境等因素来确定工资标准。职务工资制有不同形式，如按照确定工资标准的方式不同，职务工资制可以分为单一型职务工资制、一职多级型职务工资制、职务间上下交叉型职务工资制等。

职等工资制是在按照工作性质、繁简程度、资历条件和工作环境等因素进行职位分类的基础上，给每一职等和职级配以不同的工资标准，工资由职位决定，并依年资和考绩结果决定晋升。

结构工资制是按工资的各种职能将其分为相应的几个组成部分，分别确定工资额的一种工资制度，一般由基础工资、职务工资、工龄津贴、奖金四部分组成。1985~1993年期间，我国国家机关事业单位统一实行的是结构工资制，这与1985年之前的单一级别工资制相比，一定程度上体现了奖优罚劣精神和按劳分配原则。

职务级别工资制，简称职级工资制，是按不同职能将工资分为职务工资、级别工资、基础工资和工龄工资四个部分，其中职务工资和级别工资是职级工资的主体。职务工资主要体现职务高低、责任轻重、工作难易程度上。每一职务设若干档次，职务工资随人员的职务、任职年限、工作年限的变动而变动。级别和职务有一定的对应关系，职务越高，对应的级别越少；职务越低，对应的级别越多。相邻职务对应的级别有所交叉。级别数高低由所任职务和工作年限共同确定。人员的级别工资只能在所任职务相对应的级数内变动。但有些省市规定，当现级别已达到所任职务最高级别时，可按所任职务最高级别工资与下一级别工资的差额增加工资，级别不变。基础工资的职能是保障公职人员及其家属基本生活的需要，不分职务高低均执行同样的基础工资。工龄工资主要体现工作人员的积累贡献，工龄工资标准，并非固定不变，可根据经济发展状况，适时调整。

岗位技能工资制是在综合传统的技术等级工资制与职务工资制的基础上发展起来的。它是以工作技能、责任、强度、工作环境等因素为评价基础，以岗位工资和技能工资为主要单元的工资制度，我国公共事业部门的技术工人工资实行的就是岗位技能工资制。岗位技能工资制主要由岗位工资和技能工资两大单元组成，辅以年功工资、效益工资等。在实行岗位技能工资时，除制定岗位工资和技能工资外，还可依据组织具体情况，参照结构工资制的做法，设置一些辅助工资单元，如效率工资、年功工资、奖励工资等。

(3) 工资的形式。公共事业人力资源在不同时期和不同工作条件下，所提供的工作质量与数量是不同的，因此，尚需采取各种具体的方法，将员工的实际工作贡献与工作标准和工资标准相对照,并加以核定,计算出员工应得的工资数额,这就是工资形式。工资形式主要有计时工资、计件工资、奖金和津贴四种,另外还有在此四种形式基础上派生出来的其他形式。

计时工资制是按工作人员的实际工作时间计付工资的一种工资形式。一般是先按工资等级制度为每位工作人员的职位确定出工资级别和相应的工资标准,然后再按实际工作时间计付工资。按照计算的时间单位不同,计时工资可分为:小时工资制、日工资制、周工资制、月工资制。

计件工资制是根据工作者在规定时间内所完成的工作量来计算与支付报酬的一种工资形式。它是按成果付酬体系的一种,属于刺激性工资制。计件工资由工作等级、工作定额、计件单价三个要素构成。按照计件工资实施的方式不同,可分为无限计件工资制、有限计件工资制、分段单价计件工资制、计时计件混合制、包工工资制和定额工资制。

奖金制度,公共事业人力资源提供了一定量的劳动,就应得到相应的报酬。奖金是作为辅助形式来反映劳动付出差别的,用以调动员工的工作积极性。从不同的角度来看,奖金可分为多种形式。按奖励的周期长短,可把奖金分为:月奖、季奖和年度奖;按一年内奖金发放的次数和目的,奖金可分为一次性奖励和经常性奖励;按奖金的支付对象,可分为个人奖和集体奖;按奖励的考核项目,可将奖金分为单项奖和综合奖两大类。在制定奖金制度时应尽力做到:奖励的形式应与工作的性质、特点相适应,还应考虑它对组织其他工作指标的影响;奖励考核指标应科学、合理;奖金标准应合理、适度;奖金发放应公平合理;创造良好的组织文化,以多得奖金为荣,保护获奖员工免遭非议。

津贴制度是对员工在特殊工作环境下工作,以及在特定条件下工作的生活费用额外支出所给予补偿的一种工资形式。津贴作为合理调节工资关系的补充措施,可以分为:岗位性津贴,如高温、有毒害环境下工作的津贴、高空津贴、夜班津贴等;地区性津贴,又分为艰苦边远地区津贴和地区附加性津贴;生活保障性津贴,如出差补贴、副食价格补贴等。

2. 福利。从广义上讲,凡是有关改善人们物质文化生活的公益性事业和所采取的措施都可称为福利。它几乎概括了人们所享受的一切物质待遇,当然也囊括了社会保险、社会救助、社会优抚等内容,成为社会保险的同义语。狭义的福利则专指社会保障体系中除社会保险、社会救济和社会优抚之外,改善人们物质文化生活的事业与措施。公共事业人力资源的福利,就是指社会公共事业部门为改善和提高从业人员物质文化生活水平而采取的一些措施。福利能够提高公职人员的生活水平,降低公职人员的流动率和提高公共部门的工作效率。

由于福利的特定性质,要求国家和部门在实施福利过程中,应该遵循一些必要的原则:首先,公职人员的福利水平要与国家的经济发展水平相适应,国家经济发展水平完全决定着福利水平,而过高的福利水平会对宏观经济产生破坏作用;福利要与组织承受能力相适应,过高的福利开支,会削减组织其他运转费用的开支,成为组织的包袱,进而影响组织目标的实现;要正确处理工资与福利的关系,必须确保工资在国民收入分配格局中的主体地位,福利只能是对工资的必要补充。

公职人员的福利是由各单位根据自身经济实力、管理目标和员工的不同需要自主建立的,因此,不同单位之间的福利内容可能差别很大。我国公共事业部门现行的从业人员福利大致有以下几种。

(1)福利补贴。这是从均衡社会生活角度进行的福利行为,包括生活困难补助、上下班交通费补贴以及冬季宿舍取暖补贴。

(2)探亲与休假。这是从人文关怀和家庭情感支持的角度,进行的组织与家庭间的情感融通,包括探亲制度,享受的对象和条件是:凡在公共事业部门工作满1年以上,与配偶不住在一起,并且不能在公休假日团聚的,可以享受探望配偶的待遇,与父母都不在一起且不能在公休假日团聚的,可享受探望父母的待遇,其间本人标准工资照发,并可以报销规定的路费。休假制度,国家实行劳动者每日工作时间不超过8小时,平均每周不超过40小时的工作时制度,元旦、春节、国际劳动节、国庆节及法律法规规定的其他休假节日为公职人员的法定休假日。平常时间安排公职人员延长工作时间,每日不得超过1小时,如系特殊原因,则每日不得超过3小时,每月不得超过36小时,并需给付不低于正常工资150%的报酬;在休息日安排公职人员工作又不能安排补休的,需给付不低于正常工资200%的报酬;法定休假日安排公职人员工作的,需给付不低于正常工资300%的报酬。

(3)集体生活福利设施。单位集体生活福利是从业人员福利的主要内容,其目的是尽可能减轻公职人员的家务劳动负担,使其有更充沛的工作精力和更充分的自我发展机会。这些设施主要有:员工食堂、保育设施、员工住宅、集体文化娱乐设施和其他设备。

3. 社会保险。社会保险是由国家根据全体劳动者的共同需求,采取保险的形式对个人收入实行调节,是一种特殊的个人再分配手段。广义的社会保险对象涉及全体社会成员,是国家在其患病、伤残、失业、年老等情况下给予物质帮助的各种制度的总称。狭义的社会保险仅对企业、事业单位和国家机关等用人单位的职工及其赡养亲属予以经济保障。社会保险的功能主要有:保障劳动者及其家庭的基本生活;保障社会劳动力的基本生产;发挥稳定社会的"稳压器"

作用;调节收入差距;促进经济发展;促进社会文明进步。

公共事业人力资源的社会保险具体包括①:养老社会保险,即根据国家法律规定,对达到退休年龄的老年人,由国家和社会提供物质帮助以保障其晚年生活所需的社会保险制度;失业社会保险,即通过建立失业保险基金,使因失业而暂时中断生活来源的劳动者在法定期间内获得失业保险金,以维持其基本的生活水平的一项社会保险制度;工伤社会保险,即劳动者在工作中或法定的特殊情况下发生意外事故,或因职业性有害因素危害而负伤(或患职业病)、致残、死亡时,对其本人或供养亲属给与物质帮助和经济补偿的一项社会保险制度;医疗社会保险,即社会劳动者在因为疾病、受伤等原因需要诊断、检查和治疗时,由国家和社会为其提供必要的医疗和物质帮助的一种社会保险制度;生育保险,即妇女劳动者因怀孕、生育子女而暂时丧失劳动能力时,从国家和社会得到医疗服务和现金补助的制度。

上述社会保险的正常运行是与社会保险基金的筹集和运作密不可分的,社会保险基金的筹集是指由专职的社会保险管理机构按照社会保险制度所规定的计征对象和方法,定期向劳动者所在单位或劳动者个人征收社会保险基金的行为。筹集中要遵循如下原则:效率性原则;公平性原则;稳定性原则;收支平衡原则。主要出资方式是分别从劳动者工资中扣除、由所在部门部分负担以及由国家财政提供一定的补贴。社会保险基金的筹集模式主要有现收现付式、完全积累式和部分积累式。社会保险基金的运作要遵循必要的社会保险基金投资原则,即收益性原则、社会效益原则、安全性原则和基金变现性原则。

鉴于上述基础理论,结合我国公共事业部门工资福利和保险的改革趋势,在参照公务员法基本内容前提下,公共事业人力资源的工资要根据工作职责、工作能力、工作实绩、资历等因素,保持不同职务、级别之间的合理工资差距。工资水平应当与国民经济发展相协调、与社会进步相适应,并且应根据经济社会发展水平提高公务员的福利待遇。应依法保证公共事业人力资源的工资待遇,在休假、培训、福利保险、退休金等方面,国家对保留的部门人员工资福利待遇,应当列入财政预算,予以保障。同时,发挥工资政策的导向作用。对到艰苦边远地区事业单位和在特殊岗位工作的人员,继续在工资待遇上给予优惠政策。事业单位在制定内部分配办法时,对在关键或特殊岗位工作的人员,应适当给予倾斜。要贯彻按劳分配与按生产要素分配、效率优先、兼顾公平的分配原则,扩大事业单位内部分配自主权,逐步建立重实绩、重贡献并向优秀人才和

---

① 童星.社会保障与管理[M].南京:南京大学出版社,2002,3页.

关键岗位倾斜的形式多样、自主灵活的分配激励机制。同时,进一步扩大事业单位内部分配自主权。对转制为企业的,实行企业的分配制度;对经费主要靠国家财政拨款的,在国家政策指导下,搞活内部分配;对国家逐步减少经费拨款的,经批准,逐步加大内部分配自主权;对经费完全自理的,允许自主决定内部分配。对有条件的事业单位,要试行工资总额包干制度,搞活内部分配,同时,积极探索试行工资总额同经济效益挂钩的办法。还要积极探索按生产要素分配的改革。允许各地区、各部门选择有条件的事业单位探索生产要素参与分配的实现形式;允许事业单位在职务科技成果转化取得的收益中,提取一定比例,用于奖励项目完成人员和对产业化有贡献的人员;允许事业单位经批准高薪聘用个别拔尖人才,实行一流人才、一流业绩、一流报酬,对有重大科技发明、贡献突出的人才,根据有关规定,实行重奖。

(五)建立现代事业单位宏观管理和人事监督制度

1. 加强对事业单位人事工作的监督。要保障单位和职工的合法权利,保证事业单位在国家法律、法规规定的范围内行使用人自主权。要发挥事业单位职工代表大会的作用,依法保障事业单位职工参与民主管理和监督。

2. 建立健全事业单位人事工作的宏观管理制度。对主要靠财政拨款的事业单位要建立健全工资调控体系,建立健全各类人员及职务结构比例的宏观管理办法,健全事业单位人员总量的调控体系,建立不同类型事业单位人员增长的调控办法。

3. 做好事业单位人事争议的处理工作。要推进人事争议立法,积极开展人事仲裁工作。要建立健全人事争议仲裁机构,及时受理和仲裁人事争议案件,切实维护用人单位和职工双方的合法权益。

4. 健全和完善事业单位人事管理的政策法规体系。根据社会主义市场经济和人事制度改革发展的需要,研究制定与现代事业单位相关的政策法规,保障事业单位人事制度改革的顺利进行。

(六)建立严密的公共事业人力资源考核评估体系

对公共事业人力资源的考核,按照管理权限,全面考核其德、能、勤、绩、廉,重点考核工作实绩。考核可以分为平时考核和定期考核。定期考核以平时考核为基础。

对非领导成员的定期考核采取年度考核的方式,先由个人按照职位职责和有关要求进行总结,主管领导在听取群众意见后,提出考核等次建议,再由本机关负责人或者授权的考核委员会确定考核等次。对领导成员的定期考核,由主管机关按照有关规定办理。

公共事业人力资源定期考核的结果分为优秀、称职、基本称职和不称职四个等次。定期考核的结果应当以书面形式通知本人。定期考核的结果作为调整公共事业人力资源职务、级别、工资以及奖励、培训、辞退等的依据。

第三节 公共事业员工职业生涯设计

公共事业员工职业生涯设计对公共事业及其员工都具有重要的意义。对公共事业来说，强化员工的职业生涯设计，能够为事业的发展储备充足的人力资源，不断增强公共事业的人员凝聚力和向心力，提高公共事业服务公众和社会的竞争力。对员工来说，不断优化自身的职业生涯设计，是不断丰富自身素质、实现自身价值的重要手段。因此，公共事业员工职业生涯设计和管理是公共事业部门吸引人才、留住人才、用好人才的关键。员工也只有把自身的特长和职业发展取向与公共事业需要相结合，才能真正体现自身职业生涯价值。

一、职业生涯设计与职业生涯设计的内容

（一）职业生涯设计的含义

在了解什么是职业生涯设计之前，先了解什么是职业生涯。一般来说，职业生涯是指一个人，一生连续从事职业、承担工作和职务的时间过程。它由个人与工作相关的行为活动与认知工作的态度和价值观两大方面组成。前者是表明职业生涯的客观特征，即"外职业生涯"，体现了一个人在其从事的各种职业工作中的活动和行为举止，它是一个连续的过程，不仅仅指工作的某一阶段；后者称"内职业生涯"，体现一个人职业生涯的主观特征，包括个人的价值观、态度、需求、动机、能力、性格等。职业生涯是由职业准备期、职业选择期、职业适应期、职业稳定期、职业衰退期等相互联系的五个阶段所组成。

可见，职业生涯的基本单位是个人。但又绝不局限于个人。因为个人在其职业生涯中，要受到多方面的影响和制约，例如每个人都有对自己终生职业的理想、憧憬和设计，但是个人的计划要经过学校的培养教育，家庭、父母、配偶的理解、支持，组织的人才需求和规划，才能付诸实施，是多种因素交互作用的结果。

职业生涯设计，也叫做职业生涯发展规划（Vocational Career Planning），是现代人力资源管理的一项全新的功能。具体来说，职业生涯设计是将员工个人

发展与组织发展相结合,对决定员工个人职业生涯的主客观因素进行测定、分析和总结,并通过设计、规划、执行、评估和反馈的过程,使每位员工的职业生涯目标与组织发展的战略目标相一致①;同时也包括了个人为实现期望或寻求理想的职业发展途径,有意识地思考和列出自己期望从事职业的目标,并在此基础上,进一步设计不断丰富和发展自我的职业知识、能力和技术结构的一系列活动与步骤,以努力开发自身潜质的行为和过程。在现代社会中,职业生涯设计已经不完全是个人的理想和行为。当人们将管理作为追求组织目标与个人价值实现的和谐匹配的过程时,它就成为了组织人事行政管理的组成部分。

职业生涯设计与个人的价值观、态度密切相关,它决定了个人对自我职业经历的认知和选择。职业生涯设计的意义在于:通过对人生职业环境因素的正确分析,能够科学地评价自己的特点和优势,确立正确的人生职业方向、奋斗目标和发展策略,使自己一生的学习、工作和生活充满精彩。据报道,美国一家银行通过审议开展职业生涯计划,而导致员工流失率降低65%,工作绩效提高85%,个人提升的机会增加了75%,每年节约经费190万美元。当然职业生涯设计也存在着某些消极因素。例如,员工奢望过高,超出组织所能满足的限度,当达不到目标时很容易悲观失望,或是为了达到个人目标排挤他人,造成不良后果②。

约翰·霍兰德的人职匹配理论发现,不同的人有不同的人格特征,不同的人格特征适合从事不同的职业。他将人格特征分为现实型、研究型、艺术型、社会型、企业型、常规型等六种基本类型,每一种人格适合于与之相匹配的职业类型,亦称之为职业性向,通过 系列测试,可以确定一个人的职业性向。谋职者如果确定了自己的职业性向,就可以从对应的若干职业中选择。凡是找到与人格类型相应的职业称为"协调",凡是找到与人格类型相近的职业,称为"次协调",凡是找到与人格类型相斥的职业称为"不协调"。只有在"协调"的情况下,才能最大限度地发挥一个人的才能,才是人生职业的最佳选择。

(二)职业生涯设计的内容

职业生涯设计包括个人职业生涯设计和组织人力资源职业生涯管理两方面的内容。公共事业组织中的绝大多数工,都有从自己现在和未来工作中得到成长、发展和获得满足的强烈愿望和要求。为了实现这种愿望和要求,他们不断地追求理想的职业,根据个人的特点、企业发展的需要和社会发展的需要,制定自己的职业规划。

---

① 胡振豪.开展职业生涯规划实施人才资源管理[J],人力资源管理,2001(2):56.
② 王倩倩.职业生涯设计误区的对策分析[J].泰山乡镇企业职工大学学报,2004(11):36.

1. 一般而言,个人的职业生涯设计主要包括如下内容。
(1)认识和提出自己的职业发展目标,规划自己与职业有关的活动。
(2)自我洞察自己的兴趣、能力和性格等,寻求适合的职业种类。
(3)结合来自各方面的职业限制性因素,发现目前状况与职业或职业理想之间的差距。
(4)设计各种发展方案,考虑可行性和成功概率,作出相应的选择。
(5)根据职业生涯要求,拟定自身的教育、培养计划和工作计划。
2. 公共事业人力资源职业生涯管理的内容。在广大员工希望得到不断成长、发展的强烈要求推动下,公共事业人力资源管理与开发部门为了了解内部人员的特点,了解他们成长和发展的方向及兴趣,不断地增加他们对工作的满意感,并使他们能与公共事业组织的发展和需要统一协调起来,需要由专门人员制定有关员工个人成长、发展的计划与组织需求和发展相结合的统筹设计。一般来说,这种统筹的过程和内容可以概括为以下几点[①]。

(1)尽最大可能帮助员工明确自己的职业定位,作好员工的职业生涯管理。公共事业人力资源管理人员,应该给予员工必要的指导,使他们的职业生涯设计建立在现实、合理的基础上,并通过必要的培训、职务设计及有计划的晋升等手段,实现员工职业生涯发展目标。职业生涯管理则是帮助员工设计和实现合理的职业生涯活动。具体内容包括:帮助员工分析个人素质和外在的环境,确定选择什么职业、在什么单位和地方从事这个职业,以及在这个职业队伍中担任什么职务;在个人一生的各发展阶段中如何进一步修正和完善原有的设计和规划,以及为实现这样的设想和规划设计职业培训和开发性的行动计划,并对计划的每一步骤的时间、顺序作出合理的安排。

(2)帮助员工有步骤、有计划、分阶段地实现职业生涯设计和职业发展,使之与公共事业发展融为一体。公共事业部门首先要为员工创造一个舞台,让员工能够施展才华,实现自我价值,在其中能找到发展的方向,进而产生与组织同命运、共发展的归属感。

(3)构建完善的管理体系,保障员工更多的晋升机会。管理者应当首先明确职位升迁不是公共事业组织对员工的酬谢和奖赏,而是双方共同的目标,是建设完善的"以人为本"的组织文化的生动表现。

二、职业生涯设计要素与管理

职业生涯设计期限有长有短,短期设计为3年,主要是确定近期目标,设

---

① 袁燕红.浅论职业生涯规划设计[J].内蒙古科技与经济,2004(20):79.

近期完成的任务;中期设计一般为3~5年,主要在近期目标的基础上设定中期目标;长期设计时间一般是5~10年,主要设定长远的目标。

(一)职业生涯设计要素

1. 职业生涯设计应考虑的因素。从职业生涯发展的规律看,每个人都有不同的发展阶段与历程,职业生涯设计的重点也就有所不同,不同的人在作其职业生涯设计时,所考虑的因素也有所不同。一般而言,在作职业生涯设计时至少应考虑以下几个因素。

(1)关于自我认识方面:个人的兴趣、爱好与特长;个人的性格与价值观;个人所选定的目标与需求;个人的工作经验;个人的优缺点;个人的学历与能力;个人的情商;个人的生理情况等。

(2)关于外围环境方面:组织的需求;家庭的期望;社会的需求;科技的发展;经济的兴衰;政策、法律的影响。

(3)关于个人目标选择方面:设定该目标的原因;欲达到该目标的途径;欲达到该目标所需的能力、训练及教育;达到该目标可能得到的助力;达到该目标可能遇到的阻力。

(4)落实职业生涯目标措施方面:教育、训练的安排;获得发展的安排;排除各种阻力的计划与措施;争取各种助力的计划与措施。

2. 职业生涯设计要素。俗话说,"知己知彼,百战百胜"。所谓"知己"就是自我认识与自我了解。"知彼"就是熟悉周围的环境,特别是与职业生涯发展有关的工作环境。在此基础上,判断自己从事的职业是否做到了符合情愿、能够发挥出能力、能够实现自身价值,也就是你的当初选择与现实能否合拍。这样,"知己"、"知彼"与"选择"就成为职业生涯设计的三要素,可用公式形象表示为:职业生涯设计 = 知己 + 知彼 + 抉择。

(二)职业生涯管理

职业生涯管理是指组织和员工个人对职业生涯进行设计、规划、执行、评估和反馈的一个综合性的过程。通过员工和组织的共同努力与合作,使每个员工的职业生涯目标与组织战略目标相一致,使员工的发展与组织的发展相吻合。职业生涯管理包括:员工的职业生涯自我管理和组织协助员工规划设计其职业发展,以促进员工职业目标的实现。

1. 职业生涯管理有以下三个特点。

(1)个人和组织必须都承担一定的责任,双方共同完成对职业生涯的管理。

(2)必须有完善的信息管理系统,使员工和组织能够相互了解彼此需要的信息,而且这种信息是有效的。

（3）职业生涯管理是一种动态管理,它贯穿于职业生涯发展的全过程。

2.职业生涯管理的任务。上述特点,决定了职业生涯管理的任务有以下六项。

（1）职业生涯目标的设定。

（2）员工与组织的配合与选用。

（3）员工绩效评估。

（4）职业生涯发展评估。

（5）工作与职业生涯调适。

（6）职业生涯发展。

以上六项任务,彼此之间相互影响。在实际管理中,应彼此兼顾,才能获得最佳管理效果,促进员工的自我发展,实现员工的生涯目标,提高组织的整体人员素质与竞争力,确保组织永续发展[①]。

三、公共事业人力资源职业生涯设计的意义

公共事业人力资源职业生涯设计既有一般性的意义,也有部门特有的价值,明确一点来说,就是要使公共事业部门和人力资源都得到发展,这是根本意义的体现。具体来说,这些意义可以概括为以下几点。

（一）发挥公共事业人力资源价值的需要

公共事业部门必须为人才作好职业生涯发展设计,并具体落实到行动上,才可能吸引人才、留住人才,人才才能脱颖而出,发挥出他们的潜能和创造力,为国家和社会作出应有的贡献,同时,他们自身也可以得到很好的发展。否则就会造成人才的浪费,贻误了人才发展的最佳时机。

（二）提高公共事业部门人才吸引力的需要

公共事业部门是贯彻落实国家和政府决策,满足公众需要的重要组织载体。公共事业人力资源素质的高低直接关系到公共事业的形象和威望,影响到公共事业管理和服务社会的能力。提高公共事业管理职能和服务水平,需要有一支精明强干、创新进取、技艺精湛的人力资源队伍。公共事业职能部门恰当地应用职业生涯设计与管理,能够有效地吸引一批社会精英的加入。

（三）提高公共事业管理和服务社会能力的需要

部门价值归根到底是由人才来实现的,是由不同层次的人力资源相互协调

---

① 袁燕红.浅论职业生涯规划设计[J].内蒙古科技与经济,2004(20):80.

完成的。随着当今社会经济的发展,事业单位改革进程的加快和国家鼓励人才合理流动,使职业流动性日益加强,危及到部门目标的实现和社会定位。公共事业部门引入职业生涯设计进行人力资源开发和管理,可以帮助优秀人才在工作中明确认识自身的角色和努力的目标,不断发展自己,实现人与事的最佳结合。以此推动公共事业部门管理社会和服务公众的能力水平。

（四）提供人才价值实现的空间和舞台的需要

目前,许多优秀人才不愿意到公共事业部门工作,更愿意选择到合资或外资企业去发展。其中,除了较高的薪酬待遇问题外,还有就是在合资或外资企业有公平竞争的工作环境,有良好的职业生涯发展空间[①]。我国正在进行事业单位人员聘任制为主的改革,减员增效、目标管理成为改革的一个主要途径,这就使公共事业人力资源面临严峻的挑战。公共事业部门引入职业生涯设计和管理,可以为每一个员工提供科学的职业生涯指导和发展支持,能够提供比原来更为宽阔的职业发展空间和展示舞台,真正实现"英雄大有用武之地"。

（五）提高公共事业人力资源忠诚度的需要

公共事业部门引入职业生涯设计与管理,是改变目前改革中出现的人浮于事、人心浮动的补救措施,能够提高公共事业部门行政效能,改善工作环境。引入职业生涯设计,将公共事业的工作目标与员工个人的事业发展结合起来,使员工在为公共事业贡献聪明才智中,个人的志向也得到发展,从而提高员工对公共事业的忠诚度,使他们安心工作,努力发挥最大潜能。

四、公共事业部门参与人力资源职业生涯设计的方法

前面分析了公共事业人力资源职业生涯设计的理论和意义,其中,在现代人力资源管理中,人们反思过去管理的得失,开始引入全新的管理价值。公共部门积极推进职业生涯计划系统的发展,是开放性管理思维的结果[②]。它对于培养建设公职人员队伍、完善人事行政管理等都有重要意义,组织参与职业生涯发展计划可以被视做是人力资源设计的一部分。

[①] 罗燕.政府部门职业生涯规划分析[J].广西大学学报(哲学社会科学版),2005(25):76-79.

[②] 组织介入员工个人职业生涯发展计划,是一种全新的人力资源管理观念。传统的管理学总是将个人与组织对立起来,从中延伸出两种比较极端的认识,使得人事行政管理也陷入误区之中。第一是个人只是组织目标实现的工具,个人对组织只有义务,员工是在监控、甚至是强制的条件下为组织工作的;第二是从"经济人"假设出发,认为组织是个人需求满足实现的工具,即个人从事工作的目的是为了获取利益。极端的认识使组织或个人以消极的方式面对对方,严重限制了管理的效率和资源使用效率。公共部门参与公共人员职业生涯发展计划的过程,是开发、发展人力资源这一现代管理观念的具体体现,它强化了公共部门的培训目标。

公共事业部门在个人职业生涯发展设计中,主要起指导和辅助个人职业生涯设计的作用。公共事业部门协助个人制定职业生涯设计的方法如下。

(一)建立职业发展的信息与预测系统

个人由于精力、财力、空间以及认知能力的限制,掌握职业信息的来源和通道是有限的。组织在进行人力资源规划的同时,建立有关职业的信息系统,包括职业的性质、职业在社会中的地位和发展方向、从事职业必备的资格条件、职业的收入水平、职业生涯发展要求的知识结构与素质、在职业中晋升的通道等,这对组织和员工的发展都是非常重要的。

(二)提供员工需要的职业咨询

组织可以通过面谈、问卷、讲授等多种形式,由组织的领导者、部门主管和职业研究专家,为所属员工提供如下职业咨询。

1. 帮助员工分析自身的特性、职业锚、长处、短处和发展需要。
2. 帮助员工学习职业生涯发展的知识,使自己能够更积极地管理职业生涯。
3. 提供组织内外部的可选择职业。
4. 克服职业生涯发展中出现的各种问题。

(三)制定科学的职业生涯通道计划。

职业生涯通道是对前后相继的工作岗位和经验所作的客观描述,表明在一种职业中个人发展的一般路线或理想路线。它包括确定某一职业进口和出口通道、职业的纵向流动通道、职业的横向流动通道等三大方面。职业生涯通道设计的内容如下。

1. 比较和分析工作的性质,对工作进行分类,并确定胜任工作必备的条件。
2. 描述职业流动进步的条件,详细说明在职业生涯通道进程中需要的学历、工作经历、知识结构和技能。
3. 规定垂直流动中逐级上升的逻辑次序与最低服务年限等。

(四)向员工开放工作岗位信息

组织应将其每个工作岗位的信息向员工开放,要求员工或求职者根据自己的条件和职业期望,自愿选择适当的岗位,组织则与员工之间双向选择。同时,组织可以通过反馈得到员工工作的绩效信息,进一步完善供员工选择的职业标准。

(五)完善的教育、培训计划

公共事业部门有计划的教育、培训包括两方面内容。

1. 工作经验、技能等实际才干的培养,一般使用师傅带徒弟或以榜样示范等方式实现。

2. 当工作经验不足以有效提供更多的知识时，员工就要接受正规的课程学习和教育，以此丰富或更新知识结构，适应社会和组织提出的各种挑战，满足个人职业生涯发展的资格要求。

第四节　公共事业人力资源培养与培训

21世纪经济社会的发展必须解决好人口、资源和环境相互协调的问题，除了要加强公众的和谐发展意识外，培养和造就更多的能够胜任科技、文教、体育、卫生、环保、公用设施管理等部门工作的专业化复合型人才，将显得尤为重要。这应该是公共事业人力资源管理的重要内容和艰巨使命。

一、公共事业人力资源培养战略特点与工具选择

（一）公共事业人力资源培养战略的特点

公共事业人力资源培养既有一般人力资源培养的特点，也有其自身的特殊性，其特点主要体现在如下三点。

1. 公共事业人力资源战略目标呈多元化特征。公共事业的目标是要创造公共利益，由于公共利益的目标是抽象的，而对公共组织的服务对象——社会公众来讲，他们既要求公共事业部门公开、公正，又要求他们承担社会责任，因此这些目标大部分情况是多元的。作为总战略的从属战略，公共事业部门的人力资源战略也必须为公共事业部门的总目标服务，公共事业部门的目标多元性意味着公共事业部门人力资源战略目标的多元性，也意味着制定人力资源培养战略的时候，必须考虑更多方面的因素。

2. 公共部门人力资源基础工作较为薄弱。我国公共事业人力资源管理还处于传统的人事管理阶段，人力资源基础工作较为薄弱，难以有效发挥人力资源对公共组织目标实现的战略支持作用。如，公共事业部门的人力资源管理工作主要凭经验办事、按惯例工作，岗位分析等基础工作还没有得到普及，缺乏专业化的人力资源管理队伍等，这都为制定和执行人力资源培养战略带来较大的困难。

3. 公共部门人力资源战略制定的制约因素较多。公共事业人力资源培养战略的制定受到法律、规章制度和公共因素影响，其在人力资源培养上的每一个举动，都会引起社会的高度关注，也会直接影响到与之相应的社会群体，这必

然会大大限制公共事业部门人力资源培养战略的内容制定与实施。

（二）制定公共事业人力资源培养战略工具的选择①

1. SWOT矩阵法。SWOT矩阵法是比较经典的人力资源战略分析方法，它是一种对公共事业组织优势、劣势、机会和威胁的分析。其中，优势和劣势是组织内部的因素，分别是指公共事业部门内部实现人力资源战略的有利之处和不利之处。而机会和威胁是组织外部的因素，威胁是影响组织无法实现既定目标的不利因素，机会是帮助公共事业部门实现目标的外部有利因素，见图7-2。在收集完组织内部和外部的信息之后，再将各因素进行评分，按因素的重要程度加权求和。在制定人力资源战略时，应尽可能采取措施消除威胁，利用并扩大已有的优势。

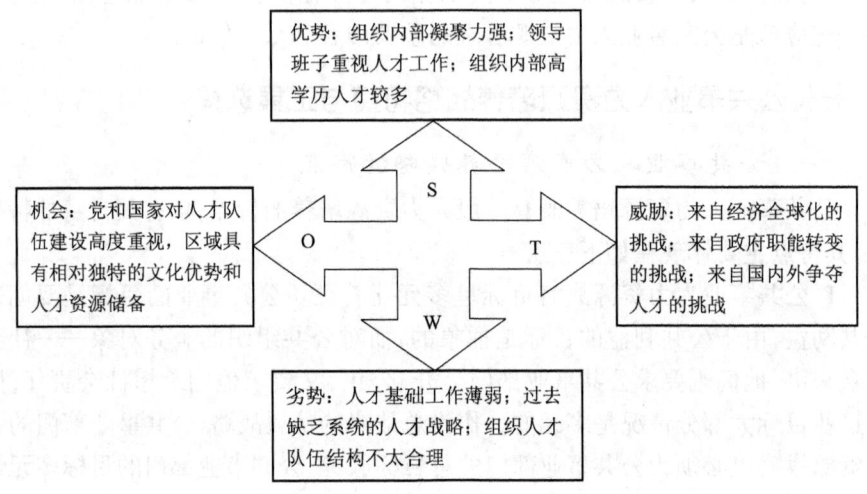

图7-2　某公共事业部门人力资源战略的SWOT分析

2. 问题导向法。问题导向法是指根据问题确定人力资源战略的一种方法。具体来讲，就是在制定人力资源战略时，围绕公共事业部门目前和将来将会出现的主要问题，在一定的约束条件和可利用的资源下，提出相应对策。由于这种方法牢牢抓住人力资源战略的关键之处，因此问题导向法也是一种应用广泛的人力资源战略分析方法（见图7-3）。

3. PEST法。PEST法主要是对公共组织人力资源战略所面临的来自政治、经济、社会、技术方面的环境问题进行影响分析。首先需要考虑的因素是政治

---

① 谢凌玲，肖鸣政.公共部门人力资源战略的制定方法[J].中国人才，2005(10)：30-31.

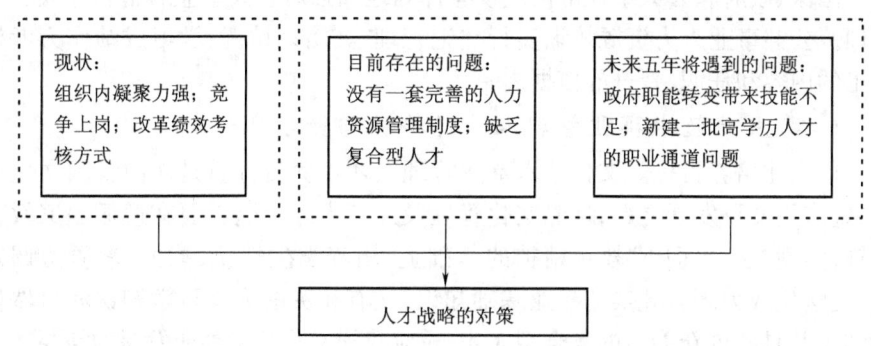

图7-3 某公共事业部门采用的问题导向法

因素,我国政府提出的"人才强国战略",促使各部门高度重视人才培养工作。其次世界经济一体化与我国加入WTO,意味着我国的公共事业部门在政策制定、政策执行等方面,需要考虑全球性经济因素。再次从社会方面看,公共事业部门开始转向服务公共利益需要,由过去重视政府授权以其代替行政管理,向注重公共服务,以满足公众需求为中心转变。最后从技术方面看,电子政务运动对改善公共事业人力资源战略起到积极的促进作用。这四方面的影响意味着公共事业部门在人力资源培养工作上应与时俱进,以适应来自政治、经济、社会、技术方面的要求。

二、公共事业人力资源培养与培训的实施

(一)公共事业人力资源培养与培训的政策基础

公共事业人力资源培养是一个复杂的系统工程,包括了组织内培养和组织外培养,既有正规的培养体系,也有非正规的培养方式。我国《公务员法》在第十章(从第六十条到第六十二条)规定,公务员必须接受和享有一系列的培训。这同时也为公共事业人力资源培训找到了政策支点和依据。

公共事业部门根据部门人力资源工作职责的要求和提高员工素质的需要,对员工进行分级、分类培训。既可以在国家指定的培训机构进行培训,也可以根据需要,委托其他培训机构承担员工的培训任务。

公共事业部门对新录用人员应当在试用期内进行初任培训;对晋升领导职务的人才应当在任职前或者任职后一年内进行任职培训;对从事专项工作的普通人力资源应当进行专门业务培训;对全体员工应当进行更新知识、提高工作能力的在职培训,其中对担任专业技术职务的员工,应当按照专业技术人员继续教育的要求,进行专业技术培训。

国家、政府和公共事业部门应该有计划地加强对公共事业后备领导人员的培训。公共事业人力资源培训实行登记管理,其培训情况、学习成绩作为考核员工的内容和任职、晋升的依据之一。

(二)文化艺术事业管理人才的培养与教学①

1. 人才培养目标。文化艺术事业管理人才培养目标就是面向我国文化市场,走应用文科发展之路,培养文化管理及经营人才。这就要在遵循国家教育方针,实现"三个面向"教育精神的基础上,培养学生知识、能力、素质协调发展,使学生成为既有扎实的专业基础知识,又有相关的人文科学知识和自然科学知识并具备创新能力的复合型人才,适应我国文化艺术事业发展的需要。

因此,文化艺术事业管理培养的学生应具有以下特点:有扎实的基础;有广博的知识;有高雅的情趣;有创新的思维;有动手的能力;有健康的心理;有健全的人格。

(1)扎实的基础。基础扎实是指学生对各门课程的基本知识、基本理论、基本技能学得扎实,理解深刻,融会贯通,中外文的口头表达、书面表达准确规范;知识结构科学合理、丰富严密且自成体系,是经过严格训练的不是一般文科学生可以替代的文化市场经营管理高级专门人才。

(2)广博的知识。文化艺术管理涉及文学、音乐、美术、新闻、出版、影视、娱乐、演出、旅游等,尽管他们不一定要成为各类文化艺术的专家,但却应该成为文化艺术市场的管理行家或经营家。

(3)高雅的情趣。文化产品品位的高低优劣会从各方面影响人的世界观、人生观和价值观。文化市场的管理者、经营者自身必须有辨别是非的能力,有区分真善美与假恶丑的眼光,有高尚的情怀和艺术趣味,所以应该培养学生高尚情趣,摆脱低俗,对腐朽有害的所谓文化产品能够坚决抵制,而不是养奸姑息,损害文化市场和社会风气。

(4)创新的思维。随着 21 世纪信息量与日俱增,新技术、新成果层出不穷,文化艺术事业管理专业培养的学生必须能以创造性的思维对信息去进行辨析、取舍、消化,将其升华为自己的创新理念,从而在我国文化市场的管理与经营中形成具有中国特色的管理模式和经营模式,这样才能在激烈的文化竞争中立于不败之地。

(5)动手的能力。文化艺术事业管理专业培养的学生除了有书本知识和创新思维能力外,还要具有一定的动手能力。即在实际文化市场管理与经营

---

① 娄成武,郑文范.公共事业管理学[M].北京:高等教育出版社,2002,5 页.

中,能够进行具体操作的能力,如市场调研与预测、市场细分、营销策划、信息收集与处理、市场谈判等。

(6)健康的心理。健康的心理就是要求文化艺术事业管理专业培养的学生有坚强的意志、坚忍的毅力、敏锐的感受力和通透的领悟力。要在文化市场纷繁复杂、风云变幻的环境里,善于运用政策、法规既保护消费者利益,也保护自身利益,做社会主义市场经济条件下合法的文化儒商。

(7)健全的人格。要培养学生德智体全面发展,知识能力、素质协调发展。要培养学生做合格的文化市场管理者和经营者。培养的管理人才不仅具有踏实的知识和本领,而且能带着纯净的灵魂和人格魅力去净化文化市场、文化环境,这应该是文化艺术事业管理专业培养学生的最根本目标。

2. 人才培养方式。恰当的人才培养方式对人才成长具有事半功倍的效果。

(1)提高教师的教学水平和文化艺术科研能力。教师的讲授要有系统,有理论框架,基本的知识和理论要讲清楚、讲扎实。但同时又不能死抱书本,还要随时把国内外文化市场出现的新的知识、理论、信息和典型事例进行系统研究,引入课堂,进行从理论到案例的讲授。

(2)注重抓好实践教学环节。如,利用学生双假返乡时间进行乡土文化艺术社会调查,作家乡文化市场分析;也可以在四年级学生毕业实习和做毕业论文时,要求学生带着问题实习,带着困惑查找资料,最后通过论文把结论写出来。

(3)模拟方法。就是在学生不走出校门的前提下,在校园内开展一些文化艺术活动,仿照真实的文化市场进行运作,从策划、资金筹集、人员分工、计划实施、过程把握到最后的经营核算、活动总结,完全由学生一手操办,教师辅导,进行情景感知和行动体验。

3. 课程设置。根据文化艺术事业管理专业人才培养目标的要求,课程体系大致分成四个知识模块和一个实践性教学环节。

(1)学科基础课。这应该是专业必修课,具体课程设置包括艺术概论、文艺美学、新文学原理、中外文学史、中外文化概论、宏(微)观经济学、管理学原理、管理经济学、公共事业管理学、管理信息系统、经济法、公共事业财务、会计学、应用统计、管理文秘、公共关系学、专业英语等,占有较大课时。

(2)专业前沿和特色课。这应该是必修课,具体课程设置包括:文化市场营销学、文化政策学、文化行政学、文化贸易、文化艺术管理、知识产权概论、文学基础、影视文化概论、中国现当代文艺思潮、西方现当代文艺思潮以及一些文化艺术类经典选读。

(3)公共基础课。这是大学教育的必修课,具体课程包括高等数学、大学英语、大学体育、计算机文化基础、高级语言程序设计等。

(4)人文社科类课。这是社会知识普及必修课,课程设置包括:思想道德修养、毛泽东思想概论、马克思主义政治经济学原理、邓小平理论概论、马克思主义哲学原理、法律基础、军事理论、当代世界经济与政治、科学技术史等。

(5)社会实践则可安排学生到文化艺术类管理部门进行实习,可以从事办公行政工作、文化艺术市场督查、文化艺术产品保护、文化创新等工作。

(三)卫生事业管理人才的培养与培训

1998年,国家教委重新调整了学科专业目录,之后,医学院校的卫生事业管理专业改制为公共事业管理专业,卫生事业管理人才培养开始变得愈发重要起来。

1. 卫生事业管理人才培养的意义。

(1)卫生事业管理人才的培养适应全球经济与社会发展的需要。人类进入21世纪,对卫生事业的需求变得空前高涨,经济全球化的进程,也加速了卫生人力资源在全球的配置。我国在1996年底国务院发布实施的《卫生改革与发展的决定》以及"十一五"规划纲要中,都明确提出了要加强卫生管理人才的培养,发展一支高质量的卫生医疗队伍和相对稳定的卫生管理队伍。

(2)卫生事业管理人才的塑造是促进医疗机构改革、提高医疗服务质量的需要。医疗质量是把生活服务、心理服务和技术服务融为一体,对病人实施诊断、治疗,并期望达到康复目标的连续过程。加强医疗质量管理,提高医疗服务质量,是医院管理最基本的任务和目标。保证医疗质量是对公众最大的安全承诺,这就需要医疗机构增强卫生事业管理人才的培养,推进医疗机构经营管理和内部运行机制的完善,不断提高医疗质量。

(3)卫生事业管理人才的培养是推进医疗制度改革的需要。我国的医疗体制改革进程缓慢,十几年来进行的改革尝试,毁誉参半。这里除了有大的社会环境和政府转型等因素制约外,很重要的就是缺少这方面的专业管理人才,使得各种类型医疗机构鱼目混珠,违法行医,擅抬医价,引起公众的不满意,制约了医疗事业改革发展的效果。这就需要加大卫生事业管理人才的培养力度,在医院、医疗、医药和医患之间,培养一批专业管理人才进行监控和管理,从而形成和谐的卫生关系。

(4)卫生事业管理人才的培养是开展基层社区服务、推进农村合作医疗改革的需要。我国卫生事业建设的重点之一,就是进行社区医疗服务的同时,在广大农村推行合作医疗制度,而这都离不开高素质的卫生管理人才的培养。目前,无论是社区医疗还是农村合作医疗,都存在着一定的管理漏洞和发展的潜在危机,需要培养和造就大量的专业管理人才,在遵循各自发展规律前提下,加强政策完善和执行力度,保证医疗事业的健康发展。

2. 医政管理人员的培养要求。卫生事业管理不同于一般的行政管理,它的服务对象和要求都不同于一般的管理对象和管理规范,要求医政管理的人员必须具有专业知识,在此基础上,还要求具备高超的管理知识。目前,我国卫生事业管理者,多数是由专业技术干部选拔的,他们多数没有受过专门的管理知识的培训。因此,必须尽快提高其管理水平,以适应医政管理现代化的需要。

(1)管理能力培养。一般地说,卫生事业管理者应具备以下的能力:制定发展规划与计划的能力;制定各项规范的能力;选人和用人的能力;组织管理能力;决策能力;把握信息、预测未来的能力。

(2)专业知识培训。医政管理者既要懂得医疗专业基础知识,还要进行管理专业知识的专门培训,包括管理基础知识和专业知识,如管理数学、经济学、运筹学、组织教育学、管理科学、管理信息系统、卫生政策与法规等。当然,对于不同层次的卫生事业管理人员,应该结合岗位需要,把握应该具备的基本理论知识和技能。

(3)合格的素质培养。优秀的卫生事业管理者,应该是一个具有较高素质的复合型人才,一般来说,在个人素质上应具备坚定的政治品质、谦虚的学习精神、勇于进取的创新意识、果敢的决策魄力、迅捷的办事效率、宽容博爱的救死扶伤精神。

以上对卫生事业管理人才的基本要求,就是培养和培训的基本目标,由于卫生事业管理人才工作性质的特殊性,要求其对人才的培养和培训工作必须经过严密的规划、坚定的执行和科学的评估,保证高效率地塑造出合格而又优秀的社会主义卫生事业管理人才。

第五节 志愿者招募与管理

志愿者是公共事业活动的参与者之一,尽管其与正式的公共事业员工比较,具有很大的灵活性、自由性,但志愿者从具有这种身份开始,就决定了他在招募和管理中应该具有一些基本规范。

一、志愿服务与志愿者

(一)志愿服务与志愿者的含义

志愿服务(Volunteer Service)是指任何人自愿贡献个人时间和精力,在不求物质报酬的前提下,为推动人类发展、社会进步和社会福利事业而提供的服务。志愿服务建立在志愿精神的基础之上,是公众参与社会生活的一种非常重要的方式,是公民社会和公民社会组织的精髓。志愿精神的产生基于个人对人类及社会的积极认识,以及对于社会发展的积极价值取向,而这个取向不仅来自个人的成长背景、教育和人生经验,也来自于社会环境的作用。所以,志愿精神是个人对生命价值、社会、人类和人生观的一种积极态度,是构成现代公民社会的基石之一[①]。

志愿者(Volunteer)则是指那些具有志愿精神,能够主动承担社会责任而不关心报酬的人,或者说是不为报酬而主动承担社会责任的人,志愿者从事的志愿服务,更多的是出自个人的自我动机[②]。志愿服务在国外已经存在和发展了100多年,在发达国家和地区,人们对于志愿者已经有了相当的认同,志愿活动与居民的社区生活息息相关,与社会的进步和社会福利事业息息相关。中国在20世纪80年代后期开始出现自己的志愿服务和志愿人员。改革开放以后,中国最早的志愿人员产生在社区服务的层次上,从属于民政系统,并逐步建立社区志愿人员组织。20世纪90年代初期,另外一支志愿人员队伍在共青团系统中形成,并产生了全国性的志愿组织[③]。

(二) 志愿服务活动的特点

1. 志愿服务是由志愿人员自愿承担社会责任。在志愿服务活动中,志愿人员的参与是建立在自己对社会与自身价值的认知基础之上,在参与过程中,不存在强制力的约束,也较少有功利性的诱导。这种参与并不受制于传统官僚制组织的权威,其进退也不为世俗的利益所左右,而是带有强烈的个性色彩。

2. 志愿服务对于公共事业部门而言是辅助其完成自身职能的手段。无论哪一类公共事业部门,都有自己的在编人员。但是由于公共事务的大量增长,使得这些部门的现有人力资源不能完全满足社会对于相关服务需求的大幅提升,而志愿人员的加入则从人力成本、技术资源结构诸方面提供了有益的、低成本的补充。

---

① 孙昊.论公共部门和非营利组织志愿人员的人力资源管理[J].甘肃行政学院学报,2005(3):47-50.

② 丁元竹,江汛清.志愿活动研究:类型、评价与管理[M].天津:天津人民出版社,2001,86页.

③ 即中国青年志愿者协会(英文名 Chinese Young Volunteers Association,简称 CYVA),成立于1994年12月5日,是由志愿从事社会公益事业与社会保障事业的各界青年组成的全国性社会团体,是中国共产主义青年团中央指导下的,由依法成立的省、自治区、直辖市青年志愿者组织和全国性的专业、行业青年志愿者组织和个人自愿结成的全国性的非营利性社会组织,是全国青联团体会员,联合国国际志愿服务协调委员会(CCIVS)联席会员组织。

3. 志愿人员在志愿服务中扮演着多重角色。一方面,作为"编外"人员,志愿人员的参与对于相关部门的工作只是起着一种辅助作用,志愿人员一般总是从事那些没有被做完的工作[①],他们本应是置身于组织内部既有的规则(包括潜规则)、氛围、人际关系之外的;但是另一方面,志愿人员参与到组织的相关工作中后,会自然成为"部分参与者"甚至是"完全参与者",不可避免地受到组织外部与内部环境的影响,使志愿人员的工作心态产生微妙的变化,从而影响志愿人员的参与初衷与热情。

(三)志愿者人力资源管理的难题

1. 松散的组织结构影响组织效率的提升。志愿服务组织因为活动主体带有较强的松散性与个体倾向,权力与依附感的缺乏使得组织中难以形成传统官僚制下的权威与效率。参与越是志愿,行动越是自由,组织的效率就越是建立在个体情感的基础之上,效率实现的条件就越苛刻,就越难以保证组织效率。

2. 多元性的志愿者参与动机导致组织激励因素复杂。志愿者参与志愿服务的动机是多元化的,有的志愿者是为了实现个体价值,有的志愿者是为了想实践所学专业等等。参与动机的多元化导致组织在对志愿人员进行激励时,必须兼顾更多的因素,如物质激励、精神激励和发展激励等。而这对于管理和运行相对僵化的公共事业部门来说,是难以实现的,这将会影响到志愿者参与志愿服务的初始动力。

3. 复杂性管理特征导致对志愿者的绩效评估较难执行。志愿组织是相对松散的,组织运行也不是很规范,很难进行绩效评估;即便开展了一定的绩效评估,对组织成员的约束力也会大大低于非志愿组织的绩效评估对个体的约束效果;辅助性、补充性的志愿服务地位,使得对志愿者的培训与开发较为缺乏。大部分志愿者尚停留在"廉价劳动力"的层次;志愿人员体制上的"编外"特征与实际工作中的"参与"性之间存在着内在矛盾。志愿人员需要不断在"编外"人员与"参与者"之间进行角色的转换,这给志愿人员的角色定位与担当带来了一定的困难,会影响到志愿者参与的持久性。

二、志愿者的招募

志愿者的招募(Recruitment)是公共事业人力资源管理的一项基本任务,它是在人力资源规划与预测的基础上,补充性地为公共事业组织吸收辅助型合格人才,以维护组织人员自然循环的需求,保证组织任务的完成和目标的实现。

---

① Joan E Pynes. 公共和非营利性组织的人力资源管理[M]. 王孙禹,达飞译. 北京:清华大学出版社,2002,12页。

(一) 志愿者招募计划

志愿者招募计划的目的是分析志愿服务在不同情况下的人力需求,使志愿服务有充足的人力资源,以实现志愿服务的长期或短期目标。

志愿者招募计划工作包括:估计现有的人力资源;预测未来的人力需求与供给。志愿者招募计划可以使组织充分了解组织未来发展对志愿者资格、技能的需求,进一步做好志愿者招募工作。

1. 志愿者需求预测。志愿者需求是指满足志愿服务未来需要所应配备的志愿者数量,及其所应具备的技能条件的组合。影响志愿者需求的因素有来自志愿服务活动内外部的多种因素制约,如整体经济环境、社会及政治压力、技术改进状况、组织政策、组织文化以及管理方式的变革等。

2. 需求预测的技术和方法。

(1) 趋势预测法,是指根据过去志愿服务对志愿者的需求状况,推测出未来志愿者需求结构和数量的方法。趋势预测法是一种逻辑推理方法,简便易行。例如,可以通过计算过去3年内每年志愿者需求数目和变化规律,得出明后年志愿者需求趋势。

(2) 比率预测法,是指通过某种因果关系与志愿者需求数目之间的比率来推测未来的志愿者需求。例如,某研究机构的用人比率为3∶1,即每3位研究志愿者需要1位辅助研究志愿者,假如需增加6位研究志愿者,那么就需另外录用2位辅助研究志愿者。依此类推,可以大致确定志愿者的需求规模,但是,其中要考虑到志愿者组成的团队数量的影响。

(3) 工作负荷预测法,是先进行工作分析,再预测志愿服务未来的工作量,进而推算出对志愿者的需求。

(4) 电脑软件分析法,是利用志愿者需求分析软件对志愿者需求进行预测,这是一种现代、快捷的分析方法,是现代专业人力资源管理咨询公司常用的一种方法。

当然,在应用各种方法时,还应该考虑到志愿者对未来志愿服务情势的判断和预测,毕竟志愿服务活动首先是志愿者的主观选择行为。

(二) 志愿者供给预测

志愿者的供给分内部供给和外部供给两方面。

1. 内部供给。公共事业组织内部人员转成或补充为组织相关活动需要的志愿者,即为内部供给。对组织内部供给进行预测,通常需做以下几方面工作。

(1) 了解组织内部志愿者状况,包括年龄、级别、学历、经历、技能、绩效等,这些信息可以通过人事档案来获取。这样,可以对公共事业组织中可能产生的志愿者有基本的掌握。

（2）建立志愿服务需求卡。也就是将组织需要的每个志愿岗位都编成一张卡片，并标明志愿者需求特点和能力要求，可以优先为内部人员提供志愿服务岗位。

（3）计算组织的志愿者变动率。在分析志愿者内部供给时，必须充分考虑到内部人员原有工作的特点与志愿岗位间的冲突，如时间、技能、保密等因素。

这种志愿者内部供给的方式，有优势也有一定的不足。优势表现在：内部招募的志愿者对组织的运作机制和组织文化有很好的了解和适应性；筛选人员对内部志愿者各方面情况有一定的了解，能够选到比较恰当的人选；内部志愿者的活动绩效，对其他志愿者有激励作用。存在的不足主要表现在：筛选者可能会因为对内部人员正式岗位能力的过多了解，主观性地排斥一些人员的录用，即存在晕轮效应或成见影响；内部志愿者往往容易发生职责错位和角色颠倒，影响正式岗位的任务执行，也可能受到组织文化同化，缺乏创新思想。

2. 外部供给。外部志愿者供给是志愿服务活动人员的主要来源，需考虑以下因素。

（1）人口因素。人口因素的变化直接影响着劳动力的外部供给。①国家和地区间人口数量的多寡会直接影响到志愿者的外部供给。在人口密度大的国家、地区，志愿者的外部供给就相对充裕，反之则紧缺。②新进入就业队伍的年轻人人数的变化，也影响到志愿者的外部供给。如，我国20世纪60年代中后期是一个生育高峰，到20世纪90年代这些人已进入就业队伍，90年代的外部志愿者供给就比较充足。③劳动力结构影响着志愿者的外部供给。如在年龄结构老龄化的地区和国家，外部供给志愿者的年龄就偏大。性别结构的变化影响到志愿者外部供给的男、女比例。劳动力的素质结构，则影响到外部供给能否满足组织对专门人才的需求。

（2）经济因素。社会经济发展的景气与否，直接影响到失业率的高低，进而影响到志愿者外部供给的紧缺程度。另外，地区间经济发展的差异，也会影响到志愿者的外部供给。如在我国东部沿海经济发达地区，劳动力供给就相对紧缺，而在西部经济落后地区，劳动力供给就相对过剩。当然，也可能出现结构性的紧缺。

（3）政策因素。一个国家和地区的政府制定的志愿者管理政策、法规，对外部志愿者的供给有着重要影响，如我国的户籍管理政策对人口的跨地区流动存有一定的限制，这样就影响到地区间的志愿者供给。另外，如平等就业法规、妇女儿童权益保护法、工作时间规定等都对志愿者的外部供给会产生一定的影响。

总之，志愿者招募计划是公共事业人力资源管理的重要环节之一，成功的志愿者招募计划，能通过把握现有及未来劳动力构成的可能性，并预测相应成本，是组织人力资源管理战略与运作的重要桥梁。

三、志愿者招募甄选

随着社会的发展和人们公益精神的增强，大量的社会事务令政府等公共部门无暇顾及或力不从心，志愿者的加入就成为一种积极的补救措施，同时它也是社会文明程度的体现。但是，并非每一个有志愿动机的人员，都可以成为志愿者，这里既有志愿行动的特殊性要求，还有志愿者本身的能力要求。为了保证志愿服务能够实现应有的目标，就必须对志愿服务的要求进行公开说明，对有志愿服务倾向的人员，进行甄选。

(一) 招募甄选的意义

志愿者招募甄选是人力资源管理的入口管理，是指寻找、筛选及录用适当人员进行志愿服务的过程，在人力资源管理中具有重要的意义。

1. 科学的招募甄选能为整个志愿服务活动不断充实新生力量，实现志愿服务人力资源的合理配置，为公益事业发展提供人力资源上的保障。

2. 科学的招募甄选可以增加志愿者的稳定性，减少志愿者的流失，通过招募甄选，可以为志愿服务找到合适的人选，做到人尽其才，并提高其对工作的满意度。

3. 科学的招募甄选可降低志愿者初任培训和能力开发的费用，使后期的培训和开发更简单、有效。

4. 科学的招募甄选能够提高志愿服务的效率。

(二) 招募甄选的方式

招募的方式有很多，一般要视成本和效益而定，下列几种方式是常用的招募志愿者方法。

1. 刊登广告。这是常用的向社会招募志愿者的主要方式，但是也要注意招聘广告的独特创意，并且主要招募内容与条件要公示清楚，如工作内容、工作时间、工作环境、资格条件等。尽管广告招聘具有流量大、影响面广等优点，但也存在着广告存留时间短、成本较高、信息容量少的缺点。

2. 学校招募。这是经由学校的学生工作处或毕业生分配办公室进行的志愿者招募，是主要的、传统的招募志愿者方式。这种招聘志愿者方式的优点是能够保证应聘者的素质，应征人数也会很多，提供了有计划地进行招募甄选的基础；缺点则是只能在固定时间内进行总招募，不能临时录用，还容易受到学生就业的干扰。

3. 由现有志愿者介绍。即由部分志愿者向亲属、同学和工作伙伴介绍志愿行动,引起他们的兴趣,进而加入到志愿服务中来。现有志愿者清楚志愿服务运作及职位要求,能够使被推荐者较快了解志愿服务的岗位特点,尽快适应工作环境。但如果不能合理控制,易形成小的私情集团,影响志愿服务利益和宗旨。

4. 由公共部门人员兼任。由于相应的社会公共组织了解志愿行动的价值,加上在公共部门工作的人员,一般具有较高的思想觉悟,一些内部员工以兼职的形式,从事志愿者服务活动,这是志愿服务不发达地区经常被采用的招募方式。

5. 国际合作组织全球志愿者合作计划。就是通过一些全球志愿者联合组织,围绕人类的共性发展问题,向全球招募志愿者,不同国籍和身份的人员围绕环保、资源、气候、物种、疾病等共性问题,开展全球志愿者招募甄选。这种形式变得越来越普遍。

(三) 招募甄选的程序

志愿者的招募甄选是一个复杂、完整而又连续的程序化操作过程,这一程序的每一组成部分都是为了保证志愿者招募甄选的质量,确保为志愿服务活动录用到合格、优秀的人才。志愿者招募甄选的程序包括以下七个步骤。

1. 出现既有志愿服务空缺或新的志愿服务需求的,提出志愿者增补需求,在通过详细的志愿服务人力资源规划后,志愿者招募甄选工作开始。

2. 确定招募甄选负责部门,制定招募实施计划。一般由某些部门的人力资源管理部来负责志愿者招募甄选,也可由业务部门负责实施,包括招募人数、招募标准、招募对象、招募经费预算、参与人员等。

3. 确定招募方式,即根据志愿服务的特性,选择恰当的招募方式,可以是一种,也可以是几种结合使用。

4. 对应聘志愿者进行考试、面试等甄选工作。一般由主持或委托部门的人力资源部会同志愿服务需求部门或区域专门负责人员共同来完成。这一步骤主要是依据具体职位规范,对应聘志愿者进行各种形式的知识、技能和能力考试、心理测验,从应聘志愿者的基本素质、心理特点、能力特长上进行甄选,合格者参加面试,并最终确定录用人选。面试是志愿者甄选中最重要的环节。

5. 确定试用志愿者并进行相关志愿服务活动技术和能力培训。志愿者在投入到志愿服务活动中之前,需进行一定的相关业务培训,掌握工作所需的有关知识、技能。其间,可以进行一定的模拟实践。

6. 志愿者开展志愿服务活动。经过必要的培训后,志愿者开始进行志愿服务活动,并与招募部门签订一定的权利义务协议,一般情况下,不得擅自违约。

7. 有些招募部门,在志愿者开展志愿服务活动中,还要进行一系列的工作绩效评估,作为招募志愿者的必要补充。

四、志愿者甄选的方法与技术

甄选是志愿者录用过程中最关键的环节,因为它决定着录用的结果。因此,在甄选过程中注重甄选方法的科学性就成为很重要的内容。

(一)笔试

笔试是最古老、最基本的志愿者甄选方法。它是通过应征者在试卷上笔答事先拟好的试题,然后依据解答的正确程度或成绩进行测评的方法。

笔试的优点:首先是试卷内容涵盖面广,容量大,对基本知识、技能和能力的测试信度和效度较高;其次是笔试可以对大量的应聘者同时进行,测评效率高;再次是成绩评定比较客观,考试材料可以保存以备待查,体现公平原则。笔试的缺点在于不能全面地考察应试者的工作态度、品德修养以及组织管理能力、口头表达能力和操作技能。因此,笔试法一般不应单独使用,还须配合以其他方法。

(二)面试

面试是应聘者在主考人面前,用口述方式现场回答问题,主考人根据应聘者在面试过程中的行为表现及回答问题的正确程度来进行测评的一种方法。

通过面试,可以判断出应聘者运用知识分析问题的熟练程度、思维的敏捷性、语言的表达能力。并且通过应聘者面试过程中的行为举止,可以了解到应聘者的外表、气质、风度、情绪的稳定性质。此外,通过面试还可以核对应聘者个人材料的真实性。

1. 面试的种类。依据面试的不同方式,可以划分出多种类型的面试方法:①非引导式面试,即面试主考者依自己兴趣所至,随意向应聘者提出问题;②定型式面试,即面试主考者依据预先设计好的一系列问题向应聘者发问;③结构式面试,即面试主考者所提的问题都是与志愿服务有关的问题,且事先已确定应聘者可能有的答案,面试主考者依据应聘者的答复,当场作出不理想、普通、良好的结果评价;④系列式面试,即由不同层次面试主考者先后同应聘者进行面谈,并作出评价,最后进行综合;⑤陪审团式面试,即由多个面试主考者(一般3~5个最佳)同应聘者面谈;⑥压力面试,即由专业的面试主考者依据工作的重要特征,向志愿者施加压力,测试应聘者如何应付工作压力;⑦模式化行为描述面试,即由面试主考者向应聘者描绘出一幅"时间图画",要求应聘者描述其在这种特定情景下的行为方式,面试主考者据此判断应聘者的行为模式,并与要开展的志愿服务期望模式进行比较,得出评价结果。

2. 面试的问题与对策。在应用面试法进行志愿者甄选时,容易产生以下问题:①缺乏训练的面试主考者往往不能对应聘者作出客观的评价;②面试主考者易受光环效应和触角效应的影响;③面试主考者往往先入为主,过早作出判断;④面试主考者过分重视负面资料,不容易由坏转好;⑤面试次序的对比误差,即应聘者接受面试的先后次序会影响面试主考者的评分。

要避免上面提到的5个方面的问题,就需采取相应的对策,主要有:①对面试主考者进行面试技术培训;②确保面试主考者在面试之前应充分了解志愿服务的工作特点和范围,以及对志愿者的特殊技能要求等;③选择适当的地点作为面试场所;④合理安排面试时间,并使每位应聘者的受试时间基本相同;⑤面试所提问题中,应包含开放式的有关职位的问题;⑥一般在面试主考者提问后,应给应聘者一些时间提出问题;⑦把面试法与其他方法结合使用。

3. 心理测试。心理测试有许多种,但对预测未来的志愿服务绩效有较大帮助的甄选过程,主要是采取能力测试和个性测试这两种。

(1) 能力测试,主要分为普通能力测试、特殊能力测试和成就测试。普通能力测试主要是测试应聘者的思维能力、想象力、记忆力、推理能力、分析能力、数学能力、空间关系能力及语言能力。特殊能力测试适用于特定能力或才能的测试,如空间感、动手灵活性、协调性等,另外还包括一些专业的基础知识测验。成就测试是考察一个人已经拥有的能力,主要测试应聘者已具备的从事有关工作的能力水平。

(2) 个性测试。对于那些需要比较多人际交流的志愿服务,个人技术能力的高低已经不是主要的因素,个性品质变得相当重要。个性品质主要包括人的态度、情绪、价值观、性格等方面的特性,对个性品质的测试方法主要有:①影射法,即让受测者看过一项不明的刺激物之后,如图片、墨迹等,然后要求他们诠释其意义或自己有何反应;②构造法,即要求应聘者编造或创造出一些东西或故事、图画;③完成法,要求应聘者完成某种材料,如句子的完成法;④选择排列法,即要求应聘者依据某种原则对刺激材料进行选择或排列等;⑤个性品质问卷调查法,即通过应聘者对个性品质调查表中的问题进行回答,依据得分统计来判断应聘者的个性品质倾向;⑥兴趣盘存法,即将应聘者的兴趣和各种人士的兴趣作一比较,判断应聘者适合从事什么工作。

个性品质测试的根本目的是通过对应聘者个性品质的考查,判断应聘者工作动机、工作态度、情绪稳定性、气质、性格等素质,是否与要从事的志愿服务要求相近或相同,若是,就是合适的人选。

4. 行为模拟测试法。该方法也称为情景模拟法,是指通过在一种情景下,应聘者所表现出的与职位要求相关的行为方式,来判断应聘者是否适合进行志愿服务的一种测试方法。比较适合于评价具有某种与职位相关的潜能,但又没有机会表现的应聘者。通常所采用的行为模拟方式有以下几种。

(1)文件筐处理。要求应聘者对文件筐中的各类信件、便笺等进行处理,并作出决定,制订计划、组织和安排、要求合作、撰写回信和报告。依此测出应聘者的工作主动性、独立性、敏感性、组织规划能力、合作精神、分析判断能力、决策能力等。

(2)分析模拟。分析模拟是给应聘者提供有关某种情况的资料,要求其进行分析并提出合理的行动程序。以此观察应聘者筛选数据、分析问题、进行决策的能力并进行评价。

(3)面谈模拟。面谈模拟是由应聘者扮演一个角色,评价人员扮演与之相对的角色,来进行与工作相关的某种情景下的模拟行为和对话,依此来评价应聘者的组织能力、领导能力、灵活性、口头表达能力、控制能力及压力下的工作能力等。

5. 工作抽样法。该方法是指将志愿服务岗位工作的几个关键环节抽样出来,让应聘者在无主持的状况下进行实地操作,以考查其实际工作能力和绩效。科学的工作抽样比其他甄选方法都有效,因为这种方法所得到的信息更直接、更真实,评价结果也更客观、更公正。

6. 评价中心。这里是指将应聘者(若应聘者过多,可经筛选后进行)集中起来,采用多种评价方法进行集体评价,然后从中甄选出合格志愿者的过程。评价的地点可以是一间会议室,也可以是一间特殊的房间。评价中心要求有10多名评价员来参与,一是因为应聘志愿者多,需多人进行评价;二是可以保证评价结果的公正性。评价中心一般包括下列项目。

(1)份内工作,即让应聘者面对一堆真正担任空缺职位时所面对的报表、备忘录、信件、电话以及其他文件,要求其逐一处理。然后,再由经验丰富的评价员对工作绩效予以评价。

(2)无主持的群体讨论,即给一个问题,让应聘者一起进行讨论,并作出群体决策。然后由评价员对应聘者的沟通技巧、领导能力、个人影响力以及群体接纳程度进行评估。

(3)管理竞赛,即让应聘者各代表一个组织,这些组织在市场上有着激烈的竞争,然后让应聘者依据所代表的组织的状况进行一系列管理决策,由此来评价应聘者的决策能力、组织能力、沟通能力及领导能力。

(4)口头报告,即让应聘者就某一主题作一个口头报告,以此来评价应聘者的沟通技巧和说服能力。

(5)客观测试,即对应聘者进行一系列的内心测试。

(6)面谈,即每位应聘者至少都由一位评价员与其面谈,以发掘应聘者的背景、过去的工作绩效、目前兴趣以及激励状态。

总之,志愿者招募中的甄选方法有很多,至于选择何种方法,要依志愿服务工作的具体情况而定,但是所有甄选方法都需注意测试的效度和信度。效度是指测试的结果能否预测出任职后的工作绩效;信度是指对同一应聘者用内容相似的测验再去测试他,则所得到的分数也应相似。没有效度和信度的测试是不能在招募甄选中采用的。

五、志愿者管理

(一)志愿者管理的意义与任务

志愿服务的兴起与志愿人员规模的扩大,对降低政府管理社会频度、减少政府雇员的数量、增加雇佣关系的灵活性具有积极的影响[①]。这就要提高招聘和管理志愿者的能力,通过多元的激励,保持志愿者的长久热情与动力,这种激励作用贯穿于志愿者的招聘、选拔、培训、评估和日常管理的整个过程中,这就是永续性激励。

志愿组织需要任命有资格的成员来管理和开发志愿者系统,他们要承担如下职责。

1. 监督和指导志愿者工作,以保证志愿者项目实现预期的目标。

2. 创造激发志愿者工作动机的环境,为其指明目标及其意义。

3. 赋予志愿者一定的权力和权限,保证他们在处理工作时能够有独立自主的权力。

4. 建立合理的志愿者日常管理机制,保障永续性激励的规范化、制度化与持久化。

(二)志愿者管理措施

志愿者管理者及机构在进行志愿者制度和职责设计时,既要赋予志愿者一定的自主权,充分调动他们的积极性和创造性,又要保证他们按照预定的目标开展工作,同时又要在特定的环境中,把赋予他们的权力收回来。为此,可以采

---

① 克林格勒·纳尔班迪.公共部门人力资源管理:系统与战略[M].北京:中国人民大学出版社,2001,186 页。

取如下措施,保证管理目标与志愿者目标的实现①。

1. 灵活与谨慎的授权。建立分权化的人力资源管理模式是当今公共部门人力资源管理变革的主要方向之一②。这对公共事业人力资源管理同样适用。在这种管理模式中,志愿者拥有部分甚至全部工作的决定权,他是工作的主导。当然,这要建立在对志愿者能力有着较为全面认识的基础之上,同时,其相关工作应属于即使志愿者滥用授权或铸下大错也不会给组织本身带来重大损害的那一种。

2. 建立志愿者的反馈制度。反馈制度是激发与引导志愿者热情的有力保障,在这里志愿者仍然是工作的主导,但是对于"编外"的志愿者来说,由于他们较为游离于服务组织的内部规则之外,在提供服务的过程中有可能对于组织自身的职能、目标、政策、命令在认识上有所偏差。规范的反馈制度就可以在组织需要的时候让志愿者向管理者报告工作的进展及已处理的事项,使组织获得更多的信息,及时纠偏,保证工作朝正确的方向发展。

3. 提供多元的回报"菜单"。志愿者参与志愿服务具有多元的激励因素,这些因素在志愿服务过程中得以满足的程度,决定了志愿者再次参与的可能性。既然如此,志愿组织就要有意识地提供多元的回报项目,如伙食费用补贴、交通费用补贴、荣誉的授予、组织的认同、专业知识与技能的传授等等,而且这些项目要像菜单一样事先公布,并由志愿者根据自己的需求来进行选择,以满足个性化的需求。许多人进入到志愿组织中去是因为它"与众不同",所以对个性化需求的满足将激励组织成员的进一步参与③。

4. 提供完善、持久的培训与开发系统。因为"志愿者是组织的代理人,他们的工作提出了潜在的风险管理问题,任何代表一个组织工作的人都可能让其他人遭受风险,或自己遭受风险",所以即使是"编外"人员,志愿者同样需要接受充分与持续的培训与开发④。另外,需要志愿者能对组织目标、行事依据等各方面的情况较为了解,从而不会在服务过程中帮倒忙,组织就必须为此加强培训。同时专业技能、综合素质等方面的培训与开发在使得志愿者提高服务的水准的同时,同样会对志愿者的本职工作大有裨益。所以完善、持久的培训与

---

① 孙昊.论公共部门和非营利组织志愿人员的人力资源管理[J].甘肃行政学院学报,2005(3):49-50.

② 孙柏瑛,祁光华.公共部门人力资源开发与管理[M].北京:中国人民大学出版社,2004,64页.

③ (美)玛丽莲·泰勒.影响志愿机构工作的基本要素[C].//李亚平.第三域的兴起[M].上海:复旦大学出版社,1998,86页.

④ Joan E Pynes.公共和非营利性组织的人力资源管理[M].王孙禹,达飞译.北京:清华大学出版社,2002,47页.

开发系统是较为有效的激励元素。比如,上海基督教青年会就把培训作为志愿活动的一项重要工作,通过培训与开发工作使志愿者成为可依靠的重要力量①。

5. 建立志愿者的价值转换与衡量机制。志愿者热情的降低往往在于对自己所从事工作的价值产生了怀疑。实际上,志愿者的贡献是可以进行计量的。通常人们计算志愿者所付出时间的价值成本,是以公共事业部门所支付的活动成本的标准去计算的。在这种情况下,志愿者的服务可以以金钱作为衡量标准来进行计算,来对他们的活动作出评估。因为在市场的环境下,志愿者服务对于社会活动和社会进步具有重要的意义,其贡献可以被视为相等活动的货币价值。志愿者所贡献的每个小时可以根据同类机构组织成员相同工作所获报酬的市场价值来估价(但不包括员工有关福利等的经常开支的成本),这样就可以在市场条件下给出志愿者的价值,使志愿者对自己工作的意义有了另一个角度的认识。

总而言之,维系志愿者参与的重要保证是确保志愿者能通过志愿服务满足自我多元的需求。管理者应该培养志愿者参与的环境,满足志愿者对归属感的追求及对自主权的需要,实现永续性激励。

本章小节

1. 公共事业人力资源是完成和实现公共事业的根本保障,公共事业的特点决定了公共事业人力资源具有特定的价值指向、能力需求和服务大局意识,在市场经济条件下,公共事业人力资源具有非同一般的影响和要求,应该从其特点出发,进行分类管理和培训教育与激励。

2. 我国公共事业人力资源分类主要根据《公务员法》执行。但是随着事业单位改革的深入,公共事业人力资源主要分成行政人员、事务人员和工勤人员等,对保留下来的事业单位从业人员的管理,主要参照《公务员法》规定的公务员管理程序执行,我国目前的国情和社会状况,决定了公共事业人力资源管理的复杂性。

3. 国际公共事业人力资源管理有其一般的做法,如绩效评估、能力本位等。我国除了遵照国际通行的做法,还结合我国公共事业人力资源发展状况进行相应的改进和取舍,力图促进我国公共事业人力资源的发展和满足公共事业日益

---

① 丁元竹,江汛清.志愿活动研究:类型、评价与管理[M].天津:天津人民出版社,2001.

增长的人力资源需求。

4. 我国公共事业人力资源制度既有积极的一面,也有很大的不足,需要与时俱进地加以改进和完善。这就要在公共事业人力资源岗位设置、福利薪酬、晋升与奖惩等方面,进行详细的制度设计和权衡,以符合我国国情并最大限度地激励公共事业人力资源为社会和公众需求提供充足的公共物品。

5. 公共事业人力资源必须接受和面对事业单位的聘任制改革,接受国家宏观调控下的给与公共事业人力资源更大发挥空间和职务激励的制度设计,这就需要公共事业人力资源作好职业规划和生涯设计,以能够在激烈的竞争中立稳脚跟,能够实现更大的价值。

6. 公共事业人力资源职业生涯设计必须充分考量职业特点和事业单位的发展趋势,能够以公众利益为第一需求,能够以提供充足价廉的服务为工作出发点。当然这也需要公共部门能够给予重要的支持,使公共事业人力资源职业规划和设计能够预期实现。

7. 公共事业人力资源培训要全面结合人力资源特点和组织面临的机遇等问题,运用SWOT等分析工具,制定科学可行的培训策略,在心理教育、课程设置、行业特殊技能方面实施周密的培训,达成人兴业举的目标。

8. 志愿者是公共事业人力资源中的一类特殊形式,近几年发展迅猛,而且对社会进步和满足公众需要发挥着越来越重要的功能。但是,我国志愿者在招募和管理中,也遇到了一系列的问题,比如招募、甄选、评估的方式、方法亟待改进等,志愿者供给质量和社会环境相对欠缺等,都会影响到志愿者事业的健康发展。

思考题

1. 什么是公共事业人力资源？它有哪些特点？
2. 公共事业人力资源有什么价值？
3. 如何提升公共事业人力资源质量？
4. 如何认识我国公共事业人力资源管理中的问题？
5. 我国公共事业制度变化对公共事业人力资源发展有什么影响和启示？
6. 公共事业人力资源如何策划自己的职业生涯？
7. 志愿者与公共事业人力资源是什么关系？它有哪些特殊性？
8. 如何招聘到优秀的志愿者？
9. 试以我国公共事业制度改革为背景,剖析公共事业人力资源发展的途径。

破解大学生就业难困局

当前,大学生身陷就业困局已成为中国一系列就业问题中一道特殊的难题,成为全社会关注的焦点和热点。大学生就业究竟难在哪里?怎样化解这一难题?

一、大学生就业难不能只看表象

许多人把大学生就业难的"源头"归结为高校扩招,事实果真如此吗?从需求而言,我国对大学生还是有着旺盛的需求的。一是当前我国正处于经济加速发展时期,国家建设需要大量的高层次人才;二是在广大中西部地区、中小城镇,大学生还极度缺乏。从供给角度看,我国的大学生人数及入学率还是很低的。以2004年每万人拥有的大学生数为例,加拿大为580人,美国为520人,韩国为571人,而我国只有120人;按毛入学率计,1997年欧美等发达国家为61.1%,其中美国、加拿大高达80.7%,我国按2004年数字统计,才刚刚达到19%,而同处亚洲的韩国为71.69%,泰国为31.92%。可见我国的大学生不是太多了,而是太少了。扩招与就业难没有必然的联系。

目前还有学者将学生不当的就业观念作为就业难的重要原因。这些观念包括:在城乡选择方面偏好大中城市,在地区选择上偏好东部发达地区;在就业部门与单位选择上,偏好政府机关、事业单位、垄断行业;在对就业与择业的认识上,存在"一步到位,终生不变"的观念,把初次择业看得过重等。

然而,将就业难归咎于学生的就业观念,对大学生是不公平的。事实上,在大学生供给日益增多的背景下,严峻的就业压力和就业刚性会迫使学生放弃那些阻碍就业的观念。例如,在起薪方面,中华英才网的调查发现,大学毕业生的期望报酬是逐年降低的。这表明,在残酷的现实面前,大学生们已经开始调整自己的心态。此时如果还有大量学生死守一些不合时宜的"观念",恐怕应该从"观念"的背后寻找起作用的深层次原因了。

二、大学生就业难之寻根溯源

对于我国大学生就业问题的分析,不能脱离我国的基本国情,尤其是我国社会经济的二元特征——城乡二元结构、东西部地区二元结构、体制内与体制外就业二元结构等。有鉴于此,可以借用分析二元经济背景下农村人口流动状况的托达罗模型来分析我国的大学生就业问题。在托达罗模型中,短期内乡—城人口流动规模是城乡收入差异净值的增函数,即城乡收入差异净值越大,从农村向城市流入的人口就越多;反之亦然。

对于我国大学生来说,假设学生是一次性择业,考虑到我国二元经济的现实情况,大学生在就业时实际上存在着三类就业选择。第一类:在大中城市(或发达地区、东部地区)体制内(如政府机关、事业单位、垄断行业)就业,有就业城市户籍。第二类:在大中城市体制外(如民企、私企)就业,无就业城市户籍。第三类:在小城镇(或西部、经济不发达地区)就业。

这三类就业的收益不仅包含工资收益,还包括户籍收益、社会保障收益。

就工资收益而言,第一类就业的名义工资收益或会略低于第二类就业,但考虑到非社会保障性福利收益(如实物分配)、享有更多闲暇、体制外就业更辛苦等,所以二者的实际工资收益可视为相等;而在大中城市就业比小城镇就业的名义与实际收入都要高。

就户籍收益而言,如果在大中城市就业而没有该市户籍,要付出许多额外的成本,仅子女入学的借读费每年就要多负担数百至数万元不等,一直负担至少12年,所以第一类就业的户籍收益大于第二类就业的户籍收益;如果到小城镇就业,其户籍收益也低于大中城市户籍拥有者,例如子女入学虽然不用额外负担费用,但子女接受教育的质量比大中城市差;第二类就业者一般户籍都迁回了原籍(多为中小城镇),所以第二、第三类就业的户籍收益基本一致。

就社会保障收益而言,由于行业性质、效益的差异,使第一类就业比第二类就业享有的社会保障(包括医疗、养老、失业、工伤保险等)范围和程度要高;而由于地方财力、管理规范化等原因,第二类就业的社会保障水平又高于第三类就业。

将上述三种收益加总,可以看到,第一类就业的收益大于第二类就业又大于第三类就业。在一次性择业的背景下,这种收入差距会一直延续若干年,因此,大学生面临的第一类就业的累积总收益远远大于第二类就业,又远远大于第三类就业。

因此,对于学生来说,虽然第二类就业的成功概率大于第一类就业的概率,但除非后者足够小,否则学生们会偏好选择第一类就业。2005年中央、国家机关政府公务员的计划需要数量只有8 400人,而应届高校毕业生报考者多达38万人,报名录取比高达45∶1,岗位需求与求职人数完全不成比例。

因此,我国大学生就业难的根本原因就在于二元经济造成的收入差距过大,而导致了大量学生对城市就业,尤其是对在大城市体制内就业的过度偏好。

三、结论——抓住主要矛盾解决关键问题

1. 扩招和就业观念并不是就业难的主要原因,二元经济是导致我国出现大学生就业难现象的症结所在。从而,通过放慢扩招步伐或提倡学生改变就业观念的途径来解决就业难题是难有成效的,真正的关键在于缓和我国城乡分割、东西部分割、体制内外分割现状,切实缩小二元差距。

2. 高校根据社会需要改革教育模式、加强针对大学生的就业信息服务,对于解决因供需脱节和因信息不畅而产生的就业问题会有一定的促进作用,但其作用不能高估。其一,这两项措施主要是对解决第二类就业中的就业困难有效;由于第一类就业竞争掺杂了大量关系因素,使第一类就业竞争较多地偏离了能力学识标准,这两项措施在这类就业中所能起到的作用是有限的。其二,尤其对于改革教育模式而言,改革教育模式涉及教育理念、师资力量、教学条件等许多方面的根本变革,这些都不是短期内可以完成的。

3. 当前缓解就业难题最为现实、最为迫切、最为直接有效的方法是拆除那些妨碍大学生就业的政策壁垒。户籍流动有助于淡化学生的一次性就业观念,有助于激励学生作出"先回乡再回城"的决策。虽然不能从根本上改变就业难的现状,但可以有效缓解当前大量学生淤塞在大城市求职的状况,并为不发达地区带来可贵的源源不断的人力资源。否则,城乡、东西二元差距还会由于小城镇、西部地区人力资本的缺乏而进一步扩大,刺激更多的学生选择留在大城市寻工,陷入恶性循环。因此,国家有必要考虑针对大学生取消户籍政策壁垒,允许高校毕业生在待业、择业、就业过程中将其档案、户口在各地、各城市间自由流动。

四、相关分析——大学生为什么不选择"多次就业"?

假设学生选择一次性就业,那么大城市、国家机关和大企业必然是首要选项。如果学生先到小城镇就业(例如1～2年),在积累了一定的经验后再回城就业,即现在提倡的"先就业再择业",或"多次就业",此时学生面对的就业概率会上升,而起点工资也会更高,这样不是更好吗?但是在现实中,作出如此选择的毕业生非常少,原因何在?

这之中,户籍制度起了很大的阻碍作用。一直以来,我国的城乡二元户籍制度使人口缺乏流动性,即使流动也具有很强的单向性(从大中城市流向小城市或乡镇容易,反之却很难)。我国1994～2000年人口(带户籍)流动的比例均低于16.5‰。其中还包括了大量的升学户籍流动、从城到乡流动等。可见我国的乡城人口流动(带户籍)的比例非常低,户籍制度使学生一旦将户籍迁到中小城镇,在短期内要再迁回大城市的概率是趋于0的。学生们预期到这一点后,在现期就不会作出回小城镇就业的选择,而是会高度重视第一份工作

(至少是落户地)的选择,即一次性择业。

如果现期不能留在大中城市体制内就业呢?对大多数学生来说,先回乡再回城也不是好选择。因为这时反正没有户籍收益,但留在城市体制外就业,工资比回乡就业要高,所以先回乡再回城只会导致回乡期间的净机会损失。学生预期到这一点,现期会选择留在城市体制外就业,而不会是回小城镇就业。

就业概率与寻工时间是成正比的。寻工所花时间越长,获得工作的机会就越大。一次性择业观念,必然会使学生通过延长寻工期来增大成功概率。从而,在大四一年寻工期限内,偏好第一类(或第二类)就业的学生,除非达到就业目标,否则会一直尽力寻工。这也是虽然一方面就业形势"严峻",但毕业前许多学生却不急于签约的原因。这进一步促使人们得出就业难的结论。

除了利用时间这个因素外,在一次性择业心态下,学生还会调动一切资源来寻找工作,包括利用关系资源进行竞争。就业竞争本来是学生自己应对的事情,现在父母、亲属等都被动员、参与进来(主要是第一类就业的竞争)。而体制内的就业岗位是有限的,许多学生必然会以失败告终。这会导致社会资源的浪费,并引发寻租和腐败。

关系竞争使人才配置标准不再是学识、能力,而是关系网和活动能量,这使许多并不是最适合某一岗位的人上岗,导致效率的降低;同时,户籍问题使学生在就业时首先考虑的是某一职业是否属于体制内就业(有户籍),而不是自己是否喜欢,这也会扭曲人才的配置。

(资料来源:经济参考报 2006 年 07 月 10 日,周骏宇文,有改动)

第八章

公共事业组织战略管理

近年来,公共事业组织尤其是民办非营利组织在我国得到了迅猛发展,已经成为与政府、企业组织并列的与人们生活休戚相关的一支重要社会力量。随着社会转型和经济全球化趋势的加快,公共事业组织所面临的环境越来越具有复杂性、动荡性和多元性的特征,人们已经认识到影响公共事业组织运作的最大因素是公共事业组织与外界环境的互动问题,而非仅仅是内部管理问题。因此,公共事业组织越来越迫切地感觉到制定发展战略、实施战略管理的必要性,战略管理也就日益受到公共事业组织的重视。本章将主要讲述公共事业组织战略管理的基本定义、特点,公共事业组织战略管理的过程,公共事业组织战略管理的方法,以及我国公共事业组织战略管理的现状及对策等。

第一节 公共事业组织战略管理概述

一、公共事业组织战略管理的基本概念

战略管理是管理学和战略学相融合的科学,因此在定义公共事业组织战略管理前,有必要弄清楚三个基本的概念:战略、管理、战略管理。①

---

① 黄浩明.非营利组织战略管理.北京:中国人民大学出版社,2003年.

（一）战略

1. 战略的含义。战略原是一个军事术语，它的本意是指通过搜集战争中敌我双方在军事、政治、经济、地理等方面的情报，加以分析研究，从而对战争全局及其各个局部的关系作出系统的、科学的判断，从而对整个战争及其各个阶段军事力量的准备和运用作出的部署。但是对于这一概念的理解，人们至今未达成共识。学者们都是从与自己的研究领域相关的视角来诠释战略。在经济领域，战略通常是指在一个较长的时间内，依据对经济发展各种因素、条件的考察、评价，从关系经济发展全局的各个方面出发，研究和制定经济发展所要达到的目标、所要解决的重点、所要经过的阶段，以及为实现上述要求而需配置的资源条件和采取的重大策略。

后来，战略的概念被用于管理学理论，安东尼在《管理控制》一书中提出战略是通过描述组织计划、推动组织运行以实现其目标的总体方向。管理学教授明茨伯格对战略的概念进行过比较综合性的论述，他提出的战略"5P"，从不同的角度分析了战略的基本含义，即战略是计划（Plan）、战略是模式（Paradigm）、战略是定位（Position）、战略是观念（Perception）、战略是计谋（Policy）。

综合上述的各种观点，战略是确定组织长远发展目标，并指出实现长远目标的策略和途径。

2. 管理的含义。关于管理的定义也是五花八门，学者们有不同的见解。被公认的定义是：管理是指管理者在一定的环境下，利用组织资源，通过计划、组织、领导、控制等活动，实现组织目标的过程。

理解管理这一定义应明确以下几点。

（1）管理是在一定环境下进行的，管理环境既包括外部的宏观环境，如政治经济社会文化环境、自然环境等，也包括组织的内部环境，如组织的资源财务状况、员工规模、组织的体系结构等。

（2）管理的主要职责是计划、组织、领导、控制。

（3）管理是为实现一定目标服务的，是一个有意识、有目的的行为过程。

（二）战略管理

1. 战略管理的含义。战略的概念被成功地应用于企业管理，渐渐地发展成一门分支学科，即战略管理。申克尔和霍佛的著作标志着战略管理的诞生，在其著作里他们提出了战略管理理论的概念基础和范式。弗雷德·戴维教授在《战略管理的概念》一书中将战略管理定义为一门着重制定、实施和评估管理决策和行动的具有综合功能的艺术和科学，这样的管理决策和行动能够在一个相对稳定的时间内达到一个机构所制定的目标。当今广为接受的战略管理定义是由安德鲁提出的,他将组织的如下决策定义为组织的战略:确定或反映了组织目标、意图等的决策,规定组织从事的业务或服务范围的决策;确定组织将要或想要成为何种经济或人力组织的决策;关于组织将要为其股东或托管人、雇员、顾客和社会所作的经济或非经济贡献的决策。

综合不同的有关战略的基本含义和管理的基本含义,我们认为战略管理是指管理者在对组织内外环境进行分析的基础上通过对战略的计划、组织、领导、控制以实现组织目标的过程,是一个组织战略的制定、执行、控制和调整的全过程。

2. 理解战略管理的含义应明确以下几点。

(1)战略管理不仅涉及战略的制定和规划,而且也包含着将制定出的战略付诸实施的管理,因此是一个全过程的管理。

(2)战略管理不是静态的、一次性的管理,而是一种循环的、往复性的动态管理过程。它是需要根据外部环境的变化、组织内部条件的改变,以及战略执行结果的反馈信息等,重复进行新一轮战略管理的过程,是不间断的管理。

(3)战略管理既不是组织的日常管理,也不是危机管理,而是涉及未来3～5年组织中期发展目标的战略性的计划或规划的管理。

(4)战略管理包括四个要素:战略指导思想、战略目标、战略重点、实施策略。

(三)战略管理的特点

1. 全局性。战略管理是以组织的全局为对象,把组织未来的生存和发展作为谋划的对象,所追求的是组织的总体效果。虽然这种管理也包括组织的局部活动,但是这些局部活动是作为总体活动的有机组成部分在战略管理中出现的。具体地说,战略管理不是强调组织某一职能部门的重要性,而是通过制定组织的使命、目标和战略来协调组织各部门自身的表现,测量它们对实现组织使命、目标、战略的贡献大小。

2. 长远性。战略管理中的战略决策是对组织未来较长时期内,就组织如何生存和发展等进行统筹规划。虽然这种决策以组织外部环境和内部条件的当前情况为出发点,并且对组织当前的经营活动有指导、限制作用,但是这一切是为了更长远的发展,是长期发展的起步。在迅速变化和竞争的环境中,组织要取得成功必须对未来的变化采取预应性的态势,这就需要组织做出长期性的战略计划。

3. 导向性。应该说,组织的计划都是根据组织的目标确定今后要实现或完成的任务,因而在管理领域内,任何组织的计划都具有未来性。但是相比较而言,战略管理的这种未来导向性显然更为强烈。因为,战略管理的出发点就是根据外部环境的变化来为组织确定未来的发展蓝图,而且是通过战略管理将其灌输于组织的所有人员和机构,使之理解组织的环境、要求和目标,并将这一战略理念落实于整个运行过程中,从而在组织的现在与未来之间架起了桥梁。

4. 外向性。所谓外向性,是指战略管理在面对复杂多变的环境时,通过制定战略,利用外部机会或化解或回避外部威胁,从而促进组织成长和发展。相当程度上,战略管理就是一个组织面对组织外部世界,寻求成长和发展机会及识别威胁的过程,是应对外部环境的管理。由于组织外部的机会和威胁往往存在于组织控制之外,因而在一个既定的外部环境,即由政治、经济、社会、文化、人口、技术、国际竞争等因素构成的系统中,组织所能做也必须做的就是识别、监视和评估外部机会与威胁,从而制定出更为切实的发展规划,促进组织的发展,完成组织的目标。

5. 持续性与循环性。由于组织外部环境是不断变化的,组织应持续不断地关注内部与外部事物的变化及其发展趋势,以便及时有效地作出调整。战略管理的目标是使组织能够具有适应变化的能力,持续不断地对外在环境作出反应。

二、公共事业组织战略管理的定义和特征

(一)公共事业组织战略管理的定义

公共事业组织战略管理是公共事业组织确定其使命,根据组织外部环境和内部条件设定组织的战略目标,为保证目标的正确落实和实现而进行谋划,并依靠组织内部能力将这种谋划和决策付诸实施,以及在实施过程中进行控制的一个动态管理过程。

(二)公共事业组织战略管理的特征

公共事业组织战略管理的特征,有以下几点。

1. 系统性。从公共事业组织战略管理过程来看,包括环境评估、战略管理设计、战略管理确定、战略管理实施、战略管理监督评估这五个阶段,它们是融为一体和相辅相成的。环境评估是战略设计的前提,战略设计是战略确定的基础,战略确定又是战略实施的必要条件,而战略实施又是战略监督和评估的依据。反过来,战略评估又为战略设计和实施总结经验教训,为以后的战略管理奠定了基础。

2. 复杂性。公共事业组织战略管理的复杂性,首先指公共事业组织战略管理环境的复杂性,即既涉及外部的政治经济社会文化等,又包括内部的组织

构造、财务管理等,同时这些环境还时常处于不断的变化之中;其次是指战略管理过程的复杂性,包括环境的分析、战略的设计、选择确定、实施、评估等阶段及其之间的衔接;再次是指公共事业组织战略管理涉及组织全体成员,不仅包括决策层也包括组织的基层工作人员,战略管理的实现需要组织全体人员的努力。

3. 科学性。战略管理的长远性和指导性决定了战略管理的重要性,同时组织环境的复杂性,决定了战略管理设计的难度,因此必须采用科学的技术方法,尽可能地预测未来、避免风险。科学技术对公共事业组织的战略管理是非常重要的。具体来说,在环境评估阶段可以运用科学的统计调查方法,真实全面地反映公共事业组织资源、资金、人员等的客观状况,同时可以通过对历史资料的分析总结经验教训。战略设计阶段可以运用科学技术对组织获取的信息进行科学的筛选分析,从而确定最适合组织发展的战略。同时还可以运用科学技术对各种战略方案进行模拟运作,从而选出最优方案等。

4. 差异性。差异性主要是指随着环境的变化,公共事业组织的战略管理也应随之调整,因此不同的公共事业组织的战略管理是不同的,同一个公共事业组织在不同的时期、不同的环境下,所实施的战略管理也有所不同。

5. 相对稳定性。稳定性是相对的。战略是组织的长远规划,是组织在较长一段时间内要努力实现的目标,是组织未来工作的指导方向。方向性的战略当然应具有一定的稳定性,不能经常发生变化。但是公共事业组织战略管理的稳定性不是说它是一成不变的,这种稳定是相对的,在组织的战略环境发生改变的情况下,组织的战略管理也应随之发生变化,尽管这种调整可能只是局部的和细微的。

三、公共事业组织战略管理的必要性

战略管理最初是在企业中倍受重视的,但 20 世纪 80 年代以来,战略管理越来越受到公共事业组织的青睐,有学者指出,各种公共事业组织必须进行战略管理,才能解决公共事业组织中所发生的问题,提高公共事业组织的效率。公共事业组织实行战略管理的必要性主要有以下几方面。

(一)应对复杂和不确定环境的需要

在现代社会,公共事业组织管理面临的环境正在变得更加动荡不安和不确定。不仅政治在发生变化,经济技术文化也都在发生巨大的变化。从管理角度来说,任何组织总是力图从各个方面降低或减少环境的不确定性。在平衡的环境中这并不困难,但在多变的环境就不同了。战略管理能够保证组织与其环境之间有一个良好的战略配合,使组织的能力与环境要求相匹配,同时安排好组织内部的结构与程序以使其随战略选择而成长,并发展出新的、能适应未来挑战的能力。

(二) 公共事业组织角色变化的需要

随着外部环境的变化,公共事业组织服务对象的需求也发生了变化,面对变化着的服务需求,公共事业组织的角色也在经历变化,特别是随着社会转型的加速、政府职能的转变,公共事业组织正在某种程度上起着代替政府和市场的作用,为人们提供着各种公共服务。

(三) 增强公共事业组织生存与发展能力的需要

许多公共事业组织特别是新成立或成长中的公共事业组织,不知道自己的工作重点和工作方向,更不明确组织的未来方向、宗旨和目标,还处在看一步走一步、摸着石头过河的阶段。这些组织存在着诸如资金筹集障碍、吸引人才和留住人才困难重重、组织内部沟通欠缺、组织面临多头管理等等问题,无法应对外部环境和内部管理变化的需要,不利于组织。战略管理可以为公共事业组织指出发展的方向,制定出科学可行的实施方案,有利于公共事业组织的发展和壮大,满足公众公共服务的需求。

(四) 维持公共事业组织发展战略稳定性的需要

公共事业组织的战略大多直接源于组织领导决策层的需要,由于组织领导的变化,组织的战略决策也有可能发生改变,组织的战略工作重点也就可能随之改变。但组织的发展战略在某种程度上应该具有稳定性,不应受到领导人的改变而改变。实行战略管理,制定出组织长期的发展战略,这样不管组织的领导如何改变,都可以使组织发展的方向不会改变。

第二节 公共事业组织战略管理的过程

对战略管理过程有许多种划分方法。比如,管理学家斯蒂芬·罗宾斯在管理学中将战略管理过程分为九个步骤:确定组织当前的宗旨、目标和战略;分析环境;发现机会和威胁;分析组织的资源;识别优势和劣势;重新评价组织的宗旨和目标;制定战略;实施战略;评价结果①。有学者为了简化起见,将公共事业组织的战略管理过程简化为环境分析、战略规划、战略实施和战略评估四个阶段。在此,我们参考我国学者黄浩明的划分方法,将公共事业组织战略管理分为五大过程:战略环境分析、战略管理设计、战略管理确定、战略管理实施、战略管理评估②。

一、战略环境分析

任何一个组织都不是孤立存在的,公共事业组织也不能例外,公共事业组织的生存和发展要受到其所在环境的影响和制约,组织的内外部环境是公共事业组织管理的主要制约因素,因此战略环境分析是公共事业组织战略管理过程的首要过程。

公共事业组织战略环境分析的主要任务在于运用系统思考去识别与公共事业组织相互作用的外部系统,进而掌握组织内部的优势和劣势,了解机会和威胁,从而为公共事业组织制定出科学合理的发展战略提供可靠的依据。

(一)战略环境分析的内容

公共事业组织的战略环境包括外部环境和内部环境两种,因此战略环境分析包括外部环境分析和内部环境分析。公共事业组织的外部环境主要包括政治、经济、社会、科技、文化、人口、自然环境以及竞争对手、服务对象、捐助者和捐助机构等因素。政治法律因素主要包括政府政策的稳定性和连续性,外汇政策、税率和税法的变化,非营利组织法、雇佣法、信托法等法律的改变,政治运动,国防开支,国家政府对民办非营利组织的态度等。经济因素包括国家宏观经济政策、国民经济发展趋势、三大产业之间的比重和关系、价格政策、失业率水平、居民的平均收入等。社会文化因素包括家庭结构的变化、人们的价值观、风俗习惯、文化传统、劳动者素质等。自然环境因素包括生态保护、环境污染、气候、地缘交通等。行业因素包括竞争对手、业务需求量、专业技术发展水平等。内部环境因素主要包括公共事业组织的内部管理、市场管理、财务分析研究、计算机信息系统等方面。内部管理主要包括组织内部的机构设计、人员管理、技术构成等;市场管理包括服务能力、服务计划和社会责任;财务分析研究主要包括资金来源、资金使用、收入管理和税收缴纳等因素。

---

① 斯蒂芬·P 罗宾斯.管理学.北京:中国人民大学出版社,2003年.
② 黄浩明.非营利组织战略管理.北京:中国人民大学出版社,2003年.

(二) 战略环境分析的步骤

战略环境分析可分为以下三大步骤。

1. 通过广泛的社会调查和分析，收集与公共事业组织生存和发展密切相关的各种要素，采用关联度比率法进行逐一分析，找出影响公共事业组织的关键要素。

2. 对所确定的关键外部因素和变量进行预测。

3. 采用计算机模型对关键外部因素进行比较和分析。确定哪些外部因素对公共事业组织的发展是机遇，哪些外部因素将对公共事业组织构成威胁，然后找出具体对策。

(三) 战略环境分析的方法

1. PEST 分析。PEST 分析是分析组织外部宏观环境的一种重要工具，其中 P 是政治，E 是经济，S 是社会，T 是技术。在分析一个组织所处的背景的时候，通常是通过这四个因素来进行。政治法律环境分析的对象主要有政治制度与体制、政局、政府的态度、政府制定的法律法规等。经济环境分析主要考虑构成经济环境的关键战略要素，如 GDP、利率水平、财政货币政策、通货膨胀、居民可支配收入水平、汇率、能源供给成本、市场机制、市场需求等。社会环境分析着眼于影响最大的人口环境和文化背景；人口环境主要包括人口规模、年龄结构、人口分布、种族结构以及收入分布等因素。技术环境分析不仅考虑一般的科技发明，更要考虑与公共事业服务领域有关的新技术、新工艺的出现和发展趋势以及应用背景。

2. 利益相关者分析。利益相关者分析用于分析其利益与公共事业组织利益相关的所有个人和组织，在战略制定时有助于识别重大利益相关者对于战略的影响。组织外部的利益相关者包括政府、捐助者、服务群体等，他们经常通过与内部利益相关者的联系来影响公共事业组织的战略。由于各利益相关团体所代表的利益不同，他们的期望必然有所不同。这就需要战略制定者了解和分析不同利益相关团体的期望，并根据他们的权力给出各自的权重。估计利益相关者期望的重要性是任何一个战略分析的重要组成部分，它需要在三个问题上作出判断：①每个利益相关团体的期望对公共事业组织的重要性如何。②他们是否有方法使公共事业组织重视其期望。这涉及利益相关团体的权力问题。③利益相关者的期望对未来战略可能的影响。除了对战略制定产生影响以外，利益相关者分析也是战略评价的有力工具。战略评价可能会通过确定持反对意见的股东、理事会成员和他们对争议性问题的影响力来完成。

3. SWOT 分析法。SWOT 分析法又称为态势分析法，它是由旧金山大学的管理学教授于20世纪80年代初提出来的,是一种能够较客观而准确地分析和研究一个单位现实情况的方法。SWOT四个英文字母分别代表:优势(Strength)、劣势(Weakness)、机会(Opportunity)、威胁(Threat)。从整体上看,SWOT可以分为两部分:第一部分为SW,主要用来分析内部条件;第二部分为OT,主要用来分析外部条件。利用这种方法可以从中找出对自己有利的、值得发扬的因素,以及对自己不利的、要避开的东西,发现存在的问题,找出解决办法,并明确以后的发展方向。根据这个分析,可以将问题按轻重缓急分类,明确哪些是目前急需解决的问题,哪些是可以稍微拖后一点儿的事情,哪些属于战略目标上的障碍,哪些属于战术上的问题,并将这些研究对象列举出来,依照矩阵形式排列,然后用系统分析的思想,把各种因素相互匹配起来加以分析,从中得出一系列相应的结论。而结论通常带有一定的决策性,有利于领导者和管理者作出较正确的决策和规划。

SWOT分析法常常被用于制定集团发展战略和分析竞争对手情况,在战略分析中,它是最常用的方法之一。进行SWOT分析时,主要有以下几个方面的步骤和内容。

(1)分析环境因素。运用各种调查研究方法,分析出公司所处的各种环境因素,即外部环境因素和内部能力因素。外部环境因素包括机会因素和威胁因素,它们是外部环境对组织的发展直接有影响的有利和不利因素,属于客观因素;内部环境因素包括优势因素和劣势因素,它们是组织在其发展中自身存在的积极和消极因素,属主动因素。在调查分析这些因素时,不仅要考虑到历史与现状,而且更要考虑未来发展情况。

(2)构造SWOT矩阵。将调查得出的各种因素根据轻重缓急或影响程度等方式排序,构造SWOT矩阵。在此过程中,将那些对公司发展有直接的、重要的、大量的、迫切的、久远的影响因素优先排列出来,而将那些间接的、次要的、少许的、不急的、短暂的影响因素排列在后面。

(3)制定行动计划。在完成环境因素分析和SWOT矩阵的构造后,便可以制定出相应的行动计划。

二、战略管理设计

(一)战略管理设计的内容

在对公共事业组织环境进行科学分析的基础上,了解了组织的优势和劣势,明确了组织的任务和目标,战略管理就进入了设计阶段。针对环境分析的结果和组织自身的具体情况进行的设计包括:明确组织的宗旨、目标和战略;决定组织的主要价值和组织的战略选择领域;修正业务发展的使命与方向;确定关系组织未来发展的关键问题、重点目标与长远目标;确认即期任务;展现组织发展的远景。

1. 战略设计要实现四个目标:明确宗旨;建立长期目标;选择战略;制定实施战略的相应政策。

2. 战略设计有三个步骤:①投入阶段,即基础调研阶段;②组合阶段,即制定外部环境评价表和竞争对手的分析表的阶段,包括分析优势与劣势、机会与威胁;③决策阶段,即进行战略计划数量分析的阶段。

(二)战略管理设计的制约因素

由于公共事业组织的特性,在战略设管理计中有以下制约因素。

1. 多目标的制约因素。由于公共事业组织很难找到明确的绩效考核指标,因此可能存在多个运行目标;同时公共事业组织的资金来源于多个捐助机构和个人,因此他们对公共事业组织的发展都有自己的要求。此外公共事业组织的发展离不开政府职能部门的管理,有时政府对非营利组织的运行会提出不同的要求。因此公共事业组织就存在着目标冲突。为了处理好捐助者与政府职能部门的关系,通常公共事业组织只能用含糊的词语来表达自己的战略目标和组织宗旨。因此目标的多元化给战略设计带来了一定的难度。

2. 经济效益和社会效益的平衡。由于公共事业组织提供的大都是公共服务,无法进行具体的衡量,致使公共事业组织无法进行投入产出的精确计算,不能像企业一样以盈利为目的,而是以取得服务对象、捐赠者和政府职能部门的满意及对其工作的认同和认可为目的。而公共事业组织的服务效果与投入是不一定直接成正比的,通常可能是投入的越多,产生的社会影响也就越大,这就造成了一种假象,即公共事业组织只求投入,因而容易忽视收益人和捐助者的初衷,没有考虑到投入产出比,会造成一定的浪费。因此社会效益和经济效益这两者之间的平衡直接影响到公共事业组织战略的设计。

3. 公共事业组织内部关系的复杂化。公共事业组织目标的多元化和对资源投入的过分关注,造成了组织内部的分歧和组织内部关系的复杂化。如,组织的管理者为了取得轰动效应和使捐赠者满意,一味地迁就捐赠者,而忽视了服务对象的要求,偏离了组织的使命,造成了公共事业组织内部关系特别是组织的决策层和实施层工作人员关系的复杂化,不利于组织战略的设计。

4. 组织领导的影响。公共事业组织的领导者大多为一些专业权威。如,大学校长多为某一领域的专家学者,他们的专业背景将在很大程度上影响组织战略的设计。他们的职业经历、思维方式已经根深蒂固,在一定程度上难以改变,从而会阻碍组织的发展,影响组织战略的设计。

三、战略管理确定

战略管理确定就是制定具体的战略来实现组织的目标宗旨和长远规划,即在战略设计的基础上,明确组织的宗旨和目标,经过组织决策层的仔细讨论后形成具体的战略决策,制定具体的战略计划和具体内容。它包括战略可行性分析和战略选择。战略可行性分析就是对已经设计好的战略进行可行性对比分析,从而选出最优战略方案。为了从被选的方案中选出最佳方案,需要对这些方案进行比较和评估,根据组织的内外环境和自身实际采取科学的态度,依据科学的标准来进行,要综合对比各个方案的技术合理性、可操作性、实用性、环境适应性以及对社会的影响等,从而为战略选择奠定基础。战略选择就是依据组织的内部资源和外部环境选择适合的战略类型。

依据公共事业组织的特点,公共事业组织的常用战略有以下几种。

(一)借力发展战略

借力发展战略是由 R. P. 尼尔森首先运用于非营利组织的。借力发展战略最初为非营利组织筹集资金,通过开发新的业务范围来补偿机构正常收入与开支中的不足。尽管借力战略能帮助非营利组织解决资金方面的困境,但该战略也存在以下风险:第一是投入资金的商业运作实际上有资金损失;第二是商业投资客观上干扰组织的宗旨;第三会导致公众以及捐助人的捐助减少;第四是可能会扰乱非营利组织内部管理。

(二)特色经营战略

特色经营战略也称为差异性战略,其内容是通过组织形象、产品特色、客户服务、技术特点、客户网络等形式,努力形成一些在全行业范围内具有特色的东西,使用户建立起品牌偏好和忠诚。

(三)集中化战略

集中化战略也称专业化战略,其内容是组织将全部资源集中使用于最能代表自身优势的某一技术、某一市场或某一服务项目上,并取得成本领先优势。集中化经营的积极意义在于资源的相对集中能保证成本领先优势,同时活动范围的缩小能促使组织采取科学管理方式,并且使组织的经营方向和目标十分明确,而且风险较小。

(四)多元化战略

多元化战略,其内容是一个组织同时进行两个以上行业的服务项目。多元化经营是在组织内部各项功能高度分化和专业化并拥有协调方式的情况下而采取的分散风险的战略。

（五）合作联盟战略

合作联盟战略即公共事业组织的战略实施者寻求与其他组织特别是与企业组织的合作，形成合作联盟，实现双方组织的双赢。公共事业组织通常面临的困境就是资金的困难和对资金管理的不善，因此从企业合作中募集资金对公共事业组织的发展具有重要意义。

公共事业组织选择战略的方法可以采用波士顿矩阵法。波士顿矩阵是制定公司层战略最流行的方法之一。该方法是由波士顿集团（Boston Consulting Group，BCG）在20世纪70年代初开发的。BCG矩阵将组织的每一个战略事业单位（SBUs）标在一种二维的矩阵图上，从而显示出哪个SBUs提供高额的潜在收益，以及哪个SBUs是组织资源的漏斗。波士顿矩阵法通过把全部产品或组合作为一个整体进行分析，可解决相关经营业务之间现金流量的平衡问题。根据有关业务的产业市场增长率和相对市场份额标准，波士顿矩阵可以把全部经营业务定位在四个区域中。这四个区域分别为：高增长、强竞争地位的"明星"业务；高增长、弱竞争地位"问题"业务；低增长、强竞争地位的"现金牛"业务；以及低增长、弱竞争地位的"瘦狗"业务。这一方法在公共事业领域可以借鉴使用。

四、战略管理实施

战略管理的实施也就是战略管理的行动阶段，好的战略必须要被具体地执行才能实现，实施才能使其价值实现成为可能，才能使思想变成现实。战略管理实施主要包括：建立切实可行的年度目标；制定具体的政策以保证年度目标的实现；动员相关人员并配置实现目标所需要的资金、物资、技术；制定详细的工作计划、财政预算、技术支持、激励政策和具体的规章制度等。

（一）战略管理实施步骤

1. 分解目标，明确责任。在战略实施中，首先要分解目标、任务，将规划的目标、任务分解到年度，制定年度工作计划；然后将组织的年度目标、任务分解到各部门；最后在年初部署，年终检查考核，明确各自责任，推进落实。

2. 优化资源配置，保证战略重点。要对组织所拥有的资源按照战略实现的优先顺序进行分配，要保证重点战略目标的资源供应。

3. 调整组织结构，推动战略实施。战略管理的实施离不开组织的支持，组织结构的优化调整有利于资源的整合，有利于为战略的实施提供组织保障。

4. 完善相应的制度机制，加强执行力。特别是通过完善奖惩制度、评估制度、战略进展监督制度、人事制度、财务管理制度等来保障战略目标的顺利实现。

（二）在战略实现中要把握好的几个问题

1. 确立战略方向。战略方向包括两个部分：核心理念和组织前景展望。要在对组织外部环境和组织发展历史及现状深刻把握的基础上，提出自己的核心理念，并对组织发展前景作出展望，以此来统筹规划发展、集聚力量、凝聚人心。

2. 确定战略重点。在战略方向的指引下，确定自己的战略重点，围绕重点要着重提出几条超常规的措施，一段时间里突出抓一两件大事，起到牵一发而动全身的鼓舞人心的效果。

3. 建设人才队伍。实施战略管理需要高水平的领导和人才。首先是高层管理团队的建设，高层管理团队的每一个成员要有良好的思想品德、管理知识和动员能力，成员间在气质、能力上能够互补，相互间能达成默契。同时，要大力加强高水平组织骨干队伍的建设。

4. 培育组织文化。良好的文化氛围对于实现战略目标十分重要。要围绕战略方向，从硬件、软件两方面努力，培育组织文化。

5. 战略管理的控制和评估。要定期检查战略。由于环境变化的复杂性，即使是精心拟定的战略也不可能完全符合形势的发展，因此要不断地对战略进行检查，以便能及时进行调整。

6. 要拟定应变战略和计划。因为外部环境变化莫测，制定战略时考虑的条件随时有可能会发生变化，因此战略也应该随之进行调整，要制定应急预案，做到尽早防备、有备无患。

7. 要统一组织成员的思想。组织战略的实施需要组织所有成员的努力，只有全体组织成员认真准确地领会了战略思想、统一了意见，才能在战略实施中齐心协力、群策群力。

五、战略管理评估

（一）战略管理评估的含义与原则

1. 战略评估的含义。战略评估是指在战略实施过程中，检查组织为达到目标所进行的各项活动的进展情况，评价实施战略后的组织绩效，把它与既定的战略目标和绩效标准相比较，发现战略差距，分析偏差，使组织战略的实施更好地与当前所处的内外环境、组织目标协调一致，使组织战略得以实现。

由于组织环境的不断变化和环境变化的不可预测性，必须对组织的战略进行监督和调整，通过评估不断调整和修正战略，确保战略的最终实现。战略监

督和评估主要包括检查战略环境资源的变化、战略实施的进展情况、战略的修正和调整。

2. 战略评估的原则。战略评估必须在以下原则的指导下进行。

(1) 评估标准要具体,要考虑到不同部门和不同岗位所从事的活动范围和工作内容的区别。

(2) 评估活动要经济有效。

(3) 评估的具体活动应与公共事业组织的宗旨和目标一致,使机构执行者有充分的信心。

(4) 评估活动要迅速及时。

(5) 评估活动一定要真实反映实际情况。

(6) 评估信息和结果要及时进行反馈。

(二) 战略评估的内容

1. 确定战略评估标准。标准是人们检查和衡量工作及其成果的规范,它构成了战略评估的基础。没有一套完整科学的评估标准,战略评估将是一句空话。在确定标准之前应先确定标准选取的原则。评估标准选取的原则有四点:①重要性原则。不同的指标反映组织战略执行不同的侧面和内容特征,且对于某项具体的活动所起的作用和影响也有较大的差别。选取指标时应考虑其对组织战略效果影响的重要性,即对组织战略实现的贡献程度,要做到所选指标个数不很多,但严格区分主次,取舍得当。②可操作性原则。设置的指标体系必须适应组织所处的经济环境和经济发展水平,计算方法科学,操作简单,资料易取得。③科学性原则。要求设计的各指标必须概念确切、含义清楚、计算范围明确,既能系统科学地反映组织运行状况的全貌,又能在某一方面提示对组织战略执行效果有重大影响的项目。④可比性和相对稳定性原则。各评价指标应在组织间普遍适用,其所涉及的业务内容、空间范围、时间范围、计算口径、计算方法应可比,同时为研究分析组织战略的发展情况,其指标前后时间不宜变化太大,应有相对稳定性。

关于公共事业组织战略评估标准没有一个固定的模式。在此我们参考鲁梅特战略评价的四条标准:一致性、协调性、优越性、可行性。

(1) 一致性。一个战略方案中不应出现不一致的目标和政策。组织内部的冲突和部门间的争执往往是管理失序的表现,但它也可能是各战略不一致的征兆。鲁梅特提出如下帮助确定组织内问题是否由战略间的不一致引起的三条准则:①尽管更换了人员,管理问题仍持续不断,或是如果这一问题像是因事发生而不是因人而发生的,那么便可能存在战略上的不一致。②如果一个部门的成功意味着另一部门的失败,那么便可能存在战略上的不一致。③如果政策问题不断地被上交到最高领导层来解决,那么便可能存在战略上的不一致。

(2)协调性。协调指在评价战略时既要考察个体趋势,又要考察组合趋势。组织战略必须对外部环境和组织内发生的关键变化作出适应性反应。在战略制定中,将组织内部因素与外部因素相匹配的困难之一在于,绝大多数变化趋势都是与其他多种趋势共同作用的结果,这些趋势包括人们平均受教育水平的提高、通货膨胀的加剧等。尽管单一的经济或人口趋势可能看上去多年变化不大,但各种趋势的相互作用却一直在发生着巨大的变化。

(3)可行性。一个好的经营战略必须做到既不过度耗费可利用资源,也不造成无法解决的派生问题。对战略最终的和主要的检验标准是其可行性,即依靠组织自身的物力、人力及财力资源能否实施这一战略。组织的财力资源是最容易定量考察的,通常也是确定采用何种战略的第一制约因素。

(4)优越性。经营战略必须能够在特定的业务领域使组织能创造并保持竞争优势。竞争优势通常来自三方面的优越性:资源、技能、位置。资源的合理配置既可以提高整体效能位置,也可以在组织战略中发挥关键作用。技能包括管理技能和专业服务技能。高超的管理技能能够提高组织运作效率和资源使用效益;专业服务技能则体现组织与从业人员的专业水平,决定了服务效果。好的位置是可防御的,即竞争对手攻占这一位置需要付出巨大的代价,这会阻止竞争者向组织发动全面的进攻。只要基础性的关键内外部因素保持不变,位置优势便趋向于自我延续。良好位置的主要特征是,它使组织从某种经营策略中获得优势,而不处于该位置的组织则不能类似地受益于同样的策略。因此,在评价某种战略时,组织应当考察与之相联系的位置优势特性。

2. 确定战略评估内容。战略评估内容是建立在审核公共事业组织战略设计基础上的。审核的内容主要为外部因素和内部因素的变化情况。分析外部因素变化主要集中在机构的关键机会和威胁上,如竞争对手的战略是否有变化、监督机构对自己的战略是否满意、新法律规定对自己的战略有何影响等。内部因素主要集中在机构管理、机构运行、财务系统等方面,如自己的内部优势和劣势是否发生变化、是否有了新的机会或威胁等。

3. 衡量战略实施成效。这一活动主要是将预期效果与实际效果进行比较,研究实际进程对计划的偏离,评价个人绩效和在实现既定目标过程中已取得的进展。在这一过程中长期目标和年度目标都普遍被采用,但是确定何种目标在战略评价中是最为困难的。其中要注意的有以下三点。

(1)要能够收集到及时正确的反映偏差的信息,应建立一定的信息反馈系统。常用的有以下四种信息:个人的观察、统计报告、口头汇报、书面汇报。

（2）要通过衡量绩效检验标准的客观性和有效性。衡量战略实施成效是以既定的标准为依据的，同时利用预先制定的标准去检查战略实行情况，这本身也是对标准客观性和有效性的检验过程。

（3）要确定适宜的衡量频度。评估在什么时候进行、多长时间内进行一次将直接关系到评估的效果。如果评估的频率过繁，不仅会增加评估成本，也会引起有关人员的不满，从而影响组织的正常工作。

4. 纠正偏差。战略评估的最后一项内容就是采取纠正措施，其中可能需要进行的变革包括调整组织结构、对某一关键人员进行调整、建立或修改目标、制定新的政策、重新分配组织资源、采取新的绩效评估措施。为了保证纠正偏差的针对性和有效性，必须注意三点问题：①找出偏差产生的原因；②确定纠正偏差的实施对象；③选择恰当的纠正偏差措施。

六、公共事业组织战略管理的制约和影响因素

在通常情况下，对公共事业组织战略管理产生影响的因素有以下几个方面。

（一）公共事业组织目标的多元化

公共事业组织必须有明确的使命，这是有效管理的基础。公共事业组织的宗旨或使命运用于当今的公共事业组织战略管理之中，就要求公共事业组织必须首先确立战略目标。公共事业组织作为弥补市场失灵和政府失灵的产物，因战略制定的环境复杂性、多元性和不确定性，导致其目标模糊不清。公共事业组织的目标更多地带有公益的性质，而且通常同时有很多目标，这些目标大多非常模糊且相互之间有时会存在冲突。这种模糊性使公共事业组织的战略管理难以有效实行。

（二）公共事业组织管理缺乏系统性

公共事业组织不存在利润指标，因此妨碍了其管理的系统性。所有公共事业组织都是在利用自身资源为社会提供公共物品和公共服务，即通过一定的投入产出为社会服务。因为公共事业组织不以营利为目的，因此缺乏一个整体的评估工具，例如指标体系，无法从投入和产出两方面对组织的经营管理情况进行比较分析，无法进行整体的管理绩效评价。

（三）捐助者和政府的影响

资金短缺是公共事业组织的主要问题，为了取得资金来源，公共事业组织常常忽视了自己的战略管理，如税收和法律上的优惠政策，使公共事业组织的领导者把主要精力投向与政府有关部门的交涉和博弈，而忽视了对组织内部的

管理。同时捐助者和机构对公共事业组织的捐助有时带有一定的条件,参与或干扰了公共事业组织的正常管理。而许多公共事业组织为了讨好捐赠者不得不偏离组织的发展战略方向,从事一些与组织目标无关的事情。

（四）公共事业组织服务的无形性

公共事业组织通常是服务性机构,相对于实体产品而言,服务这一无形产品的可衡量性比较差,消费需求存在差异性,提供服务过程的关联性也不是很强,都会增加公共事业组织管理上的难度。

（五）公共事业组织服务的稳定性

公共事业组织所从事的服务活动,往往有一定的周期性和稳定性,往往根据组织成立时的目标设定和战略规划,形成一个稳定的运营业务范围,这一业务范围一旦确定则很少改变。

（六）政治环境对公共事业组织的影响

我国的公共事业组织尤其民办非营利组织是在改革以后,随着社会转型和体制改革而发展起来的。由于我国公民社会发育的缓慢和我国的历史传统文化的影响,公共事业组织的发展在很大程度上受国家政治法律环境的影响,特别是关于非营利组织的立法和管理制度的不完善及管理体制的欠缺,使我国的民办非营利组织还有很大一部分处于法外和地下状态,这种生存环境事必会影响非营利组织的战略管理。当基本生存还存在问题、合法性还存在问题时,又何以谈得上战略管理呢?

第三节　我国公共事业组织战略管理

一、我国公共事业组织战略管理的现状与问题

（一）我国公共事业组织战略管理的现状

近年来我国公共事业组织得到了迅速的发展,成为提供公共服务的重要力量。在借鉴国外第三部门非营利组织的经验和国内其他优秀组织的基础上,我国的公共事业组织也逐步引进了先进的战略管理方式。但由于大多数非营利组织的规模、资金来源、领导者素质等存在各种原因,我国公共事业组织的战略管理真正取得实效的不太多,许多的公共事业组织还处于传统的依靠组织领导者个人经验进行管理的阶段,组织的战略还处于短期规划阶段和书面阶段。

（二）我国公共事业组织战略管理存在的问题

1. 战略管理认识缺乏，战略发展观念淡薄，缺乏明确的战略目标。公共事业组织战略管理是公共事业组织对未来发展的一种整体谋划，决定着公共事业组织发展的方向。它涉及公共事业组织与环境的关系、组织使命的确定、组织目标的建立、基本发展方针等。我国许多公共事业组织领导缺乏战略管理意识，在组织运行活动中缺乏战略眼光，许多公共事业组织的管理者整天忙于繁琐的事务性管理工作，缺乏对公共事业组织发展方向、发展目标等大政方针的考虑，认为发展战略是可有可无的东西。正是因为如此，我国许多民营非营利组织没有明确的发展目标，流动游击倾向严重，走一步算一步，走到哪里算哪里。即使有目标，也仅仅是模糊的总体目标，而没有拟定非营利组织各层次的具体目标，未建立目标体系。至于对组织的使命、宗旨和定位大多比较模糊。

2. 公共事业组织缺乏战略分析。在公共事业组织的成长发展过程中，经常会面临着许许多多关系到组织命运的战略选择，如公共事业组织的长期利益与短期利益、社会利益与经济利益等矛盾的处理，就需要公共事业组织领导者高瞻远瞩，作出正确的战略选择。然而，公共事业组织由于组织定位模糊，以及外部环境对组织的影响太大，使公共事业组织的决策者无法准确地进行战略分析，在制定发展战略时过分相信自己所谓的经验决策，经常忽视对组织外部环境和内部环境的分析，导致不一定能选择符合组织自身的战略。

3. 在战略实施过程中，缺乏对偏差的有效控制。战略管理的基本假设是所选定的战略能够实现公共事业组织的目标。然而在战略实施过程中，一方面公共事业组织中的人员由于缺乏必要的能力、认识和信息，对所要做的工作不甚了解，或不知道如何做得更好，从而出现行为上的偏差；另一方面，由于原来战略计划制定的不当或环境的发展与原来的预测不一致，造成战略计划的局部或整体已不符合公共事业组织的内外条件。因此，一个完整的战略管理过程就必须具有战略控制环节，以保证实际的成果符合预先制定的目标要求，它是公共事业组织战略管理过程的关键环节。加强战略控制的原因在于公共事业组织环境的高频率变化要求公共事业组织必须练就一套应付动态变化的能力。动态竞争是以高强度和高速度竞争为特点的，任何公共事业组织的竞争优势都是相对的、暂时的，若要长期保持发展优势，就必须时刻关注环境变化，并在实施过程中及时调整公共事业组织战略目标和竞争战略。而我们相当一部分公共事业组织还缺少动态竞争条件下的战略思维，应变能力不够，特别是一些曾经成功的公共事业组织迷恋于自己的过去，或者用静止的观点来看待战略，导致公共事业组织不能适应外部环境的变化，公共事业组织一时的强势不一定能成功地转化为可持续的竞争优势,在发展过程中就难免会处于弱势。

4. 公共事业组织领导素质不尽如人意。目前我国民办非营利组织领导者大多学历文化层次不是很高,没有受过正规的专业化训练,往往是因为个人的人格魅力和对公益事业的热忱而担任组织领导,因而不清楚、不熟悉战略管理。而许多半官方性质的非营利组织不但领导素质不很理想,而且队伍也不很稳定,管理大多是短期行为,战略规划随着领导者的变化而发生变化。

5. 重局部而轻整体,系统整合性差。公共事业组织的战略具有很明显的全局性,它所管理的是公共事业组织的总体活动,所追求的是公共事业组织运行的总体效果。虽然这种管理也包括公共事业组织的局部活动,但是这些局部活动是作为总体活动的有机组成部分在战略管理中出现的。而在当前多数公共事业组织的战略实践中,却普遍存在着公共事业组织战略整合性和协调性差的问题,突出表现在门户之见严重、相互扯皮推诿、协调难度大,导致公共事业组织高层管理者不得不花费大量精力去协调各方关系,容易造成战略管理的不和谐以至失调,严重影响管理效果。

6. 战略只会照搬仿效,缺少公共事业组织自身特色。公共事业组织战略是公共事业组织为更好地满足公众的需要,以求长期生存和发展,在对外部机会与威胁和内部优势与劣势分析的基础上,对组织主要发展目标、达成目标的途径与手段所进行的总体规划。不同的公共事业组织和不同发展时期的公共事业组织,因其内外环境的差异,其组织的发展战略也必然不同。可以说,没有一种公共事业组织战略放之四海而皆准,而我国的很多公共事业组织只是简单地照抄照搬,未能根据自身的内部条件和外部环境制定适合于自身的战略,盲目跟着潮流走。

7. 组织结构与战略不符,战略实施缺乏有效支撑。战略实施的主动者是人或人群,他们为达到公共事业组织的既定目标而同心协力地工作,这就要求公共事业组织将实现组织目标所必需的活动进行分类,并使活动的负责人拥有从事这些活动的必要权力,这些内容就构成了公共事业组织的组织结构。因此,要有效地实施战略,还要建立适合于所选战略的组织结构。否则,不适合的组织结构会妨碍战略的实施,使战略达不到预期的目标,影响组织的绩效。所以,公共事业组织的组织机构是实施战略的重要手段,一个公共事业组织要有效地运营必须将战略与组织结构相联系。公共事业组织结构与公共事业组织战略之间的关系是前者服从于后者,公共事业组织战略的改革会导致组织结构的改变,两者变化的时间特征表现为战略的前导性与组织结构的滞后性。战略的前导性是指战略的变化要快于组织结构的变化,这是由于公共事业组织内外部环境提供了新的发展机会时,战略就会作出相应反应;组织结构的滞后性是指组织结构的变化慢于战略的改变,原因在于组织结构的惯性使新旧结构的交替需要一个时间过程。我们必须明确的是,公共事业组织战略与组织结构之间关系的本质是结构服从于战略,战略的改变决定着组织结构的变化,新战略要求对原有结构中不适应的部分进行调整。而在我国公共事业组织中,这一及时调整的要求却经常被忽视,许多公共事业组织在组织环境、经营领域、经营目标、活动范围发生变化,新的战略制定出来后,仍沿用旧有的职权和沟通渠道去管理新的业务活动,总认为原来的组织结构不需要改变。

8. 公共事业组织战略管理比较呆板。许多公共事业组织也知道战略管理的重要性,但是实施起来非常机械,仿佛在执行公共事业组织的 3 年计划或 5 年计划似的,不知道随机应变,缺乏创新性。战略管理是一种以思想创新为特征的管理,它要求公共事业组织的主要负责人必须具备创新的能力与素质。我国现在相当数量的公共事业组织的第一把手没有创新的意识,也没有创新的水平和能力,有很多是照搬教科书上的模式或仿效别人的做法。

9. 战略管理仅限于远景性规划,缺乏有效实施方案。我国的公共事业组织在现实工作中都有总体的规划,一般在成立时都制定了一定的战略规划,对组织的使命进行了一定的确认,但大部分公共事业组织的发展战略规划多数是书面性战略或远景性战略,没有具体的实施方案或实施方案流于形式。由此可见,我国大部分公共事业组织战略管理水平还停留在战略规划时代,没有真正进入战略管理时代。

二、加强我国公共事业组织战略管理的对策

(一)树立战略意识,突破观念障碍

公共事业组织领导者必须树立战略意识,树立公共事业组织长远发展的意识,克服得过且过和安于现状的传统观念障碍,对组织的服务活动和发展目标进行正确的定位。公共事业组织的管理者必须从思想上高度重视发展战略的管理,要破除对战略管理的神秘感,不要认为战略管理只能在大型公共事业组织中发挥作用,自己的组织规模小、业务简单、人才缺乏,用不着或用不上战略管理,许多成功实行战略管理的民办非营利组织已经证明了这种认识是错误的。公共事业组织管理者必须要把公共事业组织发展战略管理放在重要地位。

(二)制定科学合理的战略管理规划

1. 制定战略管理规划之前必须进行全面的环境分析。环境分析把焦点放在组织的外部环境上,是对组织所处的外部环境所作的动态分析,意在把握各种主要外部因素的变化趋势,使组织战略目标能够顺应环境的变化并随时校正

组织的具体行动目标。

2. 在实施战略管理时用愿景取代目标。目标的确定是组织实施战略管理的先决条件。由于公共事业组织多目标性的特征导致组织目标通常模糊不清,如果一味将具体的目标强加于公共事业组织反而会使组织的成员无所适从。因此公共事业组织在实施战略管理时,可以考虑用愿景来取代具体的目标。愿景对一般组织来说可能过于模糊和抽象,但对于公共事业组织来说愿景却可以更好地表达组织的意图。愿景不仅提供了组织发展的长远目标,也为组织内互相对立的然而必须同时实施的观点达成妥协提供了途径。

3. 为了保证所选择的战略能够得到有效实施,公共事业组织应将自身的发展战略进行细分,制定中短期计划,使战略更具操作性。针对各种计划、策略目标和行动目标,建立相应组织机构、工作岗位,选择合适的各类人才,制定公共事业组织各种规章制度,完善公共事业组织管理机制,确保公共事业组织发展战略的正确实施。为保证发展战略实施的情况与所制定的战略目标一致,还需要对战略的实施过程进行评价和控制,这样才有可能使公共事业组织保持良性的发展。

(三) 提高公共事业组织管理者的素质

提高管理者素质有两种途径:一是培训;二是引进人才。在培训方面,一是可以定期或不定期地对公共事业组织领导者进行培训。各个地方可以根据自身的具体情况采取不同的方式对公共事业组织的领导者进行定期或不定期的轮训。教员可以聘请高等学校的教授、专家,也可以聘请公共事业组织战略管理搞得相当出色的中外非营利组织管理者。培训的内容应该是有关公共事业组织战略管理的基本常识以及典型的案例。通过培训,在尽可能短的时间内,使尽可能多的公共事业组织领导者了解战略管理,并能潜心钻研战略管理;通过培训,应该起码让公共事业组织领导者懂得战略管理的重要性和实际操作的方法。二是可以在高等学校公共事业管理或相近专业开设公共事业组织战略管理的有关课程。我国现在许多高等学校已经开设公共事业管理或相近专业,在读的学生有相当一部分就是未来的公共事业组织的管理者或领导者。让他们了解并熟悉公共事业组织战略管理,从长远来讲,对我国广大公共事业组织未来的发展具有不可估量的作用。在人才引进方面,当前应抓住大学毕业生就业市场总体供大于求的机遇,积极引进、储备公共事业管理人才,同时,国家政策应鼓励大学毕业生去民办非营利组织建功立业。

(四) 加强战略领导,推进战略管理

几乎所有发展较好的公共事业组织,特别是民办非营利组织,都是因为有了强有力的战略领导才获得成功的。如,自然之友的梁从诫等。高水平的组织领导是公共事业组织最宝贵的资源,高水平的战略领导必须有战略眼光、战略思维和战略勇气。战略眼光是指领导者视野开阔,审时度势,善于从复杂的现象中看到事物运动的基本态势,抓住基本规律,从眼前的利益中超越出来,突破经验的视野,对社会需求进行全局、客观的把握,穿透眼前、看到长远。战略思维是指领导者思考问题要着眼于全局、着眼于未来,不计一时一事之得失,从组织发展的根本利益考虑问题,善于取舍,牢牢把握组织发展的大方向。战略勇气是指领导者要以超越、怀疑、批判的精神,勇于超越各种形式的禁锢和守旧观念,深刻批判和反思,发出前提性追问,进行主体性创造与建构。在战略实施中,勇于作出果断而强硬的决策,敢于有所为、有所不为,敢于在自己的位置上争先创新,创一流,创唯一。

（五）加快制度建设,促进战略管理

制度是思想转变为行为的中介,没有相应的制度,再好的思想也不可能转变为现实。要建立的制度很多,如决策制度、日常管理制度、人事和财务管理制度、激励制度、奖惩制度、考核制度、评估制度等等。制度建设好了,战略管理才有保障。

（六）完善组织治理结构

1. 通过业务流程再造优化组织内部的组织结构。必须从重视职能管理向重视流程管理转变,从满足顾客需求出发优化业务流程,适当简化部门分工,实现结构综合化。

2. 尽量减少组织结构的管理层次,加快指令下达信息传递速度,保持决策与管理的有效执行。

3. 采用适应本组织所处发展阶段的组织结构形式,如理事会制。理事会是民办非营利组织的最高权力机构,通常由选举产生。理事会的成员构成因组织而异,通常情况下包括社会知名人士、资助者代表、收益者代表、资深专家等,有时也有政府机构的代表、退休官员或公共事业组织的代表等参加,以防止组织领导独裁的发生。

本章小节

1. 战略管理是管理者在对组织内外环境进行分析的基础上通过对战略的计划、组织、领导、控制以实现组织目标的过程,是一个组织战略的制定、执行、控制和调整的全过程。

2. 公共事业组织战略管理的作用有：增强组织对外部环境的适应性；降低公共事业组织的不利条件和变化所产生的影响；重视组织战略的实施；促进组织近期目标与长远目标的结合；加强组织内部的沟通与交流。

3. 公共事业组织战略管理分为战略环境分析、战略管理设计、战略管理确定、战略管理实施、战略管理评估五个阶段。

4. 战略环境分析的主要步骤。战略环境分析的具体方法有 PEST 分析、利益相关者分析、SWOT 分析法。

5. 战略设计的目标是明确宗旨、建立长期目标、选择战略、制定实施战略的相应政策。战略设计工作的步骤。战略设计中的制约因素包括：多目标的制约因素；经济效益和社会效益的平衡；公共事业组织内部关系的复杂化；组织领导的影响。

6. 战略管理实施的步骤是：分解目标，明确责任；优化资源配置，保证战略重点；调整组织结构，推动战略实施；完善相应的制度机制，加强执行力。在战略实施中要注意的具体问题。

7. 战略评估的内容包括：考察战略的内在基础；将预期结果与实际结果比较；采取纠正措施以保证行动与计划的一致性；鲁梅特的战略评价标准是一致性、协调性、优越性、可行性。

8. 公共事业组织战略管理产生影响的因素有：组织目标的多元化；公共事业组织不存在利润指标；捐助者和政府的影响；公共事业组织服务的无形性；公共事业组织服务的稳定性。

9. 加强我国公共事业组织战略管理的对策，应当着眼于：树立战略意识；制定科学合理的战略规划；提高公共事业组织管理者的素质；加强战略领导，推进战略管理；加快制度建设，促进战略管理；完善组织治理结构。

思考题

1. 简述公共事业组织战略管理的特征。
2. 公共事业组织战略管理的作用是什么？
3. 简述公共事业组织战略管理的流程。
4. 战略环境分析的主要步骤与方法是什么？
5. 如何在制约条件下进行战略设计？
6. 战略实施中要注意的问题有哪些？
7. 简述战略评估的内容与方法。

8. 简述我国公共事业组织战略管理的问题与对策。

大学办学定位与发展策略——安徽大学的战略思路

任何一个发展中国家要实现国家现代化的建设目标，都必须发展教育，特别是发展高等教育。中国的现代化建设同样如此，在坚持教育优先发展战略的同时，必须大力发展高等教育。

改革开放以来，随着经济的腾飞，我国教育事业得到快速发展，高等教育更是取得了长足进步，高等教育普及程度大幅提升，现正进入大众化阶段。在扩大高教规模的同时，国家启动实施《面向21世纪教育振兴行动计划》，加快推进高教管理体制改革，实施"985"、"211"等重点高校建设工程，推进教学内容和课程体系的改革，开展教育质量和办学水平的评估和监控，推行了一系列旨在保证高等教育质量和健康发展的相应政策。各高等学校也结合自身情况普遍加大教学改革和学科建设力度，增加师资队伍、办学条件建设的投入，为保证教育质量和办学水平采取了各种应对措施。

在肯定高等教育取得巨大成绩的同时，我们还应该认识到所存在的问题：①高等教育的数量、质量和结构等方面还不能很好地适应经济社会发展的需要，尤其是质量问题更为突出；②深化教育改革的任务还相当艰巨，特别是教育体制、观念和教学内容方面的改革还面临着许多深层次的问题；③教育投入不足，还不能满足教育发展的需要，特别是高校教学工作依然面临着精力投入不足、经费投入不足的问题。这些问题，有的是社会深刻变革过程中的矛盾在教育领域中的反映，有的是教育大发展中必然伴生并发的现象，有的则是由于国情和当前社会水平导致的结果，所有这些问题只有通过改革和发展才能予以解决。

面对上述问题，我们认识到："十一五"时期是我国高等教育承前启后的重要时期，高等教育要实现规模、质量、结构、效益的协调发展，应坚持巩固成果、深化改革、提高质量、稳步发展的方针，着力于提高高等教育质量，培养全面发展的高素质人才。同时，要继续深化教育改革，为高等教育健康、持续发展注入新的动力。因此，我们认为高等教育在持续扩招、快速发展之后正进入一个稳定发展、提升质量的新阶段。

我国高等教育进入大众化阶段的新形势，使安徽省高校的改革与发展既面临新的机遇，也迎来新的挑战。作为国家"211工程"重点建设大学和安徽省的重点综合大学，要以提高教育质量和办学水平、服务国家发展战略尤其是安徽经济和社会发展、促进科学发展和文明进步等方面为立足点和出发点，确定学校办学定位和选择发展策略。

在高等教育进入大众化阶段之后，我们进一步明确和调整了学校在中国高等教育体系中的定位和发展目标，即将安徽大学建设成为教学研究型的中国高水平大学。全国高等学校目前将近1 800所，客观上已形成不同的办学层次。不同的高校应该根据自己的基础和条件确定自身的办学定位，这是必然的要求和趋势。中国研究型大学的形成是中国高等教育快速发展的必然结果。中国是一个发展中国家，却拥有世界上人口规模最大的教育环境，只能采取择优加强投入的策略。安徽大学作为国家"211工程"建设的高校，实际上国家对我校的发展已经予以定位，我们要在这个定位的基础上结合学校实际，采取恰当的发展策略。第一步的发展目标就是争取使学校的人才培养在质量、科学研究水平等各个方面达到中国高校的先进水平，进而逐步缩小与世界著名大学的差距，未来将学校办成在国际上有一定影响的高水平大学。

根据学校的定位和目标，最近5~10年，我们将采取以下基本发展策略：第一，调整、优化办学结构。在办学层次方面，坚持研究生教育与本科生教育并重，本科生教育规模将保持适度，重点是充实内涵、提高质量；发展研究生教育，使研究生占在校生的比例有较大幅度提高，并着重提高研究型人才培养水平；加强国际合作和开放办学，积极推进留学生教育。在学科专业结构方面，将在现有学科格局的基础上，向一些新兴和交叉学科领域拓展，加强理工科和高新技术学科建设，提高人文社会科学、管理科学的影响力；在提高学科整体建设水平的同时，将重点建设若干有优势、有特色的学科，使这些学科在国内达到先进水平，并逐步接近和达到世界发达国家同类学科的水准。第二，稳定学校总体办学规模。到2010年，在校生规模稳定在30 000人左右，积极探索发展现代远程教育，逐步把继续教育纳入网络教育的轨道。第三，推进创新人才培养计划。进一步完善创新人才培养模式和培养环境，鼓励和引导学生个性化和多样化发展；强化实践教学环节，寻求与社会公共部门和企业相结合建立实践教学基地，丰富各类教学实践活动；更新教育观念，改革课程体系、教学内容和教学方法，加强学生创新意识、创业精神、创新能力和实践能力的培养。第四，实施本科教学改革和质量建设工程。深化以提高质量为核心的各项本科教学改革，健全教学质量监控与保障体系，推进和完善学分制改革，严格教育教学秩序，提高教学管理现代化水平。第五，实施优质教师队伍建设计划。有计划地培训现有教师提高他们科学研究和从事教学的能力和水平;选聘优秀的具有发展潜质的青年学者充实教师队伍,确保学校发展所必需的足够的教师资源;聘请国内外有影响的著名学者和学科带头人来校从事教学和研究工作,以提高学校的学术水准。第六,加强科学研究和科技服务工作。通过科学研究促进创新型人才的培养,提高学校对科技发展和经济社会的贡献度和影响力。建设好有关研究所、工程研究中心和产学研基地,为国家发展和社会进步提供更好的科技服务。第七,努力形成开放办学的新格局。一方面,加强与世界各国大学的合作与交流,从合作交流中学习世界各国大学先进的办学经验;另一方面,进一步履行好大学应尽的社会职责,重视加强与政府部门、社会各方面的合作,了解政府和社会的关注和期待,适时调整人才培养和科学研究的重点和发展方向。第八,进一步改善学校教学科研条件。加大办学投入和办学条件建设,使校园基础设施、实验室和文献信息保障体系等方面的建设能与学校发展相适应,为实现上述各项计划提供足够的条件保证。因此,学校必须想方设法开辟广阔而可靠的经济来源。最后,实现办学定位和目标尤其需要形成与之相适应的大学文化传统,建立相适应的现代大学制度和高效能的运作体系,这也需要我们坚持不懈地探索。

(资料来源:安徽日报 2006 年 7 月 14 日 黄德宽文)

第九章

公共事业绩效与评价

公共事业绩效评价作为新兴的公共管理研究领域、公共事业管理的有效手段,已受到社会各界的重视。开展对公共事业绩效与评价的定义、功能、作用和类型等基本理论问题的探讨,是在实践中更好地组织和实施公共事业绩效与评价的前提和方法论指导。

第一节 公共事业绩效与绩效管理

一、绩效与绩效管理

"绩效"一词,一般解释为成绩、成效,含有成绩和效益的意思,最早是适用于社会经济管理方面的,后来又在人力资源管理方面得到广泛的应用。绩效是指"从过程、产品和服务中得到的输出结果,并能用来进行评估和与目标、标准、过去结果以及其他组织的情况进行比较"。[①] 在工商管理中,绩效一般有三种类型,即以顾客为中心的绩效、财务和市场绩效、运作绩效。

在工商管理中,为了达到组织目标而通过持续开放的沟通过程,形成组织目标所预期的利益和产出,推动组织和个人作出有利于目标达成的行为即为绩

---

① 尤小云.绩效优异评估标准[M].北京:中国标准出版社,2002,31页.

效管理。① 美国学者罗伯特·巴克沃认为,绩效管理是"一个持续交流的过程,该过程由员工和其直接主管之间达成的协议来保证其完成,并在协议中对未来工作达成明确的目标和理解,并将可能受益的组织、管理者及员工都融入到绩效管理系统中来。"②很显然,尽管目前各界对绩效管理的认识还有一定差异,但其目标指向已经基本一致了。

二、公共事业绩效与绩效管理

当把绩效用于衡量公共部门行为效果、反映公共部门绩效时,其含义就更广泛一些,包含了公共部门在社会经济管理中的业绩、效果和效率等,使公共部门的公共事业管理能得到基本体现。公共事业绩效理念的确立和绩效管理的形成,是当代公共事业管理的重要标志之一。因此,绩效管理成为了推进公共事业管理部门深入改革、提高绩效的重要策略和工具。

(一)公共事业管理绩效理念的树立和绩效管理的形成

公共事业管理绩效理念的树立和绩效管理的形成,首先是由社会发展的迫切要求所导致的,是20世纪70~80年代以来世界范围内政府及公共部门改革的直接结果。随着时代的发展,公众在各方面对公共管理部门的需求日益提高,公共部门的角色变得越来越重要,其所提供的公共服务也日益增多。这种功能的扩张与强化,必然增大管理成本,形成公众负担的加重或公共部门的财政压力。同时,随着民主化的进程,公众又要求公共部门花最少的钱,以最经济的手段,提供更多、更好的服务。另外,公共事业管理部门作为承担政府社会管理职能的主要部门,所承受的任务压力最为直接,因而绩效管理成为公共事业管理部门减轻自身负担的重要手段。

其次,公共事业管理绩效理念的树立和绩效管理的形成也是新型公共事业管理体制的要求。随着公共事业管理中公共产品理论尤其是其中的准公共产品理论的形成和发展,人们对公共事业管理规律的认识逐步深入,再加上公共管理社会化改革的推行,以新型的公共事业产品生产和提供方式为基础,以政府机构为主导,包括非政府组织等在内的多元管理主体系统开始形成,绩效管理即随之成为必需。

在这些因素的直接影响下,提高公共事业管理绩效就成为公共事业主体(包括政府在内)实施管理过程中必须首先解决的一个大问题。

---

① 陈振明.公共管理学——一种不同于传统行政学的研究途径[M].北京:中国人民出版社,2003,275页.
② (美)罗伯特·巴克沃.绩效管理:如何评价员工表现[M].北京:中国标准出版社,2000,4页.

(二)公共事业绩效管理的基本内涵

1. 公共事业绩效管理的定义。公共事业主体属于公共部门,公共事业绩效管理一直被视同于公共部门绩效管理。公共部门绩效管理是于20世纪70~80年代以后,在公共组织管理改革的实践中形成的,其基本做法就是将组织目标分解为组织成员的职责,并与资源的配置和整个组织系统的控制、评估相结合。有关公共部门绩效管理的含义,学者夏弗里茨和鲁塞尔认为,公共部门绩效管理是组织系统整合组织资源达成其目标的行为。美国国家绩效评估小组给出的定义是:绩效管理是利用绩效信息协助制定统一的绩效目标,进行资源配置与优先顺序的安排,以告知管理者维持或者改变既定目标计划,并且最终实现组织目标的管理过程。①

2. 公共部门绩效管理活动的基本构成。公共部门的绩效管理从发生的前后顺序来看,是一个检查评估是否达到目标的完整的系统过程:首先根据相关绩效信息和公共服务的要求,依据一定的指标和方法,将组织目标转化成可测量的绩效目标或指标,然后对目标进行分解;接下来展开管理实施绩效目标的工作;最后在绩效管理实施过程中和结束后对是否达到绩效目标进行评估。

从功能活动的角度看,公共部门绩效管理基本上是由绩效评估、绩效衡量和绩效追踪三个方面的活动组成的。目前,在公共管理部门中所实施的绩效管理,主要是侧重于对组织绩效和个人绩效结合进行的评估。在公共部门的绩效管理中,将组织目标分解为可测量的绩效目标是重点也是难点。在绩效管理活动中,管理者必须制定一套能衡量组织目标实现程度的绩效指标系统,或可以衡量组织绩效的标尺,对组织内部与外部或不同时期的管理效果进行测量比较,来实现绩效管理的功能,具体见图9-1。

(三)公共事业绩效管理的价值

公共部门绩效管理在公共事业管理中具有十分重要的价值,它能够促进公共事业管理绩效的提高。具体来讲,公共事业绩效管理的价值主要体现在以下两个方面。

1. 绩效管理是提高公共事业管理绩效的重要的管理工具。绩效管理作为一种管理工具,最重要的莫过于在公共部门的管理中,引入了成本—效益机制,切合了公共部门管理的基本需要。这一绩效管理的成本—效益机制对绩效的促进作用,主要表现在两个方面:一是"结果导向"。绩效管理不否认程序和规

---

① 陈振明.公共管理学——一种不同于传统行政学的研究途径[M].北京:中国人民大学出版社,2003年,275页.

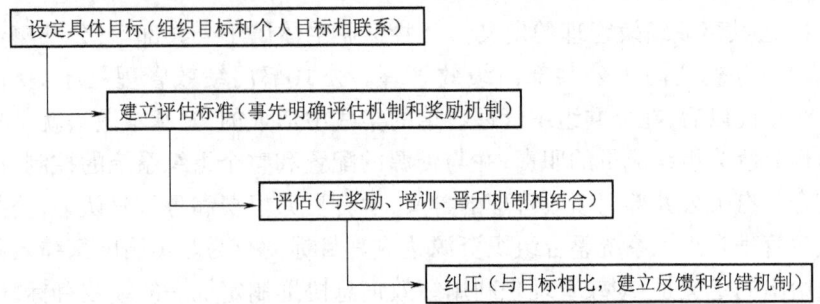

图9-1 公共部门绩效管理流程图

则,但一切必须以公共事业产品的数量和质量是否满足公众的需求来衡量,并根据结果的需要来组织、落实和协调管理,从而为减少或克服以往管理的种种弊端开辟一个路径。二是责任机制。责任机制内含管理人员的责任落实、资源的优化配置及整个组织系统协调运转等,在相当程度上,为促进绩效改善提供了可能。

2. 绩效管理是公共事业管理科学化水平的评估工具。确定科学的可量化的指标进行管理目标分解和评估是绩效管理的基本方式,作为一种评估工具,绩效管理为科学地评估公共事业管理部门的内部管理提供了可能。随着时代的发展,公众要求公共组织尤其是政府对公共事业产品生产和提供的总体框架构成负责,并承担起这样一些责任:一是关于公共事业产品生产和提供的组合方式的公共政策制订应当合理;二是公共支出必须获得公众同意并按正当的程序支出;三是资源的配置有效率;四是资源必须使用在预期的目标方面。

显然,绩效管理在公共事业管理部门中的应用,也同时为公众从组织外部正确地认识和评价公共事业管理的结果提供了可能,并在相当程度上也成为公众对公共事业管理部门进行监督、促进公共事业管理部门提高绩效的有利工具。[①]

第二节 公共事业管理的绩效评估

要发挥绩效管理作为公共事业管理部门一个重要的管理工具和评估工具

---

① 崔运武.公共事业管理概论[M].北京:高等教育出版社,2002,213页.

的作用,关键是要确立一个科学的绩效评估指标体系,当然,其作为一般管理工具,还应具有相应的条件。

一、公共部门绩效评估

关于公共部门绩效评估,目前国内尚无一致公认的定义,学者们基于各自学科角度对绩效评估予以不同的理解和界定。美国学者朗格斯纳认为:"绩效评估是基于实施,有组织地、客观地评估组织内每个人的特征、资格、习惯和态度的相对价值,确定其能力、业务状态和工作适应性的过程。"也有人认为"绩效评估是定期考察和评价个人和小组工作的一种正式制度"[1];"绩效评估是一个适用于为评价政府活动、增强为进展和结果负责的一切有系统的努力的术语"等[2]。但美国审计署提供的公共部门绩效评估的定义也许是最具有代表性的:"是便于公共决策者获取相关信息的一种方法,比如关于某一问题,关于为解决或缓解该问题所采用策略的相对有效性,关于特定方案的实际有效性。"[3]

对于公共事业部门绩效评估的内涵我们可以从三个方面来理解:在微观方面,绩效评估是对个人工作业绩、贡献的认定;在中观方面,是对公共事业部门各分支包括政府、事业单位、非营利组织如何履行其被授予的职能的认定;在宏观方面则是对整个公共部门或狭义上的政府绩效的测评。

二、公共部门绩效评估的类型

随着公共部门绩效评估活动的开展和影响的逐步深化,绩效评估也呈现出多样化的特点。依据不同的标准,公共部门的绩效评估可分为以下几种类型。

(一)按参与评估的主体分

按参与评估的主体不同可分为内部评估和外部评估。内部评估是公共部门内部的评估者完成的评估;外部评估是由公共部门外部的评估者完成的评估。

(二)按绩效评估的客体范围分

按绩效评估的客体范围大小可分为个人绩效评估和组织绩效评估。个人

---

[1] (美)R 韦恩·蒙迪,罗伯特·M 诺埃.人力资源管理[M].北京:经济科学出版社,1998,296页.

[2] Sheldon Silver, Marty Luster. Reinventing Government Series : Performance Measurement and Budgeting,1995,P82.

[3] Eleanor Chelinsky. Evaluating Public Programs. in James L Perry(ed.). Handbook of Public Administration. San Francisco, CA: Jossey-Bass,1989,P259.

绩效评估是指基于事实,有组织地、客观地对公共部门从业者的特性、资格、能力、业务态度、工作适应性及对组织的贡献所作出的评估;组织绩效评估是指对公共部门的产出产品在多大程度上满足社会公众的需要进行的评估。

(三) 按绩效评估功能分

按绩效评估功能不同可分为诊断性评估、调控性评估、总结性评估和整体性评估。诊断性评估是指在某项公共事业绩效管理评估活动开始之前,为使其计划更有效地实施而进行的预测性、测定性评价,或对评价对象的基础、条件作出鉴定;所谓调控性评估,是指在公共事业绩效管理活动过程中,为得到评估活动本身的效果,调节活动过程,保证公共事业管理绩效目标的实现而进行的评价;总结性评估是在某项公共事业绩效管理活动告一段落时,对最终成果作出价值判断的评估。

另外,按照公共事业绩效管理评估方法的不同还可以分为定量评估与定性评估;按评估对象的复杂程度不同可分为单项评估和综合评估等。

三、公共事业管理绩效评估的作用与意义

(一) 公共事业管理绩效评估的作用

公共事业部门绩效评估作为公共管理流程再造的重要内容和根本性措施,在政府与非营利组织的管理实践中得到广泛运用,提供了公共部门吸收、借鉴私营部门管理方法与经验的又一范例,为公共管理改革提供了新的视野,并在相当程度上带来了国家政府管理效率的提高和管理能力的增强。公共事业部门绩效评估所发挥的重要作用,主要体现在以下几个方面[①]。

1. 导向作用。公共事业管理绩效评估的导向作用体现在它有一套指导评估活动的纲领性文件,因此,在公共事业评估活动中,首先要设计好评估方案与评估标准。在评估过程中,不同的评估标准会得出不同的评估结果。评估标准一旦编制完成,评估者与被评估者就必须照着去做,否则评估活动就难以顺畅展开,也不可能获得好的评估结果。可见,公共事业管理的绩效评估标准像一根"指挥棒",起着导向作用。

2. 诊断作用。在实施评估方案过程中,要对根据评估标准所搜集到的公共事业管理绩效信息,采用规范程序和科学方法进行整理、处理和分析。在这个过程中,我们能够对评估对象的业务活动与管理工作作出诊断,发现其管理活动哪些地方见长,需要加以巩固和发扬;哪些地方不足,还有待于改进加强。

---

① 吴钢. 公共事业评价[M]. 上海:上海教育出版社, 2003, 11-12 页.

进而对症下药,提供改进措施。

3. 激励作用。公共事业管理绩效评估所得的结果,一方面为决策者提供信息,另一方面也为被评估者或被评估单位提供反馈信息。其目的是为了改进工作,提高公共事业发展水平,这一作用主要是根据相关的需求理论来实施的对个人的一种激励。如果工作做得好,明确好在什么地方,会给人以发扬长处的动力和某种精神上的满足,能较好地促进人们工作或学习的主动性,激励人们以全部精力投入工作或学习。

4. 交流作用。在公共事业管理绩效评估过程和评估结论的反馈中,由于评估者与评估者之间、评估者与被评估者之间、评估者与决策者之间以及被评估者与被评估者之间、被评估者与决策者之间可以相互接触、交流或信息沟通,因此彼此都能够看到他人的长处,同时也能注意到自己的不足,有利于相互学习、取长补短、共同前进。

(二) 公共事业管理绩效评估的意义

公共事业管理绩效评估在促进公共事业部门事务管理效率提高、管理能力增强的同时,也有效地缓和了各种社会危机和矛盾。可见,公共事业部门绩效评估具有重要的理论意义和实践意义。

1. 绩效评估是公共事业管理的必要手段。公共事业管理绩效评估活动是对公共项目实施的实际情况进行了解、考察,分析实际效果与预期目标的偏离程度,通过总结公共事业政策和吸取事业项目实施的经验教训,反馈给有关公共部门,以便对公共事业管理项目作出调整、修正,弥补公共事业管理项目的缺陷,为未来的公共事业决策实施积累经验,完善和提高公共事业管理水平。可见,绩效评估是提高公共事业部门管理水平、改善公共服务的有效手段。

2. 绩效评估是提高公共部门绩效的动力机制。首先,作为技术层面的绩效评估是公共事业部门为了获得更高的业绩水平而使用的手段,是有效提高公共事业部门绩效的动力工具,有助于实现和落实公共事业部门的责任。公众期望公共事业管理主体能为自己作出的决定负责,这就要求有某种评价的方式。其次,绩效评估有助于公共事业部门确定公共服务供给的质量和价格标准,同时在实现社会公平、增加顾客选择机会、更好满足顾客需要方面起到积极的保证作用。最后,绩效评估有助于改善公共事业部门与社会公众之间的关系。特别是随着政府角色和职能的重新界定,政府部门与社会公众之间的关系由治理者与被治理者转变为公共服务的提供者与消费者、顾客之间的关系。公共事业管理绩效评估巧妙地将公众一致通过的公共事业管理责任和顾客至上的管理理念表达出来,从而建立和加深了社会公众对公共事业部门的信任,增强了政府公共部门的号召力和社会公众的凝聚力。

3. 绩效评估有利于政府信誉和形象的提高。绩效评估实际上是一种信息活动,它的特点是评估过程的透明化和信息的公开化。绩效评估不但可以鉴证公共资源使用尤其是政府公共开支的合理性,而且通过评估可向公众展示政府和公共事业部门的业绩和公共部门为提高绩效所做的不懈努力,有助于公共事业管理主体的巩固和强化。同时,具有影响力的绩效评估结果对公共事业部门来说起着重要的监督作用,它为政策制定者、公共事业部门及其全体职员改进绩效提供了有价值的信息和反馈,也为社会公众对不同的公共事业部门及其所提供的服务进行选择提供了依据和参考系数,这使得公共事业部门的"暗箱操作"难以进行。

4. 绩效评估是一种有效的管理工具。从实践来看,绩效评估可以被用做一种有效机制,激发人的工作热情和动力。将绩效与奖惩相联系,通过绩效评估,可以形成一种约束机制,也强化了组织的激励机制。另外绩效评估在公共事业部门运作和管理上增加了成本—效益的考虑,在一定程度上,遏制了公共事业部门的浪费,从这个角度来看,其实践意义是非常重大的。最后,绩效评估不但能为组织提供有关组织活动的制度、物质损耗、工作协调等方面的信息,从而实现对组织战略目标、人员物质分配等的有效调整;而且,绩效评估及其措施在公共事业管理实践中的运用,将极大地推动公共事业管理方法与技能的改进和发展。[①]

四、公共事业管理绩效评估的过程

公共事业管理绩效评估实际上是一个循环的流动过程。在进行公共事业管理绩效评估时,首先,要对评估作出整体的规划,制定科学可行的计划;其次,要好评估的技术准备,在此基础上,根据评估的内容和范围收集评估所需的资料和信息;以上过程都完成后,最后就要采取具体步骤开始实施评估。具体的实施包括准备评估方案、实施评估方案、编写评估报告和评估结论的反馈四个步骤。公共事业管理绩效评估的流程,可以见图9-2[②]。

例如,具体的绩效评估整体规划可分为四个方面。

第一,确定决策者的需要。绩效评估的目的之一就是为决策提供相关信

---

① 陈振明.公共管理学——一种不同于传统行政学的研究途径[M].北京:中国人民出版社,2003,279页.

② 陈振明.公共管理学——一种不同于传统行政学的研究途径[M].北京:中国人民出版社,2003,289页.

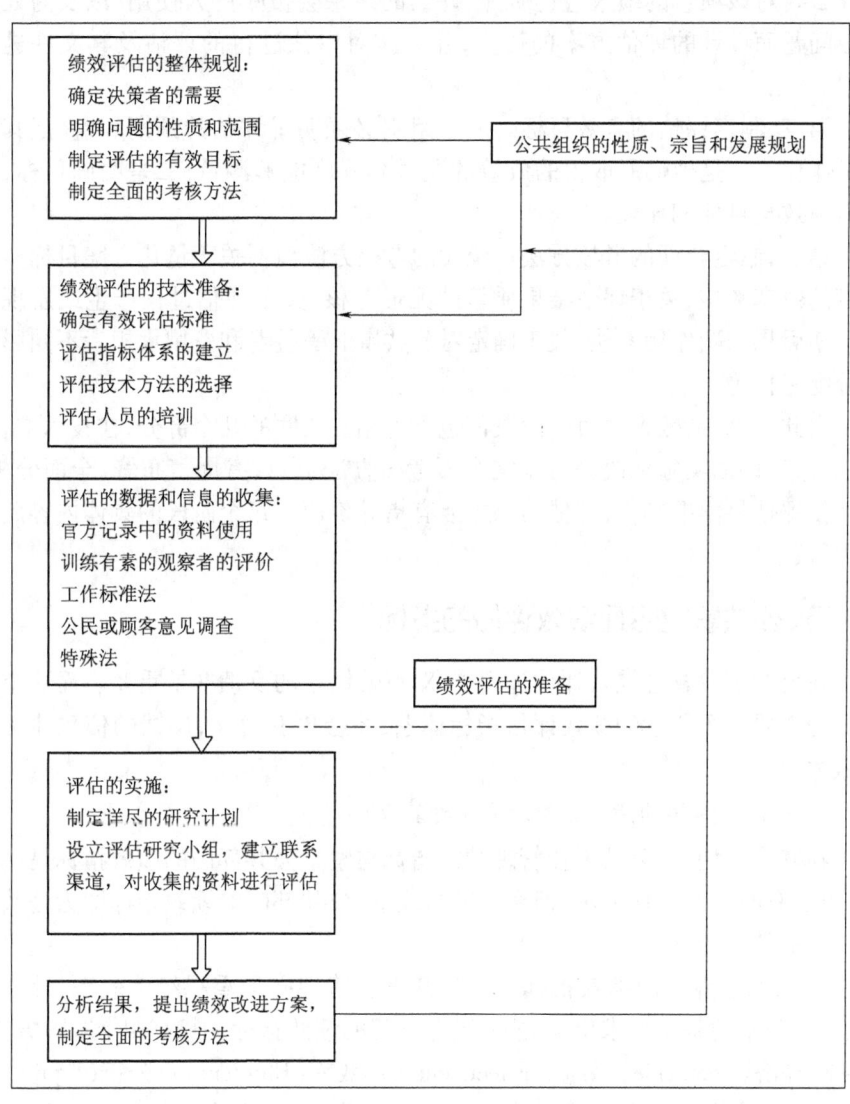

图 9-2　公共事业管理绩效评估的流程图

息,所以要了解和确定决策者的需要,使评估做到有的放矢。因此,在评估之前要与决策者进行充分的沟通,了解他们是如何认识问题的、他们将如何使用评估信息、他们对评估方案信息和最终报告完成时间的要求,这些都是指导评估规划的前提。

第二,明确问题的性质和范围。评估参与者应清楚此次评估的起因,了解为什么要对该项目的绩效进行研究、评估的结果会被哪些人使用,以及为处理绩效问题而设计的评估方案的历史,并且应对以往进行的评估及其文件进行检视。

第三,制定评估的有效目标。一个组织必须明了评估的预期利益,把其目标具体化。一是他们所取得的成效的质量和程度能够测量;二是明确目标,然后将绩效与目标相比较。

第四,制定全面的考核方法。全面的考核方法包括关于量化方案目标实现程度的效率考核、关于评估结果质量的无形考核、关于评估过程产生或发现的非预期后果的副作用考核、关于确定对公共事业受益者和费用承担者不同影响的分配考核等。

由此可见,绩效评估每个阶段都包含了相互关联的几个部分,在技术准备、信息收集、评估实施和改进与制定全面考核方法上,只有周密布署、全面分析,才能使评估科学准确,其评估结果才能有指导价值。每个阶段的具体内容此处不再赘述。

五、公共事业管理绩效评估的指标

在公共事业管理绩效评估过程中,对评估结果的反馈非常重要。而这个反馈行为需要一个科学的绩效评估指标体系,才会更有意义,反馈的信息才更有说服力。

(一)公共事业管理绩效评估指标

在基本结构上,公共事业管理绩效指标与整个公共部门的绩效指标是一致的,可能有时会有具体要求,但在一般情况下,公共部门的绩效指标即为公共事业管理的绩效指标。

1. 公共事业部门绩效指标。从公共事业管理必须重视经济效率、社会效率、社会公平的基本要求出发,公共事业部门的绩效指标一般有四个基本方面,即4E:经济(Economic)、效益(Effectiveness)、效率(Efficiency)、公正(Equity)。

(1)经济指标。它表示投入成本的最小化程度,即在维持特定水平投入时,尽可能降低成本,充分使用已有的资源以获得最大和最佳比例的投入,即"做事情要尽可能节约"。一般涉及成本与投入之间的关系。这一指标一般是指公共事业部门投入到管理项目中的资源水平,涉及的问题是一个公共事业组织在既定的时间内,在获取一定的收益或得到一定产出的情况下,花费了多少资金,因此它也是对公共事业管理进行绩效评估的一个成本标准。这一指标并不关注服务对象问题,不能衡量服务的效率和效果,而是考量如何生产既保证既定公共事业产品的数量和质量又消耗最少的资源。经济指标通常可以用货币的形式来表示。

(2)效益指标。一般涉及产出与效果之间的关系。效益是衡量公共事业管理结果的另一个重要指标，它关注的问题是：通过实施管理后，公共服务的情况是否有了改善，绩效结果是否有价值。效益指标能衡量出公共服务实现既定目标的程度，因此，效益指标在公共事业管理中亦具有十分重要的地位。效益关注的是公共事业管理的目标或结果，通常是以产出与结果之间的关系进行评价的。效果可以分为两类：一是现状的改变程度，如国民受教育的状况、环境质量变化程度、交通状况改变程度等；二是行为的改变幅度，如社会犯罪行为的改善幅度等。效益和技术理性密切相关，常常按照产品或服务的数量或他们的货币价值来计量。

(3)效率指标。该指标表示在既定的投入水平下使产出水平最大化，即"把事情做好"。一般通过投入与产出之间的比例关系来衡量。表示产出最终对实现组织目标的影响程度，包括产出的质量、期望得到的社会效果、公众的满意程度等，即"做正确的事，并且把它做好"。效率指为产生特定水平的效益所付出努力的数量，即投入产出比。这也是一个生产力标准。这一指标所要评价的是一个公共事业组织在既定的时间和预算投入下，产生了何种公共服务结果。公共事业部门的效率指标通常包括服务水准的提供、活动的执行、服务与产品的数目、每项服务的单位成本等。效率指标关心的是手段问题，而且这种手段是以货币方式加以表达和比较的。公共事业部门的效率包含两个方面的内容：一是生产效率；二是配置效率。

(4)公平指标。公平指标指的是效果（如服务的数量或货币的收益）和努力（如货币成本）在社会群体中的不同分配。这一指标关注的基本问题是，接受公共服务的团体或个人是否都受到公平的待遇，需要照顾的弱势群体是否能够享受到更多的服务。由于公平无法在市场机制中加以界定，因而公平很难衡量。但是它可以得到帕累托标准、卡尔多—希克斯标准和再分配标准等原则的指导。

2. 公共事业部门绩效评估的具体指标。根据公共事业管理绩效评估的基本指标，对绩效的评估可以通过以下具体指标来实现。

(1)工作量完成的指标。这种指标是最经常使用的。但工作量完成的情况如果不同以生产为目的而进行投入的资源数量联系起来，就不能反映活动质量和效率水平，因而这一指标比较适用于实现内部管理的目的。

(2)实际的单位成本与工作量标准的比率指标。这是效果衡量的一种特殊形式。机构应该确定产出的数量和得到这些产出所花费的总时间量，计算出每个单位的实际平均时间,然后将其与每单位的工作标准时间相比较,得到的比率结果就是实际完成的工作与以工作标准为基础的目标的比较。工作标准的适用范围有限,它比较适用于有固定程序和标准产出的重复性工作,如数据处理、键盘输入、事务性工作、街道维修、车辆维护和各种各样的检查等。

(3) 效率衡量和效果质量相结合的指标。这种衡量主要是用来弥补工作量完成衡量法的不足。如果不考虑工作质量而片面强调工作量的完成,会鼓励雇员牺牲工作质量而只顾去完成一定的工作量,解决这一问题可以在计算产出时引入质量衡量,而不仅仅是考查完成了多少工作量。如果以上两种方法都不适用,则可以将效果—质量衡量与投入产出比率一起使用,以说明效率在变化时效果如何变化。

(4) 资源利用指标。这种指标是指生产服务过程中可提供的或可获得的人员和设施的时间利用比例。总的生产时间要包括设备和人员的停工时间。对于个人来说,需要衡量的是用在生产活动上的时间占总生产时间的百分比。这种衡量不能直接反映效益,但能指出提高效益的潜在能力在什么地方。

(5) 生产力指标。这种指标是用指数来反映出某段时间内绩效与设定的基础绩效相比较所发生的相对变化。某一事件的绩效如果被用做基础绩效,则其绩效直接设定为100,下一年的指数就是实际绩效与基础绩效年的绩效相比较得出的比率。

(6) 成本—收益比率指标。经济学家们比较推崇这种衡量方法。成本—收益比率一般要求将产出转换成货币单位。只要收益超过成本,项目就值得投资。然而,问题在于大多数的政府与非营利组织的服务产出并不能完全转换为可衡量的货币价值。这种指标比较适用于对专门的课题进行研究,而不太适合对政府与非营利组织的的日常绩效衡量。

(7) 综合性的绩效指标。上述单个衡量方法似乎都有些不足,在实际中,人们趋向于使用综合性的绩效指标衡量。其中,有一种衡量方法叫做全面绩效衡量(TMP)。全面绩效衡量指标将以工作量为导向的单位成本衡量、质量衡量、雇员态度衡量等多方面的信息综合起来。①

3. 影响公共事业绩效指标制定的因素。在当代,公共事业管理是整个公共管理中与公众联系最为直接的部分,其由特定的公共事业产品生产和提供方式构成的管理体制,决定了它与私营部门相比具有明显的公共性,而与提供纯公共产品的部门如国防部门等相比,又具有明显的经济性。相当程度上,它是

---

① 陈振明.公共管理学———一种不同于传统行政学的研究途径[M].北京:中国人民出版社,2003,293 - 295 页。

纯公共管理与纯企业管理间的"过渡带"。因此,在其绩效指标的制定中,必须重点考虑社会因素、经营性因素、竞争因素和公共事业产品的公共性纯度因素等。

（二）公共事业管理绩效评估指标体系设计

公共事业管理绩效评估指标体系的设计要遵守以下几项原则:指标的直接可测性和可观察性原则、指标间相互独立的原则、指标体系的整体完备性和本质性原则、指标的可比性原则、指标的公平性原则、指标的可接受原则等。

鉴于公共事业管理绩效评估对象数量和质量要求的复杂程度不同,与之相适应的指标体系结构一般可分为直线式和树状式两种①。直线式指标体系结构可直接根据评估对象数量和质量的要求得到,它一般运用于微观公共事业绩效评估和单项评估等,其结构如图9-3所示。

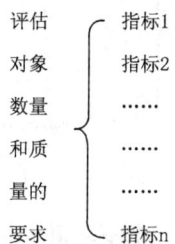

图9-3 直线式指标体系结构

树状式指标体系结构由根据评估对象数量和质量要求得到的若干一级指标构成,某些一级指标又分解为二级指标,甚至细化为三级指标。它一般运用于中观和宏观公共事业管理绩效评估以及综合评估中,其结构如图9-4所示。

（三）地方政府公共事业管理指标体系设计

地方政府公共事业管理绩效评价指标是指用来反映和概括地方政府公共事业管理绩效水平的具体指标。对地方政府公共事业管理绩效评估指标体系的构建来说,它是进行政府绩效评估的基础,制定有效的绩效评估指标是政府绩效评估取得成功的保证,同时对其他公共事业部门的绩效评估体系设立又有着借鉴性的意义。

1. 地方政府绩效评估指标体系构建流程。地方政府绩效评估指标体系的构建是一个系统流程,包括地方政府职能和绩效特征分析、地方政府绩效评估目标的分解、地方政府绩效评估指标要素调查、地方政府绩效评估指标体系的

---

① 吴钢.公共事业评价[M].上海:上海教育出版社,2003,103页.

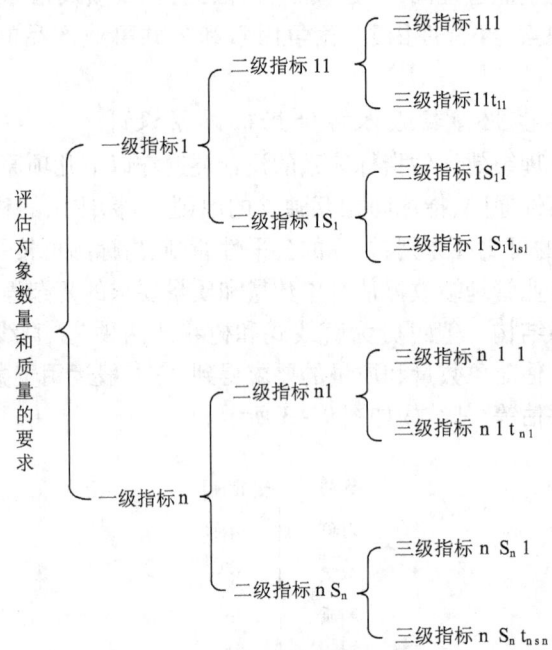

图 9-4 树状式指标体系结构

检验和修正等基本环节。在进行这些具体环节操作前,要先对地方政府公共事业管理绩效评估指标体系有一个总的结构与层次设计,接下来再进行具体的行为实施[①]。图 9-5 是地方政府公共事业管理绩效评价指标体系总体结构与层次示意图。

(1)地方政府职能和绩效特征分析。以组织的职能活动为基础来设计绩效指标,能够较系统、较全面地反映组织绩效信息,并能更好地体现组织绩效的价值。根据绩效评估目的,对评估对象岗位的工作内容、性质以及完成这些工作所具备的条件等进行研究和分析,从而了解评估对象工作所应达到的目标、采取的工作方式等,初步确定绩效评估的各项要素。为实现政府职能,政府设置了相应的政府部门和机构,以承担相应的专门职能。为了保证工作的顺利开展,政府绩效评估应与已有绩效目标考核工作相衔接,按照政府职能部门的设置来进行。

---

① 彭国甫.地方政府公共事业管理绩效评价指标体系研究[J].湘潭大学学报(哲学社会科学版),2005(3):19-21.

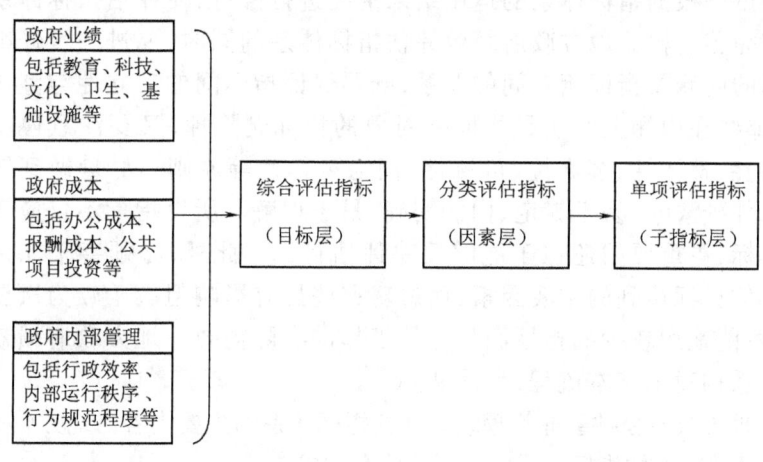

图 9-5 地方政府公共事业管理绩效评价指标体系总体结构与层次

(2) 地方政府绩效评估目标的分解。评估指标体系设计的基本途径是分解目标，即通过分解目标来形成指标体系。在分解目标的同时，要求分解的指标必须与评估目标一致。一般情况下，由于政府绩效及其行为的复杂性，对目标的一次分解并不能达到可测性的要求，必须借助若干中间过渡环节。必须从政府绩效评估目标出发，将目标分解成次级项目，然后再逐级分解，一般情况下，要通过三四个层次的分解，才能满足可测性要求。

(3) 地方政府绩效评估指标要素调查。地方政府绩效评估指标要素调查可以运用多种方法灵活进行。调查问卷法和访谈法是一种比较常用的指标要素调查方法。调查问卷方法是指评估主体将一些需要了解的相关信息设计成书面问卷向被调查者询问，要求被调查者以书面文字或符号形式作出回答，然后进行归纳整理分析，并得出一定指标要素信息的方法。该方法可以获得大量比较客观且有助于评估的第一手资料，能提高评估的正确性和科学性。访谈法是指评估主体通过和评估对象及其有关人员进行面对面交谈、讨论并收集与评估有关的信息资料，然后就评估对象的情况作出评估的一种方法。访谈法的最大特点在于，整个过程是评估者与被访问者在访谈中相互影响、相互作用的过程，因此它所获得的信息更全面、更直接和更真实。

(4) 地方政府绩效评估指标体系的检验和修正。为了使确定好的绩效评估指标体系更趋合理，还应对其进行检验和修正。政府绩效评估指标体系检验和修正可以通过专家调查法，将所确定的绩效评估指标提交领导、专家会议及咨询顾问，征求意见，修改、补充、完善绩效评估指标体系。检验和修正还可以根据指标体系的运用结果情况进行修订,使评估指标体系更加理想和完善。检验地方政府绩效评估指标体系的同时,要进一步仔细地分析指标的内涵及指标相互间的关系,既要保证指标间的独立性与整体完备性,把那些在内涵上实质是指同一对象的指标删除掉,又要注意遵循指标的导向性、整体性、客观性、可测性、简易可行性等原则。尽量做到使每一个指标外延清晰、易于界定、内涵明确、易于理解。所设指标不仅应该反映评估目标,更重要的还在于能够反映评估目标。此外,必须善于抓住那些影响评估目标达到的主要因素,而忽略那些虽有影响但属于较为次要的因素,尽可能地用较少的指标满足评估工作的实际需要。地方政府绩效评估指标体系构建的基本流程,见图9-6①。

2. 地方政府公共事业管理绩效评估指标体系的主要内容。地方政府公共事业管理绩效评估指标体系由以下分体系构成②。

(1) 管理业绩指标体系。地方政府公共事业管理的业绩指标是指地方政府在管理公共事业过程中的有效产出和成绩。地方政府公共事业管理绩效业绩评价指标必须根据其具体管理职能和公共事业的具体门类来选择,因此地方政府公共事业管理绩效业绩评价指标就由教育事业管理业绩指标、科技事业管理业绩指标、文化事业管理业绩指标、卫生事业管理业绩指标、体育事业管理业绩指标、社会保障事业管理业绩指标、环境保护业绩指标和基础设施建设业绩指标这八大分类评价指标构成。

(2) 管理成本指标体系。地方政府公共事业管理成本是指地方政府在管理公共事业和提供公共服务过程中所耗费的支出,包括地方政府内部管理成本和地方政府外部成本。政府成本是影响一个地区经济社会发展的极其重要的因素,是影响和制约其管理绩效的重要方面。

(3) 内部管理指标体系。平衡计分卡在评价企业绩效时,十分关注内部经营过程与学习和成长指标,把企业的内部评价与外部评价、短期评价与长远评价两者结合起来。在地方政府公共事业管理内部,管理状况是制约其绩效水平的重要方面,政府内部人力资源开发、政府自我改革与学习带来的政府管理长远动力和潜在因素也是绩效评估必须关注的要点。因此,政府内部管理综合指标体系可分为勤政廉政状况、行政效率、人力资源状况

---

① 盛明科. 地方政府绩效评估指标体系构建及其应用研究[D]. 湘潭大学硕士论文,2005,56页.

② 彭国甫. 地方政府公共事业管理绩效评价指标体系研究[J]. 湘潭大学学报(哲学社会科学版),2005(3):19-20.

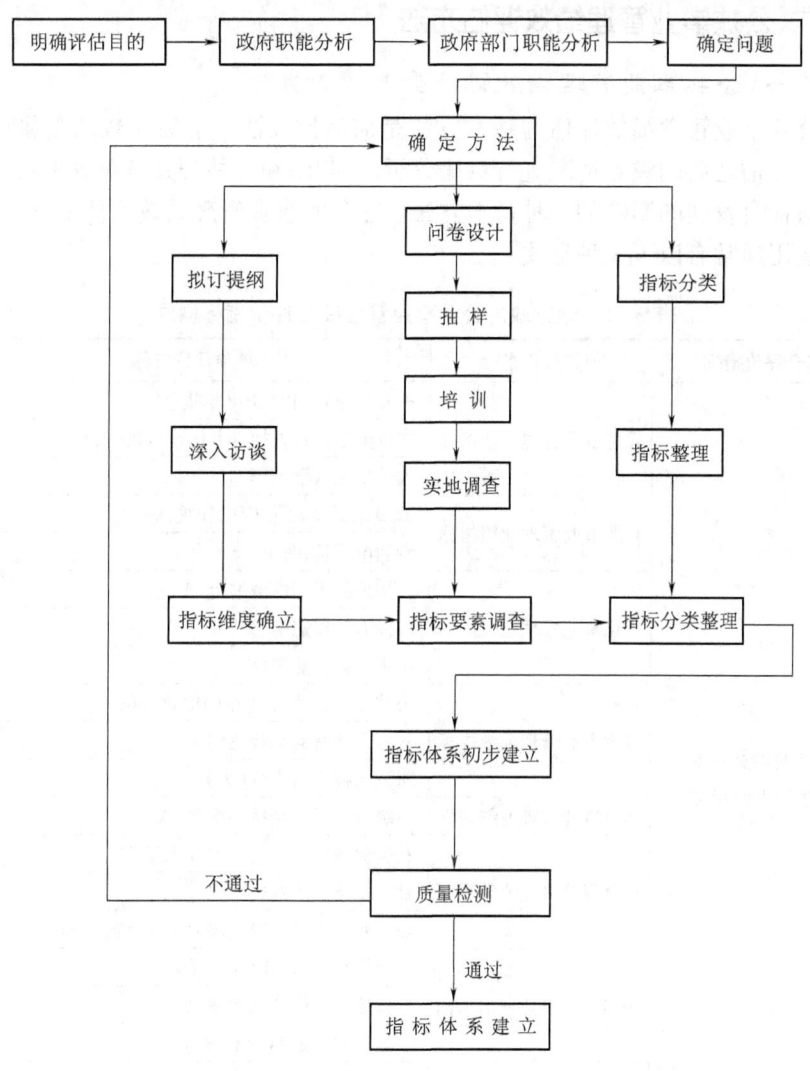

图9-6 地方政府绩效评估指标体系构建的基本流程

三个分类评价指标。

地方政府公共事业管理绩效评价指标体系如表9-1所示①。

---

① 彭国甫.地方政府公共事业管理绩效评价指标体系研究[J].湘潭大学学报(哲学社会科学版),2005(3):41.

六、公共事业管理绩效评估方法

（一）公共事业管理绩效评估的基本方法

公共事业管理绩效评估的基本方法是前后比较法。前后比较法是将评估之前和评估之后的绩效情况进行对比分析，来判断和评估公共事业管理的绩效结果对社会发展的影响的一种基本方法。在公共事业管理绩效评估中，这一方法的运用通常有以下三种形式①。

表9-1　地方政府公共事业管理绩效评价指标构成

综合评价指标	分类评价指标	单项评价指标
地方政府公共事业管理业绩指标	教育事业管理业绩指标	教育事业费用占 GDP 比重（%）
		在校生每百人拥有专任教师数（人）
		大学生毛入学率（%）
	科技事业管理业绩指标	R&D 公共支出占 GDP 比重（%）
		专利申请量（件）
	文化事业管理业绩指标	人均公共图书馆藏书量（册）
		广播人口覆盖率（%）
		电视人口覆盖率（%）
	卫生事业管理业绩指标	公共卫生事业支出占 GDP 比重（%）
		每万人拥有病床数（张）
		每万人拥有医生数（人）
	体育事业管理业绩指标	县级以上运动会举办次数（次）
	社会保障事业业绩指标	社会保障补助支出占 GDP 比重（%）
		社会救济总人数（人）
		收养收容性社会福利事业单位个数（个）
	环境保护事业业绩指标	城市维护费占 GDP 比重（%）
		固体废弃物综合利用率（%）
		工业废水排放达标率（%）
	基础设施建设业绩指标	人均道路面积（m²）
		人均地下排水管道长度（m）
		人均园林绿化面积（m²）
地方政府公共事业管理成本指标	内部成本	国家机关在岗职工年工资总额占地方财政支出比重（%）
		行政管理费用占地方财政支出比重（%）

---

① 崔运武.公共事业管理概论[M].北京：高等教育出版社,2002,248-250页.

续表

综合评价指标	分类评价指标	单项评价指标
地方政府公共事业管理成本指标	外部成本	公共事业财政支出占地方财政支出比重(%)
		特定公共项目投资(万元)
地方政府公共事业内部管理指标	勤政廉政状况	腐败案件涉案人数占行政人员比例(%)
		机关工作作风*
		公众满意度*
	行政效率	行政人员占总人口比重(%)
		信息管理水平*
	人力资源状况	行政人员本科以上学历者所占比例(%)
		领导班子团队建设*
		人力资源开发战略规划*

注：指标后打 * 的为定性指标。

1. 简单"前—后"对比分析法，这是最基本的前后比较法，如图9-7所示。

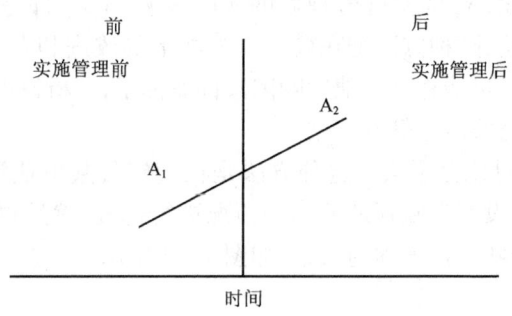

图 9-7 简单前—后对比分析法

图 9-7 中，A_1 代表实施管理前的情况，A_2 代表实施管理后的情况，$A_1 A_2$ 连线表示的即是公共事业管理的效果。这种方法简便易行，但是，由于公共事业管理不是社会政治系统中能对社会现象变化起作用的唯一因素，社会现象的变化通常是由多种因素引起的，因此，这种简单的前后描述法很难确定所观察到的社会现象的变化究竟是由公共事业管理引起的还是其他因素导致的。

2. "投射—实施后"对比分析法。这种方法是将实施管理前的基本情况作为基点，假设没有实施管理，将原有的情况按照既有的发展趋势所可能出现的结果，投射到公共事业管理实施后的评估点上，并将所得到的投影与管理后的实际情况进行对比，从而对公共事业管理的效果作出评估。这一方法的基本原理如图9-8所示。

图 9-8 中，$O_1 O_2$ 是根据实施公共事业管理之前各种情况建立起来的倾向

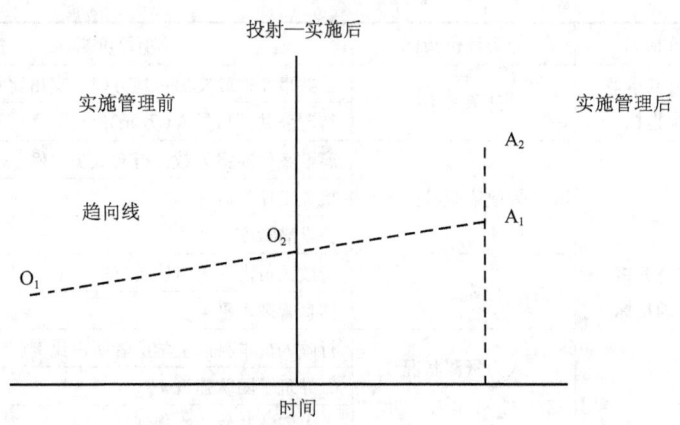

图 9-8 "投射—实施后"对比分析法

线，A_1 为该倾向线外推到实施管理后的某一点的投影，即如果没有实施管理在该点会发生的情况，A_2 为实施管理后的实际情况，A_1A_2 即是实施公共事业管理后的效果。可见，这种方法是在前一种方法上的改进和发展，其优点主要体现在通过投射已尽可能地将其他影响因素都滤掉了，分析得出的结果可以完全归于所要评价的公共事业管理绩效上。

3．"有—无"对比分析法。这种方法是在实施公共事业管理前、后的时间点上，分别将有和没有实施管理的两种情况进行比较，然后再比较两次对比的结果，从而确定公共事业管理的效果，如图 9-9 所示。

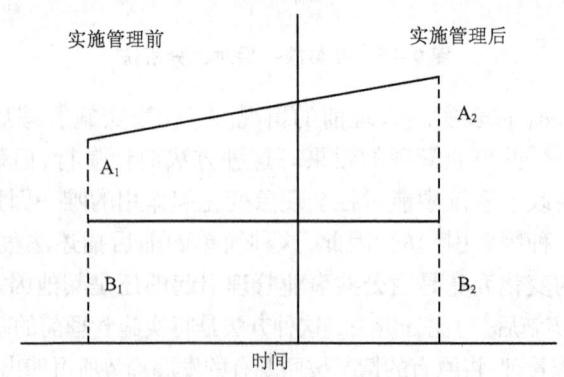

图 9-9 "有—无"对比分析法

图 9-9 中管理的两种情况，A_1A_2 为有公共事业管理条件下的变化结果，

B_1B_2 为没有公共事业管理条件下的变化结果,这样,$A_1A_2 - B_1B_2$ 就是公共事业管理实施的效果。

(二)公共事业管理绩效评估的其他方法

1.平衡计分卡。平衡计分卡是1990年,哈佛大学会计学教授罗伯特·卡普兰(Robert Kaplarn)和波士顿公司的管理咨询师大卫·诺顿(David Norton)两人根据对12家公司进行的一项研究所寻求的新的绩效评价方法。当时,世界500强中已有80%的企业在应用平衡计分卡,足见其影响之广。在实施平衡计分卡之前,企业绩效衡量的指标主要是通过财务指标来衡量。在过去的几百年间,财务指标系统取得了较大的成功和进展。但进入21世纪后,企业的竞争环境发生了巨大变化,许多人对绩效评价的财务指标开始产生怀疑和批评。由于几乎完全依赖于财务指标,管理者无法了解组织的整体情况,评价受到限制,也使得企业战略的实施受到许多阻碍。在这种情况下,就产生了一种新的驱动绩效的评价指标体系——平衡计分卡。

平衡计分卡(Balanced Score Card,简称BSC)是以信息为基础,系统考虑企业业绩驱动因素,进行多维度平衡评价的一种新型的企业业绩评价系统。同时,它又是一种将企业战略目标与企业业绩驱动因素相结合,动态实施企业战略的战略管理系统。它由四个部分组成:财务方面、客户方面、内部营运方面及学习和成长方面,见图9-10①。

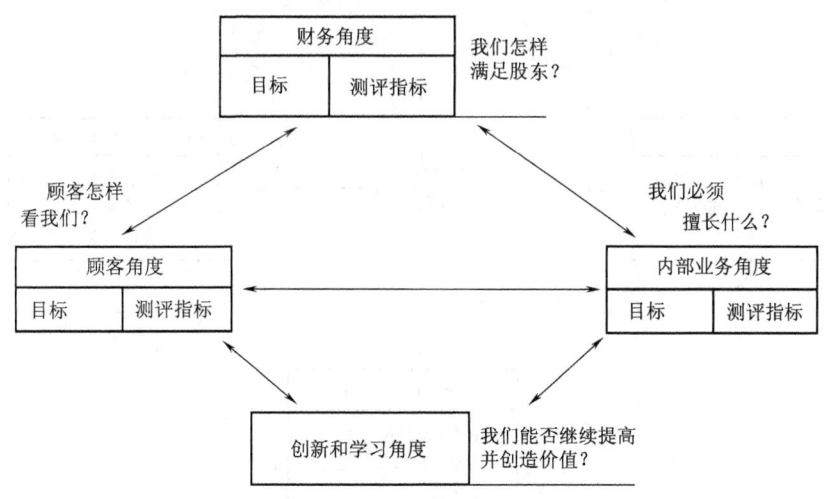

图9-10 平衡计分卡与各种绩效测评指标的联系

① (美)罗伯特·卡普兰,大卫·诺顿.平衡计分卡:以测评推动绩效[M].李焰,江娅译.北京:中国人民大学出版社,2004,121页.

平衡计分卡的作用主要体现在四方面：①将财务指标与非财务指标相结合，体现出现代企业的价值观，综合反映了企业的业绩，并为企业未来发展提供了方向和借鉴；②为现代企业价值观的实现提供了基本动力；③平衡计分卡除了起到评价作用以外，其本质属性是组织的一种战略管理；④平衡计分卡作为一种沟通工具对组织管理起到了重要作用。

尽管平衡计分卡是私营组织绩效评价和战略管理的重要方法，但经实践证明，源于企业的平衡计分卡同样适用于公共事业部门，但同时也不可忽视这其中的差异。

首先，需要了解公共事业部门平衡计分卡的内容。相对于企业组织来说，公共事业部门具有公共服务和社会责任的最高目标，不以利润和经济收益为导向，缺乏传统的财务维度，致使平衡计分卡变得不完整。同时，公共部门的服务对象是社会公众，而不是一般意义上的顾客。为此，我们就需要了解公共事业部门平衡计分卡的内容，以区别于企业组织，见图9-11①。

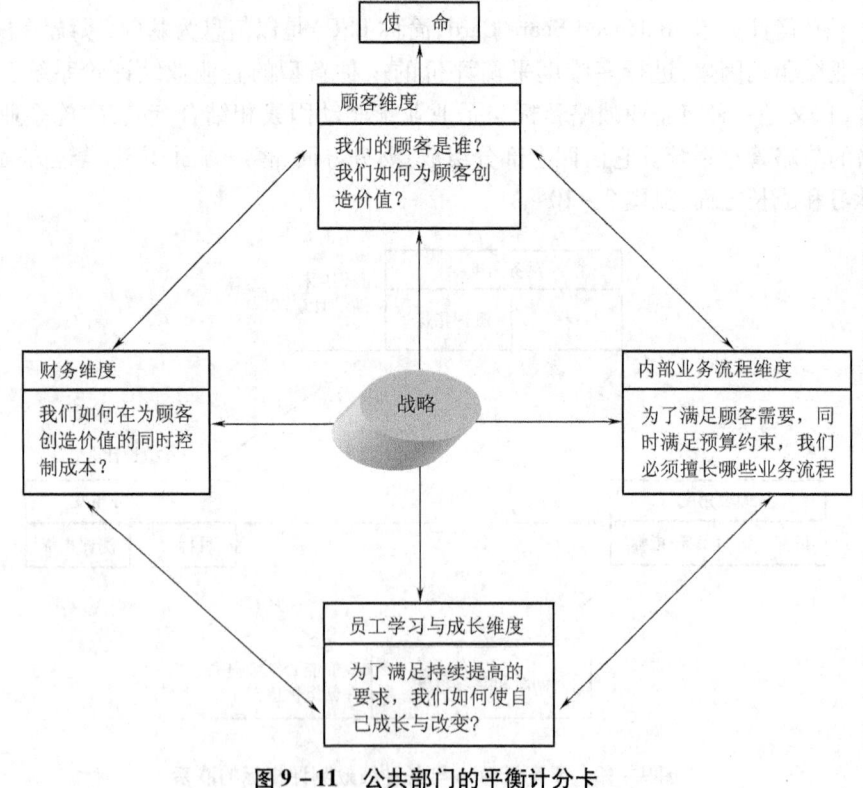

图9-11 公共部门的平衡计分卡

---

① （美）保罗·R尼文.政府及非营利组织平衡计分卡[M].胡玉明等译.北京：中国财政经济出版社,2004,29页.

从图 9-11 中可以看出,公共事业部门平衡计分卡有五个特点:①公共事业部门的平衡计分卡以维护社会稳定、实现社会公正、提供公共服务为最高宗旨,其改善绩效的最终目的仍在于公共事业部门的最高使命。②公共事业部门平衡计分卡实施的核心仍然是战略,即围绕绩效管理和公共事业部门管理的战略实施平衡计分卡。③提升了顾客维度,充分体现了公共事业部门服务行政的特点,为公共事业部门绩效管理效率的提高、服务理念的推广奠定了基础。④财务维度居于弱势,平衡计分卡显得不完整。我国的希望工程等支助项目,其产出完全是社会性的精神产品,很难计量成本和收益,也就无法用财务维度来衡量其管理的有效性。公共事业部门平衡计分卡财务维度的缺乏是其最重要的弱点,影响到公共事业部门绩效评估的过程和结果。⑤作为使命导向型组织,公共事业部门绩效评估的有效进行有赖于公务员的技能、奉献精神、合作态度和服务观念。

其次,了解公共事业部门平衡计分卡实施的具体操作步骤。不同的公共事业部门在操作步骤上可能会各有侧重,但基本步骤还是一致的,见表 9-2。

表 9-2　公共事业部门平衡计分卡实施步骤

阶段	操作内容
计划阶段	·为运用平衡计分卡寻找理由 ·确定资源的需求与可用性 ·决定从何处着手构建第一个平衡计分卡 ·赢得高层领导的支持和保证 ·组建平衡计分卡团队 ·为团队成员和其他关键利益相关者提供培训 ·为平衡计分卡的实施制定一个沟通计划
准备阶段	·制定或确定你的使命、价值观、远景与战略 ·绩效管理框架中明确平衡计分卡的角色 ·选择平衡计分卡的维度 ·讨论相关的背景材料 ·开展高层会谈 ·创建战略地图
实施阶段	·收集反馈信息 ·设计绩效评价指标 ·制定未来实施计划

最后,平衡计分卡作为形成指标、衡量绩效的重要管理方法在实际公共事业管理实践中发挥了重要作用,但也不可避免地存在一些问题。为了避免公共事业部门实施平衡计分卡过程中的障碍,需要创造多种条件以便成功实施平衡计分卡和顺利进行绩效评估。

平衡计分卡无论在企业组织管理实践中,还是被引入到公共事业部门绩效评估中,对其过高期望,都增加了管理者使用的难度;平衡计分卡的工作量大,部分指标难以进行量化,给管理者带来了操作困难;企业组织中平衡计分卡的四个维度构成使公共事业部门平衡计分卡最终的维度权重分配成为难题。

尽管平衡计分卡在国内外的企业组织中已得到了广泛应用,但对公共事业部门而言,它还是一个新生事物,针对以上对平衡计分卡在公共事业部门中应用的困难,美国的保罗·尼文(Paul R. Niven)指出,公共事业部门实施平衡计分卡需要许多条件,如高层管理者的支持,沟通、培训等。具体来讲,公共事业部门成功实施平衡计分卡的条件可以归纳为四点[①]:①树立绩效评估方法随环境变化而变化的观点;②获得高层管理者的支持,这是任何管理学家都普遍支持的一个观点,也是成功实施平衡计分卡的必要条件;③要清楚认识建立平衡计分卡法的基础,循序渐进地引进平衡计分卡法;④要建立BSC培训计划。具体来讲影响平衡计分卡体系成功的因素如图9-12所示。

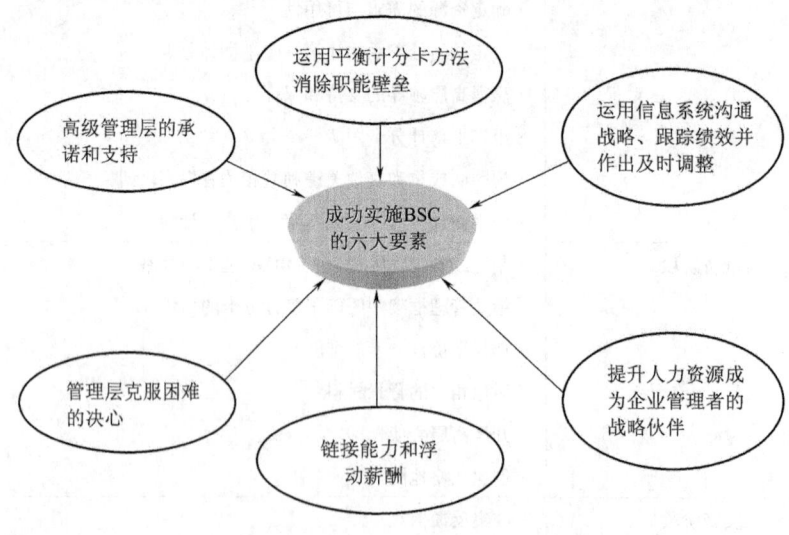

图9-12 平衡计分卡体系的成功因素

---

① 马玉超,徐海霞.平衡计分卡的利弊分析与应用研究[J].沈阳师范大学学报(社会科学版),2004(3):28.

2.360 度绩效评估。360 度评估和管理体系是美国通用公司杰克·韦尔奇于 1982 年发明的。360 度绩效评估主要应用于企业管理，具体内容包括：负责考评的管理者从员工的 3~6 名同事那里听取意见（通过考评表）；负责考评的管理者从 3~6 名员工的下属中听取意见（通过考评表）；负责考评的管理者让员工自我评估。自我评估包括雇员的背景档案，去年的工作表现、工作才能以及其他评估（通过考评表）。还要发给每人一张空白表格，员工要总结他自己这一年来的工作成就和表现。负责考评的管理者仔细阅读这些交上来的表格，并根据这些表格对员工的工作表现作出合理的评估。在对员工的工作表现进行评估时，经理主要看 14 项标准（定向成就、人际交往、概念思维、分析思维、主动性、决策力、专业知识、合作精神、客户凝聚力、质量意识、组织义务、领导才能、发展力及适应力）。考评结果出来后，负责考评的管理者需将所有同事和下属的评估表格全部销毁。管理者与员工面谈，并将这些评估报告与员工一起商议，进而探讨员工的业绩目标、评估标准以及权重和未来事业的发展计划。这些评估和计划被简要地写在一张单独的表格上，其中包括员工、管理者及管理者上司的意见。这些表格被保存在人力资源部经理办公室的文件里。

　　360 度绩效评估法的优点表现为：它能通过全面测评获得对被考评人的全面意见；能够对被考评人作出客观、公正的评价；为员工自我价值的实现和发展创造了条件；有助于形成团队精神和良好的组织文化；相应地减轻了管理者考评的负担。基于 360 度绩效评估的上述优点，现代企业组织开始接受和广泛应用这种新的绩效评估方法，并在公共事业部门中逐渐应用。360 度绩效评估作为绩效评估的方法引入公共事业部门，对公共部门如何实施科学、客观、公正的绩效评估提供了方法借鉴。当然，公共事业部门 360 度绩效评估与企业组织相比也存在着一些差异，主要体现为评估主体多元化，除了自我评估以外，根据公共事业部门的性质，还增加了中介组织评估、综合评估组织评估、社会评估的内容，见图 9－13。

　　360 度绩效评估方法在公共事业部门的应用还处于起步阶段，也就难免存在一定的局限性。主要体现在我国公共事业部门的组织文化、职员文化不同于西方，也不同于企业；职员不同于一般企业组织中的员工，作为权力体制结构中的职员，具有一定的权威意识和官僚观念。

　　3.员工与员工之间的比较评估法。具体包括排序比较法、两两对比法、强迫分配法。

　　（1）排序比较法。排序比较法是一种古老而简单的考评方法，它类似于学校里的"学生成绩排名单"。这种方法根据某一指标，将全体员工的绩效按从好到坏的次序进行排列。排序比较法简单、直接，它要求考核者区分出不同水

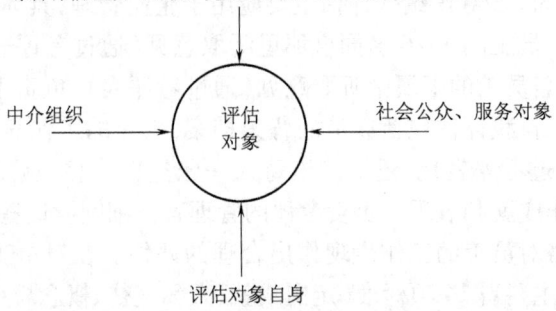

图9-13 公共事业部门360度绩效评估

平的绩效,其操作方法如下。

第一步,将需要进行评价的所有员工名单列举出来,然后将不是很熟悉因而无法对其进行评价的员工名字划去。

第二步,运用像图9-14那样的表格来显示:在被评价的某一特点上,哪位员工的表现是最好的,哪位员工的表现又是最差的。

第三步,再在剩下的员工中挑出最好和最差的。

依此类推,直到所有必须被评价的员工都排列到表格中为止,图9-14即是一份绩效排序评价表。

交替排序法的工作绩效评价等级

评价所要依据的考评要素:_____

例如,针对你所要评价的每一种要素,将所有10名员工的姓名都列举出来。将工作绩效评价最高的雇员姓名列在第1行的位置上;将评价最低的雇员姓名列在第10行的位置上。然后将次最好的雇员姓名列在第2行的位置上;将次最差的雇员列在第9行的位置上。将这一交替排序继续下去,直到所有的雇员都被排列出来。

评价等级最高的员工

1. _____
2. _____
3. _____
4. _____
5. _____

6. _____
7. _____
8. _____
9. _____
10. _____

评价等级最低的员工

图9-14 绩效排序比较表

当被考核的人较多的时候,排序法就会比较费时费力,其效果也不一定好。同时,对于性质不同的工作或者跨职能部门的人员,排序法就失去了相互比较的意义。对于某个公共事业部门来说,排序法会比较适合,但如果公共事业部门内部工作内容差异太大,则不太适合。

(2)两两对比法。两两对比法是将所有的被考核者就某一考核指标,与其他每一个人一一作比较,最后将被考核者按绩效高低排列,如表9-3所示。这种方法实质上是将全体被考核者看成一个有机系统,这样有助于全面评价所有人的工作。

但是,这种方法受到被考核者人数的制约,当有大量员工需要考核时,这种方法显得复杂并且费时。例如,当被考核者的人数为 n 时,按照一一对比的原则,总共需要配对比较 $n(n-1)/2$ 次。如果对6个员工进行评价,考核者需要配对比较 15 次,而当需要考核的员工为 12 个时,则配对比较要增加到 66 次。因此,这种方法一般适用于 10 人左右的绩效评价。表 9-3 就是两两对比法的例子。

表 9-3 两两对比法

比较者 被比较者	A	B	C	D	E
A		+	-		+
B	-		-	-	-
C	+	+		+	-
D		+			+
E	+	+	-	+	
对比结果	较好	最好	差	中	中

(3)强迫分配法。强迫分配法类似于一种正态分布效应,最初是用于考核军官绩效而设计出来的一种方法,现在被企业界和公共事业部门广泛应用。所谓强迫分配法,就是根据事物呈正态分布的规律,把考核结果预定的百分比分配到各部门,然后各部门根据自己的规模和百分比来确定各个档次人数的方法。如,某部门规定上半年度考核结果为优秀的人数比例占15%,良好的占30%,合格占40%,不合格占15%。

4.员工与工作标准之间的比较评估法。员工与工作标准相比较属于一种纵向比较,其结果更具客观性和公正性。一般来说,员工与工作标准相比较的方法有考核清单法、量表评价法、关键事件法、行为差别测定法、评语法等。

(1)考核清单法。考核清单法具体可以分为简单清单法和加权清单法两类。

简单清单法,是考核者结合工作说明书和与工作绩效优劣相关的典型行为,拟订考核清单条目,然后逐条对照被考核者的实际状况,将两者一致的地方,打勾即可。下面是一份预先拟就的绩效考核清单中的一部分。

· 工作不认真,疏忽操作规则   （   ）
· 严格遵循操作规则,并推动和改进操作规范   （   ）
· 工作勤奋,有时能超额完成工作任务   （   ）
· 工作懈怠,不能按时完成任务   （   ）
· 与同事关系和睦,能主动关心和帮助他人   （   ）
· 脾气暴躁,经常与同事吵架   （   ）
· 能力强,对所从事的工作得心应手   （   ）
· 对所做的工作勉强胜任   （   ）
……

考核清单涉及员工工作的各个方面和各种情况,考核者只要照单勾出即可,简便易行。关键在于管理者是否能够找出与工作相关的各种事件,以便于准确说明人员工作和绩效的情况。

加权清单法是在简单清单法的基础上建立的。正如上面所列的绩效考核清单,对于不同部门的工作人员来说,每个指标和要素对人员绩效的影响是不一样的。因此,为了考核的精确性,应对所涉及的考核要素赋予权数,在评分时,乘以权数,则可使其得分更符合实际。

(2)量表评价法。量表构建要先通过员工获得关键事件和行为,然后将行为分为几个维度,并评定关键行为代表什么等级的工作表现,然后将关键行为列成一张表。上级阅读这些行为并评价员工在多大频率上有这些行为,方法是用5级评分制,从1到5依次表示员工表现该种行为的百分比从小到大。评估完每个员工的具体行为后,对每个维度的所有行为的得分求和,就得到该维度的总分。将每一个维度的得分总和即得到该员工的整体得分,图9-15就是量表评价法的典型例子。

量表评价法简便易行,操作起来很方便。但在考核的过程中容易出现趋中误差,考核者一般倾向于给出中间等级的分数,回避极端等级。而且由于各考核者对考核要素的理解不同,往往会影响考核的客观性。

员工姓名_____　职务_____　考评日期_____
工作部门_____　工号_____　评估人_____
工作绩效维度　　　　　　绩效等级
　　　　　　最差:1分　差:2分　中:3分　良:4分　优:5分
工作质量
工作数量
工作纪律
设备维护与消耗
创新意识与行为
考评意见:　　　　　考评人签名:　　　最差:不能完成任务
员工意见:　　　　　员工签名:　　　　差:勉强完成任务
人力资源部审核意见:　负责人签名:　　　中:基本完成任务
　　　　　　　　　　　　　　　　　　　良:完成任务较好
　　　　　　　　　　　　　　　　　　　优:完成任务特别杰出

图 9-15　员工绩效考评量表

(3) 关键事件法。关键事件法是管理实践中运用较为普遍的方法,对公共事业部门绩效评估具有一定的借鉴意义。关键事件法在应用的时候一般采用日记法。日记法是指上级在平时不断地(如每天结束的时候)对员工的表现作详尽记录,每一位需要考核的员工都有一本"工作日记"或"工作记录",上面记载的是日常工作中员工突出的、与工作绩效密切相关的事件,既可以是极好的事件,也可以是极坏的事件。关键事件的记录者一般是员工的主管,在记录时,主管应着重对事件或行为的记载,而不是对员工的评论。

关键事件法的优点是:①关键事件法是以员工在整个考核期的行为为基础,避免了考评中的近期化误差。②关键事件法依据的是员工的日常事实记录,使考核中考核者的许多主观误差得到了较好的控制。但关键事件法也有其不利的地方:①什么是关键事件,不同的主管有不同的界定。②给每个员工作"工作日记"会耗费主管许多时间。③它可能使员工过分关注主管到底写了些什么,对"工作日记"产生恐惧和抵触,不利于考核的实施。

(4) 行为差别测评法。行为差别测评法是先通过一个类似于关键事件法的工作分析程序,获得大量的描述句,描述从有效到无效的整个行为系列;然后通过整理,根据相似性对项目进行分组,每一组项目具有一个概括性的描述;将这些描述句作为"绩效标本"之后,将这些"绩效标本"安排在问卷中,并发放给抽样产生的20位在职者及其上司;接下来对问卷涉及的有效和无效行为的信息进行分析;最后据此制作测评表。

(5)评语法。评语法是公共事业部门中普遍应用的一种方法,它赋予"考核内容"和"考核要素"以具体的内涵,使每一分数有对应的描述,从而使评价直观、具体和明确。但评语法只是在总体上对员工绩效进行评定,不能用做人事管理的依据。在部分情况之下,评语法受到管理者主观因素的影响,并不一定具有客观公正性。

5. 员工与目标之间的比较评估法。员工与目标之间的比较评估法主要是指目标管理法(MBO),也是目前管理实践和理论研究方面进行得较为深入的一种方法。目标管理法是由美国加州克莱蒙特研究生院著名的管理专家彼得·德鲁克博士于1954年在《管理的实践》一书中提出来的。自此以后,目标管理成为美国和欧洲私营企业所熟悉和广为采用的管理方式,并在全世界推广。

所谓目标管理法,就是通过使主管人员和下属共同参与制定双方同意的目标,使组织的目标得到确定和实现。这些目标是详细的、可测量的、受时间控制的,而且结合在一个行动计划中。在以双方确定的客观绩效标准为中心的绩效测评期间,每一步成绩的取得和目标的实现都是可以测量和监控的。

目标管理是一种严格按照组织既定的目标进行管理的方法,目标管理法的评价重点主要集中于结果而非行为,通俗地讲,衡量一个员工或管理者是否称职,就看他对总目标的贡献程度。实行目标管理的目的在于通过各级目标的制定、考评、鉴定、实现,激发全体成员的创造性和工作热情,使其发现自己在组织目标中的价值和责任,从中得到满足感,并在工作中实行"自我控制",从而更好地为实现组织的总目标作出自己的贡献。为此,有学者列出了目标的八大作用。

一是目标提供了绩效标准,引导管理者注重组织活动及组织成员努力的方向。

二是目标提供了与组织活动相关的计划和管理控制的基础。

三是目标为决策提供了指导,并且证明了所采取行动的合理性,它们减少了决策中的不确定性,防止了可能招致的批评。

四是目标影响组织结构,组织所要努力达到的目标影响着组织构成的方式。

五是目标有助于加强员工对于组织活动的投入,使组织注重有目的的行为,为激励和奖励系统提供了基础。

六是目标表明了组织到底是什么样的,使员工明确组织的真正实质和组织内外成员的特点。

七是目标可以作为考评变革和组织发展的基础。

八是目标是组织目的和政策的基础。

七、公共事业管理绩效评估的改革与发展

(一)我国实行公共事业管理绩效评估的可行性及障碍

从历史的角度看,对绩效评估与管理的重视,早在20世纪初便已开始。20世纪80年代以后,由于这种管理手段在公共事业管理中的可适用性,实施绩效评估、追求高绩效的公共事业部门就成为公民和政府一致的目标。

1. 我国实行公共事业管理绩效评估可以吸取外国公共部门改革的成功经验,积极拓展绩效管理在我国公共事业管理中的宏观应用上,市场经济的发展和加入WTO的现实,要求我国公共事业部门注重效能建设,降低行政成本,提高运行效率,为全面建设小康社会提供制度保障。微观上,绩效管理在技术上的操作有助于公共事业部门转变观念,提高工作效率。绩效管理是面向组织效益的全方位管理,以绩效评估作为重要方式,在公共事业部门中倡导顾客导向和效率意识,并将绩效与考核能动地结合起来,促进公共事业部门服务的优质化和高效化,如表9-4所示。

表9-4 公共事业部门绩效管理方法的特殊性

一般的绩效管理	公共部门的绩效管理
一年一次	持续不断
单纯的评估	评估与发展
对个人性格的肤浅评估	对行为的详尽考察
与组织流程松散联系	与组织计划紧密相连
笼统的目标	具体的目标

注:公共事业部门的绩效管理有其特殊性,需要兼顾公民利益和政府权威,为了提高公共事业部门绩效,公共事业部门的绩效管理方法必须与一般企业的评估方法有差异,以保证公务人员的积极性能够得到充分发挥,从而转变公共事业部门的观念,提高效率。

在具体实践中,各个国家的公共事业部门都有不同的技术操作方法,但基本的技术原则还是一致的,这些原则包括以下几点。

(1)"顾客导向"为公共事业部门提高服务意识的最基本的思路。

(2)"标杆管理"促进公共事业部门的竞争意识。

(3)绩效评估对公务员考核机制产生正激励作用,有助于整个组织形成公平的竞争氛围。

在这里,简单介绍一下标杆管理在公共事业绩效管理中的应用和作用[1]。

---

[1] 崔运武.公共事业管理概论[M].北京:高等教育出版社,2002,244页.

要建立良好的公共事业部门绩效指标,实际上不仅需要明确组织目标,需要进行单位内部或组织内部的比较,更需要进行组织与外部的比较,从而保证所制定的绩效指标体系能通过评估真正促进组织绩效的提高,即不仅仅是组织内部纵向的提高,在组织所在的地区或行业中也能获得提高。标杆管理就是具有这一功效的重要的管理工具。

所谓标杆管理或称基准比较的基本含义,是指实施这一方法的单位或组织主动寻找参照对象,以之为基准或标杆进行比较。这一方法在1980年初期经美国施乐公司成功地发展和应用后,于20世纪90年代后在政府管理改革中被引入公共部门的管理中,成为推动政府绩效改进的一个重要的管理工具。

标杆管理包括了以下程序:①决定哪个单位或流程作为比较的标的物;②找出衡量成本、品质及效率的指标;③针对每个标杆,找出表现最好的其他单位;④衡量这些表现最好的单位的表现;⑤衡量或界定自己的组织和最好的表现者之间的绩效差距;⑥决定缩小绩效差距的行动方案;⑦执行方案并追踪考核。标杆管理在公共事业管理中的价值主要体现在:从绩效管理的角度看,由于标杆的设定向组织提供了绩效改进的信息,因而组织绩效标杆的设计在绩效管理中有十分明显的作用。对一个组织来说,虽然可以在组织内部以完成既定目标来衡量绩效,但从根本上说,绩效的高低卓越与否,实际上是与其他组织比较而言。因此,为了真正提高组织绩效,在组织的绩效管理中,可以寻找某些表现优于自己的组织,或在某些方面优于自己的组织作为绩效比较的对象,即绩效比较的基准,分析它们优于自己的原因,它们哪些方法、程序是需要学习并引进的。

可见,标杆管理实际上是促进组织学习与改革,提高绩效的重要途径。

2. 我国基本国情决定了我国公共事业部门实行绩效管理在理论和现实中都会遇到如下一些障碍。

(1)公共事业部门的绩效管理与企业的绩效管理在本质上存在不同。公共事业部门的产出难以量化。因为企业部门的服务是可以出售的,并且可以以金钱衡量价值。而公共事业部门的绩效评估远比企业部门复杂,因为由于行政事业组织是一种特殊的公共权力组织,所生产出来的产品或服务是一些"非商品性"的产出,并且公共事业部门缺乏同样服务的竞争单位,因此使得公共事业管理绩效评估面临着如何将公共服务量化为指标的问题。

(2)公共事业部门尚未建立健全评估信息系统,严重影响了评估活动的开展。这集中体现在两个方面:一是信息收集困难。由于全面、系统地收集评估材料是一项相当麻烦而细致的工作,需要花费大量的人力、物力、财力和时间。信息不足会影响到绩效资料的真实性、客观性、全面性。二是信息沟通存在障碍。公众要表达自己的意愿常常受制于信息传递渠道,不能及时、准确、畅通地表达显然不利于公众与公共事业部门之间的沟通和了解。

(3)公共事业部门绩效管理会对既得利益产生影响,即管理者与评估者之间可能出现对立现象。由于绩效评估者常常扮演社会和政治的角色,同时,评估者同承担直线指挥职能的管理者之间存在着利益关系,而且也存在着评估者与评估者间、被评估者与被评估者间复杂的利益冲突,都可能造成评估障碍。

另外,公共事业管理绩效评估在实际中常常受到许多限制因素的影响,公共事业管理绩效的因果关系难以确认、部门公共组织很少能控制环境等因素,造成公共事业管理绩效评估困难。

3. 绩效管理(绩效评估)对促进服务型政府建设具有积极的推动作用。无论是我国的现实需要还是实践经验借鉴上,绩效管理对进一步推进我国行政管理体制改革,加快服务型政府建设,都具有积极的影响。

(1)"顾客导向"意识对强化服务行政观念,具有积极的引导作用。

(2)效率意识和公平意识的相互补充,会提高服务行政的公平效率。

(3)绩效管理的效率意识有助于政府在提高服务行政意识的基础上,降低行政成本,提高行政效率。

(二)完善我国公共事业管理绩效评估的对策①

1. 明确公共事业管理绩效评估的定位和价值取向,加强宣传。只有在明确了绩效评估的概念、评估的内容范围以及其价值意义后,才能建立一套完善的公共事业部门绩效评估的指标体系和方法。然后加强绩效评估的研究与宣传,引入全民参与机制,让全社会尤其是公共管理部门充分认识绩效评估的重要意义和作用,这是改善公共事业部门绩效评估的一个有效途径。对公共事业部门绩效作出合理公正评判的最好选择是赋予公众评价权,由公共服务的对象评价公共服务及其提供者,以"人民满意不满意,人民答应不答应,人民赞成不赞成"成为最高准则。虽然公众评判有种种缺陷,如缺乏评估的专门技术、知识,缺乏必要、准确的信息或存有短视、自利动机,但公共事业部门本身就是为民众存在的,公共事业部门绩效评估本身就蕴涵着服务和顾客至上的管理理念,公共事业部门绩效就应以顾客为中心,以顾客的需要为导向,树立公民取向的绩效观。因此,改进公共事业部门绩效评估必须取得民众的关注和参与,民众的关注和参与必定能有效地促进公共事业部门绩效评估。

2. 高层的支持和承诺。公共事业部门管理理念的变化和绩效评估的最初

---

① 陈振明.公共管理学——一种不同于传统行政学的研究途径[M].北京:中国人民出版社,2003,306-313页.

推行,在很大程度上得益于领导人的支持,如英国前首相撒切尔夫人便坚信公共部门的管理亟需向最好的私营部门学习经验,因此发动了大规模对公共组织的管理进行调查和改革的"雷纳评审"。美国会计总署在1983年对许多公司和地方政府实施绩效评估的做法进行调查后发现,高层的支持和承诺同样是公共部门绩效评估改进的重要因素。这并不意味着行政首长仅仅阐述绩效评估的重要性,更重要的是,要求高层管理者定期地审查组织以及组织管理的绩效,培养组织成员的绩效意识,并促使组织成员参与到绩效评估改进的进程中。此外,公共事业部门的高层决策者和管理者还控制着相当一部分评估资源,如评估数据、评估经费及评估人员(甚至包括他们自身的价值取向、个人偏好)等,没有他们的合作和重视,评估工作难以展开。因此,明确的高层认同和支持可以使绩效评估更加具有合法性和有效性。

3. 建立完善的绩效信息系统,保证评估准确和有效。完备的评估资料和数据,是开展公共事业部门绩效评估的基础。公共事业部门绩效评估所需要的信息量大,涉及的部门多,信息来源渠道广泛,不但包括直接来源于公共事业部门、社会公众及评估者等的原始资料和数据,而且还需要其他来源的间接材料。若只是在开展绩效评估时临时去收集,是十分困难的,对某些资料和数据的临时收集有时甚至是不可能的。比如,社会发展指标、衡量民主化程度的政治性指标等,由于涉及不同地区和国家的复杂情况,临时定立的评判标准很难具有代表性,因而必须由权威机构进行界定。为使公共事业部门绩效评估有准确、完整的评估材料以及有效的反馈、扩散机制,建立高效的评估信息系统是很有必要的。

4. 利用电子政府的新载体来改善公共事业部门绩效评估。电子政府作为政府有效行使职能并使人民监督政府的强有力的工具,之所以令众多有远见的政治家、管理者怦然心动,其主要原因就在于它带来的开放性能扩展到公共事业领域,形成"电子事业",大大加强了公共事业管理行为的透明度和民主化程度,为公共事业部门绩效评估提供了可资利用的载体。一方面,电子政府的信息网络使得管理信息的传递更为迅速及时、反馈渠道更为畅通。对公共事业部门内部而言,电子政府打破了传统的政府和公共事业部门金字塔式的管理层级结构,使公共事业组织的结构出现扁平化趋势,加强了操作执行层与高层决策层的直接沟通,有利于组织成员全面了解情况,从而切实推动绩效评估活动的开展;对社会公众而言,电子政府为公民广泛、深入、普遍的行政参与开辟了道路,它鼓励公民积极参与政府和公共事业部门的管理生活,为每个公民、集团、组织、机构提供了直接的、普遍交互式的表达意愿、传递信息、商议、咨询、监督、审核、建议、表决的机会。如前所述,公众参与本身就是公共事业部门绩效评估改进的强大动力。另一方面,电子政府为公共事业部门绩效评估朝科学化、标准化、制度化的方向发展提供了多方面支持。

5. 培养评估人才以适应评估事业发展的需要。我国绩效评估事业起步较晚,相应的评估人才培养工作也比较薄弱,至今还没有一套完善的评估人才的培养计划、制度,全国性的评估人才培养体系尚未形成,各部门、各单位只是根据本行业的具体特点和需要开展一些临时的、分散的培训工作,这种情况亟需改变。因此根据我国改革开放发展趋势和完善社会主义市场经济的需要,应当加强绩效评估人才的培养,形成比较完善的评估人才体系,造就大批合格人才,为我国公共事业管理绩效评估事业的发展奠定坚实的基础。同时还要重视对政府公共事业管理部门干部的培训,通过介绍国内外公共部门绩效评估的基本经验,研究绩效评估在公共事业管理过程中的地位和作用,提高他们对绩效评估的认识水平。

本章小节

1. 公共事业绩效建立是社会发展和公共事业体制改革的必需,更是公众对公共事业机构提供公共物品能力的迫切要求,公共事业绩效可以理解为公共组织提供公共物品满足公众需求和实现组织宗旨的能力状况。公共事业绩效则是提高管理水平和科学评估的重要工具。

2. 公共事业管理绩效评估有多种作用,对促进公共部门管理水平,提高管理效率都有不可替代的意义,绩效评估已经成为公共部门的一项重要内容。公共事业管理绩效评估有严格的过程,需要进行相应的信息和资料准备,进而组织绩效评估。

3. 公共事业管理绩效评估要设定科学系统的指标,这些指标主要涉及它的活动领域和对象,但主要还应该从其性质出发,设定树状式指标体系。地方政府因为其特殊的公共性,对其公共事业绩效评估指标体系设计具有重要的意义,这毕竟是与广大公众需求联系最直接的,也是最迫切的。

4. 公共事业管理绩效评估方法有多种,这里主要介绍了简单"前—后"对比分析法、"投射—实施后"对比分析法、"有—无"对比分析法;还有其他一些方法,如平衡记分卡法、360度绩效评估等。这些方法并不是最完善的,仅能从某些角度和方面进行较为合理的评估,还存在一些问题需要改进。

5. 公共事业管理绩效评估需要不断完善,可以吸取国外的先进经验,改进现有的不足，进而加快服务型政府构建。

6. 公共事业管理绩效评估首先需要明确价值取向，获得政府和部门高层的支持，利用电子政务技术和完善的信息基础设施，培养相应的专业评估人才，使公共事业管理绩效评估成为真正有意义的事情。

思考题

1. 什么是公共事业管理绩效评估？
2. 绩效评估有什么意义？为什么要对公共事业管理进行绩效评估？
3. 公共事业管理绩效评估有哪些方法？
4. 什么是"前—后"对比分析法和"投射—实施后"对比分析法？
5. 公共事业管理绩效评估指标体系如何建立？
6. 公共事业管理绩效评估应该如何改进？

公共事业：还不是高水平商业服务

《2006 中国公共服务评价指数报告》于 2006 年 12 月 19 日在北京召开的第二届公共服务评价国际研讨会上发布。此项报告的调查结果显示：我国公共事业建设仍处于初中级发展阶段水平，居民对公共事业的总体评价得分为 66.95 分。总体来看，邮政服务比较令人满意；水电气服务存在价格偏高问题，并且农村地区的发展水平明显落后于城镇地区；城市地区公共厕所等公共基础设施建设比较落后；农村地区文体娱乐设施比较匮乏，业余娱乐生活质量首次成为影响农村居民总体生活满意度的第一重要因素。与零点公司公布的其他商业服务指数相比，公共事业指数得分较低，与商业服务指数，如民航指数（73.62 分）、电信指数（72.24 分）、银行指数等（71.19 分）仍存一定距离（如图一所示），可见现阶段的公共事业还不是高水平的商业服务。

一、水电气：供应充足，尚存价格短板，缺乏检修成隐患

居民对水电气三项服务比较满意，大家普遍认同水电气供应的充足稳定性和缴费便利性，但对于定期检修服务和定价颇有微词。调查显示，相关部门对

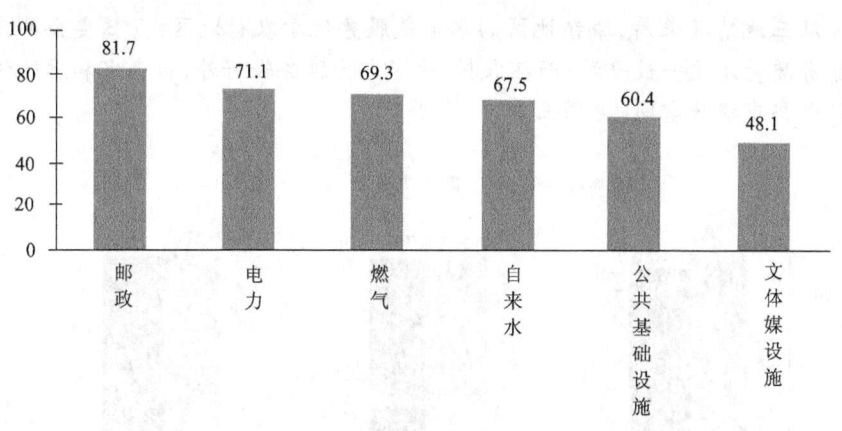

图一　全国居民对各项公共事业的评价得分

资料来源:北京—第二届公共服务评价国际研讨会上的 2006 中国公共服务评价指数报告[R].

水电气家庭设施的安全检修非常少,五成居民表示从来没有过任何安全检修服务,因此居家安全成为隐患。

由于水电气属于混合性公共产品,其价格是由市场与政府共同决定,因此价格的浮动直接影响着居民对于公共服务的评价。本次调查发现:在水、电、气三个方面,燃气供应的充足稳定性表现最好,但是居民认为其定价合理程度最差;电力供应的充足和稳定性表现最差,但定价合理程度最好;供水的充足稳定性和水价的合理性评价均居中。我们大致可以看出:水电气的价格合理性评价与该种产品提供的充足稳定性评价呈现反比趋势(见图二)。

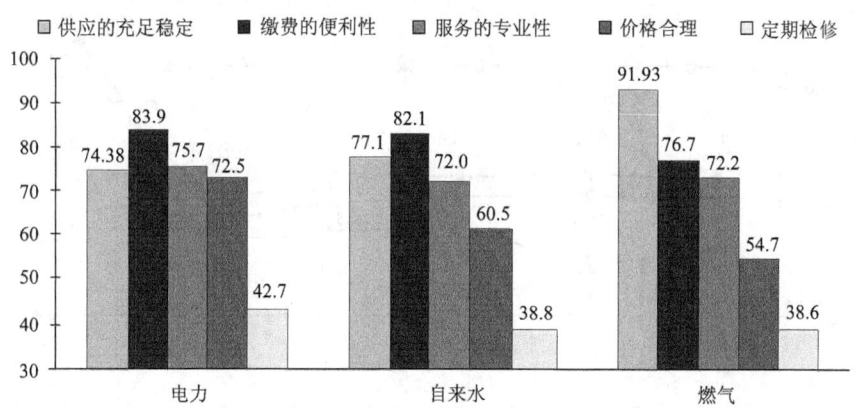

图二　全国居民对水、电、气三项公共事业的具体指标的比较得分

资料来源:北京—第二届公共服务评价国际研讨会上的 2006 中国公共服务评价指数报告[R].

从三地情况来看,城镇地区的水电气服务优于农村地区,且三类公共产品的服务质量比较一致平均;而在农村,除了电力服务较好外,自来水和燃气的服务质量仍有提升空间(见图三)。

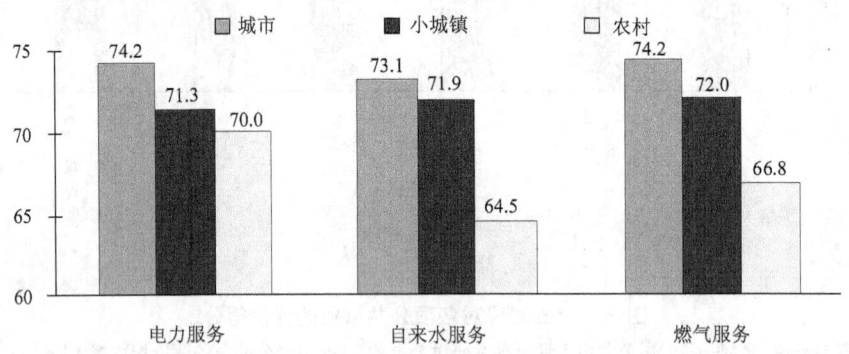

图三 三地居民对水、电、气三项公共事业的评价得分

资料来源:北京—第二届公共服务评价国际研讨会上的2006中国公共服务评价指数报告[R].

二、邮政服务:准确投递,但发展不均

城市和小城镇地区的邮政服务普遍优于农村地区。由于邮政分布网点少,农村居民获取邮政服务的困难多,因此表现出了邮政服务资源相对紧缺的现实情况。三地居民一致对邮件准确送达表现非常满意,但邮政服务在其他方面如获取便利性、网点覆盖范围和服务态度上等仍有一定的提升空间(见图四)。

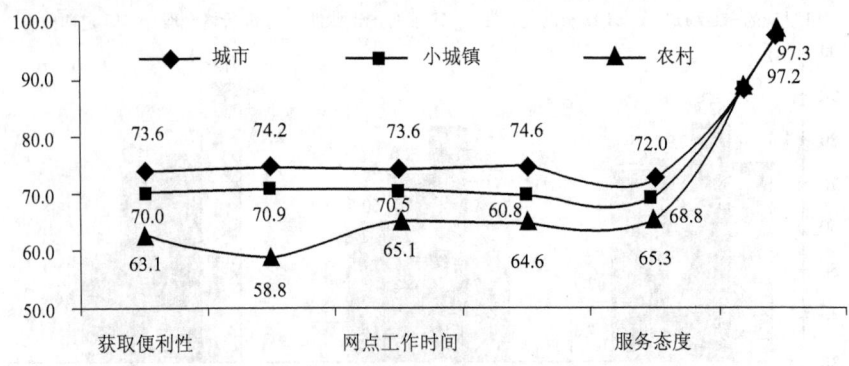

图四 2006年城乡邮政服务得分评价比较

资料来源:北京—第二届公共服务评价国际研讨会上的2006中国公共服务评价指数报告[R].

三、公共基础设施：一厕难求，城市间差异更明显

全国 8 市居民对街头公用电话的评价差异不明显，整体评价较好。比较而言，北京、成都、武汉和西安四地市民评价略高，而居民对南通市的服务评价最低(见图五)。

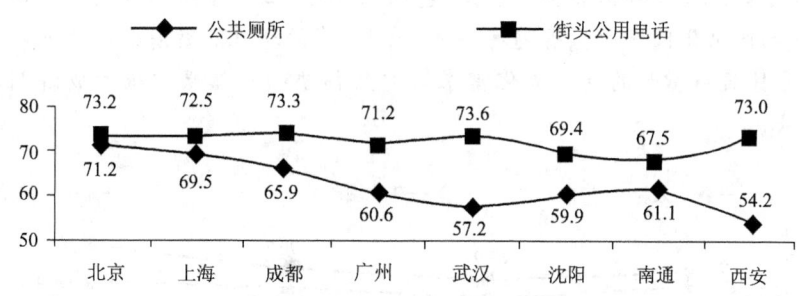

图五　不同城市公共基础设施服务评价比较

资料来源：北京－第二届公共服务评价国际研讨会上的 2006 中国公共服务评价指数报告 [R].

但是各个城市在公厕建设上，居民评价差异明显，相较而言，北京市民最满意，西安市民最不满。同时不同规模的城市面临的公厕问题各不相同，各有偏重。2005年 4 月零点关于公共厕所的一项调查研究数据显示，厕所数量缺乏是各个城市面对的共同问题。特别是大城市如厕困难突出，其中五成居民感到公厕数量较少，三成居民认为其公厕分布不合理，因此接近三成居民必须忍耐更长的等待时间。

而中等城市是卫生状况评价最差的一类城市，其反映卫生状况差的受访者比例高于大城市与小城市。小城市居民反映公厕缺乏人性化的比例高于中等城市与大城市，这可能和小城市的规划与设计部门对公厕的设计理念比较落后有关(见图六)。

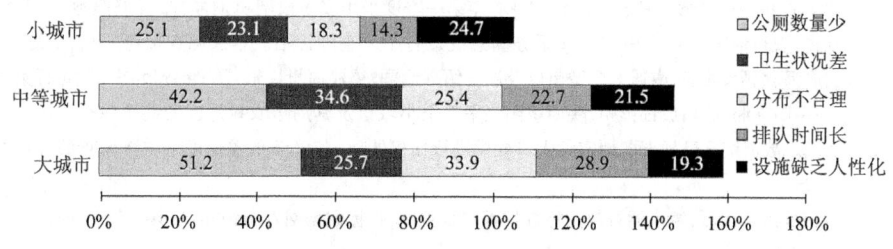

图六　不同城市受访者如厕遇到的主要问题

注：此题为多选题，应答比例之和大于 100%。

数据来源：零点调查 & 远景投资 2005 年 4 月使用多阶段随机抽样方式针对全国大中小 31 个城市的 3 434 名常住居民进行的入户访问。

四、文体娱基础设施影响农村生活满意度

《2006年中国居民生活质量报告》结果显示,业余娱乐生活首次成为影响农村居民生活满意度的首要因素。但是本次结果表明五成中国居民认为文体娱设施服务缺乏,该指标在全国的综合得分仅为48.08分。特别的是九成农村居民表示当地没有任何公共图书馆(包括村委会、工厂等组织和创办的面向所有村民的图书借阅场所),普遍存在着"看书难"的现象。随着经济收入水平的增长,居民日益增长的娱乐文化需求与逾显稀缺的文体娱设施形成鲜明对比(见图七)。

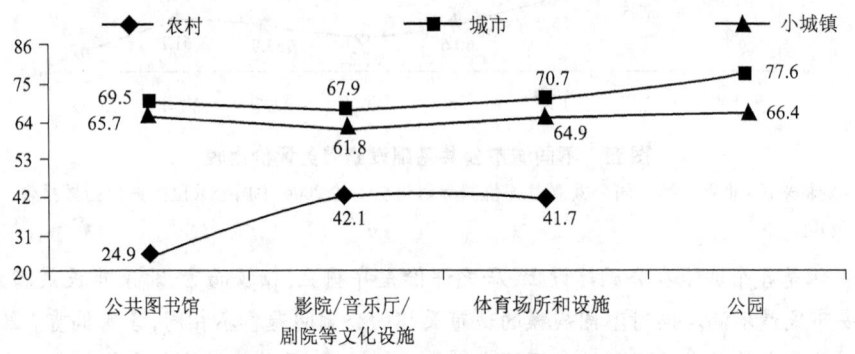

图七 城乡居民对文体娱文化基础设施的评价分值比较

资料来源:北京—第二届公共服务评价国际研讨会上的2006中国公共服务评价指数报告[R].

公用事业服务的范围涉及人们生产生活的各个领域,与每个人都息息相关,其提供的服务质量与价格都直接影响人们的日常生活,并且关系国民经济能否健康发展。因此,公用事业所提供的商品或服务,是关系到国民生计与社会稳定的重要因素。

注:"2006中国公共服务评价"调查于2006年第一季度采用多阶段随机抽样方式(城镇地区)和整群抽样方式(农村地区),针对中国公共服务满意度进行了调查和评估。本次调查覆盖北京、上海、广州、武汉、成都、沈阳、西安、南通8个城市以及浙江绍兴诸暨、福建福州长乐、辽宁锦州北宁、河北石家庄辛集、湖南岳阳临湘、四川成都彭州、陕西咸阳兴平7个小城镇及其周边农村地区的共4 128名16～60岁常住居民。数据结果已根据各地实际人口规模进行加权处理,在95%的置信度下本次调查的抽样误差为±2.98%。

(资料来源:黄维真,零点调查与指标数据网联合编制,指标数据网发布,http://www.com h2o-china./news/44591.html)

第十章

公共事业部门管理

公共事业管理部门按照不同的服务领域可以划分为科学事业、教育事业、文化事业、卫生事业、体育事业、环境保护、社会保障、公用事业、基础设施等,以科、教、文、卫为主。本章从公共事业基本范畴出发,侧重分析科技事业管理、教育事业管理、文化事业管理、卫生事业管理和体育事业管理。

第一节 科技事业管理

发展科学技术事业是人类社会存在和发展的需要,是人类进步的关键。在现代社会,科学技术已与土地、资本、劳动一并成为重要的生产力要素,推动着社会经济的全面发展,甚至被看成是"第一生产力"。特别是在发达国家,技术进步对经济增长的贡献率已经高达 60%~80%。要充分发挥科学技术在社会经济发展中的作用,就应该在正确认识科学技术活动的基本特性的基础上,合理定位政府与社会在科技事业发展中的角色,形成现代科技事业管理模式。

一、科技事业管理的性质

科技事业活动是社会事业的一个重要组成部分,科技活动的成果对社会进步、经济发展都起着非常重要的作用。为了使科学技术活动顺利开展,各级政府及其科技行政部门和各种科技企事业单位就需要对各项科技事业和具体科技活动进行规划、组织、协调和监督,以此来推动社会科技事业健康发展。这些就是科技事业管理。

作为一个整体,科技事业产品具有突出的准公共产品特性。但是,不同类别的科技事业产品,其公共性差别是较大的。科技事业产品准公共产品的特性主要表现在以下方面。

(一)部分的非排他性和非竞争性

非排他性和非竞争性是一般公共产品的基本特性。一些科技事业产品如基础研究、人文社会科学研究、公益性的技术推广等,其研究成果可以为所有人利用,且不会影响其他人的利用,具有较为明显的非排他和非竞争性。另外一些科技产品,如应用性技术研究,其成果是具体的,有时是独创性的,往往可以申请专利,受到相关法律的保护,其使用范围是有限的,具有排他性和消费竞争性。

(二)突出的正外部性

科技事业产品,无论是基础科学研究、人文社会科学研究、公益性研究,还是一些应用技术,它们的推广和使用,不仅使直接使用者受益,还会给其他领域和群体乃至全社会带来巨大的效益,推动社会进步,即具有突出的正外部性。

对于不同科技事业产品来说,由于活动主体和目标的不同,其外部性也是有差异的,如图10-1所示。①

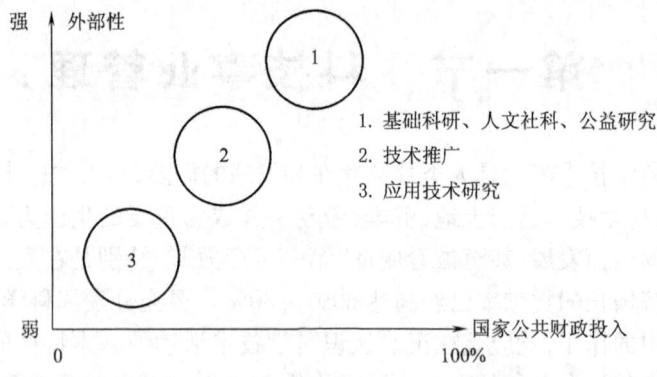

图10-1 不同科技事业产品的外部性

说明:该图示只是为了形象表示各类科技事业产品公共性和公共财政投入的差别,不具有严格的数量意义。

---

① 崔运武.公共事业管理概论[M].北京:高等教育出版社,2002,257-258页.

二、科技事业管理的内容与分类

(一)科技事业管理的内容

科技事业管理有丰富的内容,诸如制定科技发展战略、出台科技政策法规、科技机构设置和布局、科技成果开发与推广等都属于科技事业管理的领域。依照不同的标准可以对科技事业管理内容进行不同的划分。根据具体的管理活动的属性,可以对科技事业管理内容作如下划分。

1. 科技事业产品生产和提供的管理。

(1)科技事业产品的生产。基础科学研究、社会科学研究和技术推广具有非排他性和非竞争性,主要目标在于满足社会的共同需要,宜采用公共生产方式。这一生产方式的标志在于以公共财政作为主要经费来源,活动主体则不必局限于政府科研机构,关键是要提高公共财政支出的效益,促进科学技术事业的发展。

应用科学研究的产品总体上具有较强的商品特性,一般来说可以采用非公共生产的方式。但是,不同的应用技术的外部性是不同的,特别是一些能够大面积推广的技术可以给社会带来较大收益,其生产也可以采用公共生产的方式,由政府出面组织协调。至于一些有着很强专业性和个人收益性的科技产品则应该采用私人生产的方式,即由企业或私人承担研究费用,由市场进行协调。

(2)科技事业产品的提供。科技产品的提供可以采用公共提供、混合提供和市场提供三种方式。

所谓公共提供,就是由公共财政支撑,政府以无偿或者补助的方式向社会提供科研成果,以便最大限度地推广这些成果。这些主要是基础科学、社会科学的研究成果和技术推广。由于受益范围不同,为了尽可能保证公共财政使用的公平性,还应科学界定不同层级、不同地域财政的责任。

混合提供就是通过有偿的方式向使用者提供科技产品。但并不完全按照市场定价开展交易活动,而是政府通过补贴的方式在一定范围内调整价格。一般来说,有重要应用价值和普适性的科技成果,可以采用这一方式。

市场提供就是完全依照市场机制进行活动。一般来说,专门性的技术,或者适用范围有较大限制的科技事业产品,由于其私益性,应该采用这一方式。当然,为了促进科学技术事业的发展,政府可以通过补贴、税收优惠等方式给予支持。

2. 科技事业产品市场的管理。市场提供和混合提供方式的存在,要求对科技事业产品市场进行管理,规范市场秩序,促进其在科技事业发展过程中发挥作用。一方面,管理的主体既可以是政府机构,也可以是一些行业协会等非政府组织。而且应该合理发挥非政府机构的作用,充分协调其与政府机构之间的关系,相互弥补不足,共同促进科技事业管理科学、健康开展。另一方面,管理的内容包括对技术产品、市场参与者的管理。技术产品是整个科技事业产品市场活动的核心,要对产品身份进行确认,并按有关规定审查其交易资格;市场参与者主要包括科技事业产品的生产者、消费者以及各种经营机构,要审查技术市场主体的资格,通过制定相关法律法规对交易行为、活动纠纷等进行管理。

（二）科技事业管理的分类

根据科技事业活动的性质和目标不同,可以对科技事业管理活动进行如下分类。

1.依照活动的性质分类。不同科技活动的性质不同,科技事业管理也分为以下不同类型。

（1）基础科学研究管理。基础科学研究主要是指对基本问题和基础理论的研究,是其他技术进步的先导。这一类研究活动的特点是研究成果难以在较短的时间市场化,但却是人类进步和社会生存发展所必需的。

（2）人文社会科学研究管理。这类研究关注和解决人类自身和社会发展的问题,除一些行为科学研究和微观经济研究成果可以直接为企业等应用外,主要还是对公众整体和社会活动的研究。其基本特点是,研究成果关系到社会整体利益,是人类社会发展必不可少的东西,通常难以进行货币价值量化。

（3）应用技术研究管理。这类科技活动是在基础科学研究的基础上,综合利用知识,将基础科学研究成果变为现实的技术发明活动。其特点是直接针对现实需要,产品比较容易市场化。

（4）公益性科技活动管理。这类科技活动主要是一些涉及公众整体利益的技术研究和运用,是社会发展的基础性需要。但由于其公益性和基础性,往往难以实现市场化。

2.按活动目标分类。不同的科技活动,其主体和目标是不相同的,据此,可以将科技事业管理分为下述两类。

（1）以满足企业或市场需要为主要目标的科技事业管理。在现代社会,技术水平与资金和管理水平一起决定了企业的竞争力,通过科技研发活动可以提高企业的生产效率和产品的市场竞争力,甚至由于开拓了新的市场领域,还会给企业带来巨额的垄断利润。企业开展这类科技活动的目的首先是为了实现自己的利润目标,再设法满足市场需要。

（2）以满足社会共同需要为主要目标的科技事业管理。这类科技活动以满足社会共同需要为主要目标,主要包括基础科学研究、社会科学研究和公益性研究等。一方面,它们所要解决的是人类社会存在和发展的基本问题,也是应用技术研究的基础;另一方面,这类科技活动的结果,很难或不应该市场化,或者具有垄断性,不适于采用市场提供的方式。

此外,还有一些重大的开发应用性研究,虽然是应用性的,但由于投资和风险较大,一般企业没有能力或不愿从事研究,也难以进行市场化,往往也把它们归结到第二类科技活动当中。①

三、我国科技事业管理的思路与政策设计

科技事业对社会发展和进步有着重要的推动作用,这其中,政府应该积极发挥作用。一方面,要为基础性研究的顺利进行创造条件。如前所述,基础科学研究具有较强的外部收益性,往往会改变整个社会的发展进程,这使其不具备以市场方式进行生产和配置的基本条件。而且,科学研究又是一种风险较大的活动,特别是基础科研由于进行市场化很难,使得企业大多没有实力或者不愿意开展此类活动。而就整个社会来说,这类科技活动对于解决社会问题、促进社会发展、满足社会公共利益又具有关键的作用。因此,政府应该为之创造便利的条件,并给予扶持和资助。另一方面,要规范科技成果市场,应对科研人员的劳动作出公正评价,根据科学技术成果贡献的大小,向科研人员支付合理报酬,保证整个社会科学技术研究的正常进行。还要对科技成果的提供方式和科技市场的建立进行规范,为不同性质科技产品的生产和交流提供便利。

改革开放以来,围绕促进科技与经济结合,我国科技体制改革取得了重要突破和实质性进展。但是,我国现行科技体制与社会主义市场经济体制和经济、科技大发展的要求,还存在着诸多不相适应之处。这些问题严重制约了国家整体创新能力的提高②。应该根据新时期经济社会的发展情况和趋势,建立新型的现代科技事业管理体制,使科学技术真正发挥其作为"第一生产力"的作用。

(一)我国科技事业管理思路

根据社会改革的总体要求,结合我国当前社会经济发展的总体状况,应根据不同科技活动的不同性质,建立起现代科技事业管理体制,推动国民经济增长方式的转变。具体说来,可以将我国科技事业管理的基本思路设计如下。

1. 基础研究管理。正如前述,科技事业管理活动具有较强的外部性,国家对之应给予较多扶持,要建立符合新型科技事业管理体制的现代科研组织制度,除极少数机构仍实行预算拨款方式之外,大部分的公共财政科技投入应根据国家科技事业发展总体目标,通过设立各类科学技术基金,采用基金申请、委

---

① 崔运武.公共事业管理概论[M].北京:高等教育出版社,2002,255-257页.
② 国家中长期科学与技术发展规划纲要[EB/OL].http://www.gov.cn/jrzg/2006-02/09.

托研究、公开招标的形式来提高投入效益。

2. 应用研究管理。这些研究成果的受益者主要是企业或个人，国家公共财政一般不再直接参与。应鼓励、支持企业成为活动的主力军，"支持企业承担国家研究开发任务，国家科技计划要更多地反映企业重大科技需求，更多地吸纳企业参与"。①

（二）我国科技事业管理政策设计

根据建立现代科技事业管理体制的构想，针对旧有科技事业管理体制所存在的问题，应该对现有科技事业进行分类界定，开展区别管理。

1. 对于以从事基础性研究为主的单位，应将其原来的少量应用开发研究业务及人员分流出去，集中精力开展基础性研究、高技术研究、重大科技攻关和社会公益性研究，并按照现代科技事业管理的要求来改革其管理和运作方式。政府应该承担起这类科研机构的大部分经费需要，还要着力推动此类研究机构的优化组合，逐步形成若干高水平的研究机构。

2. 对于以从事应用性研究为主的单位，应将其承担的少量基础性研究业务及人员合并到基础研究单位，为全面市场化创造条件。可以采取多种方式实现改革目标，转制为其他形式的研发主体，开展符合市场经济规律要求的活动。

3. 要改变国家财政统包的单一化科技投入体制，走向国家投入与社会投入共同发展之路，形成一个多渠道、多层次的科技投入机制。

自1985年《中共中央关于科技体制改革的决定》颁布以来，随着科技体制改革和经济体制改革的逐步深化，科技投入在来源渠道、支持机制和投入方式等方面都已开始发生了深刻的变化，多渠道、多形式筹措科研经费的格局已初步形成。1995年，中共中央和国务院又颁布了《关于加速科学技术进步的决定》，提出了科教兴国的宏伟战略目标，并明确要求"到2000年全社会研究开发经费占国内生产总值的比例达到1.5%"。国民经济和社会发展第十一个五年规划纲要也提出要"继续深化科技体制改革，调整优化科技结构，整合科技资源，加快建立现代科研院所制度"，"建立以企业为主体、市场为导向、产学研相结合的技术创新体系"。②

因此，要按照《国家中长期科学与技术发展规划纲要》的要求，"以服务国家目标和调动广大科技人员的积极性和创造性为出发点，以促进全社会科技资源高效配置和综合集成为重点，以建立企业为主体、产学研相结合的技术创新体系为突破口，全面推进中国特色国家创新体系建设，大幅度提高国家自主创

---

① 国家中长期科学与技术发展规划纲要[EB/OL]. http://www.gov.cn/jrzg/2006-02/09.
② 国民经济和社会发展第十一个五年规划纲要[EB/OL] http://www.gov.cn/ztzl/2006-03.

新能力"。① 政府应逐步调整财政性科技经费的支出领域和支出范围,增加基础研究及公益研究的资金供给;通过税收、金融、价格等政策工具鼓励企业发展科技事业,增加科技投入;建立和完善各类科学基金制度以及政府公共订货和采购制度,促进科研事业发展。

4. 广泛开展国际交流。进一步扩大科技事业领域的对外开放,以开放促开发、促改革、促发展,不断拓宽国际科技合作与交流的渠道;大力引进国外的先进技术、人才、资金和信息,同时注意技术的消化吸收,不断增强自主创新的能力,推动国内创新;积极参与国际合作计划,建立多种形式的全球性和区域性的科研、开发合作交流网络,支持国内科研机构与海外研究机构开展合作研究,鼓励外资企业在我国设立研究开发机构,大力促进国内企业技术创新的国际化。

第二节 教育事业管理

从人类教育的发展历程看,随着教育与社会经济发展联系的日益加强,教育已从社会成员的个别行为转变为一种国家行为。到了现代社会,尤其是进入知识经济时代,教育事业在绝大多数国家都被看做是社会经济持续健康发展的关键因素。因此,正确认识教育事业的特性,建立科学的教育事业管理体制,是促进社会发展的重要任务。

一、教育事业管理的性质

教育事业活动是社会事业的一个重要组成部分,对社会进步、经济发展都起着非常重要的作用。为了使教育事业活动顺利开展,各级政府及其教育行政部门和各种教育组织需要对各项教育事业和具体教育活动进行规划、组织、协调和监督,以此来推动社会教育事业健康发展。这些活动,尤其是政府关于教育事业发展的政策制定、机构设置和监督规范等活动就是我们所说的教育事业管理。

现代社会的教育事业,是一个由不同层次、不同类别的教育活动构成的庞大的体系。从公共产品的角度看,各类不同层次和类别的教育活动都表现出一个基本的特性——准公共性,具体表现在以下方面。

(一)一定的非排他性和一定的消费竞争性

教育事业产品的非排他性主要表现在,在一定的范围内,一个人消费教育

---

① 国家中长期科学与技术发展规划纲要[EB/OL]. http://www.gov.cn/jrzg/2006 – 02/09/content_183787.htm.

产品,并不排斥其他人同时消费,如在班级教学这种模式下,某一个学生听课,并不影响其他同学在同一时间和地点听课,这就是非排他性。但这种非排他性不是无条件的,因为教师的精力是有限的,而教学是"教师的教和学生的学的共同活动"①,教师与学生的直接交流是不可少的。为了保证教育效果,就需要限制班级学生人数,这时就产生了排他性。

教育事业产品的消费竞争性表现为,在一定的社会经济条件下,教育投入是有限的,教育产品的供给能力受社会发展的制约,而一定时期内,对教育产品的需求却会不断增加,这就产生了教育产品的需求竞争。特别是数量有限的优质教育产品的竞争性更加明显。

(二)教育事业产品具有正外部性

教育收益可以分为"教育的社会收益"和"教育的个人收益"两类②。人是教育的对象,在接受教育后,增加了知识,掌握了技术,从而提高了适应社会和获取工作的能力,并相应提高了自己获得高质量生活的能力,这是教育事业产品的内部收益。此外,教育在产生内部收益的同时,也通过对受教育者的培养及受教育者的劳动推动了社会的发展,这就是教育事业产品的正外部性。

一定程度的非排他性和消费竞争性以及正外部性是教育事业产品的基本特性。但是,在整个教育事业中,由于活动的目的和功能不同,不同层次和不同类别的教育活动及其产品的性质是不同的。根据前述分析,我们可以对教育事业产品作出如图10-2所示的排列。

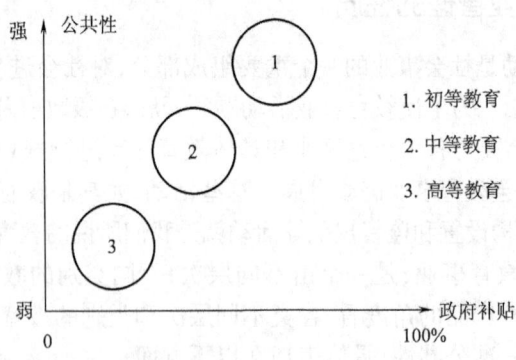

图10-2 教育事业产品的外部性

说明:该图示只是为了形象表示教育事业产品公共性和公共财政投入的差别,不具有严格的数量意义。

---

① 中国大百科全书·教育卷.北京:中国大百科全书出版社,1985,150页.
② 娄成武,史万兵.教育经济与管理[M].北京:中国人民大学出版社,2004,188~190页.

二、教育事业管理的内容与分类

(一)教育事业管理的内容

从公共政策角度看,教育事业管理的基本内容可以分为教育事业产品的生产和提供两个方面。

1. 教育事业产品的生产包括以下内容。

(1)确立教育发展规划。所谓教育发展规划,就是在一定时期内教育发展所要达到的水平,包含了教育发展数量和质量两个方面。正如前述分析,教育事业产品所具有的外部性会造成市场提供的失灵,不可能通过市场竞争达到均衡的供求。因此,为了确保教育资源的合理配置,保证教育事业的健康发展,政府要制定教育发展规划,对一定时期内教育发展的规模、各类教育产品的构成等作出明确的规划。

(2)教育产品生产过程的管理。为了保证培养社会发展所需要的人才这一教育目标的顺利实现,要对教育产品生产过程进行管理。这并不是要政府介入具体的教育生产过程,而是要求教育管理部门制定教育的基本规范、制度等,并从外部进行检查和推动。

(3)教育产品市场管理。在教育过程中,学生与教育提供者之间的资源和信息是不对称的,从一定程度上说,教育具有垄断性,这会使学校缺乏竞争和改革的热情,影响教育生产质量。为此,政府要对教育产品市场进行科学管理,但并不是要政府参与微观领域的具体活动,而是要培育良好的环境和机制,有效促进教育产品市场的健康发展,带动整个教育事业的发展。

(4)建立教育产品生产的合理模式。教育事业产品作为准公共产品,通常可以有两种生产方式,即公共生产和非公共生产。所谓公共生产,是指以公共财政支出作为教育经费的主要来源;非公共生产则主要由非公共财政支出来承担教育经费,如民办学校。

在不同国家,教育产品公共生产和非公共生产所占的比例是不同的。世界银行曾于1987年对部分发达国家和发展中国家的公立教育和私立教育进行了调查,其中基础教育在校生人数的比例如表10-1、10-2所示[①]。

表10-1 部分发达国家民办教育与公立教育的比较(%)

国家	初等教育		中等教育	
	民办	公立	民办	公立
澳大利亚	20	80	26	74

---

① S 普拉丹.公共支出分析的基本方法[M].北京:中国财经出版社,2000年,115页.

续表

国家	初等教育		中等教育	
	民办	公立	民办	公立
比利时	51	49	62	38
丹 麦	7	93	6	94
英 国	22	78	16	84
法 国	15	85	21	79
德 国	2	98	9	91
意大利	8	92	7	93
日 本	1	99	15	85
瑞 典	1	99	2	98
美 国	10	90	9	91
平 均	18	82	25	75

表10-2 部分发展中国家民办教育与公立教育的比较(%)

国家	初等教育		中等教育	
	民办	公立	民办	公立
巴 西	13	87	25	75
智 利	18	72	23	77
墨西哥	6	94	25	75
秘 鲁	13	87	37	63
委内瑞拉	13	87	17	83
印 度	25	75	52	48
菲律宾	5	95	38	62
新加坡	11	89	32	68
泰 国	11	89	42	58
平 均	11.6	88.4	31.3	68.7

注:以上两表中所列为各类在校生的比例。

从这两个表中可以看出:一是虽然各国教育产品的具体情况不同,但各国公立学校的在校生人数均远远超过民办学校的在校生人数,民办学校基本上处于补充的地位。二是对初等教育各国都是以公立教育为主,到了中等教育阶段,民办教育所占的比例则有提高。三是许多发达国家,公立教育在初等教育阶段就占有很高的比例,在中等教育阶段也远远高于发展中国家。相应的,在发展中国家,由于义务教育阶段主要是初等教育,因而初等教育阶段公立教育比例要大于中等教育。这表明民办教育在整个教育中的比例,除了受文化、体制等因素影响外,还与经济发展水平有关。四是民办教育基本上不需要政府投资,在公共财政有限的情况下,鼓励教育产品生产主体的多元化,可以在一定程度上减轻政府财政负担,并有效促进教育发展。政府可以通过税费政策、土地优惠等办法对民办教育予以支持。

2. 教育事业产品的提供。对于教育事业产品,可以根据其公共性的不同,采取以混合提供为主、结合市场提供的方式构建起完善的教育事业产品提供制度。具体有以下几种提供方法。

(1) 公立教育产品提供。在现代社会,已经建立起了完整的公立教育体系。一般来说,总体上应采取政府投资并向受教育者收取一定费用的混合提供方式。但是不同层次的教育产品的公共性和外部性是不同的,政府投入和收费标准也应该有所不同。

初等教育的外部性是最高的,同时由于义务教育的实施,使得它的受益面最大。因此,初等教育应主要由政府进行教育经费投资,近于无偿地向社会成员提供教育产品,这不仅有利于提高资金利用效率,也能使大部分人享受到政府教育的投入,有利于促进社会公平。

中等教育的外部性次于初等教育。但是,当今许多国家都将初中阶段教育纳入义务教育,因而在初中阶段往往也采取以政府为主的投入方式,高中阶段则适度缩小公共财政的投入比例。

高等教育外部性又次于中等教育,其收益更多地体现在受教育者身上,除了公共财政的投入之外,还要有一部分来自于对受教育者的收费。

(2) 成人教育与职业教育产品提供。成人教育与职业教育关系到个人技能的获得和素质的提高,是外部性最小的一类教育。其合理的提供方式是市场提供,由受教育者来支付教育经费。但是,随着社会的发展,由于涉及对高素质技能人才的培养,这类教育往往会对社会经济发展产生重大影响。因此,在公共财政支付能力范围内,还应该对此类教育进行投入。

(3) 民办教育产品提供。在现代社会,民办教育在大多数国家中都已有了较大发展,已经建立了比较完整的体系,成为了公立教育的重要补充。对民办教育,存在着两种提供方式。

一种是市场提供。即由政府相关部门统一核定民办学校的收费标准,或者完全按市场供求来确定。在完全由市场决定教育收费的情况下,由于公立学校的存在,再加上一个公平而科学的竞争机制的存在,如果有充足的选择自由,公众就可以通过收费与收益的对比来确定消费。

另一种是混合提供。即由公共财政和民间投资共同提供教育经费,政府既可以直接提供补贴,也可以通过政策优惠给予支持,并将其收费、管理等纳入政府教育管理。鉴于民办教育大多属于非营利机构,这种混合提供方式更有助于民办教育实现促进社会公益的目标,也有利于政府管理部门对民办教育的外部监管。

(二)教育事业管理的分类

根据教育活动主体和目标的区别,可以把教育事业管理划分为如下两类。

1. 以满足社会共同需要为主要目标的教育事业管理。为了保证社会的稳定和发展,要求社会成员必须具有最基本的素质要求。因此,根据社会和经济发展的需要,以公共财政为支撑,国家通常提供一定时限的义务教育,这类教育的目标就是为了满足社会的共同需要。

2. 以满足个人需要和企业需要为主要目标的教育事业管理。一方面,随着社会的发展,职业对就业者素质的要求越来越高,个人的受教育水平在一定程度上决定了其就业机会,也就决定了其收入水平,并直接影响到个人和家庭的生活水平。另一方面,在市场经济条件下,企业的科技水平、管理和服务水平在相当程度上决定了企业的竞争力,这些又与员工的文化素质、技术能力和教育水平密切相关。这样,为了生存和发展,企业会不断地开展教育活动,基本形式主要有企业常设的职业学校,以及不定期的员工培训班等。

这两类教育与义务教育的主要目标不同,其受益者主要是个人或企业。

三、我国教育事业管理的思路与政策设计

教育事业的特性以及其对个人和社会发展的重要作用,决定了政府与社会要正确定位自己的角色,在教育事业各领域发挥好作用,推动教育事业和整体社会经济的健康发展。一方面,从人类教育的发展来看,近百年来,随着科学技术和社会经济的发展,教育从宗教性、私人性转为社会性、公共性,不再是纯粹的私人产品。在机器化大生产出现以后,工厂化的学校教育逐步形成,它以自然科学知识为主并融合社会科学知识,以班级授课制为主要形式,以学年学期为运转周期,滚动招生培养,从而得以快速而大批地培养出社会所需要的人才[1]。这样,现代意义上的教育管理成为公共事业,国家公共财政开始承担教育投入。另一方面,鉴于教育对社会发展的重要价值,教育信息的不对称性以及教育的意识形态作用,也要求政府要正确发挥作用,来弥补其他机制的不足。

---

[1] 朱仁显.公共事业管理概论[M].北京:中国人民大学出版社,2003,96页.

（一）我国教育事业管理的思路

根据对教育事业性质的分析，借鉴各国先进经验，结合我国教育改革和发展的实际情况，可以这样来设计我国教育事业管理体制改革的思路。

1. 基础教育管理。在我国，基础教育主要还是义务教育阶段的教育活动，"是国家必须予以保障的公益性事业"①。基础教育事业经费要以公共财政投入为主，但应建立新型学校管理体制，学校作为独立法人，依法享有各项权利，依法面向学区自主办学。教育管理部门的主要职责是管理各项教育经费，制定各类教育方针、政策、法规等，进行制度化、规范化的评估督导工作，确保国家教育方针、政策的贯彻，提高办学质量。

2. 高等教育管理。根据我国教育事业发展的实际情况，应该建立"以财政拨款为主，以结合其他多种渠道筹措高等教育经费为辅的体制……鼓励企业事业组织、社会团体及其他社会组织和个人向高等教育投入"②。学校作为独立的事业法人，依法自主办学。在我国，高等教育不属于义务教育，应该实行缴费上学制度，增强经营补偿能力，促进教育事业发展。同时，国家还要建立相关的奖助学制度，资助贫困学生，以体现教育机会均等原则，实现教育公平。在这种体制下，政府的主要职责是制定教育方针、政策和法规，分配教育经费，开展教育评估督导。

3. 职业技术教育管理。职业技术教育的受益者主要是个人和企业，特别是在公共财政支付能力有限的情况下，国家不宜包办此类教育事务，应以社会力量为举办主体。对于其中的一些学校，由于具有公益性质，且涉及就业培训、社会福利等社会问题，政府可以通过直接资助或税收政策予以支持；另一些职业技术学校则可以按照企业方式，遵照市场规则运行。

（二）我国教育事业管理政策设计

为了实现前述教育事业管理体制改革的各项基本目标，在进一步深化教育事业管理体制改革的过程中，针对其中的关键问题和主要障碍，可以这样设计我国的教育事业管理政策。

1. 根据国家优先发展教育事业的战略目标，结合政治体制改革、财税体制改革及其他相关配套改革，合理划分各级政府在发展各类教育事业中的权责，科学划分教育事权与财权，以确保各级政府有效承担相应的教育责任。

就基础教育而言，中央政府和地方各级政府应该依照各地不同的经济发展

---

① 中华人民共和国义务教育法[EB/OL]. http://www.gov.cn/ziliao/flfg/2006-06/30.
② 中华人民共和国高等教育法[EB/OL]. http://www.moe.edu.cn/edoas/website18.

和财政水平合理确定投入比例,确保教育经费的充足到位。特别是在取消了农业税之后,中央以及省级财政对于中西部地区和落后地区农村的基础教育应该给予更大力度的支持。国家可以通过设立中央教育基金、专项教育经费及其他形式进行转移支付,促进落后地区教育事业的发展,为落后地区的振兴和开发提供智力支持。

2. 改革现行学校管理体制,逐步实现国家公共教育资源配置与利用的合理化。义务教育阶段,应根据区域和社区发展状况来制定发展规划,对义务教育学校公平地配置师资、经费、设施等。高等教育实行中央和省两级管理、以省为主的体制。中央财政应重点投向部分教育质量较高、面向全社会的高校,同时根据中央及地方财政支付能力的不同,合理确定对其他高校经费投入的比例,在确保公共教育资金高效发挥作用的同时,尽可能多地提供高等教育服务。

3. 大力发展各类人才市场,促进人力资源的市场流通与市场配置。建立完善的人才市场体制,促进人力资源的市场流通与市场配置是促进教育投入主体多元化的基本要求。只有作为教育产品的人才能够按照市场规则健康流动时,才能适应市场经济发展的需要,从而吸引更多的主体投入教育,并尽量保证教育产出符合社会的需求。

4. 建立合理的教育补偿机制。非义务教育阶段教育不具有义务教育那样的外部收益性,在公共财政支付能力有限的情况下,也是为了保证公共财政使用的公平,应该在非义务教育阶段建立合理的教育补偿机制。同时,应对收费予以严格规定,建立奖、助学制度,避免高额收费成为公民享受高等教育的障碍。

5. 大力加强教育立法,明确划分和规范政府、教育机构、教师、受教育者、教育投资者及社会各方面的权力、责任和义务,完善各类教育标准和教育制度,加强教育资金使用监督,确保各项教育事业的健康发展。切实转变政府教育管理部门的职能,逐步弱化直接管理,强化宏观管理,合理发挥政府在教育事业发展中的作用。

第三节 文化事业管理

在现代社会,文化事业活动内容日益丰富,在社会生活中占有重要的地位,同时也成为经济增长的重要方面,对人民生活和国民经济发展具有重要的影响。应该针对不同文化事业活动的特点和规律,确立相应的公共政策,建立科学合理的管理体制。

一、文化事业管理的性质

文化事业活动是人们日常生活中的一个重要内容,特别是随着经济发展水平的提高,文化事业活动的发展水平已经成为影响人们生活质量的一个关键因素。这就需要对文化事业活动进行科学管理,合理界定不同主体的活动范围,同时也需要制定关于文化事业发展的政策规范。各级政府及其文化行政机构和各类非政府的文化事业活动组织为了促进文化事业发展所进行的管理行为与业务活动就是文化事业管理。

文化事业活动在整体上具有一定的准公共性。这表现在以下几方面。

(一) 一定的非排他性和消费竞争性

"文化事业产品的消费大多具有无形性、延伸性、渗透性等特点"[1],在一定范围内,一个人的消费并不排斥其他人同时消费,这就是文化事业产品的非排他性。但是,受制于文化资源的有限性,当消费者人数增加到一定数量时,产生的拥挤导致某些人的消费必然会影响其他人的消费,这时的文化消费就具有了竞争性。

社会的文化事业产品提供能力是与一定的社会发展水平相联系的。因而,在一定的社会发展水平下,相对于公众不断增长的文化需求,文化事业产品的总体供给能力是有限的。这样,就会产生文化事业产品的消费竞争。而对于不同层次文化事业产品来说,由于活动目标和功能不同,在排他性和竞争性方面还存在强度的差别。

(二) 文化事业产品具有正外部性

文化事业产品的正外部性表现为以下三个方面。

1. 能够继承和发展社会优秀的文化遗产和知识,形成具有时代特征和民族特色的新文化。

2. 文化事业产品消费,不仅可以满足公众的精神文化需求,还能提高文化修养,从而有利于形成良好的社会文化氛围,促进社会和谐。

3. 文化事业活动还与经济发展有密切的联系。一方面,公益性文化事业活动是社会经济发展的重要基础;另一方面,营利性文化产业活动又是市场经济的一个重要组成部分。

当然,不同的文化事业产品由于其活动的直接目标和在社会中功能的不同,其外部性也有一定的差异,如图 10-3。

---

[1] 崔运武.公共事业管理概论[M].北京:高等教育出版社,2002,276 页.

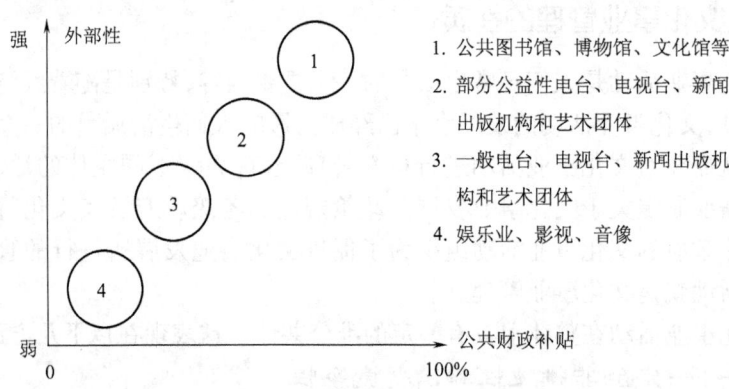

图 10-3 文化事业产品的外部性

说明:该图示只是为了形象表示各类文化事业产品公共性和公共财政投入的差别,不具有严格的数量意义。

二、文化事业管理的内容与分类

(一)文化事业管理的内容

1. 文化事业产品的生产。具体包括以下几方面内容。

(1)确立文化事业发展规划。所谓文化事业发展规划,就是在一定的时期内文化事业所要达到的规模和水平,包含了数量和质量两方面。要根据国家文化事业发展的总体规划,合理配置有限的文化资源,促进各地、各类文化事业的协调发展。

(2)确立合理的文化产品生产模式。文化事业产品的性质决定了应该有两种生产方式,即公共生产和非公共生产。所谓公共生产,是指以公共财政支出作为主要经费来源的文化事业,如国家的电视台、重要的报刊杂志、公共图书馆等;所谓非公共生产即私人生产,其经费主要来自于公共财政支出之外的其他投入,如音像影视、一些报刊杂志以及私人开办的电视台等。即文化事业产品的生产主体应该是多元的,由政府、非政府组织、企业和个人共同参与,由国家来保证基础和重点,全社会共同兴办。

(3)文化事业产品生产过程管理。文化事业产品具有双重属性,市场机制导致对经济利益的追求使得其在发展过程中往往会偏离有益于社会发展的轨道。因此,要对文化事业产品生产过程进行管理。这并不是说政府要直接介入生产过程,而是要在认识和尊重文化事业产品生产规律的基础上,一方面对偏离正确发展方向的文化事业产品生产进行严格的处理;另一方面通过政策优惠等措施,积极鼓励、支持符合社会文化发展方向的生产活动,引导文化产品的生产。

2. 文化事业产品的提供。根据文化事业产品公共性和外部性的差别,及其同时兼有商品性和特殊精神产品属性的特性,宜采取公共提供、混合提供与市场提供相结合,以混合提供为主的方式。

(1)公共提供。一些基本文化设施,如公共图书馆、纪念馆等是以满足公众基本的文化需要为目标的,其外部收益最高,应采用以公共提供(如财政补贴)为主的政策;一些广播电台和国家电视台在现代社会已成为公众满足基本文化需求的一个重要渠道,同样具有外部收益性,也应在一定程度上采取公共提供的方式。

(2)混合提供。采取混合提供方式的主要是一些重要的文艺演出、报刊杂志和电视节目等。它们往往具有较高的水平和较大的影响力,需要政府进行一定的投入,并给予政策优惠,促进这些重要文化产品的社会普及。

(3)市场提供。这类产品主要是娱乐产品,包括大多数演出活动、音像影视产品等,所针对的是公众不同层次的个性化文化需求,一般有较强的经营能力,具有一定的商品属性,宜采取市场提供方式。政府要依照市场规律进行管理,避免直接干预,以引导高质量文化产品的生产。

3. 文化事业产品市场管理。"无论是采取公共生产还是非公共生产,公共提供、混合提供还是市场提供的方式,都存在文化产品需求与供给的问题,即文化市场"。[①] 但是,文化产品又不是一般的商品,具有特殊的属性。因此,在整个文化事业管理中,要正确处理公众文化产品需求和文化产品供给之间的关系,作好文化产品市场的管理。其基本内容主要有以下两个方面。

(1)对文化市场经营者的管理。文化产品总体来说是一种专业性较强的产品,并且由于其重要的社会影响,对文化产品经营者有较高的资质要求,要对其进行准入管理和行为监督。同时,还应该扶持欠发展文化领域的经营者,引导资金流向,来促进不同类型文化事业的协调发展。

(2)对文化事业产品的管理。由于文化事业产品特殊的精神产品属性和社会影响,应该对产品的市场准入进行管理,保证文化事业产品的生产能够符合社会价值标准。而随着科技手段的不断提高,特别是网络的发展使得文化产品的传播更不易监控,这就要求文化事业产品管理也要不断提高技术水平、革新技术手段,有效阻隔任何不利于社会健康发展的"文化产品"。

在新型文化事业管理体制下,政府不再直接参与微观的文化事业产品市场

---

① 崔运武.公共事业管理概论[M].北京:高等教育出版社,2002,282 页。

活动,应该主要依靠相关法律法规进行宏观管理。这样,文化事业管理就又包括了有关文化事业产品市场法律法规和市场规范的制定。

（二）文化事业管理的分类

依照文化事业活动的不同类别,可以对文化事业管理作如下划分。

1. 公益性文化事业管理。现代社会中,文化活动的主体是多元的,活动目的和功能也不相同。有些文化活动,不以营利为目的,主要是为了满足社会成员的基本文化生活需要,为社会发展提供必须的文化基础和条件。它们以社会公众为活动主体,以满足社会共同的文化需求为主要目标,是公益性的文化活动。主要包括公共图书馆、博物馆、纪念馆和其他公众文化事业等。

2. 营利性文化事业管理。文化消费需求是人们整体生活消费中的重要组成部分,与社会进步、经济发展密切相连。因此,面对多样化的公众文化需求,在保证公众基本文化需求的基础上,还可以在一定程度上针对不同个体的需要,提供相应的文化产品。这类文化产品的主要目标是要满足一定的群体或个人的文化消费需要,具有较明显的商品性和营利性。主要包括新闻、出版和广播电视事业、影视音像业、演出业、娱乐业等不同形式的活动。

三、我国文化事业管理的思路与政策设计

文化事业产品所具有的准公共性特点及其社会影响,要求政府要恰当发挥在文化事业管理活动中的作用。一方面,文化事业活动的正外部性可能会导致市场提供的失灵,不能满足公众的基本需求;另一方面,文化既是一种精神产品,属于上层建筑,反映着社会的意识形态和价值取向,又具有一般的商品属性,可以在一定程度上发挥市场作用。因此,政府应该在尊重市场机制和文化事业产品发展规律的基础上,发挥恰当的引导和支撑作用,促进文化事业产品社会效益和经济效益的统一。

（一）我国文化事业管理的思路

按照国家发展文化事业的战略目标,根据经济社会和文化事业发展的一般规律,在对以往文化事业管理进行经验总结的基础上,借鉴别国先进经验,我们认为可以将我国文化事业管理的基本思路设计如下。

1. 艺术事业管理。市场经济条件下,除了对于少数示范性团体,要按照现代事业组织模式运行,主要由公共财政提供经费外,其他大部分艺术团体都应该按照现代艺术市场规律开展活动。政府文化行政管理部门的主要职责是制定国家艺术发展目标和政策,监督管理艺术市场,引导文化事业活动。

2. 图书馆、博物馆、档案馆等的管理。一部分具有相当水平和重要社会意

义的机构,要由公共财政予以支持,采取现代事业组织运行模式。那些超出公共财政扶持范围的机构,应该加快活动模式转变,开展多种形式的文化经营,增强机构造血能力,推动其良性发展。

3. 新闻出版与广播电影电视事业的管理。在市场经济条件下,大部分新闻出版和广播电影电视机构都应该依照市场模式运作,作为独立的市场主体,依法自主经营。国家出于方针政策宣传以及满足广大民众获得信息的基本需要,可以对部分机构进行资助扶持,但是其主要活动应该转变为制定政策法规、加强宏观管理。

(二) 我国文化事业管理的政策设计

为了改革不适应当前经济社会发展形势的文化事业管理模式,加快建立新型文化事业管理体制,促进我国文化事业健康发展,可以按如下办法设计我国的文化事业管理政策。

1. 加快各类文化市场的建立和规范。在传统文化事业管理体制下,健康的文化市场的缺失以及文化事业管理体制的僵化落后,抑制了文化活动的多元发展。应该建立有效联系需求和供给的文化产品市场,并通过市场的逐步完善不断推动我国文化事业的发展。这其中,要根据市场经济的基本规则对文化管理活动进行改革,不断解放和发展文化生产力,促进文化事业的健康发展。

2. 区别管理各类文化事业活动。公共财政负担的应该主要是涉及公共宣传及具有重要的示范效应和文化传承意义的部分文化事业、公共文化设施、公益文化事业。其他具有明显商品特性的活动则应该采取举办主体多元化的方针,吸纳多种社会主体参与进来。政府管理部门所要做的只是制定相关政策,进行宏观管理和引导。

3. 大力发展文化中介机构。市场经济条件下,国家对文化活动开展宏观管理,不再直接介入微观活动领域。这样就需要一些中介机构在不同的主体之间进行沟通,减少信息不畅问题的发生,及时有效地满足社会公众不同的文化需求,促进文化市场和文化事业健康发展。国家要制定文化中介机构组建、运行的相关规定,来体现国家的文化事业方针。

4. 加快各项文化事业立法工作。完善的法律法规体系是开展文化事业宏观管理的依据和指导,是文化事业健康发展的重要保证。应该依照宪法及其他法律法规关于文化事业发展的规定以及我国文化事业发展的总体目标制定相关法律,对文化市场和文化事业活动主体进行规范和引导,实现我国文化事业管理和文化事业的健康发展。

第四节 卫生事业管理

现代意义上的卫生事业是社会经济发展到一定阶段产生的,与社会进步和经济发展密切相关,关系到每个公民的利益,也影响着国家和社会的发展,因而政府应该根据卫生事业活动发展的基本规律,在社会公共事业整体发展的大环境下,构建现代卫生事业管理的新模式。

一、卫生事业管理的性质

卫生事业管理就是在社会活动过程中,为了充分调动并合理利用各类医疗卫生资源,有效开展医疗卫生事业产品的生产、提供,保障人民群众的生命健康,政府及其卫生行政部门和社会医疗卫生组织对医疗卫生资源进行配置,规范医疗卫生事业产品市场,以期实现国家卫生事业政策目标的活动。

与其他公共事业活动产品一样,医疗卫生事业产品也具有一定的准公共性,主要表现在以下方面。

(一)较强的外部收益性

医疗卫生事业产品包括医疗诊治和公共卫生两大部分。就医疗而言,不仅可以解除病人的身体疾患,提高病人生活质量,还具有一定的正外部性,即通过诊治疾病、改善医疗卫生条件等,可以提高劳动力素质,为社会生产提供最基本的保障,有益于社会的发展进步。就卫生防疫而言,改善公共卫生条件,预防控制流行性疾病的发生与蔓延,特别是对具有较强传染性、危害性的疾病的预防控制,可以大大降低人口的死亡率和社会的治疗成本。

(二)一定的非排他性和消费竞争性

不同行业、不同类别的医疗卫生事业产品在排他性和竞争性上是存在差异的。一般来说,与其他公共事业产品一样,在一定条件下,医疗卫生事业产品尤其公共卫生产品是非排他和非竞争的。只是由于受到发展水平的限制,还不能完全满足所有人的医疗服务需求,尤其是高水平的医疗服务更是受到社会经济发展水平的较大制约,使得医疗卫生事业产品又具有一定的竞争性和排他性。

根据以上分析,对于不同类别医疗卫生事业产品的外部性可以作如图 10-4 的排列。

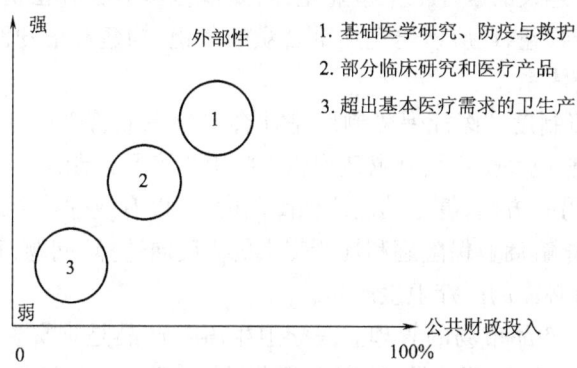

图 10-4 卫生事业产品的外部性

说明:该图示只是为了形象表示各类卫生事业产品公共性和公共财政投入的差别,不具有严格的数量意义。

二、卫生事业管理的内容与分类

(一)医疗卫生事业管理的内容

1. 完善区域卫生规划。就是要按本区域当前医疗卫生服务供需情况合理确定医疗卫生事业发展规模,避免出现盲目发展或发展不足的问题。区域卫生规划以促进区域内医疗卫生事业协调发展,满足区域内基本医疗卫生服务需求为目标,是政府进行医疗卫生事业管理的重要内容。

我国的医疗卫生事业规划特别是国家的卫生事业规划应该注意不同区域之间的协调发展。国家公共财政的投入应该向目前医疗卫生事业发展比较落后的地区倾斜,包括广大农村地区、中西部地区和其他一些医疗卫生事业发展遇到困难的地区。在建设和谐社会、加强新农村建设和促进协调发展的大背景下促进我国医疗卫生事业健康发展,保证国家医疗卫生事业的发展惠及最广大的群众。

2. 卫生产品的生产与提供。对于一些具有较强外部性的公共卫生产品,由于关系到社会公众的基本健康,如果仅仅依靠市场提供往往会出现"市场失灵"的问题,应该以公共财政作为投入主体。部分超出基本需要的高层次医疗卫生服务项目,则可以在公共财政进行部分投入的基础上,吸纳其他主体的力量,采取多种的生产、提供方式,尽可能满足不同主体的需求。

具有部分私人产品性质的医疗卫生事业产品,既可以满足公众的基本需求,又能满足部分个性化需求。因而,要在建立公共保障制度的前提下,逐步实现投入主体的多元化,提供多样化的产品,满足不同人群的个性化需求。对于非公共财政投资建设的医疗卫生事业主体,要规范其服务补偿机制,既能使其获得适当的资金收益,还应该避免加重公众的负担,构建和谐的医疗卫生事业产品提供和消费体系。

3. 医疗保障制度。医疗保障制度是社会卫生事业管理的一个重要内容,一方面,它可以避免完全由公共财政提供医疗卫生产品体制所造成的医疗卫生资源浪费现象;另一方面,健全的医疗保障制度,可以有效弥补个人医疗卫生产品投入的不足,化解商业保险逐利性所带来的"反向选择"问题,真正有效地保证公众能够获得必需的医疗卫生产品。

4. 卫生事业产品市场的管理。医疗卫生事业产品是丰富多样的,相互间在性质上也存在有明显的差异,生产方式、提供方式也是多种多样的。要针对不同的医疗卫生产品加强市场管理,特别是对于一些以市场提供为主的医疗服务要作好市场规范的建立和完善,保障正常的市场秩序。政府对医疗卫生产品市场的管理,既要建立起规范的法律法规体系,还要结合具体行政行为开展许可和监督管理,维护好医疗卫生产品市场发育和发展的环境,推动社会医疗卫生事业的发展。

(二)卫生事业管理的分类

根据医疗卫生事业活动的直接目标,可以将医疗卫生事业管理划分为如下两个类别。

1. 公益性管理,即以满足社会共同需要为目标的公共卫生活动管理。这类卫生活动主要有医学研究、防疫和突发事故救护,其直接目的是要保证社会公众的基本健康、提高公共卫生质量、提高社会的整体生活质量。

2. 经营性管理,即以满足部分社会成员特定需要为目标的医疗卫生活动管理。某些卫生事业产品,如医疗服务,在一定的时空范围内并不会使多数社会成员受益,更多的是有利于有限的个体或家庭。特别是随着社会的进步,公众的生活水平不断提高,对于医疗服务的需求越来越个性化、多样化,在基本医疗卫生需求得到满足的基础上,人们还会追求更高水平的、个性化、多样化的医疗卫生事业产品和服务。

三、我国卫生事业管理的思路与政策设计

卫生事业关系到社会公众的身体健康,并且会影响到社会的整体发展质量,是一项重要的公共事业。政府的医疗卫生事业管理工作应该注意分析不同类别医疗卫生事业活动的性质,采取不同的管理方式;要注意解决医疗卫生产品信息不对称的问题,保障公众利益和社会医疗卫生事业健康发展;还要建立

起完善的机制应对资金投入问题,建立社会医疗保障机制,为公众提供完善的医疗保证。①

(一)我国卫生事业管理的思路

1. 医疗事业的管理。与其他卫生活动相比,医疗服务的外部收益性不是十分突出,更多地体现为个体收益,所以不适于完全采用公共生产和公共提供的方式。在市场经济条件下,公共财政可以投资设立一些公立医疗机构,来满足社会成员的基本需求,在这之外可以适当开展多种形式的医疗服务。另外,还应该允许并积极吸纳多种主体投入到医疗领域,扩大医疗投资规模,提高医疗服务的整体质量。

2. 卫生防疫与保健事业的管理。卫生防疫与保健服务具有较强的外部性,涉及全体公众的生活质量问题,属于社会公益事业,应以公共财政作为主要经费来源。政府要根据经济社会发展水平和人民群众的切实需要合理确定投资规模,并严格监管资金的投入和使用,提高公共财政的效益。还可以建立起完善的卫生捐赠管理制度,吸纳社会捐赠,加强卫生防疫与保健事业的力量。

3. 社会医疗保障制度的管理。在市场经济条件下,建立起完善的社会医疗保障制度,是维持医疗卫生事业健康发展的基本条件。要建立以公共财政投入为主、以企业投入和个人投入为辅的社会医疗保障体系。政府在对原有公费医疗体制下的监管机构作出改革的基础上,建立起完善的社会医疗保障管理体系,充分发挥社会医疗保障制度的作用。

(二)我国卫生事业管理的政策设计

为了改革不适应当前经济社会发展形势的卫生事业管理体制,加快新旧卫生体制的过渡,促进我国卫生事业健康发展,可以这样来制定我国卫生事业管理的政策。

1. 合理划分和规范各级政府的权责,确保必要的医疗卫生投入。中央财政应该着力保障国家的整体医疗卫生事业发展目标,保障全社会最基本的医疗卫生服务,特别是对于一些影响较大的传染性疾病,只有中央财政才具有解决问题的能力和资源。此外,还要在不同地区之间进行转移支付,保证各地卫生事业的协调发展。特别是在建设和谐社会和全面推进社会主义新农村建设的过程中,中央财政应该重点保证经济发展落后地区的卫生事业发展,真正做到让全社会都沐浴到国家公共卫生事业发展的阳光。而由于不同地区的经济发展状况不同,各地对医疗卫生服务的需求也存在差异,特别是经济发展水平较

---

① 马国贤.中国公共支出与预算政策[M].上海:上海财经大学出版社,2001,414 页.

高的地区,应该逐步提升当地医疗卫生事业的层次,不断满足人民群众越来越个性化的医疗卫生需求,这些都应由当地财政根据本地发展水平予以负担。国家要制定相关政策,规范各级政府的权责,使各地能根据本地社会和经济发展水平发展医疗卫生事业。

2. 全面推进医疗服务价格体制改革。医疗服务价格是当前医疗卫生领域存在的一个比较大的问题,"看病难"、"看病贵"直接影响到人民群众接受医疗服务的质量。目前我国的医疗药品和服务价格体系总体来说不尽如人意,与社会经济发展水平不相适应,影响到了医疗卫生事业发展的社会公益性。对此,政府应该在认真核算医疗成本的基础上,根据社会经济发展水平和人民群众承受能力,合理确定医疗服务价格体系,既要对医疗机构进行合理补偿,又不加重广大群众的负担。只有这样,才能既保证基本医疗服务的提供,又维护了医疗服务市场的健康发展,从而促进全社会医疗卫生事业的发展。

3. 加快公共卫生立法工作。公共卫生立法是卫生事业管理工作的根本指导。政府由直接参与医疗卫生服务提供转向进行宏观管理之后,公共卫生立法将会成为我国医疗卫生事业管理工作中的重要内容。要用法律为医疗保障、医疗服务价格、医疗机构设立等提供规范,切实提高公共卫生事业管理水平,全面推进我国医疗卫生事业发展。

第五节 体育事业管理

体育事业是当今世界蓬勃发展的行业,与公众的生活质量、社会的经济发展水平密切相关。因此,应该认真分析现代体育事业的性质和特点,采取新的管理模式,建立起体育事业管理的新机制,促进我国体育事业健康快速发展。

一、体育事业管理的性质

(一)体育事业管理的内涵

随着社会的发展,体育事业的内涵和形式不断丰富。一方面,工作和生活的快节奏,要求人们拥有强健的身体;另一方面,社会的进步和经济的发展,也为公众进行自身锻炼和参与竞技活动提供了条件。体育的含义有了极大的扩张,有人将它的社会功能分成六类,即健身功能、娱乐功能、促使个体社会化功能、社会感情功能、教育功能和政治功能。①

目前,我国学术界对体育的认识有广义与狭义两种。广义的体育主要包括身体教育、竞技运动和身体锻炼三个方面。其中的"身体教育"即是体育的狭义概念,与德育、智育一起构成整个学校教育,一般在现代教育事业大范畴内予以研究。因此,在现代公共事业分类中,体育事业主要是指竞技运动和大众身体锻炼活动。政府及其体育行政部门和一些体育组织在竞技运动和大众身体锻炼活动中所进行的体育资源配置、相关机构设置和体育事业产品市场规范等就是我们所说的体育事业管理。

(二)体育事业活动的性质

1. 一定的非排他性和消费竞争性。体育事业产品的消费大多具有无形性的特点,在一定范围内,一个人进行健身活动、观看体育比赛,并不排斥其他人同时进行相同的活动,即具有非排他性。但是,由于受到场馆设施等基础条件及体育事业总体发展状况的限制,特别是对于一些较高水平的竞技活动,当消费者人数增加到一定数量时,就需要限制人数,即这种非排他性是有限度的。

体育事业的发展是以一定的经济社会发展水平为基础的,相对于公众不断增长的需求,一定时期内体育事业产品的供给是有限的。这样,这种供需矛盾必然会造成需求竞争。比如,在足球世界杯、奥运会等高水平竞技体育产品的提供中,就存在消费竞争。

此外,与文化事业产品相类似,不同的社会成员对体育事业产品的需求还具有个性化、多样性的特点,在满足公众基本体育消费需求的基础上,还存在针对不同群体的体育产品,它们具有更强的排他性和竞争性。

2. 外部收益性。体育活动除了可以提高活动主体的身体素质,为其带来精神享受等益处外,还具有明显的外部性,表现为以下几方面。

(1)体育活动尤其是公益性体育活动,在满足全体社会成员体育消费需要的同时,提高了他们的身体素质与健康水平,为社会发展提供了高素质的人力资源保障。

(2)针对不同人群的体育活动的开展,可以推动体育产业的发展,从而提高国民经济增长的速度和质量。体育事业的发展也必然会提高国家和地区体育运动水平,增强民众凝聚力,这对于集聚全民力量开展经济建设,推进社会进步具有重要的意义。

不同的体育产品由于其活动的直接目标和功能是不同的,相互之间在非排

---

① 中央教育行政学院编.高等教育原理[M].北京:北京师范大学出版社,1987,141-148页.

他性和竞争性以及外部收益上存在着差别。根据上面分析,可以对不同体育事业产品所具有的外部性作出如图10-5的描述。

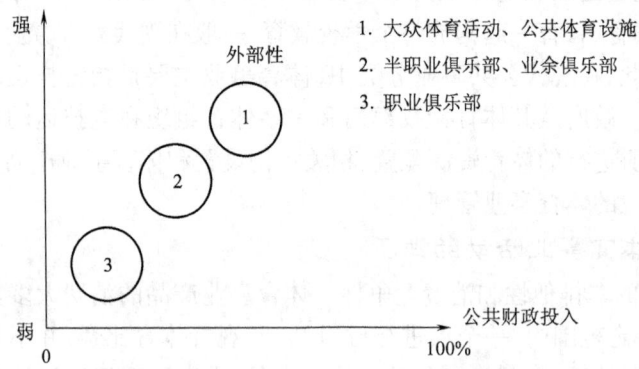

图10-5　不同体育事业产品的外部性分布图

说明:该图示只是为了形象表示各类体育事业产品公共性和公共财政投入的差别,不具有严格的数量意义。

二、体育事业管理的内容与分类

(一)体育事业管理的内容

1. 公益性体育事业活动的管理。公益性体育事业活动具有突出的外部收益,是准公共产品,如果完全交给市场,就会出现供给不足等"市场失灵"问题,应该采取公共生产和公共提供的方式,同时可以收取一定费用作为场馆维护和服务成本的补偿。公共生产指的是由公共财政负担此类活动的成本,而不是要政府直接介入微观生产领域。政府应该开展有效的宏观管理,以公共财政补贴生产和提供机构,尽量高效地利用公共财政资金,促进体育事业发展。

2. 个性化体育事业活动的管理。这类体育活动的目标主要是满足公众个性化的需求,主要表现为个人体育消费活动和职业体育活动,较多地具有了商品性,更适于采用非公共生产、市场提供的方式。政府只需按照相关法律法规对体育市场的运行进行外部监督。这类活动中的一些竞技体育活动,在满足个性化需求的同时,还为社会培养着高水平的体育人才,具有一定的外部收益性。国家可以根据需要,对这类体育活动给予必要的补贴并进行引导,来保证国家高素质体育人才的培养。

3. 运动队体育活动的管理。代表国家或地区的运动队的活动可以影响区域认同,是一种具有比较明显的外部收益的体育产品,从理论上说,应该进行公共生产。但由于现代职业体育的特殊性,它们往往又具有较强的自我经营能力。因此,这类体育活动产品的生产可以部分采取市场投入的方式,公共财政作为社会受益的代表应该给予补贴,来保证特殊体育人才培养的连续性和国家竞技体育活动的发展。

(二)体育事业管理的分类

随着经济社会的发展进步,尤其是科学技术的日新月异,公众对体育活动的要求日益提高,体育活动的形式、内容也渐趋丰富。可以据此将体育事业管理分为如下两类。

1. 公益性体育事业活动管理。社会成员要顺利地承担社会任务,在社会中生存、发展,就要满足一定的体质要求。除了卫生产品的保障外,更重要的就是开展身体锻炼活动,这是多数社会成员都具有的一种公共需求。这种以满足社会成员基本体育活动需要为目标,着眼于提高全体公众体质的体育活动,通常被称为公益性体育活动。

2. 营利性体育事业活动管理。随着经济的发展,人们提出了更个性化的体育活动需求,体育消费已经成为人们生活消费需求中的一个重要组成部分。因此也就存在这样一类体育活动,即以满足一定群体和个体体育消费为主要目标,具有较明显的商品性、营利性。这类体育事业主要有以下两类活动。

(1)公众根据自己的需求有选择地进入俱乐部。这些俱乐部有些以营利为目的,具有企业的性质;有些是成员依照自己的兴趣自愿结合,实行会员制,具有俱乐部产品性质。

(2)职业体育俱乐部开展的职业体育活动。它们本身就是企业,依照企业规律运行,针对公众不同层次的需求提供高水平的体育消费,是一种高级的技艺表演,可以给公众带来高水平享受。

三、我国体育事业管理的思路与政策设计

体育事业产品具有准公共性的社会影响,对于提高全民身体素质,促进社会健康发展具有重要的作用。因此,政府开展体育事业管理应该注意解决部分体育事业产品由于外部收益性造成的市场提供失灵问题。作为社会获益的代表,政府应该对公益性体育事业产品提供补偿,加强社会基础体育设施建设,满足公众基本的体育产品需求;同时还要对体育事业产品市场进行规范,有效满足人们对体育事业产品的多样化需求,最大限度地发挥社会体育资源的效益,从根本上提高全社会的体育事业发展水平。

(一)我国体育事业管理的思路

我国体育事业管理要在总结以往管理经验的基础上，按照国家发展体育事业的基本战略目标的要求，积极借鉴国外成功范例，提出符合社会主义市场经济和和谐社会建设要求的新思路。

1. 体育组织的管理。在市场经济条件下，绝大多数体育产品均可以实现商品化，相应的体育机构也应改制为企业组织。除了一些不具备较强经营能力且又于国家和社会公益有积极影响的机构应该继续由公共财政给予扶持外，其余皆应转制为企业性质的俱乐部等实体，依法面向社会自主经营。国家对于这类企业性质的体育组织不应再直接介入微观管理，而是依靠相关的规章制度进行有效的宏观监管。

2. 公共体育设施的管理。公共体育设施是公众体育活动的基础条件，具有较强的公共性和外部收益性，公共财政应该进行投资，为社会基础体育活动提供保障。但是，考虑到体育产品的性质和我国经济社会发展水平，以及公共财政的使用原则，可以适当开展有偿服务，以提高经营补偿能力。

3. 体育竞赛的管理。在市场经济条件下，绝大多数职业体育竞赛是一种商业行为，可以通过竞赛获得经营收入，不再获得财政补贴。少数全国性、群众性的重大体育竞赛活动，可以通过发行体育彩票、经营体育广告、吸收社会各界赞助等方式筹集经费，财政可给予适当和必要的补助。

(二)我国体育事业管理的政策设计

1. 加速培育、发展和规范各类体育市场。一段时间以来，我国的体育消费市场有了很大发展，一些体育产业正在逐步兴起。但是，由于体育事业管理体制的影响，距离建立起繁荣和规范的体育市场还有很大差距。国家应制定有关的体育法规和产业政策，引导和规范各类体育市场的健康发展，为企业依法面向社会开展自主经营创造条件。政府要加强公共体育基础设施建设，积极引导和鼓励企业与个人进行体育投资，促进体育产业和体育市场的发展。

2. 规范各类体育事业产品投入。在市场经济条件下，政府应统一规划并投资建设一些基本的公共体育设施，择优支持一些运动队和部分具有示范性的重大体育竞赛活动，而将其余具有较强经营能力的活动推向市场，不断推进体育事业的商品化和市场化。

(1)对于现有各类体育运动队，除保留少数重点运动队之外，绝大多数应直接转变为相应的体育俱乐部，按建立现代企业制度的要求进行改革，依法面向市场自主开展体育产品生产经营活动。

(2)对于现有各类国营体育场馆及其设施，除保留少数重点场馆之外，绝大多数都应转变为体育服务企业,依法自主开展经营活动,依照企业方式,运作但不得随意改变其体育设施用途。公共体育场馆则应进一步提高利用率,改善服务质量,为促进全民健身运动服务。

(3)对于原由国家包办的各种体育竞赛活动,除保留少数具有示范性的重大体育竞赛活动之外,其余的各种赛事活动均应推向社会和市场,逐步实现各类体育竞赛活动的职业化与商业化。即使是必须由国家举办的大型综合性运动会,也可以通过发行体育彩票、广告、门票等方式来筹集资金,尽可能吸纳社会资金,减少公共财政的补贴。

3. 加强体育中介组织建设。体育的职业化与商业化是当代世界体育发展的潮流,在发达市场经济国家里,普遍建立了各种体育企业和中介组织。这些中介组织有助于运动员等更好地面对市场,不断提高运动水平。而我国在这一方面还存在差距,应该在逐步转换政府体育事业管理职能的基础上,大力发展各种体育中介组织,建立现代体育组织制度,促进各类体育运动的进一步职业化与市场化,不断提高运动水平,促进我国体育事业发展。

4. 大力加强体育立法工作。政府不再较多地直接介入体育产品生产活动,以建立完善的体育事业法律法规体系作为进行宏观管理的保障。要合理确定体育事业投资准入标准、规范体育事业产品市场秩序,明确划分各类体育事业活动主体的权责关系,实行依法管理,确保各项体育事业的健康发展。

本章小节

1. 科技事业管理是目前公共事业管理的主要内容,这主要源于科技事业在目前社会经济发展中的作用。科技事业产品具有突出的特性,它的基础性价值决定了这项事业必须由政府来主办,它的影响决定了国家的竞争力和国民素质,因此,要合理划分科技事业类别,进行不同的政府政策设计和管理思路改革,加快这项事业的发展。

2. 教育事业是公共事业管理的又一项事关国计民生和国际竞争力的关键事业,它具有准公共性,这决定了对其发展的支撑主体尽管有多元性,但还要以政府支持为主,尤其是基础教育领域。教育事业有多种分类,其产品也可以作多种划分,但是这些都是围绕教育事业的的社会价值展开的。目前教育事业管理模式与政策的设计还不成熟,需要政府从教育事业的性质和职能出发,以进一步作好统筹和分工,满足公众和社会发展对教育事业的准公共物品需求。

3. 文化事业是社会进步和文明的一个重要象征,也是可以供大众消费的准公共物品。文化事业的分类和生产既受到政府决策和行为的影响,也与社会的发展程度和接受需求密切相关。我国正在进行文化事业管理体制改革,相应的政策设计将会影响到文化事业本身和大众的文化产品需求程度。

4. 卫生事业对增进人民体质,提高人民生活质量是必不可少的,它的准公共物品性质决定了政府应该承担重要的责任。我国卫生事业管理体制改革争论已久,但至少目前的卫生事业发展状况难以令公众满意,政府和相应的医疗管理部门应该从卫生事业性质出发,进一步发挥政府在其中的责任和作用,实现社会主义市场经济下的新型医疗制度。

5. 我国体育事业正取得飞速发展,它具有较强的公益性,尤其是大众体育设施和大众体育运动,能够为公众身体健康和提高国民身体素质发挥重要的作用。在市场经济条件下,需要政府和社会广泛参与和支持体育事业,在运动目标设计、体育市场完善、体育立法方面进行大胆的改进,推动体育事业取得更快更好地发展。

思考题

1. 科技事业有什么特点?如何进行科技事业政策设计?
2. 教育事业有什么特点?如何进行教育事业政策设计?
3. 文化事业有什么特点?如何进行文化事业政策设计?
4. 卫生事业有什么特点?如何进行卫生事业政策设计?
5. 体育事业有什么特点?如何进行体育事业政策设计?
6. 结合我国正在进行的卫生事业制度设计问题,分析我国未来卫生事业制度框架和内容。

深圳特许经营授权,公用事业改革变企业垄断?

——深圳"特许经营条例"立法引发的一场争论

一种看法:深圳的公用事业改革实践反而抑制了竞争

中国的公用事业被众口一词定义为中国市场化改革"最后堡垒"的领域。

在对公用事业领域投融资体制改革进行大量探索后,《深圳市公用事业特许经营条例(草案)》,简称《条例(草案)》,目前进入立法程序的关键阶段。《条例(草案)》在下月将提交市四届人大常委会首次会议进行二审。

2005年2月,这部《条例(草案)》在深圳市首次提交人大审议。在征求意见的过程中,引来社会各界的争论以至抨击。人们质疑,这样的特许经营会不会把政府的行政垄断变成企业的经济垄断?市民的公共利益能否得到保障?

深圳的公用事业改革走在全国前面,水、电、燃气等五家公用事业企业都已完成改制,并从政府得到了特许经营授权。深圳这部条例出台,将是继新疆之后全国第二部特许经营条例。

背景:深圳创新,"特许经营"上升为地方法规

深圳的公用事业改革序幕是从2002年下半年开始的。在水务、燃气、公交、电力等市政公用事业中,进行国际招标,引入战略投资者。2004年年底,五家试点公用事业国企通过"招募"形式引入战略投资者的工作基本结束,其中,法国威利雅等公司获得水务集团45%的股权,刘永好的新希望集团和香港中华煤气合计取得燃气集团40%的股权。此外,深圳市能源集团、公交集团等三家企业也引入了各自的战略投资者。据披露,五家企业涉及的股权转让和增资扩股资金共计70亿元。

在此次国际招标招募中,燃气集团取得了在深圳市范围内经营管道气30年的特许经营权,水务集团也获得50年的特许经营权。

在改革实践的同时,深圳一直在进行制定规则的努力。2003年,深圳在无国内先例参考,世界各国也都在摸索之中的情况下,发布实施了第124号政府令《深圳市公用事业特许经营办法》。公用事业企业的国际招标招募改革及特许经营授权,正是根据该《办法》进行的。2004年,深圳试图将这一政府规章上升为地方法规,作为特许经营事业的最高法律依据,就市场准入与退出、公用事业价格及监管等问题作出原则性规定。

《条例(草案)》于2004年12月20日首次提交深圳市三届人大常委会第三十六次会议审议。深圳市人大于2005年2月23日、3月29日、4月12日,分别召开了相关企业、相关职能部门和专家消费者座谈会,征求法规修改意见。

争论焦点:"特许"期限过长,政府垄断成企业垄断

在相关职能部门和专家消费者座谈会上,反思的声音成为主流,有些意见相当尖锐,对法律条文的探讨成了对之前深圳公用事业改革实践的质疑。

"签一个合同,把子孙后代都给卖了出去。"50年特许经营权太长成为争论的焦点之一。深圳的水务特许经营时限是50年,合同可以续签两次;燃气的特

许经营授权是 30 年。来自相关职能部门的代表提出，目前各国公用事业特许经营年限通常都不超过 20 年，深圳关于水务经营权年限 50 年的规定明显太长。《条例（草案）》应增加相应规定，对经营年限进行限制，特别是在政府缺乏经验、监管能力较差的现阶段，尤显重要。

对此，主管国企改革和国有资产的深圳市副市长张思平，在 4 月 5 日参与当地电台的"民心桥"节目时作出回应。张思平说，公用事业要进行投融资体制改革，要引进各种投资，政府就要通过特许经营权条例，既对企业的服务、质量、安全提出严格要求，同时要给这些投资者合理的回报。这种改革符合长远的发展，而不是把子孙后代的东西都卖掉了。

争论的另一个焦点是，是否应该把某一个公共事业领域只授予一家企业特许经营？有关职能部门和专家都表示忧虑，"这有可能导致公用事业由原来的政府垄断，转变为特许经营后的企业垄断，不符合公用事业改革的基本宗旨和发展方向"。

专家观点：独家"特许"造成新垄断危及公共利益，"特许"之后应导入竞争机制

"公用事业无小事"，直接关系每位市民切身福利，哪怕是 1 元、2 元的一次涨价，都会造成生活成本的抬升，影响城市的竞争力。在专家眼中，公用事业改革，以投融资体制改革为方向，打破政府的行政垄断，引入社会资本，实行特许经营，只是解决了问题的一部分。

深圳大学管理学院马敬仁教授认为，公用事业的特许经营就是政府按照准入资质条件，在不改变公用事业资产所有权的前提下，通过招标等方式拍卖公用事业经营权，从而引入竞争机制的一种经营管理制度，目的是通过经营权的竞争和转让来实现城市公用事业社会化产业化。特许经营制度通过激励性竞争机制的导入，从根本上克服了以往政府依赖政府投资、垄断经营、高成本、低效率的制度性弊端，开放公共领域，满足日益扩大的城市公用事业需求。

但是，如果公用事业类公共产品的性质、范围和时效界定不科学，客观上将造成中标企业的新垄断，影响城市公用事业社会化过程中的竞争机制的发挥，难以降低成本、提高质量，甚至危及市民公共利益。

从目前深圳公用事业改革的实践看，实行特许经营的公用事业的很多环节完全具有竞争性质，对这些竞争性环节的人为限制极大地抑制了市场竞争机制作用的发挥，造成了拥有特许经营权的企业利用其垄断优势地位强买强卖等大量不公平竞争现象出现。特许经营权只发给一家，有可能导致公用事业由原来的政府垄断转变为特许经营后的企业垄断。

如何在打破行政垄断之后,在特许经营的各个环节全面导入竞争机制,以免企业垄断局面的形成,才能根本保障终端消费者的利益。这应该是"下一阶段深圳公用事业改革的重点"。

深圳市水务局政策法规处副处长兰建洪主张在深圳特区内保留两家给、排水企业,而在特区外,也应保留两三家同类企业。通过不同片区的企业进行价格、经营绩效、运营成本的对比,不但便于政府、公众对公用事业企业的监管,也能以"间接"竞争的方式促进企业对价格和成本的控制。

没有获得特许经营的同类企业更是强烈要求公平的竞争环境。深南燃气公司曾经开创了深圳市南山区的管道燃气,1998年底被强制统一独家经营。该公司代表马中付工程师提出了"几家特许经营统一有序竞争"的改革方式:允许数家管道燃气公司竞价供气,让消费者选择气商。可以合理划分多个供气区域,每个相对独立区域内的市政燃气管网由几家燃气公司竞争投标,中标者特许经营,经营期限为10年,可以续签。

关注:形成良性竞争格局最重要——国外例证竞争

决策者如何决策?改革到底向何处去?对普通市民来说,还是遥远了一些,老百姓最关注的就是一条——价格。从这一角度出发,特许经营独家垄断也非最优选择。

特许经营后,公用事业的价格上涨问题似乎难以避免。而政府特许经营授权,企业独家垄断,使涨价的形势更为严峻。正如马敬仁所说,行政垄断主要弊病在于效率低下,政府的出发点还是为了公共利益,但企业垄断的归宿却是追求利润最大化。

专家认为,由于公用事业的垄断性,消费者在选择上处于弱势地位,如何形成良性竞争格局尤显重要。只有竞争才能降低成本、控制价格。但是现有的《特许经营条例(草案)》对此没有明确规定。深圳的公用事业改革实践反而抑制了竞争。

英国的天然气零售市场实行充分竞争的制度,价格是竞争性市场运作的结果,而不是管制的结果。在欧洲,英国的天然气价格持续最低,证明了有效的竞争和较高的价格透明度是导致成本下降、价格降低和经济效率提高的重要因素。

竞争降低价格还有一个更鲜活有力的例证。在征求意见会上,深南燃气公司当场作出承诺,如果有机会参与深圳市管道燃气经营,在现有管道燃气收费项目基础上,免除一切强加给消费者的不合理收费,如800元/户开户费、煤气表检定更换费2.5元/户/月、碰口费、维护费、改管费、工商用户开户费等。管道燃气经营财务完全向公众公开,经营收入控制在气价成本价的6%左右,终端价格至少比目前降低10%~15%。

如何在"促进公用事业竞争"与"维护公众利益"之间寻求一个平衡点,重新建立公用事业监管制度,以求得公益与市场机制的有效结合,仍然是需要不断探索的课题。

（资料来源:金羊网2005－06－27,原作者周敏,http://www.ycwb.com/gb/content）

参考文献

[1] 成思危.中国事业单位改革——模式选择与分类指导[M].北京:民主与建设出版社,2000.

[2] 黄恒学.我国事业单位管理体制改革研究[M].哈尔滨:黑龙江人民出版社,2000.

[3] 陈静,冯国境.中国公共事业管理体制改革研究[M].沈阳:东北大学出版社,2003.

[4] 娄成武,郑文范.公共事业管理学[M].北京:高等教育出版社,2001.

[5] 崔运武.公共事业管理概论[M].北京:高等教育出版社,2001.

[6] 朱仁显.公共事业管理学[M].北京:中国人民大学出版社,2001.

[7] 冯云廷等.公共事业管理导论[M].北京:中国商业出版社,2001.

[8] 魏志春.公共事业管理[M].上海:上海教育出版社,2004.

[9] 苏力,葛云松,张守文等.规制与发展——第三部门的法律环境[M].杭州:浙江人民出版社,1999.

[10] 郭于华,杨宜音,应星.事业共同体——第三部门激励机制个案探索[M].杭州:浙江人民出版社,1999.

[11] 王绍光.多元与统一——第三部门国际比较研究[M].杭州:浙江人民出版社,1999.

[12] 周志忍,陈庆云.自律与他律——第三部门监督机制[M].杭州:浙江人民出版社,1999.

[13] 王名.非营利组织管理概论[M].北京:中国人民大学出版社,2002.

[14] 赵黎青.非政府组织与可持续发展.北京:经济科学出版社,1998.

[15] 陈昌柏.非营利机构管理[M].北京:团结出版社,2000.

[16] 杨团,唐钧.非营利机构评估——天津鹤童老人院个案研究[M].北京:华夏出版社,1998.

[17] 魏娜,张库.公共管理中的方法与技术[M].北京:中国人民大学出版社,1999.

[18] 风笑天,张小山,周清平.社会管理学概论[M].武汉:华中理工大学出版社,1999.

[19] 丁晓良.中国科技体制改革的经济学分析[M].北京:科学出版

社,1998.

[20] 尚勇.当今世界技术创新与科技成果产业化[M].北京:科学技术文献出版社,1999.

[21] 邓国胜.非营利组织评估[M].社会科学文献出版社,2001.

[22] (美)曼昆著.经济学原理(上册)[M].北京:生活·读书·新知三联书店,北京大学出版社,1999.

[23] 黄恒学.公共经济学[M].北京:北京大学出版社,2002.

[24] 朱崇实,陈振明等.公共政策[M].北京:中国人民大学出版社,1999.

[25] 周三多,陈传明,鲁明泓.管理学——原理与方法.上海:复旦大学出版社,1999.

[26] (美)托马斯·西尔克.亚洲公益事业及其法规[M].北京:科学出版社,2000.

[27] 张国庆.行政管理学概论(第二版)[M].北京:北京大学出版社,2000.

[28] 陈振明.公共管理学[M].北京:中国人民大学出版社,1999.

[29] 杨文士,张雁.管理学原理[M].北京:中国人民大学出版社,1994.

[30] 事业单位改革常用政策法规汇编[M].北京:中国法制出版社,2000.

[31] 何增科.公民社会与第三部门[M].北京:社会科学文献出版社,2000.

[32] 俞可平.治理与善治[M].北京:社会科学文献出版社,2000.

[33] 李强等.生命的历程——重大社会事件与中国人的生命轨迹[M].杭州:浙江人民出版社,1999.

[34] (美)保罗·C纳特,罗伯特·W巴可夫.公共和第三部门组织的战略管理领导手册[M].北京:中国人民大学出版让,2001.

[35] (美)戴维·奥斯本,特德·盖布勒.改革政府——企业精神如何改革着公营部门[M].上海:上海译文出版社,1996.

[36] (美)莱斯特·萨拉蒙.非营利部门的兴起[M].北京:社会科学文献出版社,2000.

[37] 吴锦良.政府改革与第三部门发展[M].北京:中国社会科学出版社,2001.

[38] 余晖等.行业协会及其在中国的发展:理论与案例[M].北京:经济管理出版社,2002.

[39] 吴忠泽,陈金罗.社团管理工作[M].北京:中国社会出版社,1996.

[40] 李亚平,于海.第三域的兴起[M].上海:复旦大学出版社,1998.

[41] 萧新煌. 非营利部门组织与运作[M]. 台北:巨流出版社,2000.

[42] 丘昌泰. 公共管理——理论与实务手册[M]. 台北:元照出版公司,2000.

[43] William Kornhauser. The Politics of Mass Society[M]. New York: The Free Press, 1959.

[44] Schattsneider. The Semisovereign People. A Realist's View of Democracy in America[M]. New York: Hold, Rinehart and Winston, 1960.

[45] Harald Demsetz. Private Production of Public Goods[J]. Journal of Law and Economics, 1970, 13(October).

[46] Levitt T. The Third Sector: New Tactics for a Responsive Society[M]. New York: Amacom, 1973.

[47] Mohit, Bhattacharya. Voluntary Association, Development and the state [J]. Indiana Journal of Public Administration, 1987.

[48] Kamerman Sheila B, Alfred J Kahn. Privatization and the Welfare State. Princeton University Press, 1989.

[49] Salamon L M. Rethinking Public Management: Third – Party Government and the Changing Forms of Government Action[J]. Public Policy, 1981.

[50] Lester M Salamon. The Rise of the Third Sector[J]. Foreign Affairs 7 – 8, 1994.

[51] Lester M Salamon, Helmut K Anheier. The Emerging Nonprofit Sector: An Overview[M]. Manchester: Manchester University Press,1995.

[52] Elizabeth T Boris. The Nonprofit Sector in the 1999s, Philanthropy and the Nonprofit Sector In a Changing America[M]. Indiana University Press,1999.

[53] Anheier H K, Seibel W. (eds.) The Third Sector: Comparative Studies of Nonprofit Organizations[M]. Berlin: Walterde Gruyter, 1990.

[54] Robert B Denhardt, Janet V Denhardt. The New Public Service: Serving Rather Than Steering[J]. Public Administration Review. Washington: Nov./Dec. 2000.

[55] Anheier H K, Seibel W. (eds.) The Third Sector: Comparative Studies of Nonprofit Organizations[M]. Berlin: Walterde Gruyter, 1990.

[56] Hughes O E. Public Management and Administration: an introduction [M]. New York: Macmillan Press Ltd. ,2003.

[57] Hood C. 'A New Public Management for All Seasons?' in Public Administration,1991.

［58］Pollitt C, Bouchaert G. Public Management Reform: A Comparative Analysis[M]. Oxford: Oxford University Press,2000.

［59］OPSR. Reforming Our Public Services: Principles into Practice. The Prime Minister's Office of Public Services Reform (OPSR),2002.

［60］Blair T. The Courage of Our Convictions: Why Reform of the Public Services is the Route to Social Justice[M]. London: Fabian Society,2002.

［61］Fesler J W. Public Administration Theory and Practice[M]. Englewood Cliffs: Prentice – Hall INC,1998.

［62］Rhodes R A W. New Labour's Civil Service: Summing – up Joining – up [J]. Political Quarterly, 2000.

［63］Corson J, Harris J J. Public Administration in Modern Society[M]. London: Mcgraw – Hill Book Company INC,1963.

［64］Ferlie E Ashburner, L Fitzgerald, Pittigrew A. The New Management in Action[M]. Oxford: Oxford University Press,1996.

［65］Monroe K. (ed.) The Economic Approach to Politics: A Critical Assessment of the Theory of Rational Action[M]. New York: Harper Collins,1991.

［66］Bovaird T, Loffler E. (eds) Public Management and Governance[M]. London and New York: Routledge,2003.

［67］Peters B G, Pierre J. (eds) Handbook of Public Administration[M]. London: SAGE Publications,2003.